Wissenschaft, Sentiment
und Geschäftssinn.
Landschaft um 1800

outlines
herausgegeben vom Schweizerischen Institut
für Kunstwissenschaft (SIK-ISEA)

Wissenschaft, Sentiment und Geschäftssinn. Landschaft um 1800

herausgegeben von Roger Fayet, Regula Krähenbühl und Bernhard von Waldkirch

 Scheidegger & Spiess

Vorwort
Roger Fayet und Regula Krähenbühl   6

Gessner. Kolbe. Zingg. Zur Erfindung und Popularisierung einer spezifisch bürgerlichen Landschaftsauffassung um 1800
Bernhard von Waldkirch   8

I. Konzepte und Sehweisen der Landschaft

Von «Wunder-Bergen» und «Colossalischen Schreckensäulen». Die Entdeckung der Gletscher in der Schweizer Kunst des 17. und 18. Jahrhunderts
Matthias Oberli   32

Landscape Drawing Beyond the Classical Ruin: David, Drouais and Percier
Andrea Bell   56

Vedute und Reverie. Adrian Zinggs charakteristische Landschaftsporträts
Martin Kirves   76

Das Innere der Natur
Oskar Bätschmann   100

Caspar David Friedrichs frühe Sepien als Vorstufe zur romantischen Landschaft
Werner Busch   118

Intellektuelles Wohlgefallen. Johann Gottlob von Quandt (1787–1859) und die zeitgenössische Landschaftsmalerei
Andreas Rüfenacht   152

II. Medien, Produktion, Markt

Adrian Zingg und die sächsische Landschaft

Kunstlandschaft Dresden. Adrian Zinggs Vorgänger und
Zeitgenossen in der sächsischen Landschaftsmalerei
Anke Fröhlich-Schauseil 182

Adrian Zingg und seine Werkstatt. Die «Marke Zingg» als
Qualitätsmerkmal
Sabine Weisheit-Possél 204

Unterrichtspraxis und Selbstvermarktung: Anleitungsbücher
zur Landschaftskunst von Ferdinand Kobell, Jakob Philipp
Hackert und Adrian Zingg
Steffen Egle 222

Adrian Zingg als Vorbild oder Gegenbild? Tradition, Ökonomie
und Naturstudie in der Landschaftsgrafik Ludwig Richters
Saskia Pütz 244

Landschaftsvedute und Tourismus

Salomon Gessner und die Vedute. Die Illustrationen aus dem
Helvetischen Calender
Christian Féraud 268

Einen anderen Süden zeichnen: Deutsche Künstler in der
Provence um 1800
Frauke V. Josenhans 284

Zum Stellenwert der Landschaftsvedute bei Joseph Anton
Koch und William Turner
Tobias Pfeifer-Helke 302

Anhang 318

Vorwort
Roger Fayet und Regula Krähenbühl

Als selbständige Gattung vergleichsweise jung, kam die Landschaftskunst im 17. Jahrhundert in Rom zu einer ersten Blüte und erlebte nördlich der Alpen, in den Niederlanden des Barocks, ein veritables Goldenes Zeitalter. Wiederum zu neuen Höhen geführt wurde sie – unter dem Epochenbegriff der Romantik – im beginnenden 19. Jahrhundert. Was zwischen diesen Glanzzeiten der Landschaftskunst auf dem Gebiet geleistet wurde, galt im Vergleich mit dem Vorausgegangenen als schwächerer Nachklang oder, gemessen am Kommenden, als blosses Vorläufertum. Werken aus dieser Zwischenzeit wurde kleinmeisterliche Qualität zugeschrieben, wenn die Kunstschaffenden nicht sogar ganz in Vergessenheit gerieten.

Erst seit wenigen Jahren entdeckt die Kunstwissenschaft diese Epoche der Landschaftsdarstellung als eigenwertiges Forschungsfeld. Aufmerksamkeit erfahren im Besonderen die Tendenzen zur Verwissenschaftlichung und die Folgen des technologischen Fortschritts für die Bildwelt der Aufklärung. So erlebten die empirischen Wissenschaften einen beispiellosen Aufschwung und Mitte des 18. Jahrhunderts bildete sich die Ästhetik als «Wissenschaft von der sinnlichen Erkenntnis» (Baumgarten) zu einer eigenständigen philosophischen Disziplin aus. Diskurse um ästhetische Kategorien wie das Naturschöne oder das Erhabene veränderten die bildkünstlerische Landschaftsauffassung ebenso wie Erkenntnisse der Optik, der Wahrnehmungspsychologie und neue reproduktionsgrafische Techniken. Eine bedeutende Rolle spielten überdies ökonomische und kunstsoziologische Aspekte: Als Lehrer und gewinnorientierte Unternehmer hatten Künstler ein vitales Interesse an der Verbreitung neuer und vor allem auch unverwechselbarer Bildkonzepte. Nachhaltige Wirkung auf Landschaftsverständnis und Sehweisen entfaltete zudem der aufkommende Tourismus, der beim Bürgertum ein verändertes Verhältnis zur Natur verankerte und eine Nachfrage nach bestimmten Bildtypen schuf.

Damit eignen der Landschaftskunst nördlich der Alpen um 1800 Innovationskräfte, die sie gleichermassen von den barocken Vorbildern wie von den späteren Leistungen der Romantik emanzipieren – dies eine der zentralen Schlussfolgerungen aus der internationalen Tagung mit dem Titel «Wissenschaft, Sentiment und Geschäftssinn. Landschaft um 1800», die vom Schweizerischen Institut für Kunstwissenschaft (SIK-ISEA) gemeinsam mit dem Kunsthaus Zürich im Juni 2012 durchgeführt wurde. Gleichzeitig war am Kunsthaus Zürich die in Zusammenarbeit mit dem Kupferstich-Kabinett der Staatlichen Kunstsammlungen Dresden organisierte Ausstellung «Adrian Zingg. Wegbereiter der Romantik» (25.5.–12.8.2012) zu sehen. Ein besonderes Augenmerk galt an der Tagung denn auch dem gebürtigen St. Galler Künstler Adrian Zingg (1734–1816) und seiner Dresdener Werkstatt, mit dem Ziel, seine Leistungen in einen kunsthistorischen Kontext einzubetten.

Für Konzept und Organisation der Tagung waren bei SIK-ISEA Roger Fayet, Direktor, und Regula Krähenbühl, Leiterin Wissenschaftsforum, besorgt, vom Kunsthaus Zürich zeichnete Bernhard von Waldkirch, Kurator der Grafischen Sammlung, verantwortlich. Massgeblich an den Vorbereitungen mitgewirkt hat die Berliner Zingg-Spezialistin Sabine Weisheit-Possél. Die Schweizerische Akademie der Geistes- und Sozialwissenschaften (SAGW) und der Schweizerische Nationalfonds zur Förderung der wissenschaftlichen Forschung (SNF) unterstützten dankenswerterweise mit namhaften Beiträgen die Durchführung der Veranstaltung, die ein interessiertes Publikum zu angeregtem fachlichem Austausch in die Räume der Villa Bleuler, des Hauptsitzes von SIK-ISEA in Zürich, und ins Kunsthaus Zürich führte.

Für die finanzielle Unterstützung bei der Realisierung des Tagungsbandes danken wir herzlich wiederum der SAGW und vor allem der Stiftung Graphica Helvetica, die mit einem substanziellen Betrag für die Schlussfinanzierung des Publikationsprojektes gesorgt hat. Unser aufrichtiger Dank gebührt überdies den Referentinnen und Referenten, die ihre Beiträge überarbeitet und zur Veröffentlichung freigegeben haben. Ihre Texte tragen Wesentliches zu einem neuen Verständnis der Landschaftsdarstellung an der Epochenschwelle um 1800 bei.

Gessner. Kolbe. Zingg. Zur Erfindung und Popularisierung einer spezifisch bürgerlichen Landschaftsauffassung um 1800

Bernhard von Waldkirch

Mit einer breit gefächerten Ausstellung über Adrian Zingg[1] schloss das Kunsthaus Zürich 2012 seine dreiteilige Reihe zur Erfindung und Popularisierung einer spezifisch bürgerlichen Landschaftsauffassung um 1800 in Zeichnung und Druckgrafik ab. Vorausgegangen waren 2010 «Idyllen in gesperrter Landschaft. Zeichnungen und Gouachen von Salomon Gessner»[2] und «Carl Wilhelm Kolbe. Riesenkräuter und Monsterbäume»[3]. Die künstlerischen Leistungen dieser Wegbereiter standen lange Zeit im Schatten sowohl des Goldenen Zeitalters der Landschaftsmalerei im 17. Jahrhundert südlich und nördlich der Alpen als auch der idealen, romantischen und realistischen Landschaftskonzeptionen, die sich im 19. Jahrhundert von Europa bis nach Nordamerika und Russland ausbreiteten. Erst mit dem Aufkommen einer modernen Wertschätzung für die heimische Gegend seit der zweiten Hälfte des 18. Jahrhunderts, die sowohl topografische wie auch wahrnehmungspsychologische, kunsttheoretische, naturwissenschaftliche, soziokulturelle, ökonomische und technische Aspekte berücksichtigt, konnte die Gattung der Landschaft ihren Siegeszug antreten.

Wer sich intensiv mit dieser Epochenschwelle auseinandersetzt, stellt fest, dass monografische Forschungsarbeiten zu einzelnen Künstlern nach wie vor Mangelware sind.[4] Doch schon heute können wir erkennen, dass es vor allem Zeichner, Aquarellisten und Grafiker waren – unter ihnen zahlreiche Dilettanten und Autodidakten[5] – die in der zweiten Hälfte des

18. Jahrhunderts den Kunstmarkt belebten. Die idyllische Tendenz und die Hinwendung zur ländlichen Wirklichkeit, die für viele dieser Produkte kennzeichnend waren, gingen oft einher mit einer latenten oder offen ausgesprochenen Gessner-Begeisterung.⁶ Es verstand sich deshalb von selbst, dass Salomon Gessners Landschaftsidyllen den Zyklus eröffneten. Als ein Glücksfall darf gelten, dass die Ausstellung mit Hauptwerken des Dessauer Radierers und Zeichners Carl Wilhelm Kolbe, Gessners begabtestem «Schüler», noch im gleichen Jahr durchgeführt werden konnte. Durch Adrian Zingg wurden die am Übergang zwischen Spätaufklärung und Frühromantik erarbeiteten, partiell modernen Sehweisen auf die Wahrnehmung und touristische Erschliessung einer real existierenden Landschaft übertragen. Das Schweizer Idiom mit seiner spezifisch bürgerlichen, inhärent idyllischen Tendenz nimmt dort, in der Sächsisch-Böhmischen Schweiz, an deren Erfindung Adrian Zingg massgeblich beteiligt war, zum ersten Mal eine konkrete Gestalt an (Abb. 1). Allein in Deutschland sind bis heute – von der

Abb. 1 Anton Graff, *Adrian Zingg*, 1796/1799, Öl auf Leinwand, 160 × 98 cm, Kunstmuseum St. Gallen

Amshausener bis zur Wolkensteiner Schweiz – 105 Schweizen bekannt; 233 sind es weltweit und jedes Jahr werden von Auswanderern, Touristen und Marketing-Managern neue Schweizen «entdeckt».[7] Diesem einzigartigen Phänomen einer kollektiven Landschaftstypologie, die aus dem Zusammenwirken von literarisch-ästhetischer Rezeption und handfesten ökonomischen Interessen hervorging, liegt das Modell der Zingg-Schule zugrunde, einer der produktivsten Werkstätten von bildmässig hergestellten Landschaftsveduten in der frühen Romantik.[8]

Im Zuge einer europaweiten Dezentralisierung entstanden um 1800 in städtischen und ländlichen Gebieten neue Kunstzentren, die durch Zeichenunterricht, Ausstellungen und Kunsthandel breitere Bevölkerungsschichten insbesondere an der Landschaft und deren Darstellungsweisen partizipieren liessen. Diesem Themenkomplex war das internationale Kolloquium gewidmet, das vom Schweizerischen Institut für Kunstwissenschaft in Zusammenarbeit mit dem Kunsthaus Zürich vom 14. bis 15. Juni 2012 durchgeführt wurde.[9] Unter anderem bezeugt die Veranstaltung die erfreuliche Kooperation zwischen Forschung, Museum und Sponsoring, dank der es uns gelungen ist, drei Wegbereiter der Landschaftsmalerei der Vergessenheit zu entreissen und sie in die europäische Kunst- und Künstlergeschichte einzuordnen. Um auch den Horizont des Kolloquiums auszuleuchten, möchten wir in den folgenden Überlegungen einige Beweggründe zusammenführen, die uns bei den Vorbereitungen und während der Realisierung der drei Ausstellungsprojekte geleitet haben. Dabei stützen wir uns auf unveröffentlichte Notizen, in einigen Passagen auch auf Texte, die im Zusammenhang mit den Publikationen zu den Ausstellungen entstanden sind.

Arkadisches und elysisches Idyll

«Geh; sey glü[c]klich»,[10] dies schrieb der Zürcher Idyllenmaler und -dichter Salomon Gessner am 30. Mai 1766 in das Stammbuch seines Freundes und Landsmannes Adrian Zingg, als dieser von der Schweiz Abschied nahm, um sich in Dresden niederzulassen. Auf der Doppelseite mit Gessners Zeichnung auf der einen und dem zitierten Text auf der anderen Seite finden wir die Gegensätze des Jahrhunderts noch einmal vereint: die arkadische Pastorallandschaft in Form einer transparent lavierten Feder- und Bleistiftskizze, die zurück in ein imaginäres Goldenes Zeitalter weist, und die lyrische Beschwörung einer zukünftigen Kunstmetropole an der Elbe, die den Oden Klopstocks nachempfunden scheint und auf Schiller vorausdeu-

Abb. 2 Salomon Gessner, *Arkadisches Idyll*, Eintrag im Stammbuch von Adrian Zingg, 1766, Feder in Schwaz, grau laviert, auf Papier, 18,4 × 11,9 cm, Kunstmuseum Basel, Kupferstichkabinett, Depositum der Gottfried Keller-Stiftung

tet (Abb. 2). Das arkadische und das elysische Idyll im versöhnlichen Gestus der Empfindsamkeit dem Freund als Empfehlung und Brückenschlag mitgegeben auf dem Weg in eine neue Lebensära. Unüberhörbar bleibt das Pathos, aus eigenem Antrieb zu handeln, sein Glückskapital in die Hand zu nehmen und schrittweise zu verwirklichen. Während die Forderung aufzubrechen auf Veränderung und Fortschritt zielt, verweist Gessners «sey glücklich» auf ein Behagen, das aus dauerhaftem Weltvertrauen gespeist wird. Für Gessner liegt das Glück nicht in unerreichbarer Ferne, sondern existiert, ähnlich wie bei Rousseau, in einer von Gegenwart durchpulsten Nähe, deren Glückspotenzial am ehesten durch ein zwangloses Dasein im freien, wenngleich auch produktiven Umgang mit Natur erfahren werden kann – spazierend und zeichnend, umherschweifend und meditierend oder träumend. «Das blosse Gefühl zu existieren ist [...]», so schreibt Rousseau in seinen *Träumereien eines einsamen Spaziergängers*, «an sich bereits eine kostbare Quelle der Zufriedenheit und der Seelenruhe.»[11] Dieser neue Sinn für die Kostbarkeit der eigenen Existenz, als Gegenpol zur Entfremdung am Hof und zur Hektik der Stadt, liegt dem Begriff der Idylle, im Sinne Gessners und Rousseaus, zugrunde.[12]

Verlangen nach Naturwahrheit

Gessner und Kolbe standen beide für die unmöglich gewordene arkadische Pastorallandschaft, förderten aber deren Verwandlung in ein modernes Glücksprojekt auf Zeit. Bei Adrian Zingg, der mit seinen Schülern draussen in der heimischen Landschaft zeichnete, geriet die Idylle als mobile, pädagogische Provinz in freier Natur zu einem Ritus der Initiation. Künstlerische

Abb. 3   Adrian Zingg, *Elbschiffe bei Rathen, im Hintergrund der Lilienstein*, 1780er Jahre, Feder in Schwarzbraun, Pinsel in Braun, 48 × 65,4 cm, Kupferstich-Kabinett, Staatliche Kunstsammlungen Dresden, Inv.-Nr. C 1975-39

Authentizität war gefragt, und die konnte sich am ehesten im autodidaktischen Zeichnen nach der Natur entfalten.[13] Gessner, Kolbe und Zingg erfreuten sich als gebildete, vielseitig begabte und rastlos tätige Zeitgenossen der Spätaufklärung zwar einer soliden Reputation, jedoch als Zeichner der Landschaft beschritten sie bewusst und auf eigenes Risiko neue Wege. Ihre besten Leistungen zeigten sie dort, wo es ihnen gelang, die Ambivalenz zwischen der Statik idyllischen Behagens und der Dynamik neuer Sehweisen offenzulegen: im zweckentbundenen Naturstudium ebenso wie in ihrem Streben nach Naturwahrheit, die durch emotionale Vertiefung des Geschauten beglaubigt werden sollte (Abb. 3).

Die zunehmende Entfremdung von der Natur wurde im 18. Jahrhundert der Vorherrschaft der Ratio angelastet. Man war überzeugt, dass die indigenen Gesellschaften glücklicher lebten als die zivilisierten und aufgeklärten Kreise innerhalb der europäischen Staaten. Jean-Jacques Rousseau, dem wohl wirkungsmächtigsten Autodidakten des Siècle des Lumières war es gelungen, die Ängste und Frustrationen seines Jahrhunderts einzufangen und auf einen allgemeinverständlichen Nenner zu bringen. Dreihundert Jahre nach seiner Geburt werden seine Thesen noch immer kontrovers diskutiert. Sein geschichtsphilosophisches Vermächtnis lautet auf einen Satz verkürzt: «Lasst uns durch Verbesserung der Künste die Übel korrigieren, die der menschlichen Natur von der Kunst in ihrem Anfangsstadium zugefügt worden sind.»[14] Und im *Émile* lesen wir: «Man benötigt viel Kunst, um zu vermeiden, dass der Mensch im Umgang mit der Gesellschaft ganz und gar künstlich werde.»[15]

Wegbereiter, keine Nostalgiker

Die Rousseau-Forschung – vor allem die Genfer Schule um Jean Starobinski – hat zur Genüge nachgewiesen, dass Rousseau, trotz seiner idealisierenden Vorstellung eines hypothetischen Urzustandes in der Natur kein Nostalgiker war, und schon gar kein «Neo-Primitiver», der sein individuelles Glück in der selbstgewählten Beschränkung idyllischer Sehnsuchtsräume zu verwirklichen trachtete. Man muss ihn vielmehr als einen kritischen Wegbereiter studieren, der nach Ursachen und Begründungen fragt, in der Hoffnung, dass der Fortschritt, kraft einer erneuerten Reflexion und eines vertieften Sentiments für die Natur, den Menschen und ihrer Umwelt zumutbar bleibt.

In Übereinstimmung mit Rousseau stand auch für unsere drei künstlerischen Wegbereiter fest: Es gibt kein Zurück zur Natur. Die gesperrten Nahsicht-Landschaften bei Gessner und Kolbe, deren Wirkung über Adrian Zingg hinaus erst noch nachzuweisen sein wird, zeigen es unmissverständlich. Der Blick in die Tiefe wird vereitelt. Das idyllische Glück kann nur diesseits der chaotisch wuchernden Vegetationswand gelingen, in der nahsichtigen Auseinandersetzung mit der komplexen Realität der Bildfläche. Im 18. Jahrhundert stand die mutige Selbstermächtigung der Denker, Künstler und Unternehmer am Anfang jeder Veränderung. Ihre Hervorbringungen mochten sich neben den virtuosen Paradestücken des Spätbarock noch so «bürgerlich» bescheiden ausnehmen, in ihren unscheinbaren Skizzen, Zeichnungen, Radierungen und Gemälden kündigt sich eine neue Sehweise an – in der Dialektik von Nähe und Ferne, von begrenztem und unendlichem Raum, von freier Fantasietätigkeit und praxisbezogenem Realitätssinn.

Gessner in Dresden

Salomon Gessners Gouache-Gemälde *Der Wald* (1784, Abb. 4) zeigt eine parkähnliche Baumlandschaft, in der sich schlichte Naturstudien aus der Gegend des Sihlwaldes bei Zürich, wo Gessner als Oberaufseher der Stadt-

Abb. 4 Salomon Gessner, *Der Wald*, 1784, Gouache auf Papier, 29,1 × 40,5 cm, Kunsthaus Zürich, Dauerleihgabe der Stadt Zürich

waldungen von 1781 bis 1787 tätig war, mit Erinnerungen an holländische Gemälde des 17. Jahrhunderts – Waterloo, Ruisdael, Berchem – vermischen. Den Zusammenhalt gewährleistet allein das Kolorit, das mit seiner tonigen Farbigkeit auf die Paysage intime, die Stimmungslandschaft des frühen 19. Jahrhunderts vorausweist.[16] Man versteht, dass Gessner, weit über Zürich hinaus, eine wahre Begeisterung für das autodidaktische Studium der Landschaft, ihrer botanischen, geologischen und atmosphärischen Beschaffenheit, auslöste. Doch seine Landschaftskompositionen, für die er eine eigene Gouachetechnik entwickelte, bleiben nie im trockenen Detailrealismus stecken; ihr Zauber beruht auf der zarten Verschmelzung von genau beobachteter Wirklichkeit und einer alles durchdringenden, elegisch-idyllischen Grundstimmung.[17] Sein *Brief über die Landschaftsmalerey* von 1770 wurde auch im Ausland studiert. Besonders in Dresden im Umkreis von Ludwig von Hagedorn schätzte man die Verbindung von «malender» Poesie und «dichtender» Malerei, wie sie durch Gessner in nahezu idealer Weise verkörpert wurde, als ersten Schritt zu einem romantischen Naturverständnis.[18] Es ist deshalb nur folgerichtig, dass der Vater die Gouache *Der Wald* als Geschenk und Andenken seinem Sohn Conrad nach Dresden schickte. In seinem Dankbrief berichtet der Sohn im Oktober 1784 über das Urteil seiner Dresdener Freunde. Das hintere Wäldchen erschien ihnen zu kräftig im Kolorit, zu wenig in Grautöne gebrochen.[19] Der Zingg-Schüler Christian August Günther brachte die Gouache als grossformatige Radierung heraus.

Kolbe in Zürich

Im Juni 1805 liess sich der Dessauer Stecher Carl Wilhelm Kolbe von seinem Dienstherrn, Fürst Franz von Anhalt, beurlauben, um nach Zürich, in die Stadt Salomon Gessners, zu reisen. Mit dessen Nachlass hatten die Angehörigen im Wohnhaus an der Münstergasse das sogenannte «Gessnerische Gemählde-Cabinet» eingerichtet, das Besucher aus nah und fern anlockte.[20] Vom Sohn Heinrich, dem Buchhändler, der mit einer Tochter Wielands verheiratet war, wurde Kolbe beauftragt, die besten Gouache-Landschaften, die der Malerdichter in den letzten zehn Jahren seines Lebens geschaffen hatte, in Radierungen zu übertragen. Gessner hatte selbst drei Folgen von radierten Landschaften hervorgebracht und seine Dichtungen auch mit Figurenkompositionen und Landschaftsvignetten illustriert. Mit diesen Werken war Kolbe seit seiner Ausbildung an der Berliner Akademie vertraut. Sein Lehrer damals war kein Geringerer als Asmus Jakob Carstens (1754–1798), der 1783, auf seiner Rückreise von Italien, Gessner in Zürich aufgesucht und persönlich kennengelernt hatte.[21] Sowohl Gessner wie Carstens waren Autodidakten, die sich für die Erneuerung der Kunst mit allen ihnen zur Verfügung stehenden Mitteln einsetzten. Gessners *Brief* enthält wertvolle Hinweise, wie man durch das vergleichende Studium der alten Meister und der Natur zu einem eigenen Stil finden kann.

Als Kolbe die Akademie verliess, beschloss er, sich im Selbststudium zum Landschaftsradierer auszubilden. Neben der Natur akzeptierte er als seine alleinigen Vorbilder Anthonie Waterloo (1610–1690), den holländischen Meister der kargen Baumlandschaft, und Salomon Gessner, den Schweizer, der ihn gelehrt hatte, auf seinen Spaziergängen in der Natur stets auf das zu achten, was malerisch bedeutend ist.

Kolbe wohnte bei den Angehörigen im Hause des Malerdichters, wo er, laut seiner Autobiografie, die glücklichsten drei Jahre seines Lebens verbrachte. Zwischen 1805 und 1811 erschienen in sechs Heften mit blauem Umschlag und französischen Titeln insgesamt 25 Radierungen, die in den wichtigsten deutschsprachigen Literatur- und Kunstzeitschriften besprochen wurden. Unter diesen Rezensionen sticht die wohlwollende Kritik im *Journal des Luxus und der Moden* (1807–1811) von Carl Ludwig Fernow hervor. Sie lobt das Unternehmen, bemängelt aber die fehlerhafte Perspektive in der Architektur und die manchmal zu dunkel geratenen Abzüge. Die folgenreichste Bemerkung steht gleich zu Beginn, wo Gessner gegen den Vorwurf des Dilettantismus in Schutz genommen wird. In einem zukunftsweisenden

Abb. 5 Carl Wilhelm Kolbe, *Et in Arcadia ego*, 1801, Radierung, 40,6 × 53,2 cm, Graphische Sammlung der ETH Zürich

Schritt nimmt Fernow Stellung gegen die bloss «schulgerechte [...] und geistlos handwerkende Technik» und für das «genialische Selbststudium».[22]

Von Kolbes Baumlandschaften zu Struths *New Pictures from Paradise*

Kolbe selbst war ein leidenschaftlicher Waldgänger. Er hatte es sich zur Gewohnheit gemacht, die Morgenstunden der Arbeit zu widmen und sich am Nachmittag in der freien Natur aufzuhalten. Hier kamen ihm die Ideen für seine Kompositionen. Grundsätzlich lassen sich bei ihm zwei Typen der Landschaftsdarstellung unterscheiden: die heroisch-idyllische, die sich vom Ideal einer arkadischen Fantasiewelt nährt (Abb. 5), und die einsame, wilde Waldgegend, in deren Zentrum ein einzelner Baum oder eine Baumgruppe die Landschaft beseelt. Um in seinen Radierungen das «Lebendige und Geistige»[23] der Natur einzufangen, denn dies war sein erklärtes Ziel bei jeder Naturwiedergabe, arbeitete Kolbe nach Skizzen, die er stets aus dem Gedächtnis anfertigte. Von diesen Landschaftszeichnungen sind nur wenige erhalten. Sie enthalten summarische Angaben zur Verteilung von Licht und Schatten sowie zu den wichtigsten Bildmotiven: eine Eiche im Vordergrund, ein Stück Weg, eine Brücke, der Giebel eines Hauses und Spaziergänger in zeitgenössischer Tracht. Durch dieses halb gebundene, halb freie Verfahren konnte Kolbe in seiner Arbeit mit der Nadel ein Höchstmass an Lebendigkeit und Naturnähe erreichen. Die ordnende Präsenz des

Menschen ist nie aufdringlich, aber stets spürbar in das Geschehen der Natur integriert. Sie zeigt sich am deutlichsten dort, wo der Weg auf eine einfache Waldhütte zuführt oder wenn der Wanderer trockenen Fusses eine sumpfige Gegend durchquert.

Kolbes «ideengebundene Baumlandschaften»[24] stehen in der deutschen und schweizerischen Druckgrafik am Ende einer Entwicklung. Auf ihrem Höhepunkt, im letzten Drittel des 18. Jahrhunderts, wirkten Meister wie Salomon Gessner, Johann Heinrich Meyer,[25] Ferdinand Kobell, Johann Christian Klengel, Jakob Philipp Hackert, Johann Christian Reinhart und Joseph Anton Koch. Nach 1800 ging das Interesse an dieser Gattung auffallend zurück. Als Aussenseiter und Einzelgänger hat Kolbe im Kontext der europäischen Druckgrafik allerdings Überragendes geleistet. Erst der Engländer Samuel Palmer und der Franzose Rodolphe Bresdin haben mit ihren visionären Landschaften wieder ein vergleichbares Niveau erreicht; so wie Kolbe waren auch sie Autodidakten und Meisterstecher in einem. In

Abb. 6   Robert Zünd, *Eichenwald*, 1881–1882, Öl auf Leinwand, 119 × 159 cm, Kunsthaus Zürich

der Malerei sind es Arnold Böcklin und Max Ernst, die das Unheimliche wieder in der Natur geortet haben. Durch ihre verstörende Nahsicht der Dinge haben sie Gessner und Kolbe, wahrscheinlich ohne sie zu kennen, eine späte Referenz erwiesen.

Die gesperrte Landschaft gehört seit Dürers Kupferstich *Adam und Eva*[26] zum festen Bild-Repertoire für paradiesische Naturdarstellungen. Auch Robert Zünd in seinem *Eichenwald* (1881–1882, Abb. 6) und Thomas Struth in seinen *New Pictures from Paradise*[27] (seit 1998, Abb. 7) machen selbstverständlich von diesem Kunstgriff Gebrauch. Durch die Sperrung verleiht Struth seinen Grossbild-Fotografien von Urwäldern in Australien, Amerika, Asien und Europa die spezifische Bedeutung einer von der europäischen Aufklärung noch nicht restlos ausgebeuteten, animistischen, dunklen Natur vor dem zivilisatorischen «Sündenfall». Als kühne formale Neuerungen wurden Nahsicht und Sperrung des Vordergrunds erstmals konsequent in Salomon Gessners Landschaftsidyllen umgesetzt.

Der Glaube an die «Perfektibilität»

Das geheime Kraftzentrum, das im europäischen Diskurs die Aufklärung von der Romantik unterscheidet, ist der unverbrüchliche Glaube an die «Perfektibilität» des weissen Mannes, an die Fähigkeit also, sich zu verändern, womöglich zu verbessern, jedenfalls sich aus eigenem Antrieb aus der, wie man glaubte, selbstverschuldeten Unmündigkeit zu befreien.[28] Wenn diese vorwiegend männlichen Autodidakten von der Verbesserung der Künste redeten, dann ging es ihnen um mehr als nur um formale Innovation. Mit Künsten meinten sie sämtliche Bereiche der Wissenschaft und der Technik ebenso wie das mentale und materielle Werkzeug, das entwickelt und hergestellt werden musste, um selbst kleinste Fortschritte zu erzielen. Das neue Rezept war die Wirkung auf den Betrachter, der seine Passivität überwindet und zum Mitwirken aufgefordert wird. «Geh; sey glü[c]klich» bedeutet denn auch, dass jeder gefordert ist, durch die Verbesserung seiner Wahrnehmungsfähigkeit an der Veränderung der gesellschaftlichen Verhältnisse zu arbeiten. Als Kraftquelle und moralisches Regulativ genügte diesen Weltverbesserern die schiere Erinnerung an eine glückliche Kindheit des Menschheitsgeschlechts oder auch nur die Illusion eines verloren geglaubten Idealzustands, den es nun in einer individuell gestalteten und erreichbaren Zukunft mit modernen Mitteln zumindest partiell zu verwirklichen galt.

Abb. 7   Thomas Struth, *Paradise 1 (Pilgrim Sands) Deintree/Australia*, 1998, C-Print, Edition 5/10, 225,7 × 198 cm, Kunsthaus Zürich

An Experimenten zur Verbesserung der Künste fehlte es im ausgehenden Ancien Régime in den meisten europäischen Fürstentümern nicht. Allein, diese gut gemeinten Erneuerungsbestrebungen reichten bei Weitem nicht aus, um die dringenden ökonomischen Probleme zu lösen.

Kunstakademien für den Aufschwung der Wirtschaft

Eine Ausnahme mit Folgen für die Kunst bis ins 19. Jahrhundert lässt sich am Beispiel des Kurfürstentums Sachsen beobachten. Als Adrian Zingg Mitte 1766 in Dresden eintraf, fand er nicht die von Salomon Gessner besungene Weltstadt der Musen vor. Seine ersten Eindrücke waren geprägt von den Zerstörungen des Siebenjährigen Kriegs, wie sie Bernardo Bellotto in seinem Gemälde *Die Trümmer der Kreuzkirche von Dresden* (Abb. 8) 1765 verewigt hat. Der sächsische Staat war wegen der Misswirtschaft unter August dem Starken und seinem Minister Graf von Brühl hoch verschuldet. Durch Sparsamkeit und weitreichende Wirtschaftsmassnahmen machte sich ein neues Regime unter den Kurfürsten Friedrich Christian und dem jungen Friedrich August III. daran, die trostlose Lage der Bevölkerung

Abb. 8   Bernardo Bellotto, *Die Trümmer der Kreuzkirche von Dresden*, 1765, Öl auf Leinwand, 84,5 × 107 cm, Kunsthaus Zürich

Abb. 9　Eleazar Zeissig,
gen. Schenau (1737–1806),
Das Kunstgespräch, 1772,
Öl auf Leinwand, 80 × 63,5 cm,
Gemäldegalerie Alte Meister,
Staatliche Kunstsammlungen
Dresden, Gal.-Nr. 3161

zu verbessern. Zu den entschieden vorangetriebenen Massnahmen dieses sogenannten «Rétablissements», das in erster Linie von bürgerlichen Kräften getragen wurde, gehörten die Berufungen von Adrian Zingg aus St. Gallen und Anton Graff aus Winterthur an die sächsische Kunstakademie in Dresden.[29] Ein wichtiger Faktor zur Förderung des Handels und des Manufakturwesens, von dem man sich einen raschen kulturellen und wirtschaftlichen Aufschwung des Landes versprach, war also die Neugründung der Kunstakademie. Auf dem Gemälde von Johann Eleazar Zeissig, gen. Schenau, *Das Kunstgespräch* (Abb. 9), von 1772, sehen wir den neugewählten Generaldirektor der Schönen Künste Ludwig von Hagedorn mit grünblauem Rock (links im Bild sitzend) im Gespräch mit dem sächsischen Minister Thomas Freiherr von Fritsch (die Hauptfigur auf der rechten Bildseite), umgeben von Kunstwerken. Hinter diesen fortschrittlichen Vertretern der sächsischen Kulturpolitik bereiten sich drei Künstler auf ihre Audienz vor. V. l. n. r. erkennen wir die Köpfe von Zingg, Graff und Schenau, dem Maler des Bildes. Im Zentrum dieses galanten Konversationsstückes steht nicht mehr der Fürst, sondern das Gespräch, das die neuen kunstpolitischen Amtsträger mit den neu berufenen jungen Akademielehrern führen werden.

Die Erfindung der Sächsisch-Böhmischen Schweiz

Wir können nicht wissen, worüber sie verhandelt haben. Wir vermuten, dass Hagedorn, der selbst Landschaften radierte und der in seinen theoretischen Schriften über die Kunst entschieden eine Aufwertung der Landschaft in der akademischen Rangordnung vorantrieb, Zingg ermuntert haben mochte, die grossen Meister des 17. Jahrhunderts in der Dresdener Gemäldegalerie zu studieren und ihre Landschaftsgemälde in hochwertigen Reproduktionsstichen einer breiten Sammlerklientel, insbesondere aber angehenden Landschaftsmalern zu erschliessen. Hagedorn bemühte sich zeitlebens um eine Aufwertung der Originalgrafik, insbesondere der Landschaftsgrafik. Bis in die Mitte des 18. Jahrhunderts diente die Grafik nämlich fast ausschliesslich der Reproduktion von Gemälden.

Als Lehrer für Kupferstich mit dem Schwerpunkt auf Landschaft wurde Zingg an der Akademie denn auch angestellt. Er musste sich von Anfang an gegen die italienische Konkurrenz behaupten, die in Dresden gut vertreten war und in Bellotto eine einflussreiche Galionsfigur vorzuweisen hatte. Doch von Hagedorns hohe Erwartungen wurden enttäuscht. Zingg kam den wiederholten Mahnungen, die vertraglich vereinbarten Reproduktionsstiche zu liefern, nicht nach. Stattdessen entpuppte sich der Zugezogene bereits im ersten Dresdner Jahr als ein passionierter Wanderer, der unermüdlich das etwa zwanzig Kilometer von Dresden entfernte Elbsandsteingebirge mit seinem Skizzenbuch in gut Rousseau'scher Manier durchstreifte – zuerst noch in Begleitung von Anton Graff, später allein oder mit seinen Schülern. Eines seiner Skizzenbücher ist erhalten. Es konnte 1996 vom Kupferstich-Kabinett Dresden aus Privatbesitz erworben werden und wurde anlässlich der Zingg-Ausstellung zum ersten Mal vollständig publiziert.[30]

Das Elbsandsteingebirge östlich von Dresden ist berühmt für seine Formenvielfalt und Weiträumigkeit. Bereits die sächsischen Hofmaler Johann Alexander Thiele, Bernardo Bellotto und Christian Wilhelm Ernst Dietrich haben es in ihren Stichen und Gemälden gewürdigt. Doch Zingg gebührt das Verdienst, seine pittoresken und sublimen Schönheiten als Erster systematisch erschlossen zu haben. Seine Ansichten sind stilbildend geworden und prägten die Souvenirproduktion des frühen Tourismus. Als Sächsische und Böhmische Schweiz ist das Elbsandsteingebirge bereits zu Lebzeiten Zinggs in die Reiseliteratur eingegangen. Zingg und Anton Graff gelten noch in den neusten Reiseführern als deren Entdecker und dies, obschon sich heute kaum ein Wanderer, der den sogenannten «Malerweg», die Hauptwanderroute durch die Sächsische Schweiz, unter die Füsse nimmt, an die Werke ihrer Entdecker erinnern kann. Erst durch die Gemälde von Caspar David Friedrich sowie seiner Freunde Johan Christian Clausen Dahl und Carl Gustav Carus, vor allem aber durch die Vedutenproduktion von Zinggs Patenkind Ludwig Richter, der Zinggs Nachfolger an der Akademie wurde und zu den populärsten Malern der Spätromantik avancierte, erlangte die Sächsische und Böhmische Schweiz kanonische Geltung. Wir denken dabei an zwei der berühmtesten Bilder in der Galerie Neue Meister der Staatlichen Kunstsammlungen Dresden: *Das Kreuz im Gebirge (Tetschener Altar)*, um 1808, von Caspar David Friedrich (Abb. S. 145), und *Überfahrt über die Elbe am Schreckenstein*, 1837, von Ludwig Richter (Abb. S. 158). Die verlassene Burgruine auf dem Felsen, hoch über der Elbe, und das Kreuz in gebirgiger Gegend, das sind Motive, die Zingg in seinen Landschaftsveduten immer wieder variierte und in seinen späteren Arbeiten mit einer gewissen symbolischen Bedeutung anreicherte.[31]

«Marke Zingg» oder «Zingg'sche Manier»?

Im Vorwort zum zweiten Heft seiner Studienblätter für Landschaftszeichner schrieb Zingg 1809: «Wo die Flamme des Genies im Innern glüht, da herrscht auch die Überzeugung, dass alles, was Andere geleistet haben, eben so gut erreicht, ja, dass selbst ein Claude Lorrain und ein Poussin übertroffen werden könne[n]; denn die Kunst kennt keine Grenzen.»[32] Offensichtlich schlug das Pathos der Aufklärung mit seinem Perfektibilitätsglauben beim alten Zingg noch einmal kräftig durch, und dies ausgerechnet in Dresden, der Hochburg romantischer Landschaftsmalerei, die im ersten Jahrzehnt des 19. Jahrhunderts tonangebend war. Rein künstlerisch betrachtet, hatte sich Zinggs Werkstatt-Betrieb nach 1800 überlebt. Das zeigt sich besonders eindrücklich in der Gegenüberstellung der zwei Ansichten von Teplitz, die eine von Adrian Zingg, die andere von Caspar David Friedrich, beide vom selben Standort aus aufgenommen (Abb. 10 und 11): Während Zingg eine reich staffierte und bildmässig ausgeführte Zeichnung liefert, gelingt es Caspar David Friedrich, ohne Rückgriff auf erzählerische und rahmende Elemente im Vordergrund, ein Gefühl von Raum und Unendlichkeit zu evozieren.

Der Wanderer, der dem Akademiebetrieb regelmässig den Rücken kehrte, um mit seinen Schülern künstlerisches Neuland zu erschliessen, erwies sich für Gewerbe und Tourismus in Sachsen als wahrer Segen. Heute streitet sich die Wissenschaft über die Eigenhändigkeit mancher seiner grossformatigen Landschaften. Als Werkstattarbeiten der Marke «Zingg» waren sie zu Lebzeiten des Meisters hoch geschätzt. Erst in der nachfolgenden Generation geriet die «Zingg'sche Manier» in Verruf. Der Originalitätsbegriff der Romantik, der unsere Wertvorstellung von Kunst bis heute bestimmt, lässt wenig Spielraum für eine angemessene Würdigung von Zinggs Schaffen. «Zingg ist es gelungen, einen persönlichen, relativ leicht lehrbaren Stil zu kreieren und ihn in Mode zu bringen», schreibt Sabine Weisheit-Possél, die zurzeit berufenste Kennerin des Zingg'schen Œuvres, und fährt fort: «Deshalb kam es bei den Arbeiten aus der Zingg-Werkstatt auch weniger auf die Eigenhändigkeit, als vielmehr auf das unverwechselbare Gefüge, eben auf die ‹Marke Zingg› an.»[33]

Es versteht sich von selbst, dass dieser Sachverhalt sowohl im Kolloquium wie auch während der gemeinsamen Besuche der Zingg-Ausstellung im Kunsthaus Zürich zu kontroversen Diskussionen und Stellungnahmen

Abb. 10   Adrian Zingg, *Blick auf Teplitz in Böhmen*, Feder in Braun, hellbraun laviert, auf Papier, 49,9 × 64,8 cm, Albertina, Wien

Abb. 11   Caspar David Friedrich, *Der Schlossberg bei Teplitz*, 1807/1835, Feder und Pinsel in Braun, über Bleistift, auf Papier, 23,9 × 35,9 cm, Kupferstichkabinett, Staatliche Museen zu Berlin

Anlass gab. Nehmen wir Zinggs Aussage «die Kunst kennt keine Grenzen» beim Wort, dann eröffnet sich für den Rezeptionsdiskurs womöglich ein neues, noch unwegsames Gelände, das entschieden über die Konventionen der Landschaftsdarstellung um 1800 hinausweist. Wer hätte gedacht, dass die Schweiz in den folgenden Jahrhunderten zu einem beweglichen Sehnsuchtsort mutieren würde, der topografische, gesellschaftspolitische und ökonomische Grenzen sprengt und bis heute die Reise- und Migrationsfantasien in einer globalisierten Völkergemeinschaft zu beflügeln vermag.

Schweizen in aller Welt: Vom Locus amoenus zum Exportmodell

Seit dem frühen 19. Jahrhundert wurde das Alpen- und Seenland Schweiz in ganz Europa zu einer Projektionsfläche und einem Synonym für das Wandern in freier Natur, was Touristen aus aller Welt anlockte. Die tragenden Topoi im alpenländischen Tourismus-Diskurs versprachen Authentizität und Abenteuer, etwas altmodischer ausgedrückt, Locus amoenus und Emotionen.[34] Umgekehrt schwärmten die Schweizer in die Welt aus, um neue Schweizen zu entdecken. In Sachsen bezeichnete man die ersten Touristen, die in die Sächsische Schweiz reisten, als «Schweizreisende»,[35] ungeachtet ihrer Herkunft. Solche «Schweizreisende» waren bald überall anzutreffen, wo es Seen und Berge zu bewundern gab. Ausgewanderte Schweizer oder Schweiz-Nostalgiker gründeten weitere Schweizen, ohne Auftrag und ohne ihre Vorgänger, geschweige denn die Begründer dieses landschaftlichen Kulturtransfers zu kennen. Allein in Deutschland sind, wie oben bereits erwähnt, 105 Schweizen bekannt.

Den Grundstein legte Adrian Zingg vor etwas mehr als 250 Jahren mit der Sächsischen und Böhmischen Schweiz. Indessen hat er die romantische Reise nicht allein erfunden. Es lag wahrscheinlich nicht einmal in seiner Absicht, ein solches Modell bereitzustellen. Das Reisen mit inneren Bildern, die unterwegs aufgezeichnet, reproduziert und in alle Welt kommuniziert werden, ist längst im Internet-Zeitalter angekommen. Auf den Spuren dieses eminent romantischen Themas erkunden und besiedeln wir heute die verborgensten Winkel unseres Planeten. Dabei wird uns oft erst im Verlauf der Reise bewusst, wie schwierig es ist, die eigenen Erwartungen zu unterlaufen, offen zu sein für das ganz Andere, das jeder echten Begegnung vorausgeht.

1 *Adrian Zingg. Wegbereiter der Romantik*, hrsg. von Petra Kuhlmann-Hodick, Claudia Schnitzer und Bernhard von Waldkirch, Ausst.-Kat. Kupferstich-Kabinett, Staatliche Kunstsammlungen Dresden, 17.2.–6.5.2012; Kunsthaus Zürich, 25.5.–12.8.2012, Dresden: Sandstein Verlag, 2012.

2 *Idyllen in gesperrter Landschaft. Zeichnungen und Gouachen von Salomon Gessner (1730–1788)*, hrsg. von Bernhard von Waldkirch/Zürcher Kunstgesellschaft, Ausst.-Kat. Kunsthaus Zürich, 26.2.–16.5.2010, München: Hirmer, 2010.

3 *Carl Wilhelm Kolbe d. Ä. (1759–1835). Künstler, Philologe, Patriot*, hrsg. von Norbert Michels, Ausst.-Kat. Anhaltische Gemäldegalerie Dessau, 28.11.2009–31.1.2010; Städtische Galerie in der Reithalle, Schloss Neuhaus, Paderborn, 24.4.–13.6.2010; Kunsthaus Zürich, 10.9.–28.11.2010, Petersberg: Imhof, 2009.

4 Vorbildlich aufgearbeitet ist die Landschaftsmalerei in Sachsen, vgl. Anke Fröhlich, «Zitierte und ausgewählte Literatur», in: Zürich 2010 (wie Anm. 2), S. 261–273, hier S. 266.

5 Alexander Rosenbaum belegt diesen Sachverhalt in seinem kenntnisreichen Buch *Der Amateur als Künstler. Studien zu Geschichte und Funktion des Dilettantismus im 18. Jahrhundert*, Diss. Humboldt-Univ. Berlin, 2007, Berlin: Mann, 2010: «Im Unterschied zu bisherigen Bemühungen, Dilettantismus als ein bloss sozial- und kulturgeschichtliches Phänomen zu beschreiben, galt es, diesen als einen wesentlichen Beitrag zur Kunst- und Künstlergeschichte des 18. Jahrhunderts zu verstehen.» Ebd. S. 293. Vgl. auch «Dilettante», Artikel von Bernhard von Waldkirch, in: *Dictionnaire européen des Lumières*, hrsg. von Michel Delon, Paris: Presses Universitaires de France, 1997, S. 340–341.

6 Vgl. F. Carlo Schmid, «Salomon Gessner als bildender Künstler», in: *Salomon Gessner als europäisches Phänomen. Spielarten des Idyllischen* (Beihefte zum Euphorion, 66), hrsg. von Maurizio Pirro, Heidelberg: Winter, 2012, S. 39–60; Anke Fröhlich, «Salomon Gessner und die Dresdner Akademie», in: Zürich 2010 (wie Anm. 2), S. 169–181; *Johann Christian Reinhart. Ein deutscher Landschaftsmaler in Rom*, hrsg. von Herbert W. Rott und Andreas Stolzenburg, Ausst.-Kat. Hamburger Kunsthalle, 26.10.2012–27.1. 2013; Bayerische Staatsgemäldesammlungen, Neue Pinakothek, München, 21.2.–26.5.2013, München: Hirmer, 2012, S. 131.

7 Schweiz Tourismus, die nationale Marketingorganisation des Ferien- und Reiselandes Schweiz, hat diese Daten bis 1991 zusammengetragen. Vgl. <http://de.wikipedia.org/wiki/Schweiz_(Landschaftsbezeichnung)>, Zugriff 1.10.2015. 1992 wurde neben dem Bundeshaus in Bern ein von Schweiz Tourismus initiierter und von der damaligen Volksbank sowie der Auslandschweizerorganisation finanzierter Steingarten des Berner Künstlers George Steinmann eingeweiht. Er enthält 44 Steine, die aus denjenigen Regionen aus allen fünf Kontinenten stammen, die den Begriff «Schweiz» in ihrem Namen tragen. Die letzte Auszählung hat 233 «Schweizen» auf allen Kontinenten ergeben, vgl. Paul Schneeberger, «Die Schweiz als vielfältige Metapher», in: *Neue Zürcher Zeitung*, 3.8.2013, S. 13.

8 Eine exemplarische Untersuchung dieses Fragenkomplexes liefert der Band Rémy Charbon/Corinna Jäger-Trees/Dominik Müller (Hrsg.), *Die Schweiz verkaufen. Wechselverhältnisse zwischen Tourismus, Literatur und Künsten seit 1800* (Schweizer Texte, N. F., 32), Zürich: Chronos, 2010.

9 *Wissenschaft, Sentiment und Geschäftssinn. Landschaft um 1800*, Konzept und Organisation: Roger Fayet, Regula Krähenbühl, Bernhard von Waldkirch, Sabine Weisheit-Possél, Internationales Kolloquium, Schweizerisches Institut für Kunstwissenschaft (SIK-ISEA), Zürich, 14. und 15.6.2012.

10 *Das Stammbuch A. Zinggs*, Faksimile nach dem Stammbuch von 1766 im Kunstmuseum Basel, Kupferstichkabinett, hrsg. von Erwin Hensler, Leipzig: Insel, 1923, Bl. 81b: «Dort am sanften Geräusche der Elbe, sitzen im feyerlichen Schatten die Musen; emsig wie Bienen sammeln sie die Schätze der Künste, machen die Gegend zur Zierde

der Welt, und befeuern die Nation zu allem, was schön und gut ist. Was Wunder, dass sie mit allen Reitzungen des Glükes und der Ehre dich hinloken, dich, ihre Ehre und ihren Stolz! Geh; mit offenen Armen, sehnsuchtsvoll, sehn sie dir entgegen. Geh; sey glüklich; ich bin ruhig; denn kein Glük und keine Ehre machen dein Vaterland dich vergessen, noch die, die dort auf deine Freundschaft stolz sind. Gessner.»

11 Jean-Jacques Rousseau, «Fünfter Spaziergang» [entstanden 1777, veröffentlicht 1782], in: *Träumereien eines einsamen Spaziergängers*, übers. von Ulrich Bossier, Nachwort von Jürgen von Stackelberg, Stuttgart: Reclam, 2003, S. 82–97, hier S. 93.

12 «Es war der durch Rousseau vorbereitete französische Geist, der Gessner zuerst Verständnis entgegenbrachte.» Renate Böschenstein-Schäfer, *Idylle* (Sammlung Metzler, 63), Stuttgart: Metzler, 1967, S. 79. Rousseau las Gessners Idyllen 1761 in einem Zuge durch und wünschte mit ihm seine Einsamkeit zu teilen, ebd., S. 79. Vgl. die ausgezeichnete Studie von Wiebke Röben de Alencar Xavier, *Salomon Gessner im Umkreis der «Encyclopédie». Deutsch-französischer Kulturtransfer und europäische Aufklärung* (Travaux sur la Suisse des Lumières, 5), Diss. Univ. Osnabrück, 2006, Genf: Slatkine, 2006, hier besonders der dritte Teil: «Gessner in Paris zwischen deutschen und französischen Aufklärern», S. 123–257. Vgl. Gessners Brief an Van Goens vom 9.2.1774, in dem Gessner seine autodidaktische Erfahrung im Umgang mit der Natur als Ausgleich für seinen ermüdenden Geschäfte stilisiert, ebd., S. 369. Siehe auch dies. in: Zürich 2010 (wie Anm. 2), S. 129–141.

13 Vgl. Bernhard von Waldkirch, «Natur und Mensch. Zur Staffierung der Landschaft bei Adrian Zingg», in: Dresden/Zürich 2012 (wie Anm. 1), S. 61–65.

14 Wörtlich heisst es im Genfer Manuskript des *Contrat Social*: «Montrons [...] dans l'art perfectionné la réparation des maux que l'art commencé fit à la nature [humaine].» Zit. nach Jean Starobinski, *Le remède dans le mal. Critique et légitimation de l'artifice à l'âge des Lumières* (NRF Essais), Paris: Gallimard, 1989, S. 177. Mit dieser geschichtsphilosophischen Intuition spricht sich Rousseau dezidiert gegen die im 18. Jahrhundert verbreitete Nostalgie eines Goldenen Zeitalters der Menschheit im Einklang mit der Natur aus.

15 «Il faut employer beaucoup d'art pour empêcher l'homme social d'être tout à fait artificiel.» Zit. nach Starobinski 1989 (wie Anm. 14), S. 178 (übers. vom Verfasser).

16 Bernhard von Waldkirch, «Salomon Gessner», «(Johann) Konrad Gessner», in: *The Dictionary of Art*, hrsg. von Jane Turner, 34 Bde., London: Macmillan/New York: Grove, 1996, Bd. 12, S. 499–501. Beide Artikel in gekürzter Form in: *SIKART Lexikon zur Kunst in der Schweiz*, «Gessner, Salomon [1998, 2011]», <http://www.sikart.ch/kuenstlerinnen.aspx?id=4022807>, Zugriff 30.9.2015; «Gessner, Konrad (Conrad) [1998]», <http://www.sikart.ch/kuenstlerinnen.aspx?id=4022903>, Zugriff 30.9.2015.

17 Zu Lebzeiten wurde Gessners Detailrealismus oft harsch kritisiert. Gerade die nahsichtige Wiedergabe von Kräutern und Gräsern wurde jedoch von Künstlern wie Carl Wilhelm Kolbe und Ludwig Richter positiv rezipiert. Gessners Bedeutung für die Landschaftsmalerei um 1800 wird von der Forschung zunehmend thematisiert, vgl. F. Carlo Schmid: «Mit manchen seiner Gouachen öffnete er jedoch ein Tor zur Romantik, was ihn zum zukunftsweisendsten Schweizer Künstler jener Epoche werden liess.» Schmid 2012 (wie Anm. 6), S. 60.

18 Vgl. Fröhlich 2010 (wie Anm. 6), S. 178.

19 *Salomon Gessners Briefwechsel mit seinem Sohne. Während dem Aufenthalte des Letztern in Dresden und Rom, in den Jahren 1784–85 und 1787–88*, hrsg. von Heinrich Gessner, Bern/Zürich: H. Gessner, 1801, S. 57–59. Zit. in Martin Bircher/Bruno Weber, unter Mitwirkung von Bernhard von Waldkirch, *Salomon Gessner*, Zürich: Orell Füssli, 1982, S. 181.

20 Bernhard von Waldkirch, «Der Weidenstamm und die Idylle. Carl Wilhelm Kolbe in Zürich 1805–1808», in: Zürich 2010 (wie

Anm. 2), S. 218–219. Ein Gästebuch ist bis heute nicht bekannt.
21 Carstens über den Zürcher Autodidakten: «Gessner hatte richtige Begriffe von der Kunst, schwärmte nicht, und hegte grosse Achtung für die Alten». Zit. nach Carl Ludwig Fernow, *Carstens, Leben und Werke* [Erstausgabe 1806], hrsg. von Herman Riegel, Hannover: Rümpler, 1867, S. 68–69.
22 Vgl. die Besprechungen von Kolbes Radierungen nach Gessner durch Carl Ludwig Fernow, in: *Journal des Luxus und der Moden* 22 (1807), 1.–4. Heft; 25 (1810), 5. Heft; 26 (1811), 6. Heft.
23 Karl Wilhelm Kolbe, *Mein Lebenslauf und mein Wirken im Fache der Sprache und der Kunst, zunächst für Freunde und für Wohlwollende [...]*, Berlin/Leipzig: G. Reimer, 1825, S. 8–9.
24 Ulf Martens, *Der Zeichner und Radierer Carl Wilhelm Kolbe d. Ä. (1759–1835)*, Berlin: Mann, 1976, S. 36.
25 Der Landschaftsmaler, Zeichner und Radierer Johann Heinrich Meyer (Zürich 1755–1829 Zürich), der als Schüler Salomon Gessners die Zürcher Kunstschule besuchte und Mitgründer der hiesigen Künstlergesellschaft war, wird häufig mit dem «Goethe-Meyer» (Zürich 1760–1832 Jena) verwechselt.
26 *Adam und Eva*, 1504, Kupferstich, 25,1 × 19 cm (Bartsch 1), Kunsthaus Zürich, Grafische Sammlung, Gr. Inv. 2000/100.
27 *Thomas Struth. Fotografien 1978–2010*, hrsg. von der Zürcher Kunstgesellschaft, Ausst.-Kat. Kunsthaus Zürich, 11.6.–12.9.2010; Kunstsammlung Nordrhein-Westfalen, Düsseldorf, K20, 26.2.–19.6.2011; Whitechapel Gallery, London, 6.7.–16.9.2011, u. a., München: Schirmer Mosel, S. 98–115, 206–210.
28 In diesem Diskurs wurden die Ureinwohner der nichteuropäischen Kontinente noch als «Gestalten des Andersartigen, der Differenz und der reinen Macht des Negativen» dargestellt, zit. nach Achille Mbembe, *Kritik der schwarzen Vernunft* [Originalausgabe: *Critique de la raison nègre*, Paris 2013], übers. von Michael Bischoff, Berlin: Suhrkamp, 2014, S. 30.

29 Vgl. die grundlegende Monografie von Sabine Weisheit-Possél, *Adrian Zingg (1734–1816). Landschaftsgraphik zwischen Aufklärung und Romantik* (Villigst Perspektiven, 12), Diss. FU Berlin, 2008, Berlin: Lit, 2010, hier insbes. die Kapitel über die Dresdner Kunstakademie unter von Hagedorn und Zingg als innovativen Akademielehrer, S. 47–98. Zum Verhältnis von Studiensammlung und Künstlerdilettant siehe das Kapitel über Christian von Hagedorn, in: Rosenbaum 2010 (wie Anm. 5), S. 218–236.
30 Petra Kuhlmann-Hodick, «Der Pate. Adrian Zinggs Skizzenbuch einer protoromantischen Reise», in: Dresden/Zürich 2012 (wie Anm. 1), S. 41–59.
31 Vgl. *Burgruine Schreckenstein an der Elbe* und *Der Prebischkegel* (Abb. im vorliegenden Band, S. 91), in: Dresden/Zürich 2012 (wie Anm. 1), Kat. 39 und 42. Vgl. die sorgfältig recherchierten Gegenüberstellungen von Landschaftsfotografie und Werken der Romantik in: Frank Richter, *Der historische Malerweg. Die Entdeckung der Sächsischen Schweiz im 18./19. Jahrhundert*, 3. Aufl., Husum: Verlag der Kunst Dresden, 2009; ders., *Caspar David Friedrich – Spurensuche im Dresdner Umland und in der Sächsischen Schweiz*, Husum: Verlag der Kunst, 2009; ders., *Caspar David Friedrich. Das Riesengebirge und die böhmischen Berge*, Husum: Verlag der Kunst, 2012. Siehe auch den Beitrag von Martin Kirves im vorliegenden Band, S. 76–99.
32 Adrian Zingg, *Erste Anfangsgründe der Landschafts-Zeichenkunst und Mahlerey. Zweites Heft*, Leipzig: Göschen, 1809, S. 11.
33 Weisheit-Possél 2010 (wie Anm. 29), S. 411.
34 Dominik Müller, «Tourismuswerbung und Tourismuskritik in Literatur und Kunst aus der Schweiz. Eine Skizze», in: Charbon/Jäger-Trees/Müller (Hrsg.) 2010 (wie Anm. 8), S. 21.
35 Richter 2009 (Malerweg) (wie Anm. 29), S. 10.

I. Konzepte und Sehweisen der Landschaft

Von «Wunder-Bergen» und «Colossalischen Schreckensäulen». Die Entdeckung der Gletscher in der Schweizer Kunst des 17. und 18. Jahrhunderts

Matthias Oberli

Am Übergang vom 18. zum 19. Jahrhundert galten die europäischen Alpen endgültig als bezwungen. Nach mehreren gescheiterten Versuchen war es im Sommer 1786 einem Arzt und einem Jäger aus Chamonix gelungen, den bis auf 4810 Meter über Meer ragenden Montblanc als höchsten Berg des Kontinents zu besteigen.[1] Ein Vierteljahrhundert später, im August 1811, erreichte eine vierköpfige Seilschaft erstmals den 4158 Meter hohen Gipfel der Jungfrau.[2] Auf dem nunmehr entzauberten Massiv des Berner Oberlands hissten die erfolgreichen Alpinisten, zwei Seidenfabrikanten aus Aarau und zwei Walliser Gemsjäger, eine schwarze Fahne.[3] Bereits im Herbst 1805 verkündet der französische Chef-Ingenieur Houdouart anlässlich der Eröffnung der durchgehenden Strassenverbindung zwischen Genf und Mailand in einer Depesche nach Paris, dass es keine Alpen mehr gäbe: «[...] vous pouvez enfin annoncer à sa Majesté impériale qu'il n'y a plus d'Alpes. Le Simplon est ouvert [...].»[4]

Definitiv vorbei scheinen in der napoleonischen Epoche also die Zeiten, in denen der gefürchtete Draco Helveticus in den einst schwer zugänglichen Schweizer Bergen sein Unwesen trieb; ganz so, wie es barocke Chronisten und Naturforscher noch im 17. und frühen 18. Jahrhundert wiederholt beschrieben und illustriert haben.[5] In seiner 1770 zusammen mit dem *Atlas novus Reipublicae Helveticae* erschienenen *Schweitzer-Geographie. Samt den Merkwürdigkeiten in den Alpen und hohen Bergen* macht Gabriel Walser reinen Tisch mit solchen Vorstellungen. Sein aufgeklärtes Fazit lautet: «Was Wagner, Scheuchzer und andere mehr von den Drachen geschrieben haben, ist alles ein blosses Hirngedicht und der Drachenstein zu Lucern ist nichts anders, als ein Agat, welcher durch Kunst ausgezieret worden. Man siehet keine Drachen, man hört von keinen mehr. Und was etwan vor alten Zeiten abergläubische, furchtsame Leute für Drachen angesehen, mögen wohl grosse Natern gewesen seyn.»[6]

Die hier geschilderte Entmystifizierung der Schweizer Bergwelt vollzog sich innerhalb des 18. Jahrhunderts. Bei diesem Prozess spielen die Gletscher, auf die wir im Folgenden unseren Fokus legen, eine zentrale Rolle. Sie sind gleichsam Indikatoren einer neuen Annäherung an die Natur und dies sowohl in wissenschaftlicher wie künstlerischer als auch – und ganz besonders – in wirtschaftlicher Hinsicht. Die Leitmotive der Tagung, «Wissenschaft, Sentiment und Geschäftssinn», lassen sich denn auch an der Rezeption und Inszenierung der hochalpinen Gletscherwelt geradezu paradigmatisch untersuchen. Dabei werden wir die drei Stufen der Wahrnehmung, der Erforschung und der Verklärung der Gletscher durchschreiten. Freilich begehen wir bei dieser Erkundungstour nur selten kunsthistorisches Neuland. Verwiesen sei an dieser Stelle unter anderem auf die fundamentalen Beiträge von Bätschmann, Boerlin-Brodbeck, Pfeifer-Helke, Schaller, Stafford, Zumbühl und Zumstein.[7] Ihre Erkenntnisse haben den Pfad für diesen Beitrag vorbereitet.

Die Wahrnehmung der Gletscher

Wenden wir uns also zunächst der Frage zu, ab wann und wie die Gletscher überhaupt in die kollektive Wahrnehmung gelangten.[8] Bekanntlich sind die Alpen in der Schweiz allgegenwärtig. Immerhin besetzen sie rund zwei Drittel des eidgenössischen Territoriums.[9] Von den städtischen Zentren aus sind sie seit alters in wenigen Tagesreisen erreichbar. Dementsprechend früh und prominent erscheinen Gebirge und ewiges Eis in der Kunst. Schon beim *Wunderbaren Fischzug* von Konrad Witz aus dem Jahr 1444 zeichnet sich in der Ferne deutlich der schneebedeckte Montblanc ab.[10] Fortan bilden die Schweizer Alpen die Kulisse für Chroniken und Historienbilder, ohne dass aber topografische Exaktheit angestrebt würde oder sich gar ein eigenes Genre aus der Darstellung der Gebirgswelt entwickelt hätte.[11]

Als schwer passierbare und unwirtliche Gegend interessiert die Bergwelt die Stadtbewohner des Mittelalters nur marginal. Dies ändert sich ab der frühen Neuzeit markant. Mit der zunehmenden Bedeutung von Bergwirtschaft, alpinem Bergbau und Handelswegen rücken die Gebirgstäler immer stärker in das Bewusstsein der städtischen Bevölkerung. Sie sind ein wichtiger Faktor der Herrschaftsausübung und der finanziellen Einkünfte geworden.

Als einer der Ersten macht Sebastian Münster in seiner *Cosmographia* Mitte des 16. Jahrhunderts einer breiten Leserschaft die Schweizer Gebirgswelt bekannt. In seiner Beschreibung des Wallis, wo «seind die berg an manchem ort also gäch, das einem grauset hinauf zu sehen»,[12] kommt Münster auch auf den Rhonegletscher und auf die Eismassen im Allgemeinen zu sprechen. Das Gletschereis, so Münster, schmelze kaum und müsse mindestens zwei- bis dreitausend Jahre alt sein. An vielen Stellen sei der Gletscher unergründlich tief und öffne sich in grossen Schründen von mehreren hundert Metern. In der Sommerhitze würden sich die Eisformationen spalten und gäben von sich «so ein grausams krachen/gleich als woelt dz ertrich brechen.» Münster schildert auch die Nutzung der Gletscher durch die einheimische Bevölkerung als Kühldepot für Fleisch und er führt die heilsamen Kräfte des Eises bei akutem Fieber an.[13]

Von einem breiten Publikum werden die Gletscher erstmals im 17. Jahrhundert wahrgenommen, und zwar mit wachsender Besorgnis. Sich häufende Nachrichten bezeugen das unaufhaltsame Vordringen der Eismassen und die damit verbundene Bedrohung von Häusern, Wäldern und Alpweiden. In diesem Sinne sind auch die wiederholten Gesuche der Gemeinde Grindelwald an den Berner Rat um Zinsnachlass zu verstehen.[14] Darin argumentieren die Gemeindevertreter mit Einbussen, die durch die Verwüstungen der wachsenden Gletscher entstanden seien. In der Tat ist der europaweit zu beobachtende Vorstoss der Gletscher im 17. Jahrhundert die Folge einer «Kleinen Eiszeit», die damals den ganzen Kontinent erfasste.[15]

In einer der ersten detailgetreuen Darstellungen eines Schweizer Gletschers überhaupt werden genau diese wirtschaftlich bedrohlichen Aspekte hervorgehoben. Der Berner Maler und Kartograf Joseph Plepp steuerte für Matthäus Merians 1642 erschienene *Topographia Helvetiae, Rhaetiae, et Valesiae* unter anderem eine Ansicht von Grindelwald bei (Abb. 1).[16] Ganz den Kompositionsprinzipien der Zeit verpflichtet, führen drei Staffage-Figuren im linken Vordergrund die Betrachter in das eigentliche Sujet ein.[17] Der reitende Kavalier und seinen beiden Begleiter sind der Motivwelt der

Abb. 1   Joseph Plepp, *Abbildung des Gletschers im Grindelwald in der Herrschaft Bern*, vor 1642, in: Matthaeus Merian, *Topographia Helvetiae, Rhaetiae, et Valesiae*, Frankfurt a. M. 1642

niederländischen und der italianisanten Landschaftsmalerei entliehen. Ihre Gesten verweisen auf den zentralen Gegenstand, den am Fuss des Mettenbergs vorrückenden und mit «A» gekennzeichneten Gletscher. Dazu besagt die Bildlegende: «Das Eyss oder Gletscher so vom Boden auff wachset und alles von sich stösst mit ungestühm und vielem Krachen.» Im Mittelgrund verstreut sind die einzelnen Bauernhäuser, die von den Eismassen bedroht werden, wie dies auch die Bildunterschrift ausführt.

Im erläuternden Text wird der Gletscher als «miraculum naturae» und als «rechter Wunder-Berg» bezeichnet.[18] Zugleich stellt der Autor das Anwachsen der Gletscher in Analogie zu den Eruptionen des Ätna und des Vesuv. So werden die Gletscher zu einem Faszinosum der Urgewalten der Natur, was ihre Attraktion begründet. Einer langsam fliessenden Lava aus Eis gleich drohen sie das kultivierte Land allmählich unter sich zu begraben. Von daher ist auch die Standortwahl des Künstlers zu verstehen. Nicht bei der Gletscherzunge selbst, wo die Eismassen besser und eindrücklicher zu sehen wären, bezieht er Stellung, sondern in sicherer Distanz – ganz so, wie es in damaligen Schilderungen von Naturereignissen der Fall ist, etwa in Merians Darstellung des Vesuv-Ausbruchs von 1631.

Einen noch entfernteren Standort als Plepp nahm drei Jahrzehnte später der ebenfalls aus Bern stammende Maler Albrecht Kauw ein.[19] In seinem Panorama von Grindelwald (Abb. 2) stellt Kauw zwischen Wetterhorn, Mettenberg und Eiger die beiden Gletscher dar, wo «die Eisschroffen

Abb. 2   Albrecht Kauw, *Eigentliche Abbildung des Gletschers im Thal Grindelwald Sambt dem Dorff und gebirg daselbsten*, 1669, Aquarell, 27,5 × 79,8 cm, Bernisches Historisches Museum, Bern

so wachsen.»[20] Am rechten Bildrand ist der sitzende Künstler zu erkennen. Eine Heuerin schaut ihm bei der Arbeit über die Schultern. Die Integration der zeichnenden Rückenfigur erfreut sich nicht nur bei Kauw[21], sondern in der gesamten topografischen Malerei der Schweiz fortan grosser Beliebtheit.[22] Der im Bild anwesende Künstler soll «die Wahrhaftigkeit der aufgrund von Feldstudien gezeichneten Ansichten» verbürgen.[23] Gleichwohl, ein Augenschein vor Ort macht deutlich, dass es sich bei Kauws Ansicht vielmehr um eine gekonnte Verschmelzung verschiedener Fern- und Nahveduten handelt. Den Quellen zufolge war das kleine Aquarell als Vorlage für ein repräsentatives Gemälde im Schloss Spiez vorgesehen.[24] So ist dieses Landschaftsbild primär als topografische Dokumentation des herrschaftlichen Besitzstandes zu verstehen und weniger als phänomenologische oder gar ästhetische Annäherung an die Eisformationen.

Die Erforschung der Gletscher

Die empirische Herangehensweise an die Gletscher manifestiert sich erst zu Beginn des 18. Jahrhunderts. Sie hat ihren Ausgangspunkt in Zürich mit dem berühmten Universalgelehrten Johann Jakob Scheuchzer.[25] Der Arzt und Naturforscher war die eigentliche Triebkraft sowohl für die wissenschaftliche wie auch für die künstlerische Erkundung der Gletscher vor Ort.[26]

Scheuchzer unternahm jeweils im Sommer ausgedehnte Erkundungsreisen in die Schweizer Berge. Dabei sammelte er systematisch Informationen zu Fauna und Flora, zu Flüssen und Heilquellen ebenso wie zu Kristallen, Formen der Milchverarbeitung und natürlich auch zur Beschaffenheit der Berge und Gletscher.[27] Begleitet wurde der emsige Gelehrte bei seinen Expeditionen von Künstlern, etwa seinem Porträtisten Johann Melchior Füssli sowie vermutlich Felix Meyer und Anna Waser, die später Illustrationen für seine Schriften beisteuerten.

Ab 1706 begann Scheuchzer mit der Publikation seiner *Beschreibung der Natur-Geschichten des Schweizerlands*.[28] Zwei Jahre später erschien in London und mit finanzieller Unterstützung von Mitgliedern der Royal Society – neben anderen auch Isaac Newton – unter dem Titel *ΟΥΡΕΣΙΦΟΙΤΗΣ HELVETICUS, sive, Itinera Alpina Tria* eine lateinische Fassung, die auf ein entsprechend grosses Publikum abzielte. Ihr folgte 1723 eine erweiterte, vierbändige Ausgabe.[29] In all diesen Schriften berichtet Scheuchzer ausführlich über die Gletscher, ihre Beschaffenheit und ihre Lage. Gleichzeitig veröffentlichte sein Zürcher Kollege Johann Heinrich Hottinger 1706 die erste monografische, allerdings nicht illustrierte Abhandlung zu den Schweizer Gletschern.[30]

Künstlerische Zeugnisse, die in direktem Zusammenhang mit Scheuchzers Erkundungen stehen, sind die Gletscherdarstellungen von Johann Melchior Füssli und von Felix Meyer. Beide Ansichten entstanden wohl zwischen 1703 und 1705 und prägten die Wiedergabe und Wahrnehmung der vordringenden Eismassen nachhaltig.

Das Gemälde des aus Winterthur stammenden Felix Meyer (Abb. 3) zählt zu den frühesten seiner Art.[31] Es entstand als Teil einer Serie aus 32 Ansichten von Schweizer Naturphänomenen und Himmelserscheinungen. Auftraggeber war Luigi Ferdinando Marsigli aus Bologna – auch er ein enthusiastischer «uomo universale», der engen Kontakt zu Scheuchzer pflegte.[32] Als eines der wenigen Gemälde des Zyklus scheint dieses Bild nicht in die Sammlung Marsiglis gelangt zu sein. Es wurde bis 1790 im Raritätenkabinett der Winterthurer Kunst- und Wunderkammer aufbewahrt.

Meyer zeigt in Frontalansicht die sich bis zum schneebedeckten Fiescherhorn hin erstreckenden Eismassen des Grindelwaldgletschers in bläulich-grünem Kolorit. Flankiert werden sie links durch den Mettenberg und rechts durch den zum Eiger führenden Hörnligrat. Blickfang in der symmetrisch ausgewogenen Komposition ist das Gletschertor, aus dem sich das milchig weisse Wasser ergiesst. Wie schon bei Kauw, so ist auch hier der Künstler links unten in Rückenansicht dargestellt. Sein Begleiter weist unterdessen mit einem Wanderstock auf die Eisformationen. Doch damit der hochalpinen Besucher nicht genug: Insgesamt sind in der Szene neun

Abb. 3   Felix Meyer, *Der untere Grindelwaldgletscher*, 1703–1705, Öl auf Leinwand, 56 × 76 cm, Museum Briner und Kern, Winterthur

Personen auszumachen, die den «Wunder-Berg» bestaunen. In räumlicher Staffelung verdeutlichen sie sitzend und stehend die immense Grösse der Eismassen. Die Distanz zum Motiv, wie wir sie noch bei Plepp und Kauw beobachten konnten, ist in dieser Ansicht weitgehend aufgegeben. Scheuchzer attestiert Meyers Gemälde in seinen *Itinera Alpina* denn auch einen hohen Grad an Authentizität. Mehr als einmal, so der Autor, sei der Künstler zu den Gletschern gegangen, «ut ad vivum eos delinearet».[33]

Frühere Betrachter erkannten in den bizarr ausapernden Eisformationen Reminiszenzen an einen barocken Gartenpavillon.[34] Noch ergiebiger wird die Suche nach Entsprechungen allerdings bei der Reiseliteratur zu den Altertümern Italiens. Vergleichen wir das von Ausbrüchen durchsetzte Gletschertor mit Egidius Sadelers Ansicht eines antiken Rundtempels (Abb. 4), so sind sowohl in der Bildanlage wie auch in der Staffierung deutliche Parallelen auszumachen.[35] Diese Koinzidenz erschöpft sich jedoch nicht allein in formaler Hinsicht. Seit jeher impliziert die Ruine als Pars pro Toto das Diktum «Roma quanta fuit, ipsa ruina docet [Wie gross Rom einst war, lehren selbst seine Ruinen]» und lässt einstige Grösse erahnen.[36] Betrachten wir das Gletschertor als – zugegebenermassen ephemere – Ruine

Abb. 4 Egidius Sadeler, *Un tempio rotondo*, Kupferstich, in: *Vestigi delle antichita di Roma Tivoli Pozzuolo et altri luochi*, Prag 1606

der jahrtausendealten Eismassen, so manifestiert sich auch da das Prinzip des beeindruckenden Fragments, das den Rückschluss auf die Unermesslichkeit des Eisgiganten gestattet. Damit stossen wir in die damals aktuelle Diskussion der Landschaft als Spiegel der Natur vor. Thomas Burnet zog bereits 1680 in seiner *Theologia Sacra Telluris* die Analogie, Berge seien Ruinen, die von der einstigen Herrlichkeit der Natur zeugten.[37] Noch weiter ging Georges-Louis Leclerc de Buffon. In seiner ab Mitte des 18. Jahrhunderts erscheinenden *Histoire Naturelle* deklarierte er – wie schon Bätschmann aufgezeigt hat – das eigentliche Ende der Natur:[38] Sie sei ein Schutthaufen, eine Ansammlung vegetabiler Ruinen, die es wegzuräumen und zu bekämpfen gelte. Auch Scheuchzer deutete die Berge und Gletscher als Überreste der nachsintflutlichen Epoche. In ihrer äusseren Erscheinung sah er Zeugnisse eines kunstvollen göttlichen Bauplans, den der geneigte Betrachter wie ein Archäologe zu deuten vermöge: «Liebet einer die Antiquiteten, so siehet er mit grösster Lust an die vielfaltig gebrochene, in ordentliche Lager abgetheilte obere Erden-Rinde als traurige überbleibselen der Sündfluth, wilde und steile Felsen, tieffe Hölen, einen ewigen Schnee und berghohe Eisberge, in mitten des heissesten Sommers: mit einem Wort, ein Theatrum oder Schauplatz der unendtlichen Macht, Weissheit und Güte GOTTES.»[39]

Meyers Gletscherbild hatte Signalwirkung und wurde in zahlreichen Radierungen reproduziert. In Bern kopierte es Johann Rudolf Huber d. Ä. als kleinere Version.[40] Zudem integrierte Huber das Motiv auch in sein Porträt Albrecht von Hallers. Der Autor des epochalen Gedichts *Die Alpen* von 1729 posiert mit Feder, Tintenfass und Notizbuch vor Meyers Aussicht auf das Gletschertor und das Fiescherhorn (Abb. 5).[41]

Abb. 5   Johann Rudolf Huber d. Ä., *Bildnis Albrecht von Haller*, 1736, Öl auf Leinwand, 80,6 × 63,5 cm, Privatbesitz

Ebenfalls weite Verbreitung erfuhr Johann Melchior Füsslis Ansicht des Rhonegletschers. Erstmals 1708 in Scheuchzers *Beschreibung der Natur-Geschichten des Schweizerlands* publiziert, diente diese Vedute in den folgenden Jahrzehnten als Vorlage für zahlreiche weitere Illustrationen.[42] International bekannt wurde Füsslis Ansicht des Rhonegletschers insbesondere durch ihre Einfügung als Randvignette in Scheuchzers Schweizerkarte *Nova Helvetiae Tabula Geographica* von 1712, die in ganz Europa Verbreitung fand.[43] Vergleichen wir die erste Ansicht mit späteren Auflagen, so fällt auf, dass Füssli, wie schon Meyer, die Gletscherlandschaft mit Staffagefiguren bevölkert und die Szenerie dramaturgisch ins rechte Licht rückt. In der Scheuchzer-Ausgabe von 1708 erscheint der Rhonegletscher noch menschenleer. Die Gletscherzunge, eine ungeheure Eismasse in der Form eines Brotlaibs, wie es spätere Beobachter beschreiben werden, ist hell erleuchtet, während die Eispyramiden noch im Schatten der hoch aufragenden Berge liegen.

Bereits in der publikumswirksamen Separatauflage, die Füssli 1710 unter dem Titel *Verschiedene Rare Berg-Prospect des Schweyzer Lands* herausbrachte, sind auf allen Ebenen der Bildtiefe Besucher des Naturschauspiels auszumachen (Abb. 6).⁴⁴ Die Eispyramiden laufen nun spitzer zu, sie werden heller beleuchtet, die Bergflanken erscheinen steiler und teilweise gar überhängend. Es ist auch diese «touristische» Fassung, die in Scheuchzers *Natur-Historie des Schweitzerlandes* Eingang finden wird.⁴⁵ In Nachstichen von Füsslis Ansicht, wie beispielsweise in David Herrlibergers kolorierter Fassung, werden die Eismassen noch spektakulärer in Szene gesetzt.⁴⁶ Auch Adrian Zingg, der Füsslis Rhonegletscher um 1760 reproduziert, verleiht den Eispyramiden durch eine dramatische Beleuchtung mehr Plastizität und kristalline Formen.⁴⁷

Letztlich vermögen aber auch solche künstlerischen Retuschen nicht darüber hinwegzutäuschen, dass es sich sowohl bei Füsslis Radierung wie auch bei Meyers Gemälde primär um konstruierte und systematisierte Naturwiedergaben handelt. Dies macht ein Vergleich mit frühen fotografischen Aufnahmen deutlich.

Die Verklärung der Gletscher

Mit dem Erscheinen von Hallers Alpengedicht (1729) setzt die Epoche ein, in der die Berner Wissenschaftler und Künstler allmählich von Zürich die Führerschaft in der Erkundung, in der Darstellung und letztlich auch in der Inszenierung der Schweizer Berge und ihrer Gletscher übernehmen. 1751

Abb. 6   Johann Melchior Füssli, *Der Rhonegletscher*, 1710, Radierung, 25,7 × 18,5 cm, in: *Verschiedene Rare Berg-Prospect des Schweyzer Lands*, Augsburg 1710

veröffentlichte der Berner Gelehrte und Pfarrer Johann Georg Altmann seinen *Versuch einer historischen und physischen Beschreibung der helvetischen Eisbergen*. Der Autor rezipiert und säkularisiert in seinem Werk die bisherigen Beobachtungen von Hottinger und Scheuchzer und er reichert diese mit eigenen Eindrücken an, die er bei einer Reise nach Grindelwald gesammelt hat. Als Titelkupfer des Traktats dient eine Ansicht des unteren Grindelwaldgletschers, die ihrerseits auf einem Gemälde Emanuel Handmanns beruht.[48]

Das Jahr 1760 markiert sozusagen das Fanal für die Erstürmung der Gletscher. Nicht nur unternimmt in diesem Jahr Horace-Bénédict de Saussure von Genf aus seine erste ausgedehnte Erkundungstour auf den Eisfeldern bei Chamonix. Im gleichen Jahr erscheint in Bern Gottlieb Sigmund Gruners *Die Eisgebirge des Schweizerlandes*. Das Werk umfasst neben 680 Seiten Text auch 20 Tafeln mit Gletscheransichten sowie detaillierte Karten. Als Stecher für alle Tafeln konnte Gruner den aufstrebenden Adrian Zingg gewinnen. Dieser arbeitete in Bern im Atelier von Johann Ludwig Aberli,[49] der zur Leitfigur der Schweizer Landschaftsvedute avancierte, nicht zuletzt indem er intensiv die Berge und Gletscher des Berner Oberlands vor Ort studierte und in wegweisenden kolorierten Stichen wiedergab (Abb. 7). Wie Gruner in seiner Einleitung gesteht, habe er selbst nur die wenigsten Gletscher vor Ort in Augenschein genommen. Der Grund für diese Unterlassung sei der enorme Aufwand einer Begehung aller Gletscher, die der Autor mit mindestens 1000 Stunden veranschlagt.[50]

Gruners Schrift *Eisgebirge* ist im Wesentlichen eine Kompilation der bisherigen Erkenntnisse zu den Gletschern. Sie bedient sich ausgiebig bei den Publikationen von Scheuchzer, Hottinger und Altmann und fügt den Entlehnungen ergänzende Beobachtungen und Wegbeschreibungen hinzu. Immer wieder kommt der Autor dabei auch auf den Nutzen der Gletscher für Natur und Mensch zu sprechen, ganz im Sinne Albrecht von Hallers; ein Zitat aus dessen Alpengedicht ziert denn auch das Frontispiz von Gruners Abhandlung: «Der Berge wachsend Eis, des Felsens steile Wände, sind selbst zum Nutzen da, und tränken das Gelände.»

Als glaziologische Enzyklopädie versammelt dieses Werk sowohl überlieferte Gletscherdarstellungen wie auch eigens dafür geschaffene Ansichten. So begegnen wir in Gruners Übersichtsschau bereits altbekannten Kompositionen wie denjenigen von Füssli und Meyer. Zugleich legt sie neue und geradezu spektakuläre Ansichten vor, die eine deutlich jüngere Generation aus dem Umfeld von Johann Ludwig Aberli geschaffen hat. Zu diesen

Abb. 7 Johann Ludwig Aberli, *Der untere Grindelwaldgletscher*, 1768, kolorierte Umrissradierung, 21,5 × 31 cm

Zeichnern gehören neben Aberli selbst, der die Titelvignette für Gruners *Eisgebirge* schuf, die Künstler Daniel Düringer, Samuel Hieronymus Grimm (siehe Abb. 8), Johann Heinrich Koch, Gabriel Walser und der für die Stichreproduktion zuständige Adrian Zingg.

Die topografische Exaktheit der Gletscherdarstellungen dieser jüngeren Schweizer Künstler ist beeindruckend. Fernab der Passstrassen und Hospize nahmen sie im Hochgebirge die Gletscher ins Visier, so auf der Blüemlisalp, im Wildstrubelgebiet oder beim Lauteraargletscher (Abb. 8). Dabei waren ihnen in einigen Fällen wohl auch optische und kartografische Instrumente behilflich, deren Anwendung ab Mitte des 18. Jahrhunderts immer mehr in Mode kam.[51]

Die Vermessung der Gletscher, das Abschätzen ihres gigantischen Umfangs ist ein neues und wesentliches Merkmal der Auseinandersetzung mit dem Naturphänomen. Gruner vermag im Vergleich mit früheren Schriften und Abbildungen das Vorstossen der Eismassen zu belegen. Er nennt akribisch die von den Gletschern verursachten Zerstörungen und er verweist eindringlich auf die vielfältigen Gefahren, die den Besucher der Gletscher erwarten: «Dieses ungeheure Eisthal stellt eine grausam verwildete und mit Schrecken erfüllte Gegend vor, in welche Niemand hinkommt, als diejenigen, die von der Neubegierde mit Gefahr des Lebens dahin geführt werden; da nichts als viele hundert Fuss hoch auf einander gethürmtes Eis, von hohen Schneefirsten und Eiswänden umschlossen, zu sehen ist.»[52] Trotzdem ist es gerade auch diese Bedrohung, die Gruners explizite Bewunderung evoziert, wenn er in seinem Hymnus an die Natur schreibt: «Du

Abb. 8 Adrian Zingg nach Samuel Hieronymus Grimm, *Der Lauteraargletscher*, 1759–1760, Radierung, 12,5 × 16 cm, in: Gottlieb Sigmund Gruner, *Die Eisgebirge des Schweizerlandes*, Bern 1760

verbindest diese fürchterliche, aber zugleich majestätische Einfalt unnachahmlich mit unendlicher Schönheit und Manchfaltigkeit.»[53]

In solchen Äusserungen zeigen sich die Prinzipien des «delightful horror» in geradezu idealtypischer Art und Weise. Edmund Burke kommt in seiner 1757 erschienen Schrift vom Erhabenen und Schönen auch auf die Monumentalität und Unendlichkeit von Landschaften zu sprechen: «Unendlichkeit hat die Tendenz, den Geist mit derjenigen Art frohen Schreckens zu erfüllen, die die eigentümlichste Wirkung und das sicherste Merkmal des Erhabenen ist.»[54] Grösse der Dimension, so der Engländer weiter, sei eine mächtige Quelle des Erhabenen. Die Wirkung einer rauen und gebrochenen Oberfläche ist Burke zufolge stärker als die einer glatten und polierten, eine senkrechte Fläche habe mehr Kraft, erhaben zu wirken, als eine schiefe, und das Hinabblicken in Abgründe berühre wohl stärker als das Hinaufsehen in die Höhe. Damit nimmt er den Eindruck vorweg, den Goethe nach der Besichtigung des Rhonegletschers in seinem Tagebuch mit dem «Grauen der unfruchtbaren Thäler»[55] umschrieb. Auch de Saussure zielt in seiner 1786 veröffentlichten Publikation *Voyages dans les Alpes* auf das sublime Potenzial der Gletscher. Er empfinde die Eismassen ähnlich wie die plötzlich gefrorene See nach einem wilden Sturm, erklärt der Genfer Naturforscher.[56]

In den 1770er Jahren setzte eine nie zuvor gesehene Produktion von Gletschergemälden ein. Diese Werke bedienen ein Publikum, das sich an der schier unendlichen Grösse der Gletscher, an ihrer rauen Erscheinung und an den tiefen Spalten ergötzt. Wie bei Piranesis *Carceri* und Ansichten antiker Monumente (Abb. 9) wird das Objekt durch einen tiefen Betrachterstandpunkt ins Kolossale übersteigert, während ameisengrosse Menschen es bestaunen.[57] Die formale und inhaltliche Parallelisierung antiker Ruinen mit den von der Zeit geformten Alpen, die wir bereits bei Scheuchzer gesehen haben, ist nicht zufällig. Gelehrtenzirkel dieser Zeit fanden ebenso Gefallen an der überwältigenden Grösse griechischer und römischer Tempelreste wie an den bizarren und monumentalen Formen der Schweizer Gebirgswelt. Es sind also wiederum Forscher, nun allerdings vermehrt solche des Altertums, die sich als Auftraggeber und systematische Sammler von Gletscherdarstellungen profilieren und das Bildgenre dadurch weiterverbreiten.

Der Impetus zu dieser neuen Welle von Darstellungen der Schweizer Gletscher geht zu Beginn der 1770er Jahre von England aus. Es sind Mitglieder der Londoner archäologischen Gesellschaften, etwa der «Society of Dilettanti» und der «Society of Antiquarians», die Künstler beauftragen, im Anschluss an ihre künstlerischen Expeditionen nach Italien und Griechenland nun auch die Naturphänomene der Alpen und insbesondere die jahrtausendealten Gletscher malerisch festzuhalten. So begleitete der englische Zeichner William Pars im Sommer 1770 Henry Temple, 2nd Viscount Palmerston und Mitglied der «Society of Dilettanti», auf dessen Reise durch die Schweiz und die Savoyer Alpen. Pars, der zuvor zusammen mit Nicolas Revett in Griechenland Zeichnungen für die berühmte Stichfolge *Ionian Antiquities* angefertigt hatte, malte bei dieser Reise verschiedene Aquarelle von Gletschern und schuf so unter anderem die erste verbindliche Ansicht des Rhonegletschers. Diese Landschaften wurden im folgenden Jahr auf der Frühjahrsausstellung der Royal Accademy einem breiten

Abb. 9 Giovanni Battista Piranesi, *Veduta dell' avanzo del Peristilo della Casa Neroniana*, Kupferstich, 12,8 × 20 cm, in: *Le antichita romane*, Rom 1756

Publikum präsentiert und bis 1774 als umfangreiche Stichfolge publiziert. Mit geübtem Blick für das Erhabene stellt Pars dabei das «Mer de Glace» bei Chamonix als schier endlose Eiswüste dar.[58]

John Strange, ein anderer britischer Archäologe und Naturforscher, beauftragte 1772 bei seiner Reise durch die Schweiz den Zürcher Maler Johann Heinrich Wüest, für ihn möglichst naturgetreue Ansichten des Rhonegletschers zu malen.[59] Wüest, ein in Zürich, Amsterdam und Paris ausgebildeter Künstler, schuf für seinen Auftraggeber zwei kleinformatige Gemälde. Diese Ansichten sind ganz der topografischen Exaktheit verpflichtet und sie eignen sich durch ihre bescheidene Grösse perfekt als Bilder für ein Gelehrtenkabinett.

Drei Jahre später malte Wüest für einen Zürcher Seidenhändler eine wesentlich grössere Ansicht des Rhonegletschers (Abb. 10). Dieses Bild war Bestandteil einer Serie von Landschaftsdarstellungen, die ein Gartenhaus

Abb. 10   Johann Heinrich Wüest, *Der Rhonegletscher*, um 1775, Öl auf Leinwand, 126 × 100 cm, Kunsthaus Zürich

im Stadtzentrum von Zürich schmückten.⁶⁰ Wüest überhöht dabei das Sujet des sich vom Berg herab ergiessenden Gletschers durch Anleihen bei der niederländischen und französischen Landschaftsmalerei zu einer dramatisch-majestätischen Komposition.

Und wie steht es um Caspar Wolf, den Schweizer Alpen- und Gletschermaler par excellence? Wie wir gesehen haben, gehört er mitnichten zu den ersten Künstlern, die sich ins Hochgebirge vorgewagt haben, wie dies die Künstlerbiografik seit jeher behauptet.⁶¹ Vielmehr ist er der Erste, der zusammen mit dem geschäftstüchtigen Berner Verleger Abraham Wagner ein einträgliches Genre aus Alpen- und Gletscherdarstellungen entwickelte. Innerhalb von fünf Jahren schuf er rund 190 Gemälde mit Berg-, Fluss- und Gletschermotiven.⁶² Dabei changieren Wolfs Darstellungen zwischen sublimer Erhabenheit und geselligem Naturerlebnis und festigen so die neu etablierte Landschaftsikonografie. Zu Wolfs Repertoire gehören der tiefe Betrachterstandpunkt vor einer panoramatischen Ansicht, der im Bild anwesende Künstler und Staffagefiguren (Abb. 11), die bisweilen so sorglos auf den Gletschern flanieren wie einst die Bewohner von Liliput auf dem gezähmten Giganten Gulliver. Atmosphärische Überhöhungen wie Gewitterstimmungen und ein Hang zum Kolossalen gehen Hand in Hand mit fröhlichen Gesellschaften, die am Gletscherrand verweilen oder sich mit den Einheimischen unterhalten.

Wolfs Werke waren in Wagners Galerie in Bern ausgestellt und zogen viel Publikum an. Verbreitung in ganz Europa fanden sie ab 1777 als kolorierte Umrissstiche wie auch als günstigere Kupferstiche unter den Titeln *Merkwürdige Prospekte aus den Schweizer-Gebürgen* beziehungsweise *Alpes Helveticae*, jeweils nobilitert mit einem Vorwort Albrecht von Hallers. Darin widmet sich der Autor ausgiebig den Gletschern und ihrer Beschaffenheit und er spricht dabei wiederholt deren Gefährlichkeit für die Reisenden an. Erst durch Wagners Bilderwerk sei es nun möglich, diese «Colossalischen Schreckensäulen» in exakter Wiedergabe und gleichzeitig aus sicherer Distanz zu betrachten.⁶³ Wie der *Teutsche Mercur* 1779 anerkennend vermerkt, übertreffen diese Grafiken denn auch «vieles, was bisher in dieser Art der Porträtmalerei des Schrecklichschönen ist geleistet worden».⁶⁴

In seinem *Grossen Panorama der Alpen und Gletscher* versammelt Wolf die landschaftlichen Inkunabeln zu einem gefälligen Capriccio (Abb. 12). Den galanten Künstler begleiten im Berner Oberland Damen und Herren der feinen Gesellschaft und einheimisches Personal. So haben in diesem

Abb. 11　Caspar Wolf, *Der Lauteraargletscher*, 1774, Öl auf Leinwand, 55 × 82 cm, Aargauer Kunsthaus, Aarau

Abb. 12　Caspar Wolf, *Das grosse Panorama der Alpen und Gletscher*, 1774–1777, Öl auf Leinwand, 54,5 × 82,5 cm, Privatbesitz

Programmbild die Gletscher ihre Bedrohlichkeit endgültig verloren und mutieren zum pittoresken Amüsement für Touristen.

Die in der Folge entstehenden Gletscherdarstellungen von Künstlern aus dem In- und Ausland sind Legion und zierten – meist als kolorierte Grafik – bald jede bessere Studier- und Wohnstube.[65] Oft wurden die Motive kombiniert mit Trachtenbildern und urchigen Berghütten. Bald schon aber vermochte die schiere Naturerscheinung das Publikum nicht mehr in ihren Bann zu ziehen. In Mary Shelleys *Frankenstein* wie auch in Lord Byrons *Manfred* von 1817 geben die Gletscher bei Chamonix und der Jungfraugipfel bloss noch die Kulisse für romantische Dramen, die auf einer neuen Ebene von der bedrohlichen und komplexen Beziehung des Menschen zur Natur handeln.[66]

1   Die Erstbesteigung des Montblancs datiert auf den 8. August 1786 und gelang zwei aus Chamonix stammenden Männern, dem Jäger Jacques Balmat (1762–1834) und dem Arzt Michel-Gabriel Paccard (1757–1827). In den folgenden 65 Jahren wurde das Massiv 35 Mal bezwungen, 1809 auch erstmals von einer Frau, Marie Paradis, siehe Elsbeth Flüeler, *Wandern rund um den Montblanc. Frankreich, Schweiz, Italien*, Zürich: Rotpunktverlag, 2005, S. 62–67.
2   Zur Seilschaft gehörten die Gebrüder Johann Rudolf jun. (1768–1825) und Hieronymus (1769–1844) Meyer aus Aarau sowie die aus dem Wallis stammenden Jäger Alois Volker und Joseph Bortis.
3   Die Besteigung wurde 1812 wiederholt, da die gehisste Fahne vom Tal aus nicht zu erkennen war und daher die erfolgreiche Besteigung angezweifelt wurde. Die bei der Zweitbesteigung gepflanzte Fahne war bis 1842 von Grindelwald aus sichtbar. Siehe dazu Daniel Anker (Hrsg.), *Jungfrau. Zauberberg der Männer* (Bergmonographie, 1), Zürich: AS Verlag, 1996, S. 26–41.
4   François Robert Houdouart (1761–1810) in einem Eilbrief vom 16. September 1805 nach Paris, zit. nach: *Voyage pittoresque de Genève à Milan par le Simplon 1800–1820*, Ausst.-Kat. Schweizerisches PTT-Museum, Bern, 10.6.–30.10.1994, S. 21.
5   Zum Draco Helveticus vgl. Johann Leopold Cysat (1601–1663), *Beschreibung dess berühmbten Lucerner- oder 4. Waldstaetten Sees […]*, Luzern: David Hautt, 1661, nach S. 166; Athanasius Kircher (1602–1680), *Mundus Subterraneus […]*, Amsterdam: apud Ioannem Ianssonium & Elizeum Weyerstraten, 1665, Liber octavus, Sect. IV, S. 94; Johann Jakob Scheuchzer, ΟΥΡΕΣΙΦΟΙΤΗΣ HELVETICUS, *Sive itinera per Helvetiae Alpinas Regiones Facta Annis MDCCII, MDCCIII, MDCCIV, MDCCV, MDCCVI, MDCCVII, MDCCIX, MDCCX, MDCCXI. Plurimis Tabulis aeneis illustrata*, Leiden: Typis ac Sumptibus Petri van der Aa, 1723, T. 1, Fig. VIII.
6   Siehe *Atlas novus Reipublicae Helveticae. XX. mappis compositus; Gabriel Walsers, reformierten Pfarrers zu Berneck im Rheinthal, Schweitzer-Geographie. Samt den Merkwürdigkeiten in den Alpen und hohen Bergen. Zur Erläuterung der Homannischen Charten herausgegeben*, Nürnberg: Sumptibus Homannianis Heredibus/Zürich: Orell, Gessner und Compagnie, 1770 [Atlas: 40 Blätter, Text: 97 Seiten], S. XCIII. Siehe dazu auch Claude Reichler, «Draco Helveticus. Scheuchzer et Saussure: du merveilleux à l'étude éthnologique», in: *Reconceptualizing Nature, Science and Aesthetics. Contribution à une nouvelle approche des Lumières helvetiques* (Travaux sur la Suisse des Lumières, 1), hrsg. von Patrick Coleman, Anne Hofmann und Simone Zurbuchen, Genf: Slatkine, 1998, S. 43–55.
7   Oskar Bätschmann, *Entfernung der Natur. Landschaftsmalerei 1750–1920*, Köln: DuMont, 1989; Yvonne Boerlin-Brodbeck, «Die ‹Entdeckung› der Alpen in der Landschaftsmalerei des 18. Jahrhunderts», in: *«Landschaft» und Landschaften im achtzehnten Jahrhundert* (Beiträge zur Geschichte der Literatur und Kunst des 18. Jahrhunderts, 13), hrsg. von Heike Wunderlich, Heidelberg: Winter, 1995, S. 253–270; Tobias Pfeifer-Helke, *Natur und Abbild, Johann Ludwig Aberli (1723–1786) und die Schweizer Landschaftsvedute*, Diss. Univ. Halle/Saale, Basel: Schwabe, 2011, S. 155–167; Tobias Pfeifer-Helke, *Die Koloristen. Schweizer Landschaftsgraphik von 1766 bis 1848*, Berlin/München: Deutscher Kunstverlag, 2011; Marie-Louise Schaller, *Annäherung an die Natur. Schweizer Kleinmeister in Bern 1750–1800*, Bern: Stämpfli, 1990; Barbara Stafford, *Voyage into Substance. Art, Science, Nature and the Illustrated Travel Account, 1760–1840*, Cambridge (Mass.)/London: MIT-Press, 1984; Heinz J. Zumbühl, *Die Schwankungen der Grindelwaldgletscher in den historischen Bild- und Schriftquellen des 12. bis 19. Jahrhunderts. Ein Beitrag zur Gletschergeschichte und Erforschung des Alpenraumes* (Denkschriften der Schweizerischen Naturforschenden Gesellschaft, 92), Basel/Boston/Stuttgart: Birkhäuser, 1980; Heinz J. Zumbühl, «‹Der Berge wachsend Eis …›. Die Entdeckung der Alpen und ihrer Gletscher

durch Albrecht von Haller und Caspar Wolf», in: *Mitteilungen der Naturforschenden Gesellschaft in Bern*, 66 (2009), S. 105–132; Hélène Zumstein, *Les figures du glacier. Histoire culturelle des neiges éternelles au XVIIIe siècle* (Travaux d'histoire suisse, 5), Genf: Presses d'Histoire Suisse, 2009.

8   Die Literatur zur Entdeckung der Alpen in der europäischen Kunst hat mittlerweile selbst gebirgsähnliche Ausmasse angenommen. Es seien hier stellvertretend einige Standardwerke aufgeführt: Ulrich Christoffel, *Der Berg in der Malerei*, Zollikon: Verlag des Schweizer Alpen-Club, 1963; *Die Alpen in der Schweizer Malerei*, Ausst.-Kat. Odakyu Grand Gallery, Tokio, 25.3.–19.4.1977; Bündner Kunstmuseum, Chur, 5.6.–21.8.1977; *Montagna. Arte, scienze, mito da Dürer a Warhol*, hrsg. von Gabriella Belli et al., Ausst.-Kat. Museo di Arte Moderna e Contemporanea di Trento e Rovereto, Rovereto, 19.12.2003–18.4.2004, Mailand: Skira, 2003; Pfeifer-Helke 2011 [Koloristen] (wie Anm. 7) sowie in erweitertem Sinn: Tobias G. Natter (Hrsg.), *Schnee, Rohstoff der Kunst*, Ausst.-Kat. Vorarlberger Landesmuseum, Bregenz/Huber-Hus, Lech am Arlberg, 20.6.–4.10.2009, Ostfildern: Hatje Cantz, 2009.

9   Jean-François Bergier, «Alpen», in: *Historisches Lexikon der Schweiz*, Bd. 1, Basel: Schwabe, 2002, S. 207–240, hier S. 207.

10 *Konrad Witz*, Ausst.-Kat. Kunstmuseum Basel, 6.3.–3.7.2011, Ostfildern: Hatje Cantz, 2011, S. 137–143.

11 Zu kriegerischen Ereignissen, die sich in eidgenössischen Chroniken vor der alpinen Folie abspielen siehe Tokio/Chur 1977 (wie Anm. 8), S. 20–23.

12 Sebastian Münster, *Cosmographia. Beschreibung aller Lender [...]*, Basel: Petri, 1545, S. CCLXIII (Von dem Teutschen land. Von den Wallissern: so vor zeiten Seduni seind genant worden und der Helvetier nachbauren gewesen).

13 Ebd., S. CCLXVI–CCLXVII.

14 Zumbühl 1980 (wie Anm. 7), S. 17–19.

15 Kurt Brunner, «Kartographie als Klimaarchiv: Meereis im Norden, vom Eis verschlossene Schiffspassagen und vorstossende Gletscher – alte Karten dokumentieren die ‹Kleine Eiszeit›», in: *Eiszeitalter und Gegenwart. Jahrbuch der Deutschen Quartärvereinigung e.V.*, 55 (2005), S. 1–24, bes. S. 16–20, sowie Christian Pfister, «Umwelt», in: *Berns mächtige Zeit. Das 16. und 17. Jahrhundert neu entdeckt* (Berner Zeiten, 3), hrsg. von André Holenstein, unter Mitarbeit von Claudia Engler et al., Bern: Stämpfli, 2006, S. 370–379.

16 Von Joseph Plepp (1595–1642) stammen in Merians 1642 in Frankfurt a. M. erschienener *Topographia Helvetiae, Rhaetiae, et Valesiae* auch die Ortsansichten von Aarburg, Bern und Lenzburg. Siehe dazu: Johanna Strübin Rindisbacher, «Joseph Plepp», in: SIKART Lexikon und Datenbank zur Kunst in der Schweiz [1998, aktualisiert 2015], <http://www.sikart.ch/KuenstlerInnen.aspx?id=4022940&lng=de>, Zugriff 24.5.2016.

17 Wie beispielsweise schon bei den 1555 gestochenen Alpenlandschaften von Peter Bruegel d. Ä. Dazu: Werner Busch (Hrsg.), *Landschaftsmalerei* (Geschichte der klassischen Bildgattungen in Quellentexten und Kommentaren, 3), Berlin: Reimer, 1997, S. 20–32.

18 Matthaeus Merian, *Topographia Helvetiae, Rhaetiae, et Valesiae. Das ist Beschreibung unnd eygentliche Abbildung der vornehmsten Staette und Plaetze in der hochloeblichen Eydgnoßschaft/Graubuendten, Wallis und etlicher zugewandten Orthen*, Frankfurt a. M.: Merians Erben, 1654, S. 31–32.

19 Der Aufenthalt des Künstlers im Berner Oberland ist für das Jahr 1668 urkundlich belegt. Damals bereiste Kauw im Auftrag der Familie von Erlach die bernischen Besitzungen und lieferte rund 80 Aquarell-Veduten für das sogenannte Regimentsbuch. Zum von Erlach'schen Regimentsbuch siehe Georges Herzog, *Albrecht Kauw (1616–1681). Der Berner Maler aus Strassburg* (Schriften der Burgerbibliothek Bern), Diss. Univ. Freiburg i. Ü., 1992, Bern: Stämpfli, 1999, S. 39–51, zu Kauws Aufenthalt in Grindelwald ebd., S. 170.

20 Ebd. Die Bildlegende zum Panorama lautet: «Eigentliche Abbildung des Gletschers im Thal Grindelwald Sambt dem Dorff und Gebirg daselbsten. In der Landvogtey Interlacken. Im Oberlandt.»

21 Zu Kauws Präsenz in seinen Ansichten siehe Herzog 1999 (wie Anm. 19), S. 59–61, 170.

22 Bruno Weber, «Die Figur des Zeichners in der Landschaft», in: *Zeitschrift für Schweizerische Archäologie und Kunstgeschichte*, 33 (1977), S. 44–82.

23 Herzog 1999 (wie Anm. 19), S. 59.

24 Herzog 1999 (wie Anm. 19), S. 362 (Dokument 18, Aufenthalt Kauws in Grindelwald im Sommer 1668, nach einer zeitgenössischen Quelle): «Im Sommer dieses Jahres befand sich im Pfrundhaus ein fremder Herr, der malte mit Wasserfarben die Berge Eiger, Mettenberg und Wetterhorn und auch Bilder von der Kirche mit den dabeistehenden Häusern. Predikant Erb sagte, er werde dann im Auftrag des Herrn von Erlach auf Schloss Spiez eine grosse Abbildung des Tal Grindelwald [sic!] anfertigen, er sei Maler und heisse Albrecht Kauw.»

25 Zu Scheuchzer (1672–1733) siehe u. a. Robert Felfe, *Naturgeschichte als kunstvolle Synthese. Physikotheologie und Bildpraxis bei Johann Jakob Scheuchzer*, Diss. Humboldt-Univ. Berlin, 2000, Berlin: Akademie Verlag, 2003.

26 Mit Conrad Meyer (1618–1689) stellt Zürich bereits im 17. Jahrhundert einen versierten Zeichner von Gebirgen, allerdings findet sich in seinem Portfolio keine Gletscherdarstellung. Siehe auch: *Alpenreise 1655 – Conrad Meyer und Jan Hackaert*, Kat. Jubiläumsausst. der Zentralbibliothek Zürich zum 350. Gründungsjahr der Stadtbibliothek, Helmhaus, Zürich, 19.5.– 19.6.1979, Zürich: Zentralbibliothek, 1979, und Ruth Vuilleumier-Kirschbaum: «Zur Rezeption der niederländischen Landschaftsmalerei in Zürich von Felix Meyer bis Caspar Huber», in: *Zeitschrift für Schweizerische Archäologie und Kunstgeschichte*, 47 (1990), S. 135–141.

27 1699 sandte Scheuchzer einen 200 Punkte umfassenden Fragebogen an seine gelehrten Freunde in der Schweiz und ermutigte sie, die Naturgeschichte ihrer Region zu erforschen und ihm die Ergebnisse brieflich mitzuteilen. Hansjörg Küster / Ulf Küster (Hrsg.), *Garten und Wildnis. Landschaft im 18. Jahrhundert* (Bibliothek des 18. Jahrhunderts), München: Beck, 1997, S. 14–31. Zu Scheuchzers grossem Kontaktnetz siehe Simona Boscani Leoni, «Johann Jakob Scheuchzer und sein Netz – Akteure und Formen der Kommunikation», in: *Kommunikation in der Frühen Neuzeit*, hrsg. von Klaus-Dieter Herbst und Stefan Kratochwil, Frankfurt a. M.: Peter Lang, 2009, S. 47–68.

28 Johann Jakob Scheuchzer, *Beschreibung der Natur-Geschichten des Schweizerlands*, Zürich: In Verlegung des Authoris, 1706– 1708.

29 Johann Jakob Scheuchzer, ΟΥΡΕΣΙΦΟΙΤΗΣ *HELVETICUS, Sive Itinera Alpina Tria [...]*, London: Impensis Henrici Clements, 1708; Scheuchzer 1723 (wie Anm. 5). Simona Besconi Leoni, «Johann Jakob Scheuchzer (1672–1733) et la découverte des Alpes: Les ‹Itinera Alpina›», in: *Explorations et voyages scientifiques* (CTHS-Histoire, 34), Actes du 130ᵉ congrès des sociétés historiques et scientifiques, La Rochelle, 2005, Paris: Editions du CTHS, 2008, S. 81–100.

30 Johann Heinrich Hottinger, *Montium glacialium helveticorum descriptio*, Nürnberg: [o. V.], 1706. Zu Johann Heinrich Hottinger (1680–1756) siehe Karin Marti-Weissenbach in: *Historisches Lexikon der Schweiz*, Bd. 6, Basel: Schwabe, 2007, S. 491. Hottinger gilt auch als der erste wissenschaftliche Kristallologe der Schweiz.

31 Peter Wegmann, *Die Kunst des Betrachtens. Holländische und andere Gemälde Alter Meister der Stiftung Jakob Briner. Museum Briner und Kern, Winterthur* (Kataloge Schweizer Museen und Sammlungen, 19), Bern: Benteli, 2006, S. 210–212.

32 Adolf Reinle, «Luigi Ferdinando Marsigli», in: *Zeitschrift für Schweizerisches Archäologie und Kunstgeschichte*, 13 (1952), S. 170– 181. Marsigli weilte damals im Schweizer Exil und wohnte in Zug. Für Marsigli stellte Scheuchzer neben Meyer auch den Kontakt

zur Zürcher Porträtistin und Miniaturmalerin Anna Waser her, Reinle 1952, S. 175.

33 Scheuchzer 1723 (wie Anm. 5), S. 228: «Confirmant hanc meam opinionem observationes factae à Domino Meyero Vitodurano, Pictore Topiario (Landschafften Mahler communiter hoc Pictorum Genus ad aliorum differentiam vocamus) praecellenti, qui plus semel curiositatis gratiâ Montes Glaciales adivit, ut ad vivum eos delinearet.»

34 Heinz Keller, «Die Neuerwerbungen des Winterthurer Kunstmuseums 1970/1971» in: *Winterthurer Jahrbuch 1972*, S. 321; Wegmann 2006 (wie Anm. 31), S. 210.

35 Zu diesem Vergleich inspirierte mich ein Referat von cand. phil. Noura Habouch anlässlich eines Proseminars im Frühjahrssemester 2010 an der Universität Zürich zum Thema «Barocke Malerei in der Schweiz».

36 So beispielsweise auf dem Frontispiz des 5. Buches von Sebastiano Serlios *Architectura* von 1547.

37 Thomas Burnet, *Theoria Sacra Telluris d. i. Heiliger Entwurf oder Biblische Betrachtung des Erdreichs [...]*, ins Hochteutsche übersetzt [...] durch M. Joh. Jakob Zimmermann, Hamburg: Gottfried Liebernickel, 1698, 1. Buch, S. 71: «Es ist wol wahr, dass die Berge der Erden nichts anders seyn als nachgebliebene grosse Erd-Scherben und zerbrochne Fugen; aber doch solche, welche einige Herrligkeit der Natur andeuten, wie wir aus der Römer alten Tempeln und zerfallenen Schaubühnen, die Grossmüthigkeit dieses Volcks erkennen.»

38 Bätschmann 1989 (wie Anm. 7), S. 21–22.

39 Johann Jakob Scheuchzer, *Helvetiae Historia Naturalis oder Natur-Historie des Schweitzerlandes [...]*, 3 Theile, Zürich: In der Bodmerischen Truckerey, 1716–1718, T. 1, S. 107, sowie Felfe 2003 (wie Anm. 25), S. 87. Zum «Ruinenstreit der Berge» zwischen Burnet und Scheuchzer siehe ebd., S. 82–89.

40 Johann Rudolf Huber d. Ä., *Der Untere Grindelwaldgletscher*, Öl auf Holz, 19 × 25,9 cm, Kunstmuseum Basel, Kupferstichkabinett. Siehe dazu: Zumbühl 2009 (wie Anm. 7), S. 106–108 und Abb. 2, sowie Zumbühl 1980 (wie Anm. 7), Kat. 5 (S. 131), zu den Verbreitungen des Stichs.

41 Das Porträt entstand anlässlich der Berufung von Hallers an die Universität Göttingen. Vgl. Marie-Therese Bätschmann, «Haller im Porträt», in: *Albrecht von Haller. Leben – Werk – Epoche*, hrsg. von Hubert Steinke, Urs Boschung und Wolfgang Pross, Bern: Historischer Verein des Kantons Bern, 2008, S. 497–514, hier S. 498–499. Huber unterhielt enge Geschäftsbeziehungen zu Meyer. Siehe dazu Alexander Jegge, «Johann Rudolf Huber (der Ältere)», in: *SIKART Lexikon und Datenbank zur Kunst in der Schweiz* [1998, aktualisiert 2014], <http://www.sikart.ch/KuenstlerInnen.aspx?id=4023091&lng=de>, Zugriff 25.5.2016, sowie Manuel Kehrli, *«Sein Geist ist zu allem fähig». Der Maler, Sammler und Kunstkenner Johann Rudolf Huber 1668–1748*, Diss. Univ. Bern, 2010, Basel: Schwabe, 2010, S. 123–127. Kehrlis Zuschreibung und Datierung eines Aquarells des unteren Grindelwaldgletschers an Huber aus der Zeit um 1710/1720 (Kunstmuseum Winterthur), die ihn zum «Gebirgsmaler avant la lettre» mache (S. 123–126), wird dezidiert zurückgewiesen von Yvonne Boerlin-Brodbeck in: *Zeitschrift für schweizerische Archäologie und Kunstgeschichte*, 64 (2011), Heft 4, S. 341–342, die das Aquarell für eine Arbeit des 19. Jahrhunderts hält. Gegen diese Spätdatierung spricht allerdings die gewaltige Ausdehnung des Gletschers auf dem Aquarell, die doch eher auf das frühe 18. Jahrhundert weist.

42 Dazu Anton Gattlen, *Druckgrafische Ortsansichten des Wallis 1548–1850*, Martigny: E. Gravures/Brig: Rotten-Verlag, 1987, S. 18–25 mit den verschiedenen Ansichten.

43 Johann Jakob Scheuchzer, *Nova Helvetiae Tabula Geographica*, Zürich 1712. Zumbühl 2009 (wie Anm. 7), S. 105: «Mit den die Karte umgebenden zahlreichen Randbildern von landschaftlich oder kulturhistorisch attraktiven Orten leistete Scheuchzer, ohne es zu ahnen, einen fundamentalen Beitrag zum frühen schweizerischen Tourismus: Die ‹Nova Helvetiae Tabula Geographica› war

44 Johann Melchior Füssli, *Verschiedene Rare Berg-Prospect des Schweyzer Lands*, Augsburg: Jeremias Wolff, 1710.
45 Scheuchzer 1716–1718 (wie Anm. 39) sowie zweite und verbesserte Auflage Zürich: Heidegger und Comp., 1752.
46 David Herrliberger, *Le Rhone- ou Furke Gletscher: La Glaciere du Rhône ou du Furka. Dans le Valais*, kolorierte Umrissradierung, 15,4 × 12,3 cm. Erschienen in: *David Herrliberger. Neue und vollständige Topographie der Eidgnossschaft*, Zürich 1754–1773, Bd. 3, Taf. 313.
47 Adrian Zingg nach Johann Melchior Füssli mit falscher Vorlagenangabe «F. Meyer», *Der Rhone-Gletscher*, 1759–1760, Radierung, in: Gottlieb Sigmund Gruner, *Die Eisgebirge des Schweizerlandes*, Bern: Abraham Wagner, Sohn, 1760.
48 Thomas Freivogel, *Emanuel Handmann, 1718–1781. Ein Basler Porträtist im Bern des ausgehenden Rokoko*, Diss. Univ. Zürich, 2000, Bern: Licorne, 2002, S. 216 und 218.
49 *Adrian Zingg. Wegbereiter der Romantik*, hrsg. von Petra Kuhlmann-Hodick, Claudia Schnitzer, Bernhard von Waldkirch, Ausst.-Kat. Kupferstich-Kabinett, Staatliche Kunstsammlungen Dresden, 17.2.–6.5.2012; Kunsthaus Zürich 25.5.–12.8.2012, Dresden: Sandstein Verlag, 2012, S. 118–122. Zu Aberli siehe Pfeifer-Helke 2011 [Natur und Abbild] (wie Anm. 7).
50 Gruner 1760 (wie Anm. 47), S. XX: «Die stärkste Beschuldigung aber, deren sich mein Unternehmen blos setzt, ist diese; dass ich mich unterstanden habe, der Welt eine Beschreibung von einem so grossen Umfange von Eisgebirgen aufzudringen, von denen ich doch die wenigsten selbst gesehen habe.» Weiter unten, S. XXI, die Schätzung des Aufwands: «[...] dass einer, der sich unterstehen wollte, eine nur flüchtige Reise um dieselben herum zu machen, nur geraden Weges gemessen, nahe bey tausend Stunden vor sich hätte [...].»
51 Pfeifer-Helke 2011 [Koloristen] (wie Anm. 7), S. 111–112, und Pfeifer-Helke 2011 [Natur und Abbild] (wie Anm. 7), S. 93–95.
52 Zitat nach Gruner 1760 (wie Anm. 47), 1. Teil, S. 33, sowie zu den Zerstörungen ebd., 3. Teil, S. 147–151. Siehe auch Pfeifer-Helke 2011 [Natur und Abbild] (wie Anm. 7), S. 157.
53 Gruner 1760 (wie Anm. 47), 3. Teil, S. 218.
54 Edmund Burke, *A Philosophical Enquiry into the Origin of Our Ideas of the Sublime and Beautiful (1757)*, dt. *Philosophische Untersuchung über den Ursprung unserer Ideen vom Erhabenen und Schönen*, übers. von Friedrich Bassenge, Hamburg: Felix Meiner Verlag, 1989, S. 108–111. Siehe auch Schaller 1990 (wie Anm. 7), S. 84–89.
55 Johann Wolfgang von Goethe, *Tagebücher (1779)*, 2. Reise in die Schweiz, 12. November 1779 anlässlich der Besichtigung des Rhône-Gletschers, in: *Goethes Werke. Weimarer Ausgabe*, Weimar: Böhlau, 1887–1919, III. Abteilung, Bd. 1, S. 103.
56 «La surface du glacier [...] ressemble à celle d'une mer qui auroit été subitement gelée, non pas dans le moment de la tempête, mais à l'instant où le vent s'est calmé & où les vagues, quoique très-hautes, sont émoussées & arrondies.» In: Horace-Bénédict de Saussure, *Voyages dans les Alpes*, Bd. 2, Genf: Barde, Manget & Comp., 1786, Kap. XIII, S. 7.
57 Luigi Ficacci, *Piranesi. The Complete Etchings*, 2 Bde., Köln: Taschen, 2011.
58 Andrew Wilton, *William Pars. Journey through the Alps*, Dübendorf: De Clivo Press, 1979.
59 Werner Rutishauser, «Johann Heinrich Wüest, ‹Der Rhonegletscher (1772–1773)›», in: *Kunstmuseum Winterthur. Katalog der Gemälde und Skulpturen*, hrsg. von Dieter Schwarz, Bd. 1, Düsseldorf: Richter, 2005, S. 33–34.
60 Ruth Vuilleumier-Kirschbaum, «Spurensuche zum Schaffhauser Rheinfall von Johann Heinrich Wüest», in: *Der Rheinfall. Erhabene Natur und touristische Vermarktung*, hrsg. von Claudia Heitmann, Ausst.-Kat. Mittelrhein-Museum Koblenz, 7.3.–7.6.2015, Regensburg: Schnell und Steiner, 2015, S. 27–38.

61 Vgl. *Caspar Wolf. Gipfelstürmer zwischen Aufklärung und Romantik*, hrsg. von Stephan Kunz und Beat Wismer, Ausst.-Kat. museum kunst palast, Düsseldorf, 26.9.2009–10.1.2010. Wolfs Arbeit in den Bergen wird bereits bei seinem ersten Biografen hervorgehoben: Johann Caspar Füssli, *Geschichte der besten Künstler in der Schweitz, nebst ihren Bildnissen*, Bd. 5, Zürich: Orell, Gessner, Füssli, 1779, S. 115: Wolf und sein Verleger Wagner «[...] machten die benöthigten Bergreisen durch die ganze Schweiz, scheuten keine Gefahr, und suchten alles auf, was die Natur Wunderbares und Fürchterliches in diesem Land aufweisen kann.»

62 Willi Raeber, *Caspar Wolf 1735–1783. Sein Leben und sein Werk. Ein Beitrag zur Geschichte der Schweizer Malerei des 18. Jahrhunderts* (Œuvrekataloge Schweizer Künstler, 7), Aarau: Sauerländer/München: Prestel-Verlag, 1979, S. 65.

63 *Merkwürdige Prospekte aus den Schweizer-Gebürgen und derselben Beschreibung*, Bern: Abraham Wagner, 1776, «Vorrede», S. [2].

64 Raeber 1979 (wie Anm. 62), S. 68, Anm. 162.

65 Siehe u. a. Gattlen 1987 (wie Anm. 42), Schaller 1990 (wie Anm. 7) und Pfeifer-Helke 2011 [Koloristen] (wie Anm. 7) sowie das von der Universität Lausanne unterhaltene Suchportal *Viaticalpes* zu Alpendarstellungen von der Renaissance bis ins 19. Jahrhundert: www.unil.ch/viaticalpes.

66 Mary Shelley, *Frankenstein, or, The Modern Prometheus*, 3 Bde., London: Lackington etc., 1818 (anonym), 2. Ausgabe in 2 Bdn. Bei G. und W. B. Whittacker, London 1822, mit Nennung der Autorin; George Gordon Byron, *Manfred. A dramatic poem*, London: J. Murray, 1817.

Landscape Drawing Beyond the Classical Ruin: David, Drouais and Percier

Andrea Bell

Throughout the 18th century, Rome maintained a primacy for artists and elite European tourists interested in the roots of Western civilization as preserved in the physical remains of antiquity. During the course of the 1700s, because of discoveries and excavations taking place all over Italy, antiquarians and proto-archaeologists unearthed, catalogued and categorized the physical remains of ancient civilizations about which the discourse had been relatively theoretical to that point, supplementing the largely literary tradition with a new visual lexicon. Although Rome had been a nexus of artistic education for the French in particular since Louis XIV founded a branch of the *Académie royale de peintre et de sculpture* there in 1666, by the middle of the eighteenth century, with the sudden comparative abundance of antique objects and ruins, Rome claimed a prominence in the visual arts unmatched by any other European city.

The education that the French *Académie de Paris à Rome* provided for its most elite students, winners of the prestigious *Prix de Rome* competition, was defined by close supervision and a strict regulation of the students' schedules. Although time spent drawing at the *Académie* was officially privileged over time spent working in Rome itself, by the end of the 18th century, *pensionnaires*, especially those associated with the David school, increasingly valued their direct, physical contact with the city over the practice of academic exercises. The experience of French artists working and studying in Rome at this time is preserved in the sketchbooks and albums they made there, which were filled with architectural landscapes made *en plein air*, rendered in a newly geometricized style with a focus on modern architecture that completely supplanted the romanticized meditations on antique ruins so popular at mid-century. Consequently, Neoclassicism came to be expressed by this developing style, which was not necessarily exclusively bound up with antique subject matter.[1] Once reduced to classical, elemental forms, representations of architecture could then be redecorated with the fragments of antiquity so valued by architects such as Charles Percier (1764–1838).

When Jacques-Louis David (1748–1825) traveled to Rome as a *pensionnaire* of the *Académie* in 1775, his master Joseph-Marie Vien (1716–1809) had already been dispatched by the comte d'Angiviller (1730–1809), as the new head of the Roman Academy with intentions of strictly regulating every moment of the *pensionnaire's* day.[2] Yet the rebellious urge to record Rome through direct experience that had precipitated the tightening of the reins is expressed in the notebooks of David and several of his students, including Jean-Germain Drouais (1763–1788), by a drawing practice that was not conceived of as preparatory, but rather as exploratory, as a means for the artist to externalize his thought process, and as a site for experimentation not bound by the rigid hierarchy of academic education. At the beginning of his stay in Rome, several of David's early drawings demonstrate an indebtedness to previous iterations of landscape that emphasize nature and the pictorial effects of light and shade based on careful direct observation. In a sheet most likely from David's first trip to Italy, and now at the Nationalmuseum in Stockholm, the ruins of the temple of Venus express the capriciousness of nature as it is being reclaimed by an abundance of foliage (fig. 1). However,

Fig. 1 Jacques-Louis David, *Vue de Rome avec le temple de Vénus et l'église Santa Maria Nova*, 1775–1780, pencil, 15 × 21.3 cm, Stockholm, Nationalmuseum

as David continues his exploration of Rome and its surroundings, his style begins to shift toward a more geometrical conception of the landscape in which the importance of nature is vastly reduced in subordination to architecture, as in a drawing from his fourth album, now at the National Gallery in Washington DC (fig. 2). Like many artists of the time, when drawing from nature David used only black pencil, adding layers of wash once he returned to his studio. In a series of drawings from the Washington notebook, David notes the direction of the light with the phrase "*du sens ordinaire*", for light that comes from the left, or with the phrase "*du sens opposé*" for light that falls from the right.[3] The additive nature of the light, applied in solid geometrical shapes replaces the cross-hatching in pencil, which, as in the Stockholm drawing, is modeled according to the surfaces that it articulates. In the Washington DC sheet, the rendering of light is displaced from a sensory experience to a cerebral one, in which orientation is defined through verbal cues that are not necessarily bound up with the recording of the particulars of direct observation. Instead, David's developing use of light as the final layer applied to an underlying scaffold of architecture speaks to the essential constructedness of these landscapes, a quality that he will continue to develop throughout his second stay in Rome. This interest in geometricized, even archetypal renderings of architectural landscapes culminates in the drawings made by David and his favorite student Jean-Germain Drouais, the two artists pushing each other toward an increasing linearity in which shadow defines the planes of undecorated, geometrical edifices (fig. 3).

Fig. 2 Jacques-Louis David, *Vue de l'église Saint-Onofrio à Rome*, gray wash over black chalk on pale blue laid paper, 16.8 × 21.6 cm, Washington, The National Gallery of Art

Fig. 3 Jean-Germain Drouais, *Paysage composé*, 1784–1788, gray wash over graphite, 12.9 × 17.6 cm, Rennes, France, Musée des Beaux-Arts

This stylistic shift is enacted, significantly, not through the depiction of antique ruins, but through vignettes of modern buildings. Recording modern architecture freed the developing style from the nostalgia for antiquity that had become characteristic of view painting from the middle of the century. When artists like Giovanni Battista Piranesi (1720–1778) and Hubert Robert (1733–1808) ventured out into the Roman Campagna in order to draw, they tended to focus on famously picturesque locations, such as the town of Tivoli and its gardens, or the ruins that dotted the countryside. Piranesi, especially, set the precedent for a graphic exploration of Rome and its monuments in publications of his etchings, such as the *Antichità romane de' tempi della Repubblica*, published in 1748. Piranesi's images of Rome are haunted by a distinct melancholy, in which commanding ruins overcome by the proliferation of nature stand as silent witnesses to the passage of time and the crumbling of Italian antiquity (fig. 4). While the progression from the Roman images of Piranesi to those of the David school was a gradual process, antiquity had in many ways come to be associated with Piranesi's tendency to show ancient monuments as more imposing than they really were. The pared-down geometry of the modern buildings that defined the drawings of David, Drouais and virtually every student associated with the David school not only offered a new subject that could accommodate the developing style as it had become increasingly detached from literal representations of antiquity, but also responded to the actual, modern experience of the Campagna, which could be quite distinct from what images such as those by Piranesi might suggest.

Fig. 4   Giovanni Battista Piranesi, *Arco di Druso*, 1748, etching on paper, 13.2 × 27 cm, Washington, The National Gallery of Art

Repeatedly during the second half of the 18th century, travelers on the Grand Tour record impressions of their first glimpses of Rome from her surrounding countryside. Rather than accounts of picturesque ruins, however, tourists often display a certain amount of indignation at the physical reality of the Campagna. Writing of his travels in Italy in 1785, one year after Drouais arrived in Rome, the Abbé Dupaty (1746–1788) describes his first impressions of the countryside:

> "At length, by continually proceeding through this desart [sic], through solitude and silence, I found myself among some houses, I could not refrain from dropping a tear: I was in Rome. What! Is this Rome? Rome, that once spread her terrors to the extremities of Asia; and is it now this desert, [sic] announced only by the tomb of Nero! No, this is not Rome; it is merely the dead body of that illustrious city; the country round is her tomb; and the wretched populace, that swarm within her walls, the worms that devour the carcass."[4]

The dichotomy that is established between Rome, the cradle of artistic production in the antique world, and its barren, wasted environs is further reiterated at the beginning of the 19th century when the British traveler, the Reverend John Chetwode Eustace (1762–1815), wrote:

"Beyond Nepi... the Campagna di Roma begins to expand its dreary solitudes; and naked hills, and swampy plains rise, and sink by turns, without presenting a single object worth attention. It must not, however, be supposed that no vegetation decorates these dreary wilds. On the contrary, verdure but seldom interrupted, occasional corn fields, and numerous herds and flocks, communicate some degree of animation to these regions otherwise so desolate.... [A]s the traveller advances over the dreary wilds of the Campagna, where not one object occurs to awaken his attention, he has time to recover from the surprise and agitation, which the first view of Rome seldom fails to excite in liberal and ingenious minds."[5]

This is not, then, the Campagna of antique ruins, but a barren, unhealthy and poverty-stricken area divorced from the antique civilizations still evident in the city it surrounds. The written recollections of Grand Tourists do not demonstrate the sense of nostalgia evoked by ruins, which admittedly did continue throughout the 18th and well into the 19th century, gaining new traction with the advent of Romanticism. Instead, they evince an alternative understanding of the Roman countryside in which the Campagna is essentially alienated from the antique, whereby it is defined by its bareness and ultimately by this lack.

Yet for artists of the David school, it was precisely modern architecture that supported an exploration of the characteristics of Greek art, such as simplicity, linearity and the unity of form and function, which were held to be foundational for Western art. Modern artists looked to antiquity not only for literal forms and objects to be copied, but also for lessons and principles that could be put into the service of a modern French school. Freed from the burden of the antique, the Campagna served as a site more amenable to new definitions of landscape, one that privileges an intellectual and geometrical construction over an emotive and descriptive one. Instead, drawings made by David and Drouais actually take advantage, even relish the wasted, desert-like character of the Campagna, qualities that allow for a reduction in the importance of nature in favor of carefully constructed architectural vignettes (fig. 3). In some cases, these compositions are amalgamations of various buildings that do not exist together in reality, as in a number of landscapes from Drouais's notebooks, now preserved in the Musée des Beaux-Arts in Rennes.[6] The barrenness of the Campagna, punctuated occasionally by Rome's famous hills, lends itself to this kind of treatment both because of its actual physical characteristics and because of the intellectual distance it was beginning to attain from the overdetermined presence of ancient ruins. If antiquity is taken as a metaphor for the exploration of paired-down, elemental forms, then drawings such as these by David and Drouais were able to treat landscape in a conceptually, rather than an ichnographically, classical manner.[7]

The severing of modern architecture from the fragments of antiquity by David and Drouais presage several developments in emerging conceptions of neoclassicism and its relation to architecture: they materialize ideas about how architecture symbolizes through proportion and relationships rather than through allegory; and they structure interior space in order to facilitate the physical interaction between the viewer and the architectural elements that embody these moral qualities. Once the architectural armature developed by David and Drouais had been reduced to elemental forms, it could then be filled with the fragments of antiquity capable of imparting to architecture the ability to convey narrative history through allegorical images rather than exclusively through symbolic proportion and design.

David began his exploration of the interior view by reducing its scale in several drawings from his Roman notebooks associated with the *Oath of the Horatii*, his career-making painting and the ostensible reason for his second trip to Rome (figs. 5–6). For the painting itself, David substituted the kind of baseless Doric columns that had become increasingly important to architects since the rediscovery of Paestum and the resulting Doric revival in the middle of the century.[8] Contemporaneous conceptions of the antique, as

Fig. 5 Jacques-Louis David, *Vestibule d'un palais décoré de statues et de reliefs*, black chalk, pen and black ink, 15.4 × 25 cm, Paris, France, Louvre

Fig. 6 Jacques-Louis David, *Escalier d'un palais, une figure au premier plan*, pen and black ink, brush and gray wash over black chalk, 13.2 × 14.8 cm, Paris, France, Louvre

epitomized by Johann Joachim Winckelmann (1717–1768), often positioned the modern artist as being always incapable of reviving the glory of antiquity, while ruins came to symbolize the expansive and insurmountable precedent left by the ancients.[9] This anxiety was articulated by Winckelmann and visually inscribed in depictions of Rome by mid-century artists such as Hubert Robert and Piranesi, whose towering structures rendered any human presence ineffectual, even incidental. To reclaim the agency of the modern artist, and to reassert the relevance of antiquity for modern history painting, the scale of the interior was reduced in order to emphasize the rhythm and structure of the architectural elements, which themselves are capable of supporting the abstract, moral qualities that history painting seeks to express. As the French architectural historian Quatremère de Quincy (1755–1849) wrote in his analysis of the capabilities of architecture to signify, architecture uses

> "matter, its forms and the relations of their proportions, to express moral qualities, at least those that nature shadows forth in her works, and which produce in us the ideas, and their correlative emotions, of order, harmony, grandeur, wealth, unity, variety, durability, eternity, &c"[10]

David's drawings for the *Oath* materialize Quatremère's concern that architecture should signify through relations and proportions in order to evoke moral concepts embodied in rational architectural principles.[11] The Doric columns of the finished painting delineate an intimate space, their scale echoing that of the personages who inhabit the scene and enact the narrative drama. As a result, rather than being defined by imposing, overwrought ruins, David's conception of interior space both emphasizes the primacy of the narrative through a reduction in the scale of architecture to human proportions, and asks the formal, physical qualities of architecture to embody the kind of moral concepts that define and elevate history painting.

The cross-fertilization that took place in Rome between painting and sculpture on one hand and architecture on the other was facilitated by the *Académie* in Italy, where painters and sculptors studied together with architects, having been educated at different institutions in Paris. One such point of contact is the friendship that developed between Drouais and the architect Charles Percier, the notebooks they produced together in Rome bearing witness to the depth of their mutual influence. In 1786, when Percier arrived in Rome as a young *pensionnaire* of the French *Académie d'architecture*, Drouais had already been in the city for two years. Although little is recorded about their time together, we do know that Percier and Drouais not only met, but that they developed a friendship that had a profound effect especially on Percier, since Drouais was fated not to return to France, dying in Rome in 1788. In an early biography of Percier by Raoul Rochette (1789–1854), published in 1840 in the *Revue des Deux Mondes*, the architect reports on his initial distress upon arriving in Rome:

> "Jeté tout d'un coup, nous disait-il, au sein d'une ville si remplie de chefs-d'œuvre, j'étais comme ébloui et hors d'état de me faire un plan d'études. J'éprouvais, dans mon saisissement, ce tourment de Tantale qui cherche vainement à se satisfaire au milieu de tout ce qu'il convoite. J'allais de l'antiquité au moyen-âge, du moyen-âge à la renaissance, sans pouvoir me fixer nulle part. J'étais partagé entre Vitruve et Vignole, entre le Panthéon et le palais Farnèse, voulant tout voir, tout apprendre, dévorant tout et ne pouvant me résoudre à rien étudier. Et qui sait jusqu'où se fût prolongé cet état de trouble et d'inquiétude où l'enthousiasme tenait de l'ivresse, et où il y avait du charme jusque dans la perplexité, si je n'eusse trouvé un guide qui me sauvât de moi-même, en me rendant à moi-même?"[12]

"Ce guide" continues Percier, "fut Drouais."[13] Here, Percier already demonstrates the eclectic aesthetic sense that will in part define his role in the development of the Empire style under Napoleon. But he also romanticizes his relationship with Drouais, and indeed has a tendency in writings and letters throughout his life to emphasize his friendship with painters even over the far more famous relationship he came to develop with his partner in architecture, Pierre Fontaine (1762–1853).[14] Percier describes his friendship with Drouais in the kind of breathless terms that seem to overstate his dependency on the painter's guidance through the labyrinth of Rome, while at the same time aligning his own Roman education with that of Drouais. Percier finishes his recollections of Drouais thus:

> "M. Peyre, par ses savantes leçons, m'avait initié à la connaissance de l'antique ; Drouais me le montrait de l'âme et du doigt, et il me le montrait non plus seulement en perspective, non plus aligné froidement sur le papier, mais debout sur le terrain, mais vivant de toute la vie de l'art et animé par tous les souvenirs de l'histoire. Sans Drouais, perdu au milieu de Rome, j'aurais peut-être été perdu pour moi-même ; avec Drouais, je me retrouvai dans Rome tout ce que j'étais, et c'est à lui que je dois d'avoir connu Rome tout entière, en devenant moi-même tout ce que je pouvais être."[15]

This passage is one of the only written expressions of their friendship that we have from Percier, and it is very much in keeping with the mythologizing of Drouais that took place after the painter's death.[16] But it also signals Percier's liminal position between that of painter and architect, one that he continued to inhabit for the rest of his career.

Drawing side-by-side in Rome, Drouais and Percier evince, in their notebooks, a fascinating pictorial conversation held between painter and architect that center, in part, on circumscribed interior views. In a drawing from Drouais's notebook, all of the architectural elements have been reduced to the simplest of forms (fig. 7). An emphasis on structure dominates the drawing, again suggesting the ability of architecture to communicate intellectual concepts through structure and proportion, especially manifest in the ability of columns and arches to structure space. The configuration of Drouais's drawing, the pillars that define a shallow, stage-like space, the crystalline vault that leads the eye past the first layer of architecture as it suggests the sensation of *mise en abîme*, repeats in Percier's drawing of the interior of a Roman Palace (fig. 8). Only, in the architect's drawing,

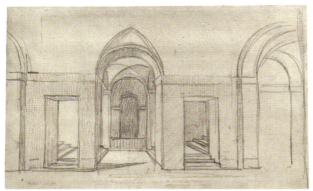

Fig. 7 Jean-Germain Drouais, *Intérieur d'un palais*, 1784–1788, pencil, Rennes, France, Musée des Beaux-Arts

Drouais's armature of flattened, bare walls has been filled with a proliferation of decorative objects. Yet the function of the arch and of the colonnade as the quintessential bearers of architectural meaning maintains whether the surfaces are decorated or not.

Percier records the presence of colonnades in a number of drawings from his Roman albums, as architectural elements worthy of particular note (fig. 9). An image from the Villa Albani, although a view to the exterior of the building, demonstrates a Davidian use of the colonnade to organize space and view, as the columns provide not only visual access to the scene, but also function as a barrier to the villa's garden beyond, at once framing the view and obstructing it (fig. 10). These kinds of explorations are completely missing from Piranesi's works on antique Rome, an omission on which Percier and Fontaine comment in their book *Choix des Plus Célèbres Maisons,* whose illustrations were based on the drawings the pair made while students. They write:

> "Falda, Piranèse, et quelques autres ont à la vérité publié différentes vues prises dans les jardins de Rome ; mais aucun d'eux n'a entrepris de réunir l'utile à l'agréable. Occupés exclusivement de la partie pittoresque, ils ont négligé de donner les plans et les détails de ces habitations."[17]

Rather than being concerned with the way a viewer might physically interact with the built environment, Percier and Fontaine accuse Piranesi of focusing only on the "picturesque part" of the landscape, that aspect which is viewed from a distance, as a vignette of nature artistically arranged, but fundamentally detached from physical experience.

Fig. 8 Charles Percier, *Intérieur d'un palais romain*, c. 1797, Pen and black ink, gray wash, over pencil, watercolor, 24.7 × 20.3 cm, Paris, France, Louvre

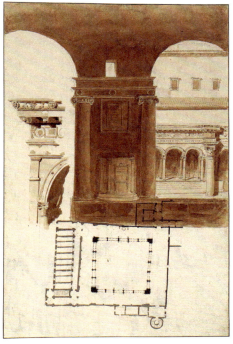

Fig. 9 Charles Percier, *Cour, San Paolo fuori le Mura* (detail), 1786–1792, pencil, ink and wash, 24.4 × 22.6 cm, Paris, France, Bibliothèque de l'Institut de France

Fig. 10 Charles Percier, *Jardin, Villa Albani*, 1786–1792, pencil, ink and wash, 26.5 × 45.5 cm, Paris, France, Bibliothèque de l'Institut de France

The increasing importance of the colonnade in shaping the interaction that a viewer might have with architecture is articulated in the ideas of several important professors at the *Académie d'architecture*. By the end of the 18th century, a new experience of architecture was beginning to be conceived, notably by Étienne-Louis Boullée (1728–1799) and by Julien-David Leroy (1724–1803), a disciple of Jacques-Germain Soufflot (1713–1780), the professor who sponsored Percier's grand prize-winning entry in the Prix de Rome competition of 1786.[18] In his treatise the *Histoire de la disposition et des formes que les Chrétiens ont données à leurs temples* of 1764, Leroy describes the effect of the colonnade:

> "When we wish to appreciate the whole of a colonnade, we are obliged to stand back a certain distance in order to take in the whole of it, and as we move about the separate masses of the building change very little in relation to each other. When we approach it a different spectacle strikes us: the overall form escapes us, but our proximity to the columns makes up for this, and the changes which the spectator now observes in the tableaux of which he is the creator in moving about are more striking, more rapid, and more varied. And if the spectator enters under the colonnade itself, an entirely new sight offers itself to his eyes with every step

he takes, because of the relationship of the columns to the objects they reveal, whether a landscape, the picturesque massing of the houses of a city, or the magnificence of an interior."[19]

In this passage, Leroy makes a distinction between viewing architecture from a distance, so that the entire plan can be apprehended, and the physical experience of architecture once the viewer actually enters into the space. Just after this paragraph, Leroy concludes his treatise with a description of Soufflot's St. Geneviève project, on which Percier's prix de Rome entry was based:

"One sees from their plans that the spectator will be able to perceive the whole of the interior at one time, regardless of precisely where he is imagined to stand, and that the columns, at each step he takes, will successively conceal different parts of the decoration of the church. This change of *tableaux* [*changement de tableaux*] is not only affected by the columns which are very close to the spectator, but also by all those which he can perceive, and if light animates the interior of these buildings, I am emboldened to say that there will result an enchanting spectacle of which we can only form a feeble idea."[20]

In both of these passages Leroy, rather than privileging a perspectival, almost omnipotent experience of a building, emphasizes the ways in which interior spaces change and shift based on their relationship to the spectator's moving body, and especially on the ability of the colonnade to structure and guide this experience by at once opening and foreclosing space. Furthermore, the column itself has traditionally been linked to the proportions of the human body,[21] with the rhythm that results from their spacing being a particularly apt example of the importance of symmetry in the arrangement of architectural elements.[22] This emphasis on the importance of the interior view and the way in which the viewer might experience that space is further asserted in the illustrations that Percier and Fontaine made for two of their publications, which were based on the Roman drawings of their student years. In their *Palais, Maisons et Autres édifices*, Percier and Fontaine tend to position the viewer at an axis to the colonnade that suggests the potential capacity of the architectural view to change and shift. The colonnade divides space, but it also delineates possible paths and helps to structure the new *tableaux*, to use Leroy's term, that will be created as the viewer moves through the building.

As Percier and Fontaine's drawings of modern buildings were meant to serve as templates for projects back in Paris, they specifically took into account the ways in which a visitor might actually experience them. The prominence of these views acknowledges the individual's physical and perceptual interaction with the edifice, rather than relegating the viewer to the contemplation of ruined monuments from a fixed and distanced vantage point, as in Piranesi's etchings of antiquities.[23] By reducing the scale of their interiors, David, Drouais and Percier all focused attention on the harmonious arrangement of architectural elements in the service of an elevated experience of architecture. In an effort to recuperate Rome and its built environment in the service of a modern French style, the conception of antiquity as irretrievable was suspended, as modern architecture usurped the central position that had previously belonged to the ancient ruin. Yet antiquity by no means disappeared from these artists' notebooks.

Although Drouais and Percier engage deeply with antique objects being unearthed and displayed all over Italy, the material remains of antiquity are treated quite differently by the painter and the architect. In their copies after antiquities, both David and Drouais tend to focus on extracting the human form from its context in a process of translation that suppresses the material reality of the source object, whether that be free-standing sculpture, bas-relief or architectural decoration, in favor of the construction of an image that is essentially a floating signifier, a receptacle *in potentia* for the future meanings it might be asked to bear in narrative history painting. Numerous sheets from the albums of both Drouais and David demonstrate how antiquity provided the painters with models for later use, whose meanings were not dependent on the location or specific context of their sources. Individual drawings of single figures are organized in an insistently systematic grid, usually four to a page, suggesting the arrangement of medieval model-books whose purpose was to house a compendium of forms that could then be used and reused as necessary, able to absorb new contexts and meanings depending on their eventual destination. Whereas sheets of this type make up a large percentage of the drawings in David and Drouais's albums, very few parallel sheets are to be found in Percier's notebooks now at the Institut de France. Instead, Percier's conception of decoration, which he most fully explores in works on paper, and his focus on the modern built environment of Rome results in an antiquity that appears in his notebooks literally in fragments (fig. 11).

Fig. 11 Charles Percier, *Antiquités*, 1786–1792, pencil, ink and wash, 21×34 cm, Paris, France, Bibliothèque de l'Institut de France

Piranesi sets an important precedent for the draughtsman/architect, and his influence on Percier, especially in the latter's Roman notebooks, is undeniable. Percier would have been introduced to Piranesi's designs by his professor in Paris, the architect Marie-Joseph Peyre, who was among the French *pensionnaires* most influenced by Piranesi's compositions.[24] Much as Percier's engagement with architecture might have differed from that of Piranesi, an important feature shared by the printed work of both architects is the proliferation of antique fragments, conceived of as fragments. In his Roman notebooks, Percier explores antique forms not as images extracted from their physicality, but as crumbling remains onto which is transferred the nostalgia that modern, intact architecture as rendered by David and Drouais no longer supports. In his drawing of a Roman palace interior made around 1797 while he was studying in Rome, Percier unites Piranesi's obsessive impulse to collect antique fragments with the emergent reimagining of interior space as exemplified in Drouais's drawing of a very similar interior (figs. 7–8). In Percier's drawing, the view is structured around the physical presence of the observer, with stairs in the foreground leading to the first arcade, under which the viewer might pass in order to reach the courtyard beyond, which in turn leads to an even further colonnade and a second courtyard in the distance. The drawing, structured by a reduced geometrical armature that might have been developed by David or Drouais, is replete with antique decoration. From bas-reliefs to freestanding sculpture, no surface is left unadorned so that the presence, indeed the profusion, of the antique object is reasserted on the surfaces of a modern building.

Although the antique continued to play a central role in the drawings made by French *pensionnaires* in Rome at the turn of the century, it tended to be most often expressed in images of objects, sculpture and decoration, while a new association of architecture and landscape with modern Rome supplanted the romanticized ruin paintings and drawings of mid-century. This shift from ruins to modern architecture, attended by a parallel move toward a geometricized and linear style, was further bolstered by actual contemporary experiences of the Roman Campagna as recorded in the travel literature of the period, so that the conception of a rationalized antiquity came to be expressed by style rather than exclusively by antique subject matter. The drawing notebooks made by French artists while studying in Rome at the end of the 18th century evince parallel interests in the antique and in the modern, both of which are explored in the service of appropriating the material reality of Rome for use by French painters and architects in the development of a modern French school.

Landschaftszeichnung jenseits der klassischen Ruine: David, Drouais und Percier
Andrea Bell

Der vorliegende Beitrag befasst sich mit den Skizzenbüchern und Alben französischer Künstler, die Ende des 18. Jahrhunderts in Rom lebten und arbeiteten, unter ihnen Jacques-Louis David und seine Schüler sowie einige ihrer Zeitgenossen, etwa Antoine-Laurent Castellan und Pierre Paul Prud'hon. Untersucht wird, wie die Unterrichtspraxis der französischen Académie royale de peinture et de sculpture – oder der Widerstand dagegen – in den römischen Zeichenbüchern anschaulich wird, namentlich in der Fülle der darin enthaltenen Landschaftszeichnungen.

Die Hefte bestehen hauptsächlich aus Kopien nach Antiken, aus Landschaftszeichnungen und vereinzelten Alltagsszenen, allesamt im Hinblick auf den späteren Gebrauch im Berufsleben in Paris zu einem Album eingebunden. Sie sind allerdings auch Zeugnisse eines sich verschärfenden Wandels der akademischen Doktrin, indem die Landschaft, die bislang auf der untersten Stufe der akademischen Gattungshierarchie figurierte, darin mehr und mehr Beachtung erfährt. Dieses neue Interesse an einer ausgeprägt geometrischen und linearen Landschaftsauffassung lässt sich in verschiedenen Disziplinen beobachten und zeigt sich in Zeichnungen sowohl von Malern wie von Architekten. Der Austausch zwischen den beiden Gruppen wurde besonders durch die Académie de Paris in Rom gefördert, wo die Vertreter der jeweiligen Berufsstände, die in Paris in gesonderten Institutionen ausgebildet worden waren, ein und dieselbe Schule besuchten. Bezeichnend dafür ist beispielsweise die Freundschaft, die zwischen einem Schüler Davids, dem Maler Jean-Germain Drouais, und dem Architekturstudenten Charles Percier entstand. Damit rückt in den Blick, wie die Landschaft für die klassizistischen Künstler an der Wende vom 18. zum 19. Jahrhundert zu einer anspruchsvollen und wichtigen Gattung werden konnte – eine Entwicklung, die mit der Vorrangstellung der Landschaft im 19. Jahrhundert ihren Höhepunkt erreichen sollte.

1 Robert Rosenblum, *Transformations in Late Eighteenth Century Art*, Princeton, New Jersey: Princeton University Press, 1967, pp. 153–154.
2 Thomas Crow, *Emulation: David, Drouais and Girodet in the Art of Revolutionary France*, New Haven: Yale University Press, 1995, p. 47.
3 Pierre Rosenberg and Louis-Antoine Prat, *Jacques-Louis David, 1748–1825: Catalogue raisonné des dessins*, vol. 1, Milan: Mondadori Electa Spa, 2002, p. 496.
4 Charles-Marguerite-Jean-Baptiste Mercier Dupaty, *Lettres sur l'Italie, en 1785*. The first edition was published in Rome and Paris in 1788, with an English translation being published in London the same year. The above translation is taken from the English edition, *Travels through Italy in a series of letters*, London: G. G. J. and J. Robinson, 1788, p. 128.
5 John Chetwode Eustace, *A Classical Tour through Italy*, London: J. Mawman, 1815, p. 396.
6 Patrick Ramade, *Jean-Germain Drouais, 1763–1788*, exhibition catalog, Rennes, France: Musée des Beaux-Arts, 1985, p. 133.
7 Rosenblum, *Transformations* (see note 1), pp. 146–149.
8 Arlette Sérullaz, *Inventaire Général des Dessins, École Française: Dessins de Jacques-Louis David, 1748–1825*, Paris: Éditions de la Réunion des musées nationaux, 1991, p. 130.
9 Henry Fuseli's famous drawing *The Artist Moved by the Grandeur of Antique Fragments* from 1778–1779, now at the Kunsthaus, Zurich, is a good example of the modern artist's anxiety over his relationship to the artistic past. Indeed, images of observers overcome with despair when confronted by the ruins of antiquity appear with some regularity in the drawing notebooks of French artists from the end of the 18th century.
10 Antoine Quatremère de Quincy, *Essai sur la nature, le but et les moyens de l'imitation dans les beaux-arts* (Paris: Treuttel et Würtz, 1823). Quotation taken from English trans-

lation: J. C. Kent, trans., *An Essay on the nature, the end, and the means of imitation in the fine arts*, London: Smith, Elder and Co., 1837, p. 168.

11 Quatremère defines the moral as that which relates to the mind as opposed to the senses. He writes: "I have before explained that the word moral, as applied to imitation, is not intended to signify any useful influence on morality or manners resulting from works or art, but is employed in an opposite sense to that attached to the words *physical, material, sensual*." Quatremère, *An Essay on the Nature*, p. 183.

12 Raoul Rochette, "Percier. Sa Vie et Ses Ouvrages," in *Revue des Deux Mondes* 24 (1840), p. 250.

13 Ibid.

14 I would like to thank Jean-Philippe Garric for drawing my attention to this tendency.

15 Ibid.

16 Crow, *Emulation* (see note 2), pp. 83–86.

17 Charles Percier and Pierre François Léonard Fontaine, *Choix des Plus Célèbres Maisons de Plaisance de Rome et de ses Environs*, ed. Jean-Philippe Garric, Wavre, Belgium: Éditions Mardaga, 2007, p. 43.

18 Quoted by David Van Zanten, "Architectural Composition at the Ecole des Beaux-Arts from Charles Percier to Charles Garnier," in *The Architecture of the Ecole des Beaux-Arts*, ed. Arthur Drexler, London: Secker & Warburg, and New York: MoMA, 1977, p. 152.

19 Ibid.

20 Ibid.

21 Especially Vitruvius in his *De Architectura*, a classic text with which Percier was unquestionably familiar. It is here that Vitruvius describes how the Doric column was first constructed based on the "proportions, strength and beauty of the body of a man", while the ionic column was based on the "delicacy, adornment and proportions characteristic of women." Morris Hicky Morgan, transl., *Vitruvius: the ten books on architecture*, New York: Dover Publications, 1960, book IV, chapter 1, sections 6–7.

22 Alexander Tzonis and Liane Lefaivre compare the "intercolumniation relations" with the "ordered spacing between human bodies, or, even more, as the structure of the steps in a dance, the art from which according to Aristotle all rhythm is derived." Alexander Tzonis and Liane Lefaivre, *Classical Architecture: The Poetics of Order*, Cambridge, Massachusetts: The MIT Press, 1987, p. 119.

23 Piranesi too takes up an exploration of shifting architectural planes in his later prison etchings, which focus on fantastical renderings of modern prison interiors, rather than on rationalized and fixed experiences of ancient monuments.

24 *Piranesi et les Français, 1740–1790*, exhibition catalog, Rome: Edizioni dell'Elefante, 1976, pp. 266–270.

Vedute und Reverie. Adrian Zinggs charakteristische Landschaftsporträts

Martin Kirves

Um 1800 ereignet sich in der Malerei ein Umbruch, für den gemeinhin die beiden folgenden prominenten Zeugnisse angeführt werden. Im Februar 1802, ein halbes Jahr nach seinem Wechsel von der Kopenhagener an die Dresdener Kunstakademie, teilt Philipp Otto Runge seinem Vater diesen Lagebericht mit: «[...] wir stehen am Rande aller Religionen, die aus der Katholischen entsprangen, die Abstractionen gehen zu Grunde, alles ist luftiger und leichter, als das bisherige, es drängt sich alles zur Landschaft, sucht etwas bestimmtes in dieser Unbestimmtheit und weiss nicht, wie es anzufangen? sie greifen falsch wieder zur Historie, und verwirren sich.»[1] Die Darlegung der Problemstellung, mit der sich die Kunst konfrontiert sieht, weist zugleich den von Runge eingeschlagenen Lösungsweg: Werden die Künstler zur Landschaftsmalerei gedrängt, da die Kirche und mit ihr die traditionelle Sakralmalerei die Religion nicht mehr lebendig zu erhalten vermag, kann aus der von Runge beklagten Unbestimmtheit der Landschaft nur eine neue Form der Bestimmtheit hervorgehen, wenn sich die Landschaftsmalerei ihrerseits des nunmehr institutionell ungebundenen religiösen Gehalts bemächtigt und ihm mit den ihr eigenen Mitteln einen angemessen Ausdruck zu verleihen sucht.

Wenige Jahre nach Runges Brief – damit kommen wir zum zweiten erwähnten Zeugnis – nimmt Friedrich Wilhelm Basilius von Ramdohr empört die von Runge gewiesene Bemächtigung der Religion durch die Landschaftsmalerei zur Kenntnis und schreibt angesichts von Caspar David Friedrichs *Kreuz im Gebirge* (1808, Abb. S. 145): «In der Tat, es ist eine wahre Anmassung, wenn die Landschaftsmalerei sich in die Kirchen schleichen und auf Altäre kriechen will.»[2] Mit seinem Gemälde sprengte Friedrich die letzte Bastion der Gattungshierarchie auf, was zu der als Ramdohr-Streit bekannt gewordenen scharfen Kontroverse über den Status der Kunst führen sollte.[3] Ex post betrachtet, vermochte gerade die von der Landschaftsmalerei ausgehende Transzendierung der Gattungsgrenzen den religiösen Gehalt, der mit den von Runge als «zugrundegehende Abstraktionen» bezeichneten überkommenen Bildformen unterzugehen drohte, zumindest zeitweise zu revitalisieren.

Dass eine neu formierte Landschaftsmalerei das klassische Sakralbild substituieren konnte, verweist auf die von Runge hervorgehobene, per se gegebene Unterbestimmtheit des Darstellungsgegenstandes Landschaft, der in weit höherem Masse durch den Künstler mit Bedeutung aufgeladen werden muss, als dies bei den semantisch gesättigten Formen der Historienmalerei der Fall ist. Eben hierin liegt das enorme bedeutungsoffene Potenzial des Sujets Landschaft, das nicht erst durch Runge und Friedrich, sondern auch in der vorangegangenen Landschaftsmalerei ganz verschiedenartig innerhalb der Grenzen der Gattungshierarchie aktiviert worden ist. Insbesondere der Ort Dresden, an dem sich die mit dem Epochenbegriff Romantik benannte Revolution in der Kunst zugetragen hatte, ist geradezu als Laboratorium zur Erforschung der semantischen Möglichkeiten der Landschaftsmalerei anzusehen.

Im Rekurs auf die wirkungsintensiven Landschaften eines Rubens, Rembrandt oder Ruisdael einerseits und französischer Meister wie Lorrain und Poussin andererseits setzte der ideengeschichtliche Aufstieg der Landschaftsmalerei zu einer privilegierten Gattung bereits mit dem Beginn der Aufklärung – namentlich durch die Schriften von Roger de Piles – in den ersten Dekaden des 18. Jahrhunderts ein. Spätestens aber seit der 1763 unter der Federführung des passionierten Landschaftsradierers Christian Ludwig von Hagedorn erfolgten Akademiegründung bildete Dresden den vielleicht wichtigsten europäischen Konzentrationspunkt der konkret künstlerischen Ausformung dieses Aufstiegs der Landschaftsmalerei.[4] Ein Protagonist jener Zeit, der über fünfzig Jahre in Dresden wirkte und die sich mit Runge und Friedrich scheinbar ex nihilo ereignende Zäsur vorbereitete und ermöglichte, ist Adrian Zingg. Seine grossformatigen Sepiablätter waren es, die nicht nur dazu beitrugen, dass sich Anton Graff noch in hohem Alter in der Landschaftsmalerei versuchte, sie sollten auch Friedrichs Blick neu ausrichten.[5] Schliesslich hatte Friedrich seine Neuformung der Landschaft mit Sepiazeichnungen eröffnet, indem er – mit Zingg über Zingg hinausgehend – an den Grenzbereichen des Sichtbaren operierte.

Ziel der folgenden Überlegungen ist es aber nicht, mit Zingg eine Vorgeschichte der Romantik zu erzählen, vielmehr wird der Versuch unternommen, Zinggs eigenständige Position innerhalb einer Konstellation sich etablierender Landschaftsmalerei aufzuzeigen, vor deren Hintergrund Runge und Friedrich erst die ihnen eigene Kunst zu schaffen vermochten. Um dabei die Unterschiede, aber auch die Bezüge zur Romantik im Blick zu behalten, wird Caspar David Friedrich wiederholt als Bezugspunkt aufgerufen werden. Für eine Präzisierung der nicht durch den Kontrast mit Friedrich, sondern aus sich selbst heraus erfolgenden Bestimmung der Zingg'schen Position ziehen wir Christian August Semlers zweibändige Abhandlung *Untersuchung über die höchste Vollkommenheit in den Werken der Landschaftsmalerey* (1800) heran, die in Reflexion auf die Dresdener Landschaftsmalerei vor Friedrich und Runge entstanden ist.[6]

Der Gang in die Landschaft

Adrian Zingg war auf Empfehlung und anstelle des von Hagedorn aus Paris auf die neu eingerichtete Professur für Kupferstichkunst berufenen Johann Georg Wille nach Dresden gekommen. Wille, seit 1736 in Paris ansässig und zum Hofkupferstecher Ludwigs XV. avanciert, stand bereits zuvor in engem künstlerischem Austausch mit Dresden. So erhielt er von Christian Wilhelm Ernst Dietrich das ihn überaus entzückende Gemälde *Die Schäferinnen*.[7] Mit der Reproduktion beauftragte er Zingg, der über zwei Jahre an der Platte arbeitete (Abb. 1).

Bezeichnenderweise zeigt das Bild keine Historia. Die Schäferinnen wirken wie in die Landschaft gesetzte Bewegungsstudien, die den Betrachter dazu reizen, die Figuren von sich aus in einen erzählerischen Zusammenhang zu bringen, wobei die Bedeutungsoffenheit der Figurengruppe durch den Ort semantische Prägung erfährt: Die Schäferinnen sind gleichsam von der intimen «gesperrten» Landschaft angezogen worden. Gerade weil die semantisch unterbestimmten Bildpersonen grösser als bei herkömmlichen heroischen Landschaften dargestellt sind, wächst dem gezeigten Ort eine für die Semantisierung des Bildes erhöhte Bedeutung zu, die Zingg in der phänomenalen Gestaltung der Natur herauszuarbeiten sucht. Folglich ist die druckgrafische Reproduktion, für die die Wille-Werkstatt berühmt und geschätzt war, keineswegs eine mechanische Duplizierung, sondern

Abb. 1 Adrian Zingg nach Christian Wilhelm Ernst Dietrich, *Les Bergères*, 1763, Radierung und Kupferstich, 51,0 × 38,4 cm, Kupferstich-Kabinett, Staatliche Kunstsammlungen Dresden, Inv.-Nr. A 1983-1419

eine Übersetzungsleistung – eine Kunst der Interpretation, um mit Norberto Gramaccini zu sprechen, die im Falle von Zinggs Übertragung des Dietrich-Gemäldes durch eine an Naturstudien geschulte Hand erfolgt.[8]

Um die Fähigkeit zur Naturdarstellung auszubilden, hatte Wille in Paris eine «teutsche Akademie» eingerichtet, bei der im programmatischen Kontrast zur königlichen Pariser Akademie Studien in der freien Natur betrieben wurden, wozu auch mehrwöchige Exkursionen in landschaftlich besonders anziehende Gegenden gehörten.[9] «[...] alle jungen Künstler, welche in meine Bekanntschaft gerahten», so Willes Grundsatz, «leite ich zur Natur, da müssen sie zeichnen, oder sie sind meine Freunde nicht, weil sie keine Künstler seyn wollen.»[10] Bei Zinggs Pariser Reproduktionstätigkeit kam der Landschaft mithin ein ausserordentlicher Stellenwert zu, wovon auch die Wahl der von Zingg reproduzierten Künstler, wie Claude Joseph Vernet oder Aert van der Neer, zeugt.

Die Schulung einerseits in der Natur und andererseits nach den Naturdarstellungen der grossen Meister, von Salomon Gessner im *Brief über die*

Landschaftsmalerey als ideale Studienmethode bezeichnet, hatte in Zingg den Entschluss reifen lassen, sich mit Antritt der Dresdener Stelle ganz der Landschaft zu widmen:[11] «Zu Landschaften», teilt er Hagedorn mit, «habe ich viel Neigung und gedenke nichts anderes in Kupfer zu stechen [...].»[12] Als Akademielehrer in Dresden setzte Zingg die Exkursionen Willes fort. Die bis nach Böhmen führenden Studienausflüge, die in Friedrichs Wanderungen ihre Fortsetzung finden sollten, haben eine Sichtweise auf die Natur etabliert, die sich in die Bezeichnungen der Landschaften eingeschrieben hat, gilt Zingg doch als Namenspatron der Sächsischen wie der Böhmischen Schweiz.

Wie aber ist das bei Wille geschulte Sehen Zinggs genau beschaffen? Damit ist die Frage nach der spezifischen, stilprägenden bildlichen Formierung der Landschaften durch Zingg aufgeworfen. Aber können angesichts des disparat erscheinenden Œuvres überhaupt charakteristische Gemeinsamkeiten aufgefunden werden? Eine solche Suche scheint sich zumal durch den allmählich etablierten und zusehends florierenden Werkstattbetrieb umso schwieriger zu gestalten. Die Übernahme des von Johann Ludwig Aberli in Bern angewendeten Verfahrens, der sogenannten «Aberlischen Manier», bei der auf Umrisse reduzierte Druckgrafiken mit Tusche komplettiert werden, hatte die massenhafte Herstellung von Originalen zur Folge, die eine Händescheidung nahezu ausschliesst. Und dennoch, überblickt man die breite Produktion der zwischen 1750 und 1800 entstandenen sächsischen Landschaftsmalerei, fällt es nicht schwer zu erkennen, ob ein Bild aus der Werkstatt Zinggs hervorgegangen ist. Gewährsmann für die über eine mögliche Händescheidung hinausgehende Wiedererkennbarkeit ist – abermals im Modus vehementer Kritik – Zinggs Patensohn Ludwig Richter, dessen Vater, Carl August, Mitarbeiter der Zingg-Werkstatt gewesen war. Ludwig Richter stachen die zur Naturdarstellung angewendeten «stereotypen Formen und Formeln» derart ins Auge, dass sie ihn für die Naturbetrachtung blind machten, obwohl auch er den von Zingg vorgezeichneten Weg fortsetzen sollte.[13]

Die Weltlandschaft im Blick

Betrachten wir zur Charakterisierung von Zinggs künstlerischer Perspektivierung der Landschaft zunächst das 1796 von seinem Landsmann Anton Graff geschaffene Ganzfigurenporträt (Abb. 2). Dreissig Jahre nach Zinggs Ankunft in Dresden entstanden, weist es einen retrospektiven Zug auf, der das bisher Geschaffene programmatisch fokussiert, was sich in der innerhalb von Graffs Œuvre einzigartigen Disposition des Bildes niederschlägt, die sicherlich auf Massgaben Zinggs beruht.

Zingg hat sich auf einem grasbewachsenen Felsen niedergelassen und die Beine übereinandergeschlagen, um die grossformatige, ihm als Zeichenunterlage dienende Mappe abzustützen, die er mit seiner linken Hand auf der richtigen Höhe fixiert. Seine ganze Haltung verdeutlicht, dass sich der Porträtierte mitten im künstlerischen Schaffensprozess befindet, weshalb ebendieser gezeigten Haltung eine Schlüsselstellung für Zinggs künstlerisches Selbstverständnis zukommt. Statt wie seine beiden Eleven im Mittelgrund – einer betreibt Detailstudien nach der Natur, während der andere die Landschaft porträtiert – den Zeichenstift zu gebrauchen, hat sich Zingg leicht nach rechts gewendet, um etwas ausserhalb des Bildes in den Blick

Abb. 2 Anton Graff, *Adrian Zingg*, 1796/1799, Öl auf Leinwand, 160 × 98 cm, Kunstmuseum St. Gallen

zu nehmen, wodurch die Frontalität der Porträtsituation auf eine dem Betrachter verborgene Weite hin geöffnet wird. Obwohl Zingg etwas Konkretes zu betrachten scheint, verweist die Anhöhe, auf der er sitzt, auf einen Ausblick in eine ebenso diffuse Weite, wie sie sich dem Bildbetrachter auf der rechten Seite darbietet. Zusätzlich wird der suggerierte Landschaftsraum dekonkretisiert, indem von dort helles Licht einfällt, gegen das sich Zingg mit der den Zeichenstift haltenden Hand abschirmt, um überhaupt etwas erkennen zu können. Dabei ist sein Blick keineswegs eindeutig abwärts auf eine mögliche Landschaft gerichtet; das vordere Auge scheint gar hoch-, dem Licht entgegenzusehen. Und dennoch zeugt der aufmerksam konzentrierte Blick unter der Schatten spendenden Künstlerhand davon, dass Zingg etwas gewahrt und dieses Gewahrwerden als Teil des künstlerischen Schöpfungsprozesses dem Akt des Zeichnens notwendig vorausgeht.

Um unmissverständlich zu verdeutlichen, dass es sich beim dargestellten künstlerisch-schöpferischen Sehen um einen genuin geistigen Prozess handelt, scheint der Mittelfinger, der zusammen mit dem Zeigefinger den Zeichenstift hält, geradewegs auf die hell erleuchtete Fläche seiner Stirn zu tippen. Einzig vom visuell inspirierten Geiste her vermag eine adäquate Reproduktion des Gesehenen Gestalt anzunehmen. Damit positioniert sich Zingg eindeutig gegen ein Konzept nachahmenden Kopierens, wie es die alleinige Darstellung der Schüler nahelegen könnte. Das Ins-Bild-Setzen der Landschaft ist vielmehr eine im Akt des künstlerischen Sehens gründende mimetische Transformation, die sich in der von den Schülern veranschaulichten konkreten Handlung des Zeichnens realisiert.[14]

Weil die bereits im künstlerischen Sehen angelegte Überführung der Landschaft in ihre Bildhaftigkeit bildlich nicht veranschaulicht werden kann, ist Zinggs Blick ins allegorische Bildjenseits gerichtet, das in der vom Porträt evozierten programmatischen wie retrospektiven Perspektive zugleich als Quelle seiner Bilder fungiert. Demnach blickt Zingg nicht auf einen bestimmten Landschaftsausschnitt, er schaut – in allegorischem Sinne – die Natur als solche, die ihm als Darstellungsgegenstand realiter stets in einer ganz spezifischen Konkretion gegeben ist. Die allegorische Dimension verbindet Zinggs Porträt mit einem anderen, am Beginn des Jahrhunderts von John Closterman geschaffenen Bildnis, das Anthony Earl of Shaftesbury zusammen mit seinem Bruder Maurice zeigt, wie sie auf einer Anhöhe inmitten eines heiligen Hains stehend dem aus dem Bildjenseits einfallenden Licht entgegenblicken (Abb. 3).[15] Das Gemälde setzt jene

Abb. 3　John Closterman, *Maurice Ashley-Cooper und Anthony Ashley-Cooper, 3rd Earl of Shaftesbury*, 1702, Öl auf Leinwand, 243,2 × 170,8 cm, National Portrait Gallery, London

Schlüsselpassage aus den *Moralisten*, dem Hauptwerk Shaftesburys, ins Bild, die von Herder als Naturhymnus bezeichnet werden sollte und die in den verschiedensten Brechungen leitmotivisch durch das Jahrhundert der Aufklärung hallt. Bei Rousseau und Diderot, bei Sulzer und Mendelssohn, stets wird eine bewaldete Anhöhe bestiegen, um dort, von der Betrachtung der landschaftlichen Umgebung ausgehend, in einer anfänglich vernunftgeleiteten Reflexion, die sich vermittels der Einbildungskraft zur enthusiastischen Schau steigert, die Natur als universalen Schöpfungszusammenhang zu erfahren, innerhalb dessen harmonisch geordnetem Verhältnis von Teil und Ganzem der Reflektierende selbst aufgehoben ist. Dabei wird die universale Ordnung des Kosmos in ihrer Schönheit offenbar; auf

Clostermans Bild wird sie in dem hinter den Brüdern Ashley-Cooper sichtbaren Apollotempel als Geheimnis der Natur gehütet.

Die mit Shaftesbury erfolgende Aufwertung einer visuell angeleiteten Einbildungskraft als erkenntniserschliessende Grösse geht mit einer Kompetenzerweiterung der Sinnlichkeit einher, der Leibniz den Status einer «gnoseologia inferior» zuspricht. Baumgarten sollte diesen Bereich unter der Bezeichnung «Ästhetik» zur eigenständigen Disziplin erheben. Parallel dazu spitzen sich die massgeblichen Kunsttheorien aus der Feder von Jean-Baptiste Dubos, Bodmer und Breitinger, Sulzer oder Mendelssohn und nicht zuletzt von Salomon Gessner auf jenen Grundsatz zu, den Charles Batteux im Titel seines einflussreichsten Werkes auf den Punkt bringt: *Les beaux-arts réduits à un même principe*, das Prinzip der Naturnachahmung nämlich, was auch immer im Einzelnen darunter verstanden werden mag. Zusammengenommen gehen Anschaulichkeit und Einbildungskraft eine erkenntnis- wie kunsttheoretisch richtungsweisende Allianz ein, deren Betätigungsfeld die Natur ist, wobei Natur, bemerkt Christan August Semler, begrifflich synonym mit dem Wort «Gott» sei, so dass es für die Gottheit zweierlei Bezeichnungen, einen Sonntags- und einen Alltagsnamen, gebe.[16]

Abb. 4   Adrian Zingg, *Anton Graff und Carl Anton Graff als Zeichner in der Landschaft*, um 1791, Feder in Schwarz, braun laviert sowie aquarelliert, über Spuren von Grafit, 29,8 × 25,5 cm, Kunsthaus Zürich, Grafische Sammlung, Inv.-Nr. 1938/284

Damit ist diejenige Perspektive skizziert, innerhalb deren sich auch Zinggs Blick bewegt. Im Gegensatz zur enthusiastischen Schau der Brüder Ashley-Cooper übersteigt dieser jedoch nicht die sichtbare Welt, sondern ist auch innerhalb der allegorischen Ebene in sie hinein gerichtet. Der Landschaftsmaler bleibt auf die konkrete Erscheinungswelt verwiesen, die sich mit Zinggs als allegorisch suggerierter Weltlandschaft in ihrer phänomenalen Allheit darbietet, auch wenn – wie gezeigt werden soll – der mit Shaftesbury angesprochenen metaphysischen Dimension eine bildimmanente Relevanz zukommt.

Vedute und Memoria
Dass die Landschaftsmalerei für Zingg unabdingbar in der real gegebenen Landschaft verankert ist, hebt ein anderes programmatisches Porträt hervor, das Zingg seinerseits von Anton Graff und dessen Sohn angefertigt hat (Abb. 4). Auch hier stehen die Porträtierten auf einer Anhöhe, inmitten einer sie umfangenden nahsichtigen Naturlandschaft, und blicken in eine sich ihnen eröffnende Weite dem Licht entgegen. Der Sohn Graffs weist hier allerdings mit einem Zeigegestus auf eine bildlich nicht gezeigte konkrete Erscheinung hin, die sein Vater ebenfalls genau in den Blick nimmt. In stummer künstlerischer Zwiesprache gewahren sie die Bildhaftigkeit des Erblickten und überführen es in einem beinahe gemeinsamen Schöpfungsakt in die Anlage eines Bildes: Die Hand des Vaters scheint bereits den Zeichenstift des Sohnes zu berühren, der als Pendant zum weisenden Zeigefinger das in der Ferne Gesehene auf dem Papier zur Erscheinung bringen wird. Die adäquate Landschaftsdarstellung ist also zum einen protokollierend aufzeichnend, zum anderen ist die Aufzeichnung notwendigerweise das Resultat eines künstlerischen Gestaltungsvorgangs. Daher bedient sich Zingg auch keinerlei mechanisch-reproduktiver Verfahren, wie der Camera obscura, oder bemächtigt sich der Natur mit optischen Hilfsgeräten, um ihre Wahrheiten instrumentell zu extrahieren. Und dennoch ist er seinem Selbstverständnis als Landschaftsmaler nach auf eine genaue Beobachtung sowohl der visuellen Erscheinungsqualitäten als auch der gegebenen Disposition der Landschaft verpflichtet. Hieraus resultiert der vedutenhafte Zug von Zinggs Landschaftsdarstellungen, die zumeist Orte zeigen, die als tatsächliche Orte wiedererkannt werden sollen.

Die Wiedererkennbarkeit ist jedoch nicht in dem Sinne als Urbild-Abbild-Verhältnis zu verstehen, dass die Landschaftsdarstellung die reale

Landschaft möglichst präzise zu reproduzieren hätte. Abgesehen von der sich durch die mediale Übertragung unumgänglich vollziehenden Umformung der Landschaft, könnte ein derartiges Abbild gegenüber dem Original, ganz im Sinne Platons, immer nur ein reduktionistischer Schattenwurf sein. Insbesondere bei der auf eine landschaftliche Identifizierung hin angelegten Vedute geht das Erinnerungsbild als weitere Instanz in das Urbild-Abbild-Verhältnis mit ein. So ist zwar auch für Semler das Urbild das Wahrheitskriterium für die Angemessenheit einer Landschaftsdarstellung, die praktische Beurteilung erfolgt jedoch vermittels des Erinnerungsbildes.[17] Das Erinnerungsbild wird gegenüber dem Urbild aber allein schon dadurch seitens des Abbildes mitgeformt, dass die Wiedererinnerung durch die Landschaftsdarstellung hindurch erfolgt. Erweist sich dabei grundsätzlich die Affinität der Darstellung zum evozierten Erinnerungsbild, wird Letzteres durch die Konkretheit der Darstellung sowohl intensiviert als auch präzisiert. Das Erinnerungsbild lagert sich in die ihm affine Darstellung ein und wird auf die künstlerisch hergestellte Bildhaftigkeit der Landschaft hin umgeformt, so dass die Vedute dem Betrachter nicht mehr blosses Erinnerungszeichen für eine ihm bekannte Landschaft ist, sondern diese Landschaft durch die Vedute, im emphatischen Sinne des Wortes, erkannt wird. Aus diesem Grund vermag die Landschaftsdarstellung ein stärkeres Erinnerungsbild zu hinterlassen als die tatsächliche Landschaft, die zur Darstellung gebracht wird. Dieses Potenzial der Landschaftsmalerei zeigt sich darin, dass nunmehr in anderen realen Landschaften die qua Bild dargestellten Charakteristiken wiedererkannt werden. «[...] wo ich hinsah», äussert Goethe folgerichtig, «erblickte ich ein Bild».[18]

Um die spezifische Bildhaftigkeit der Landschaften Zinggs genauer zu fassen, betrachten wir im Folgenden ein Beispiel, das uns Aufschluss über die künstlerische Transformation der Landschaft ins Bild zu geben vermag, um dann mit Semler nach dem Modus und dem Telos der Betrachtung solcher Landschaften zu fragen.

Struktur und Konkretion

Ist Zingg der konkrete Ort auch unhintergehbarer Ausgangspunkt der Landschaftsdarstellung, fertigt er vor der Natur dennoch einzig Skizzen an, die die Landschaft – wie hier *Lilienstein und Königstein vom linken Elbufer aus* – in ihrem bildlichen Gefüge festhalten (Abb. 5).[19] Durch Daniel Nikolaus Chodowiecki sind wir genauer über Zinggs Arbeitsweise infor-

Abb. 5 Adrian Zingg, *Lilienstein und Königstein vom linken Elbufer aus*, Skizze, Grafit, 13,5 × 21,7 cm, Kunsthaus Zürich, Grafische Sammlung, Inv.-Nr. 1938/1020

miert: «[...] viele der Zeichnungen», berichtet er in seinem Reisetagebuch, «sind auch noch so wie er sie nach der Natur mehrenteils mit Bleistift nur mit Umrissen entworfen hatt, zuweilen ein wenig darinn schrafirt; andere auch, wie er sie hernach zu Hause mit der Feder umrissen hatt, worin schon Licht und Schatten mit lichterer und schwärzerer Touche angedeutet sind, hernach führt er sie mit dem Pinsel und Touche aus [...].»[20] Die Bleistiftskizze ist das de-phänomenalisierte Abstraktum der Landschaft, von dem aus Zingg den unbestimmten Raum der Landschaftsmalerei, wie ihn Runge bezeichnet hat, mit Feder und Tusche bildlich re-konkretisiert.

Die Skizze, etwa ein Viertel so gross wie das ausgeführte Bild, zeigt in weichem und dennoch bestimmtem Zeichenduktus die Anlage der Landschaft, deren Charakteristik in einer sich verknüpfenden Multifokalität festgehalten ist: Der Lilienstein, Protagonist des Bildes, ist nicht allein aus dem Zentrum gerückt, sondern auch jenseits des Goldenen Schnitts positioniert, wodurch der etwa im selben Abstand zum Bildrand situierte Königstein als symmetrisches Pendant des Liliensteins eine stärkere Präsenz gewinnt. Auf diese Weise wird die Beziehung zwischen den beiden Anhöhen forciert und eine beide Felsmassive verbindende diagonal fluchtende Bildachse etabliert. Lenkt der Königstein den Blick in die Ferne, zieht ihn das zweite Pendant des Liliensteins, die Baumgruppe am linken Bildrand, nach vorne und richtet die Aufmerksamkeit auf die beiden Wanderer, die ihr visuelles Gegenstück wiederum im Baum auf der gegenüberliegenden Seite des Vordergrundes finden. Der Baum dort leitet den Blick abermals aufwärts zum Lilienstein und fungiert zugleich als neuerlicher Ausgangspunkt der diagonal durch das Bild fluchtenden Achse, die auf der Höhe des Flusslaufs mit dem Fuhrwerk eine weitere Markierung erhält, durch welche der Blick wiederum auf die benachbarten Bildzentren, den Königstein, den Hain und die Wanderer verwiesen wird.

Die skizzenhafte Bildanlage hat folglich aus konzeptionellen Gründen kein Zentrum, vielmehr setzt sie sich aus einem Geflecht verschieden gewichteter Brennpunkte zusammen, die als Teile des Ganzen jeweils voneinander abgegrenzt sind, um gerade durch ihre Separierung aufeinander zu verweisen. Der so entstehende Verweisungszusammenhang bildet eine übergeordnete, der Darstellung zugrunde liegende Struktur, die als solche in einem «Totaleindruck», wie Semler im Anschluss an Roger de Piles' «Tout-Ensemble» formuliert, wahrgenommen werden könne und konstitutiv für die Schönheit des Bildes sei.[21] Vom Totaleindruck ausgehend, entdeckt der Blick die Einzelheiten in ihren Beziehungen zueinander, wodurch wiederum der Totaleindruck modifiziert wird, so dass sich ein das Bild intensivierendes, visuell verfasstes hermeneutisches Wechselverhältnis von Teil und Ganzem etabliert. Bevor wir diese Bildhermeneutik mit Semler genauer zu fassen versuchen, betrachten wir zunächst aber das fertige Landschaftsbild (Abb. 6).

Hier ist die Verbindung zwischen dem Lilien- und dem Königstein durch eine rhythmisierende Reihung von Flach und Hoch dramatisiert worden, wodurch die Anhöhen gegenüber der Skizze als massive Felssolitäre erscheinen, die sowohl auf ihre individuelle Einzigartigkeit als auch auf ihre innerbildliche Polarität hin konkretisiert worden sind: Die Ausläufer des Liliensteins wirken wie die Schultern eines sich in die Wolken erhebenden Hauptes, während der Königstein ein hoch aufragendes Plateau ausbildet, das trotz seiner Entfernung und der Wolkenschleier, welche den Lilienstein umgeben, eine nahsichtige Präsenz entfaltet. Diese Gegenwärtigkeit wird durch die auf der Skizze bewusst im Diffusen diffundierenden, nunmehr konkretisierten Details verstärkt, für welche paradigmatisch die beiden als Gipfelmarken fungierenden Pyramidenaufbauten einstehen, die wie Peilpunkte die Anhöhen miteinander verbinden und den Blick zu einer nahsichtigen Betrachtung des gesamten Bildraums herausfordern.

Die visuelle Prägnanz der Details ist ein entscheidendes Mittel, mit dem Zingg die Raumerfahrung steuert. Durch geringfügige Änderungen der Valeurs dosiert er die mögliche nahsichtige Fokussierung und damit die Erfahrung der Raumtiefe. Entsprechend sind die Kontraste des Königsteins gegenüber dem Fuhrwerk homogenisiert, während die Formen

Abb. 6   Adrian Zingg, *Lilienstein und Königstein vom linken Elbufer aus*, Feder in Schwarz, Pinsel in Braun, 28,1 × 40,5 cm, Kupferstich-Kabinett, Staatliche Kunstsammlungen Dresden, Inv.-Nr. C 1937-228

eine Schematisierung erfahren, ohne dass sie jedoch ihre phänomenale Überzeugungskraft verlören. Der König- wie der Lilienstein stellen durch das Verblassen der Kontraste und Formen den Bildhorizont dar und sind dank der phänomenal gegenwärtigen Details doch nahsichtig präsent. Sie sind – um mit Walter Benjamin zu sprechen, der seinen Aura-Begriff anhand einer Landschaftsimpression erläutert – durch eine «entfernte Nähe» charakterisiert.[22]

Gegenüber der Skizze ist im ausgeführten Bild der Baum vom rechten Rand Richtung Bildmitte versetzt worden, so dass die Baumgruppen nun eindeutig als am anderen Flussufer angesiedelte Pendants der Anhöhen gesehen werden und die vermittels der Berge realisierte Bildidee der polaren Individualisierung auch den Bildvordergrund bestimmt. Dabei wird die Analogie zwischen Bäumen und Bergen durch die Bildordnung zusätzlich verstärkt, indem die Anordnung der Bäume die diagonale Tiefenachse im Bildvordergrund wiederholt.

Zwischen den Bäumen befindet sich das im Vergleich zur Skizze vergrösserte und auf dem Weg zurückversetzte Fuhrwerk. Die Staffage, wie unauffällig sie auch sein mag, stellt Semler zufolge den notwendigen Verankerungspunkt für die imaginative Erschliessung der Landschaft dar.[23] Wie Dietrich bei seinen *Schäferinnen* (Abb. 1) führt Zingg durch die Staffage allerdings keine Historia ins Bild ein, die die Landschaft in einen Schauplatz verwandeln würde. Vielmehr erfolgt die imaginative Erschliessung durch die Staffage, indem sie die Landschaft sowohl szenisch wie formal in ihrer landschaftlichen Charakteristik aktiviert. Dementsprechend werden die Orte, an denen die Staffage situiert ist, nicht sequenziell überrollt, sondern als Bildorte intensiviert: So fährt der Pferdekarren zwar ins Bild hinein, das Gefährt schwenkt aber nicht auf die Wegbiegung ein, sondern bewegt sich auf die Abzäunung zu, wo das ansteigende Gelände einen natürlichen Aussichtspunkt zum Lilienstein bildet, zu dem der Wagenlenker bereits aufblickt. Und dennoch ist die vom Dahinrollen des Fuhrwerks induzierte zeitliche Dimension in ihrer Augenblickhaftigkeit durch die Bewegung der Peitschenschnur ins Bild hinein geholt. Sie bildet den denkbar schärfsten Kontrast zur Zeitlosigkeit des Liliensteins, der durch den Wolkenschleier seinerseits von einer Temporalität umgeben ist. Auf geradezu geniale Weise hat Zingg das in der Skizze aufscheinende dramaturgische Problem gelöst: Sollte die als «Er-Fahrung» des Bildraums fungierende sequenzielle Bewegung des hinter dem Hügel verschwindenden Fuhrwerks durch die im Vordergrund rastenden Wanderer zugunsten des Bildortes relativiert werden, sind in der Ausführung beide Aspekte in einer auf die Landschaft bezogenen, äusserst dramatischen Weise miteinander verschmolzen. Die zusätzlich durch das Fohlen an ihren Ort gebundene Bewegung des Fuhrwerks zielt mithin nicht auf eine Überwindung des Ortes, sondern aktiviert ihn als Bildort, wodurch wiederum andere Bildorte aufgerufen werden, so wie das Fohlen die Aufmerksamkeit auf den Baum hinüberlenkt.

Die Funktion einer Aktivierung des Bildortes fällt auch der gegenüber der Skizze hinzugekommenen Gruppe von Kühen zu, die auf der anderen Seite des Baumes am Lauf der Elbe grasen. Sie etablieren einen scheinbar vom Sonnenfleck begrenzten Bewegungsraum gemächlichen Hin- und Hervagierens, der diesen Bildort als weiteres Bildzentrum etabliert, welches durch die Kuh am Flussufer und den dort stehenden Mann abermals im Modus bildinterner Betrachtung über sich hinaus auf das vorbeifahrende Schiff verweist, das wiederum durch den Baum visuell an seinem Ort fixiert wird.

Abb. 7 Adrian Zingg, *Der Prebischkegel*, Feder in Schwarz und Grau, Pinsel in Braun, 51,2 × 68,2 cm, Kupferstich-Kabinett, Staatliche Kunstsammlungen Dresden, Inv.-Nr. C 1976-228

Die Intensivierung des Bildes durch bildinterne Bewegungszentren erreicht ihre höchste Ausprägung jedoch im knorrigen Baum, der gegenüber der Skizze wie ein neu hinzugekommener Protagonist den Bildvordergrund bestimmt und dort ein üppiges Spiel seiner Phänomene entfaltet. Es erzeugt eine den Blick bindende motivinterne Bewegung, bei der die Bewegungselemente nicht allein visuell, sondern innerhalb der Bildwelt auch faktisch an ihren Ort gebunden sind. Das Blattwerk wirkt, als ob es sich mit Schatten und Helle bewegte, und die abgestorbenen, mit dem freiliegenden Wurzelwerk korrespondierenden hell erleuchteten mächtigen Äste scheinen geradewegs dem Licht entgegenzüngeln.

Indem sich der Lilienstein über der Baumkrone erhebt, schliessen sich Baum und Berg optisch zu einer hyperbelartig aufwachsenden Bildachse zusammen, wobei der Lilienstein seinerseits, allerdings auf eine weit diffusere, beinahe unmerkliche Weise von rechts beleuchtet wird. Wie auf der Ansicht *Der Prebischkegel* (Abb. 7), deren Lichtdramaturgie weit über diejenige des Blattes *Lilienstein* hinausgeht, formt das Licht keineswegs eine die Bildwelt transzendierende Instanz, sondern homogenisiert sich mit wachsender Entfernung zusehends zu einem allpräsenten Streulicht. Dadurch bleibt bei Zingg die Bildimmanenz erhalten, auch wenn durch das zentrale Motiv des hell aufstrahlenden Kreuzes, ganz im Sinne Caspar David Friedrichs, die Bildsemantik auf eine transzendente Öffnung hin aufbricht. Und dennoch entfaltet sich das Licht, wie bei *Lilienstein*, in einer mit der Annäherung an den Vordergrund zunehmenden kontrastierenden Wirkung, wodurch auch die Zeichnung *Prebischkegel*, im Gegensatz zu Caspar David Friedrichs Landschaften, ein Bild der mannigfaltigen Kontrastfülle darstellt.

Die auf den Bildvordergrund hin erfolgende kontrastierende Konkretion ist kein sukzessive zunehmender Verismus, vielmehr findet, wie am Blatt *Lilienstein* zu beobachten, die nahe Ferne der Berge ihr Gegenstück in einer entfernten Nähe des Baumes, der sich trotz seiner Präsenz durch eine summarische Behandlung des Blattwerks einem nahsichtig fokussierenden Blick entzieht. Gerade durch diese phänomenale Reduktion wird jedoch die Phänomenalität des Baumes als Gesamterscheinung hervorgetrieben, die ihn als eigenständiges Bildzentrum etabliert, das sich nicht allein durch seine formale Anordnung, sondern auch in seiner phänomenalen Erscheinung mit dem Lilienstein verbindet.

Von hier ausgehend wären Zinggs umfangreiche Baumstudien auf eben die Herausarbeitung einer solchen erscheinungsmässigen Ganzheit hin zu untersuchen, die das Einzelne nicht isoliert, sondern in seinem phänomenalen Zusammenspiel zu fassen versucht. Vor diesem Hintergrund erweist sich die von Richter beklagte Stereotypie zu Formeln geronnener Blattformen als Versuch, die Konkretion soweit im Abstrakten zu halten, dass dadurch in summa die Phänomenalität einer bestimmten Baumsorte hervorgerufen wird, was Zingg in die Worte fasst: «[...] jeder Baum, jeder Strauch, hat einen eigenthümlichen Charakter, der in der Natur beobachtet und in der Zeichnung in veränderter Manier ausgedrückt werden muss.»[24] Wie die Betrachtung zeigte, ist der Baum in der Ansicht des Liliensteins keineswegs erstarrte Form, sondern durch äusserste Kontraste zwischen Teil und Ganzem, Symmetrie und Asymmetrie, Licht und Schatten, Nähe und Ferne und nicht zuletzt Tod und Leben ein kaum zu überbietendes Spannungsmotiv, auf das Caspar David Friedrich durchaus zurückgreifen konnte, um es auf seine Bildkonzeption hin umzuformen.

Die motivinternen Kontraste konstituieren den Baum als ein Bildzentrum, das wiederum mit seinem Umraum kontrastiert. Gerade durch seine motivische Eigenständigkeit fungiert der Baum auch als ein den Blick von sich selbst ablenkender Bildteiler zwischen der Seite des Fuhrwerks, welches eine Blickachse auf den Lilienstein etabliert, und der Seite mit der in Aufsicht gegebenen Kuhherde, die einen kontrastierenden Blick nach unten eröffnet. Der Bildteiler Baum ist eine Schaltstelle des Blickwechsels, die den bildintern nur unpräzise bestimmten Standort des Betrachters aufruft. Aus dieser Perspektive zeigt sich der Baum als Begrenzungsposten zwischen einer diffuseren und einer konkreteren Sphäre, so dass die Anhöhe mit dem Weg und dem Wagen wie eine in die Landschaft hineinragende Insel wirkt, die als Aussichtsplattform auch den indifferenten Standpunkt des Betrachters erdet. Diese auch in der Zeichnung *Der Prebischkegel* eingesetzte Neufassung der traditionellen Einteilung der Bildgründe aufgreifend, wird Friedrich solche Aussichtsplateaus zu Standorten seiner Rückenfiguren zusammenschrumpfen oder den Betrachterstandort innerbildlich gar gänzlich aufheben.

Die im Blatt *Lilienstein* hervorgehobenen Kontraste werden über die Verweisstruktur der Motive hinaus durch die fein abgestufte Skala der Brauntöne vermittelt, welche dem Bild eine homogene, durch die Kontraste intensivierte Atmosphäre verleiht.

Fokussierte Reverie

Die Bildstruktur der Ansicht *Lilienstein und Königstein vom linken Elbufer aus* wartet mit Attraktionszentren auf, die den Blick durch ihre motivinterne Bewegtheit an sich binden und zugleich über sich hinaus verweisen. So wird ein umherschweifendes Sehen evoziert. Diese Form des durch keine narrative Historia semantisch fokussierten Vagierens, das dennoch zu einem zusehends intensiveren Erschliessen des Bildes führt, ist ein visuell angeleiteter Erkenntnismodus, den Semler begrifflich als Reverie fasst. Die Reverie beinhaltet jene «Veränderungen, die in unseren Seelen bey'm Anschaun von Kunstwerken vorgehn» und sich mit «Blitzesschnelligkeit» vollziehen:[25]

«Man erlaube mir dieses ausländische Wort, dessen ich mich öfters bediene. Das deutsche Wort Träumerey, das ihm noch am nächsten kömmt, ist nicht edel genug für die Fälle, wo von einem unzusammenhängenden Sinnen über grosse und ernsthafte Gegenstände die Rede ist. Reverie hingegen (nach dem Dic. de l'academie: Pensée où l'imagination se laisse aller) ist überall passend, und kann, vermöge seiner Abstammung auch von dem ernsthaftesten Sinnen (sic!) gebraucht werden; da rever, welches edler ist als unser Träumen, nicht blos: laisser aller son imagination, sondern auch: penser, mediter profondement sur qu. chose bedeutet. Vielleicht verdiente daher dieses Wort, wenigstens als Kunstwort Bürgerrecht zu erhalten.»[26]

Bereits Roger de Piles spricht davon, dass der Betrachter angesichts einer gemalten Landschaft auf eine angenehme Art zu träumen beginne.[27] Hier kann aber weder den ideengeschichtlichen Wurzeln noch den in der Landschaftsmalerei liegenden Ursprüngen einer solchen Träumerei nachgegangen werden. Selbst das Verhältnis zu der für Semlers Reverie massgeblichen Konzeption des «freien Spiels der Erkenntniskräfte», das Kant in seiner *Kritik der Urteilskraft* entwickelt, kann hier nicht beleuchtet werden. Vielmehr soll – in aller gebotenen Kürze – Semlers spezifische Bestimmung der Reverie als bildhermeneutischer Prozess aufgezeigt werden, der sich insbesondere an den Bildern Zinggs vollziehen lässt.

Die Reverie, so hörten wir, ist ein «ernsthaftes Sinnen über grosse und ernsthafte Gegenstände», das Gegenteil eines sprunghaften, freien Flottierens der Einbildungskraft zwischen semantisch nur lose verkoppelten Assoziationen. Die dezidert auf Erkenntnisgegenstände zielende Reverie stellt – und das ist entscheidend – einen nicht begriffsgeleiten Modus des Denkens dar. Um diesen Modus näher zu bestimmen, wenden wir uns Semlers für Zinggs Werke relevanten Kategorie der «charakteristischen Landschaften» zu, die aufgrund ihres durch Kontraste gewonnenen Ausdrucks- und Bedeutungspotenzials die intensivste Form der Reverie hervorzurufen vermag: «[...] die charakteristische Landschaft erweckt [...] theils unmittelbar Gefühle, und durch diese mittelbar Gedanken und neue Gefühle, welche mit jenen und unter sich verwandt sind; theils erweckt sie unmittelbar Gedanken und durch diese mittelbar Gefühle und neue Gedanken, die ebenfalls mit jenen und unter sich verwandt sind.»[28] Und Semler bestimmt «die Wirkungen der Bedeutung und des Ausdrucks, aus welchen die Reverie zusammengesetzt ist»[29]: «[Ausdruck nenne ich] alles das in der Landschaft, was unmittelbar durch Gefühle zu dem Spiele der Seele mit einer Reihe ähnlicher Vorstellungen reizt und Stoff liefert; die andere [Wirkung] nenne ich Bedeutung und verstehe darunter alles das in der Landschaft, was durch Reflexionen zu jenem unterhaltenden Spiele Anlass giebt.»[30]

Die Reverie vollzieht sich mithin als Ineinandergreifen der durch das Bild evozierten Gefühle (Ausdruck), die sie auslegende Gedanken hervorrufen, und vom Bild ausgelösten Gedanken (Bedeutung), die ihrerseits sie auslegende Gefühle zeitigen. Dabei sind die mittelbaren Gedanken und Gefühle als Komplemente der unmittelbar vom Bild evozierten Gefühle und Gedanken stets an das Bild zurückgebunden. Damit ist Reverie eine Form der Bildmeditation, die, mittelbar vom Bild angeleitet, sich unmittelbar am Bild vollzieht und erlischt, wenn durch gedankliches Abschweifen die Gerichtetheit auf das Bild aufgegeben wird. Einzig eine auf das Bild konzentrierte Reverie führt zur erkennenden Vertiefung des Dargestellten: «Der Verstand findet sich dadurch die Vorstellungen, welche die Einbildungskraft erfüllen, unaufhörlich auf Begriffe geführt, die alle mit einem gewissen Hauptbegriffe verwandt sind, welchen er zwar nicht so deutlich und bestimmt, wie bei einer logischen [...] Operation sich denket, der aber doch dem ganzen Spiele der Erkenntniskräfte zum Grunde liegt und ihm unverkennbar eine gewisse Richtung giebt.»[31] Die derart ausgerichtete Verweisstruktur nennt Semler im Gegensatz zum logischen den ästhetischen Zusammenhang.[32]

Der ästhetische ist dem logischen Zusammenhang aber nicht per se nachgeordnet. Zum einen eröffnet er, gerade weil er sich nicht auf einen Begriff bringen lässt, ein Gefühle wie Gedanken einschliessendes Vor-Verständnis des Begriffs, das als eine am Bild vollzogene Erfahrung seines Gehalts gegeben ist, die wiederum durch den abstrakten Begriff stillgestellt wird. Der ästhetische Zusammenhang konstruiert den Begriff als eine mögliche Bilderfahrung, ohne seiner allerdings jemals bildlich habhaft werden zu können. Zum anderen – und dies ist das eigentliche Potenzial der Landschaftsmalerei – vermag der ästhetische Zusammenhang gerade jene metaphysischen Begriffe, die gemäss Kants *Kritik der reinen Vernunft* nicht verstandesmässig deduziert werden können, aber dennoch notwendigerweise von der Vernunft postuliert werden, ästhetisch zugänglich zu machen, indem der ästhetische Zusammenhang die Reverie semantisch auf die Postulate der Vernunft hin ausrichtet.

Beide miteinander verschränkten erkenntniseröffnenden Dimensionen des ästhetischen Zusammenhangs – die Erfahrung des begrifflichen Gehalts und die Zugänglichkeit des verstandesmässig Uneinholbaren – legitimieren die Landschaftsmalerei nicht nur, sondern erheben sie zur erkenntnistheoretisch relevanten Instanz. Um der damit gesetzten Aufgabe gerecht zu werden, bemisst sich die Qualität eines Landschaftsbildes an dem als indirekte Lenkung der Reverie wirksamen ästhetischen Zusammenhang. Fehlt dieser, hat das Werk weder Ausdruck noch Bedeutung und vermag keinerlei Reverie, sondern einzig ein «vages und unzusammenhängendes Ideenspiel» auszulösen.[33]

Wie die Betrachtung der programmatischen Blickdarstellungen gezeigt hat, findet Zingg solche ästhetischen Zusammenhänge in einer produktionsästhetischen Wendung der Reverie in der realen Landschaft vor, die er künstlerisch auf diese Zusammenhänge hin umformt. Auf diese Weise die Bildhaftigkeit der Landschaft ins Bild setzend, lässt Zingg die bildhafte «Wahrheit» einer Landschaft künstlerisch sichtbar werden. Die gerahmte, durch die Abhebung aus dem innerweltlichen Kontinuum in sich abgeschlossene Einheit des Bildes aus Teil und Ganzem ermöglicht eine Über-Schau (theoria) des Darstellungsgegenstandes, vermittels dessen interner Verweisstruktur die Landschaft, zu der als integrale Bestandteile auch Mensch und Tier gehören, in ihrer spezifischen Charakteristik erkannt wird.

Damit die erkenntnisorientierte Reverie vom Verweiszusammenhang aktiviert werden kann, ist seitens des Betrachters eine Rezeptivität erforderlich, in der die genuin passive Dimension der Reverie gründet: «Um den wahren Ausdruck und die wahre Bedeutung einer Landschaft zu finden, muss man sich bei Betrachtung derselben leidend verhalten.»[34] Wie sich bei Shaftesbury der Geist für die enthusiastische Erkenntnis zunächst entleeren muss, damit er sich, von der Natur ausgehend, neu anzufüllen vermag, teilt sich der Gehalt der Reverie gänzlich von der Landschaftsdarstellung her mit, was Semler mit dem Vernehmen einer Melodie vergleicht, zu der der Betrachter einen ihr adäquaten Text erdichtet. Aber auch diese aktive Dimension der Reverie scheint eher die «Einwirkung eines fremden Geistes als Wirkung unserer eigenen Seele zu seyn.»[35] Eine Einwirkung, die sich «endlich in ernstes absichtliches Nachsinnen und in eigentliche Meditationen verwandelt,»[36] deren letztes Telos in den verstandesmässig nicht zu erschliessenden Geheimnissen der Natur liegt, weshalb Semler von «heiligen Gefühlen» spricht, die sich seitens der Bildschöpfung mitzuteilen vermögen.[37] Bei der Erdichtung des Textes zur vernommenen Melodie wird die Seele in eine umso lebhaftere Tätigkeit versetzt, als die Darstellungsgegenstände kontrastreicher sind, da der Betrachter nun zur Entdeckung des Gemeinsamen im Konträren angehalten ist, was ihn zur höchsten Allgemeinheit führt, die, wie es Schleiermacher in jener für Caspar David Friedrich massgeblichen Weise formuliert, als «Ahndung» gegeben ist.[38]

Im Gegensatz zu den Bildern Friedrichs, die darauf zielen, etwas Höheres, das selbst nicht in die Sichtbarkeit einzutreten vermag, durch die Phänomenalität des Bildes in toto als «Ahndung» hindurchscheinen zu lassen, also vermittels der künstlerischen Bildschöpfung über die Phänomene hinauszugelangen, sind Zinggs Bilder, wie Semlers Konzeption der Reverie, vor allem daraufhin angelegt, dass sich der Blick im Bild stets von Neuem in einer kontrastierenden Mannigfaltigkeit ergeht, um im Entdecken der Bezüge zwischen den konträren Bildzentren eine das Bild formierende Struktur aus Teil und Ganzem zu gewahren. Gerade aufgrund der durch harmonisierte Kontraste erzeugten internen Verweisungsintensität evoziert die Bildstruktur den Schöpfungszusammenhang, der in der künstlerischen Ausformung der Bildhaftigkeit der Landschaft, im Modus bildlicher Analogie, anschaulich gegeben ist. Das Wechselverhältnis von Teil und Ganzem ist der sich stets als kontrastierende Mannigfaltigkeit phänomenal aktualisierende Bildgrund, der seine spezifischen, von der Reverie meditierten semantischen Bezüge vermittels der phänomenalen Konkretion freisetzt, so dass die Teil-Ganzes-Struktur nicht etwas dem Bild zugrunde Liegendes ist, sondern sich, wie die Überführung der Skizze ins fertige Bild verdeutlicht, erst in der Phänomenalisierung des Bildraums konstituiert.

Auch wenn mit der Zeichnung *Der Prebischkegel* eine sich zusehends an Caspar David Friedrich annähernde, sowohl visuell-allegorisch wie symbolhaft-ikonografisch getragene religiöse Verschiebung zum Transzendenten hin zu verzeichnen ist, lassen sich die Landschaftsdarstellungen Zinggs und jene Caspar Davids Friedrichs in einer freilich idealen Polarisierung als «Reverie der Immanenz» und «Ahndung der Transzendenz» gegeneinander halten. Damit ist zum einen Zinggs Position innerhalb der vorromantischen Dresdner Landschaftsmalerei näher bestimmt und zum anderen angezeigt, inwiefern Caspar David Friedrich tatsächlich die Bildsprache Zinggs für seine Bildkonzeption fruchtbar gemacht hat.[39]

1 Philipp Otto Runge, *Schriften, Fragmente, Briefe*, unter Zugrundelegung der von Daniel Runge hrsg. hinterlassenen Schriften besorgt von Ernst Forsthoff, Berlin: Vorwerk, 1938, S. 13–14.
2 Friedrich Wilhelm Basilius Ramdohr, «Über ein zum Altarblatte bestimmtes Landschaftsgemälde von Herrn Friedrich in Dresden, und über Landschaftsmalerei, Allegorie und Mystizismus überhaupt», in: *Caspar David Friedrich in Briefen und Bekenntnissen*, hrsg. von Sigrid Hinz, München: Rogner & Bernhard, 1968, S. 138–157, hier S. 155.
3 Siehe dazu Hilmar Frank, «Der Ramdohrstreit. Caspar David Friedrichs ‹Kreuz im Gebirge›», in: *Streit um Bilder von Byzanz bis Duchamp*, hrsg. von Karl Möseneder, Berlin: Reimer, 1997, S. 141–160.
4 Siehe dazu Anke Fröhlich, *Landschaftsmalerei in Sachsen in der zweiten Hälfte des 18. Jahrhunderts. Landschaftsmaler, -zeichner und -radierer in Dresden, Leipzig, Meissen und Görlitz von 1720 bis 1800*, Diss. TU Dresden, 2000, Weimar: VDG, 2002.
5 Obwohl die Blätter Zinggs nicht ausschliesslich mit Sepiatinte erstellt wurden, sondern auch einen hohen Anteil an braunen Tuschen aufweisen, ist die Bezeichnung «Sepiamanier» dennoch treffend, da damit eine spezifische ästhetische Qualität beschrieben wird, die sowohl für die in einer Mischtechnik als auch für die mit Sepia geschaffenen Bilder charakteristisch ist. Entsprechend bezeichnet auch Ludwig Richter Zinggs Blätter als «Sepiazeichnungen» (Ludwig Richter, *Lebenserinnerungen eines deutschen Malers*, hrsg. von Max Lehrs, Berlin: Propyläen, 1923, S. 15). Vgl. dazu: Werner Busch, «Clair-obscur und Sepia. Eine kursorische Geschichte von Leonardo über Adrian Zingg zu Caspar David Friedrich», in: *Adrian Zingg. Wegbereiter der Romantik*, hrsg. von Petra Kuhlmann-Hodick, Claudia Schnitzer und Bernhard von Waldkirch, Ausst.-Kat. Kupferstich-Kabinett, Staatliche Kunstsammlungen Dresden, 17.2.–6.5.2012; Kunsthaus Zürich, 25.5.–12.8.2012, Dresden: Sandstein Verlag, S. 82–93, hier S. 90. Zur Entstehung der Sepiatechnik und ihrer Verbreitung siehe Sabine Weisheit-Possél, *Adrian Zingg (1734–1816). Landschaftsgraphik zwischen Aufklärung und Romantik* (Villigst Perspektiven, 12), Diss. FU Berlin, 2008, Berlin: Lit, 2010, S. 319–327.
6 Eine Verhältnisbestimmung von Semlers Reverie und Friedrichs Kunst entwickelt Hilmar Frank, *Aussichten ins Unermessliche. Perspektivität und Sinnoffenheit bei Caspar David Friedrich*, Berlin: Akademie-Verlag, 2004.
7 *Briefe über die Kunst von und an Christian Ludwig von Hagedorn*, hrsg. von Torkel Baden, Leipzig: Weidmann, 1797, S. 328–330.
8 Siehe dazu Norberto Gramaccini, «Die Kunst der Wiederholung», in: *Die Kunst der Interpretation. Französische Reproduktionsgraphik 1648–1792*, hrsg. von Norberto Gramaccini und Hans Jakob Meier, München/Berlin: Deutscher Kunstverlag, 2003, S. 11–15.
9 Weisheit-Possél 2010 (wie Anm. 5), S. 42–47.
10 Baden (Hrsg.) 1797 (wie Anm. 7), S. 348.
11 Salomon Gessner, «Brief über die Landschaftsmalerey [...]», in: *Salomon Gessners Schriften*, 3. Bd., Zürich: Heinrich Gessner, 1801, S. 273–312, hier S. 304.
12 Moritz Stübel, «Briefe von und über Adrian Zingg», in: *Monatshefte für Kunstwissenschaft*, 9 (1916), S. 281–303, hier S. 290.
13 Richter 1923 (wie Anm. 5), S. 51.
14 Gessner bestimmt das künstlerische Sehen als Fähigkeit, «die Natur wie ein Gemälde zu betrachten», Gessner 1801 (wie Anm. 11), S. 281.
15 Zu den folgenden Ausführungen siehe Martin Kirves, *Das gestochene Argument. Daniel Nikolaus Chodowieckis Bildtheorie der Aufklärung*, Diss. TU Berlin, Berlin: Reimer, 2012.
16 Christian August Semler, *Untersuchungen über die höchste Vollkommenheit in den Werken der Landschaftsmalerey*, 2 Bde., Leipzig: Schäfer, 1800, Bd. 1, S. 267.
17 Ebd., S. 54–55.
18 Johann Wolfgang von Goethe, «Dichtung und Wahrheit», in: *Goethes Werke* [Sophienausgabe], Bde. 26–29, Weimar: Böhlau, 1889–1891, hier Bd. 27 (1889), S. 16.

19 Zu Königstein und Lilienstein in Zinggs Œuvre siehe: Weisheit-Possél 2010 (wie Anm. 5), S. 146–152.
20 Daniel Chodowiecki, *Journal, gehalten auf einer Lustreyse von Berlin nach Dresden, Leipzig, Halle, Dessau etc. Anno 1789*, hrsg. von Adam Wiecek, Berlin: Akademie-Verlag, 1961, S. 26, zit. nach: Dresden/Zürich 2012 (wie Anm. 5), S. 178.
21 Roger de Piles, *Cours de peinture par principes*, Paris: Jacques Estienne, 1708, S. 104–114.
22 Walter Benjamin, «Das Kunstwerk im Zeitalter seiner technischen Reproduzierbarkeit», in: Ders., *Gesammelte Schriften*, hrsg. von Rolf Tiedemann und Hermann Schweppenhäuser, Bd. I,2, Frankfurt a. M.: Suhrkamp, 1974, S. 431–469, hier S. 440.
23 Semler 1800 (wie Anm. 16), S. 266.
24 Adrian Zingg, *Zinggs Landschaftszeichner. Zweites Heft*, Dresden 1809, S. 2, zit. nach Weisheit-Possél 2010 (wie Anm. 5), S. 73.
25 Semler 1800 (wie Anm. 16), S. IX.
26 Ebd., S. 99.
27 De Piles 1708 (wie Anm. 21), S. 201.
28 Semler 1800 (wie Anm. 16), S. 100.
29 Ebd., S. 359.
30 Ebd., S. 100–102.
31 Ebd., S. 73.
32 Ebd., S. 250.
33 Ebd., S. 155.
34 Ebd., S. 103–104.
35 Ebd., S. 109.
36 Ebd., S. 120.
37 Ebd.
38 Friedrich Schleiermacher, *Über die Religion. Reden an die Gebildeten unter ihren Verächtern*, Berlin: Unger, 1799, S. 165.
39 Vgl. dazu Weisheit-Possél 2010 (wie Anm. 5), S. 271–274.

Das Innere der Natur

Oskar Bätschmann

Nachahmung oder Dichtung

Aus den zahlreichen Reflexionen über die Landschaftsmalerei, die zwischen 1770 und 1830 angestellt wurden,[1] ziehe ich hier zwei exemplarische Texte heran: der eine stammt von einem französischen Maler, der andere von einem deutschen Kunsttheoretiker. Pierre-Henri de Valenciennes' Lehrbuch über Perspektive und Landschaftsmalerei erschien im Jahr VIII (1799) in französischer Sprache und bereits 1803 in deutscher Übersetzung.[2] Der erste Teil beschäftigt sich mit der Linear- und Luftperspektive, der zweite Teil enthält Ratschläge an einen Schüler. Den Beginn bildet die Vorstellung der idealen Natur nach Claude Lorrain, Nicolas Poussin und Gaspard Dughet. Deren Kombination einer historischen oder mythologischen Szene mit der idealen Natur nannte Valenciennes «paysage historique» und trennte sie von der Vedute, der nachahmenden Wiedergabe einer Landschaft.[3]

Für beide Arten der Landschaftsmalerei postulierte Valenciennes das Naturstudium als Grundlage. Doch grosse Landschaftsgemälde mit Figuren in passender Aktion erfindet und komponiert der Maler im Atelier mit den Teilen, die er in der Natur studiert hat (Abb. 1). Mit der Gewichtung von Erfindung und Komposition sowie der Unterteilung in «paysage historique (héroïque)», «paysage pastoral», «paysage portrait», «la marine», «les chasses» und «les batailles» verfolgte Valenciennes die Förderung der Landschaftsmalerei und die Erhöhung ihres Status in der Ecole des Beaux-Arts.[4]

Carl Ludwig Fernows Abhandlung über die Landschaftsmalerei, die in Rom entstanden war, wurde 1803 im *Neuen Teutschen Merkur* veröffentlicht und erschien revidiert und mit einer Widmung an Johann Christian Reinhart 1806 in den *Römischen Studien* in Zürich.[5] Darin wird zur Hierarchie der Künste das Folgende ausgeführt: «Wenn man den Rang der Künste ästhetisch bestimmen will, so hat man dabei nicht sowohl auf die Natur der Gegenstände zu sehen, die jede Kunst darstellt, auch nicht auf die grössere oder geringere Schwierigkeit der Ausübung, als vielmehr auf das grössere oder geringere Vermögen derselben zum Ausdruck ästhetischer Ideen, d. h. solcher Vorstellungen der Einbildungskraft, welche fähig sind, die sinnlichen und geistigen Kräfte des Gemüths ins Spiel zu setzen, und dadurch eine freie, harmonische Stimmung desselben zu bewirken.» Mit der Forderung nach der Wirkung «ästhetischer Ideen» auf das Gemüt der Betrachter geht die Abwertung der Vedute einher. Die kompositorische Leistung, die auch für Veduten und Prospekte zu erbringen war, wurde von den Theoretikern ignoriert, während Jakob Philipp Hackert in seinen Notizen zur Landschaftsmalerei genau diese Leistung betont und dafür die Befolgung der klassischen Kompositionen von Poussin, Domenichino und Lorrain verlangt hatte.[6]

Fernows Einteilung der Landschaftsmalerei in die Darstellung «einer wirklich vorhandenen Gegend» und in die Dichtung «einer idealischen Naturscene der Land- oder Wasserwelt» entsprach der um 1800 verbreiteten Ansicht: «Jede Darstellung der landschaftlichen Natur, wenn sie nicht Kopie einer wirklichen Aussicht ist, soll eine Dichtung seyn; denn auch der Maler ist nur insofern ein wahrer Künstler, als er dichtet.»[7] Fernow behauptete, wir könnten die Handlung eines Historiengemäldes immer nur als Zuschauer wahrnehmen, während eine gemalte Landschaft den Betrachtern das virtuelle Betreten ermögliche. Diese Illusion des Betrachters von gemalten Landschaften ist mehrfach bekannt, u. a. auch aus Beschreibungen von Denis Diderot.[8] Bei Fernow heissen die Stichwörter «Totaleindruck» und «ästhetische Stimmung»: «Dadurch, dass die Landschaft keinen so bestimmten Inhalt hat, wie ein dramatisches Gemälde, sondern blosse Naturscenen darstellt, wo die Zusammenstimmung vieler Gegenstände in einem

Abb. 1 Pierre-Henri de Valenciennes, *Etude de nuages sur la campagne romaine*, 1782–1785, Öl auf Papier, auf Karton aufgezogen, 19,6 × 33 cm, National Gallery of Art, Washington D.C.

Abb. 2   Ludwig Hess, *Vue derrière le village de Linthal dans le Canton de Glaris*, 1797, Gouache auf Papier, 41 × 67,4 cm, Privatbesitz

Totaleindruck auf das Gefühl wirkt, ist sie umso fähiger, das Gemüth in eine reine ästhetische Stimmung zu versetzen.»[9]

Im zweiten Teil seiner Abhandlung kam Fernow auf den ästhetischen «Charakter» eines Landschaftsgemäldes zu sprechen, der auf dem «natürlichen» beruhen soll, worunter die unterschiedlichen Physiognomien von niederländischen, italienischen oder schweizerischen Landschaften verstanden werden. Fernow vermerkt, dass etwa niederländische oder schweizerische Maler in Italien an ihrer Kunst «fast irre» geworden seien, «weil ihnen die Natur dieses Landes einen ganz neuen Charakter zeigte.»[10] Als Beispiel nennt Fernow den Zürcher Maler Ludwig Hess, der 1794 einige Wochen in Rom war und zunächst der italienischen Natur nichts abgewinnen, aber umgekehrt nach seiner Rückkehr in die Schweiz den Charakter ihrer Natur nicht mehr erfassen konnte (Abb. 2).

Über den Totaleindruck oder die Totalwirkung hatte in Dresden auch der Bibliothekar und Kunstschriftsteller Christian August Semler gearbeitet, für seine Theorie über die «höchste Vollkommenheit in den Werken der Landschaftsmalerey». Ein Teil davon wurde 1797 in der Zeitschrift *Der Kosmopolit* publiziert und die umfangreiche Schrift als Ganzes 1800 in Leipzig.[11] Gestützt auf Immanuel Kants *Kritik der Urtheilskraft* von 1790 diskutierte Semler den Gegensatz zwischen Einzelnem und Ganzem und die psychische Wirkung der Landschaftsmalerei.

Inneres – Äusseres

Alexander von Humboldt hätte die Versöhnung von Naturwissenschaft und Malerei gerne zum Programm einer Physiognomie der Natur erklärt, die im Äusseren das Innere erkennt.[12] Der Vedute wurde vorgehalten, nur das Äussere zu zeigen, ähnlich wie dem Porträt seit 1500.[13] Eine Ausnahme war Anton Graff, den Johann Georg Sulzer dafür rühmte, seinen Modellen ins Innerste blicken und den verborgenen Kern, die Seele, sichtbar machen zu können.[14]

In den *Physiognomischen Fragmenten* des Zürcher Pastors Johann Caspar Lavater, die zwischen 1775 und 1778 erschienen, wurde der methodische Schluss von der Physiognomie auf den Charakter versucht. Das Verfahren stiess auf heftige Kritik, aber es folgten weitere ähnliche wie die Phrenologie des Franz Joseph Gall oder die Cranioskopie von Carl Gustav Carus.[15] Überall wirkte und wirkt das Vorurteil, das Äussere sei das Oberflächliche und Unwahre, das Innere und Verborgene dagegen das Wahre.

Zu diesem Bestreben, vom Äusseren zum Inneren zu gelangen, gehören im 18. Jahrhundert die Versuche, von der Gestalt der Erdoberfläche auf die Struktur der Gebirge und von den Gesteinsarten auf deren Entstehung in der Erde zu schliessen. Höhlen und Grotten (Abb. 3) konnten sowohl den Zugang zur Unterwelt, zur vulkanischen Urkraft wie zum Ursprung der Architektur erschliessen.[16] Es war der Drang nach der Erkenntnis verborgener Vorgänge und Energien, der den Doktor Faustus zur Verzweiflung und in die Fallgrube der Magie trieben: «Dass ich erkenne, was die Welt // Im Innersten zusammenhält, // Schau alle Wirkenskraft und Samen, // Und thu' nicht mehr in Worten kramen.»[17]

Für den bedeutendsten Vulkanforscher des 18. Jahrhunderts und englischen Gesandten in Neapel, Sir William Hamilton, fertigte Hackert seit 1770

Abb. 3   Pietro Fabris, *A view of a remarkable grotto, in the hills of Posilipo*, 1777, Radierung von Archibald Robertson, 28,9 × 55,6 cm, The British Museum, London

Abb. 4 Jakob Philipp Hackert, *Der Krater des Ätna mit den Ruinen des Turms des Philosophen Empedokles*, 1783, Gouache, 24,4 × 35,8 cm, Privatbesitz

Darstellungen des Vesuv. 1777 erfolgte eine Besteigung des Ätna und einige Jahre darauf die Darstellung des Kraters (Abb. 4).[18] In der zweiten Hälfte des 18. Jahrhunderts und bis ins 19. Jahrhundert hinein wurde eine ausgedehnte wissenschaftliche Debatte über zwei Theorien zur Erdentstehung geführt, die beide die Genesis und das daraus berechnete Alter der Welt infrage stellten. Kurz, strittig war, ob die feste Erde langsam aus dem Meer emporgewachsen sei, wie es die «Neptunier» behaupteten, oder ob sie durch vulkanische Eruptionen entstanden sei, wie die «Vulkanier» annahmen.[19] Entscheidend war der Streit über den Basalt. Fasziniert war man seit 1773 von der Fingalshöhle auf der Insel Staffa von Schottland, deren sagenhafte Basaltkegel Fantasien über den natürlichen Ursprung der Architektur anregten. Ein Vesuvausbruch von 1805, den Leopold von Buch und Alexander von Humboldt erlebten, führte zur Entscheidung zugunsten der «Vulkanier» und ihrer These vom vulkanischen Ursprung dieses Gesteins.[20]

Das Ideal

Diese Positionen wurde am entschiedensten infrage gestellt in der Künstlernovelle *Die Jesuiterkirche in G.*, die E. T. A. Hoffmann 1816 im ersten Band seiner *Nachtstücke* veröffentlichte.[21] Im Vergleich zu anderen Erzählungen der *Nachtstücke* ist diese Novelle wenig beachtet worden. Der Ort «G.» wurde identifiziert als Glogau im damaligen Schlesien, wo der Verfasser von 1796 bis 1798 bei seinem Onkel gelebt hatte.[22] Hoffmann schildert das Schicksal des jungen deutschen Malers Berthold, den die Forderung, sich den «tiefern Sinn der Natur» zu erschliessen, ins Unglück stürzt. Wie in den *Fantasiestücken* tritt in *Die Jesuiterkirche in G.* ein reisender Enthusiast auf. Sein Gastgeber in Glogau, der Professor Aloysius Walther, macht ihn mit Berthold bekannt, der ihm durch sein befremdliches Betragen und seine Physiognomie «das ganze zerrissene Leben eines unglücklichen Künstlers» vor Augen führt: «Der Mann mochte kaum über vierzig Jahre alt sein; seine Gestalt, war sie auch durch den unförmlichen schmutzigen Maleranzug entstellt, hatte etwas unbeschreiblich Edles, und der tiefe Gram konnte nur das Gesicht entfärben, das Feuer, was in den schwarzen Augen strahlte, aber nicht auslöschen.»[23] Nachts folgt der Reisende einem Lichtschein in der Kirche, beobachtet den Maler bei der Projektion eines Quadraturnetzes auf eine Apsis und wird, da er sich als Kenner und wackerer Dilettant zu erkennen gibt, gleich als Geselle engagiert. In der Nacht bringt er seine naiven Ansichten über die künstlerische Tätigkeit vor: «‹Nun›, erwiderte ich, ‹ich meine, dass Ihr zu etwas Besserem taugt, als Kirchenwände mit Marmorsäulen zu bemalen. Architektur-Malerei bleibt doch immer etwas Untergeordnetes; der Historien-Maler, der Landschafter steht unbedingt höher. Geist und Fantasie, nicht in die engen Schranken geometrischer Linien gebannt, erheben sich in freiem Fluge. Selbst das einzig Fantastische Eurer Malerei, die sinnetäuschende Perspektive, hängt von genauer Berechnung ab, und so ist die Wirkung das Erzeugnis nicht des genialen Gedankens, sondern nur mathematischer Spekulation.›» Eugène Delacroix hat sich 1831 in einer Zeichnung der nächtlichen Unterredung angenommen (Abb. 5).

Abb. 5 Eugène Delacroix, *Die Jesuiterkirche in G.*, 1831, Feder, laviert und weiss gehöht, 26 × 20,7 cm, Kunsthalle Bremen

Mit «dumpfer, feierlicher Stimme» tadelt der Maler diese Äusserungen als Frevel. Unter tiefen Seufzern fährt er fort, indem er auf seine «treu und ehrlich» gezeichnete Arbeit weist: «‹Nur das Gemessene ist rein menschlich; was drüber geht, vom Übel. Das Übermenschliche muss Gott oder Teufel sein; sollten beide nicht in der Mathematik von Menschen übertroffen werden? Sollt' es nicht denkbar sein, dass Gott uns ausdrücklich erschaffen hätte, um das, was nach gemessenen erkennbaren Regeln darzustellen ist, kurz, das rein Kommensurable, zu besorgen für seinen Hausbedarf, so wie wir unsrerseits wieder Sägemühlen und Spinnmaschinen bauen als mechanische Werkmeister unseres Bedarfs. [...]›». Dagegen wird das Ideal von Berthold gelästert als «schnöder lügnerischer Traum vom gärenden Blute erzeugt.»

Der Professor erzählt dem Enthusiasten, dass der junge Berthold von seinem Lehrer ermuntert worden sei, in Italien weiterzustudieren. In Rom wurde ihm gleich die Landschaftsmalerei mit der Historienmalerei ausgetrieben, doch musste er feststellen, dass seinen Kopien nach Raffael, Correggio und anderen alles Leben fehlte. Nun verbreitete sich in Rom der Ruhm von Jakob Philipp Hackert, und selbst die Verfechter der Historienmalerei mussten zugestehen, «es läge auch in dieser reinen Nachahmung der Natur viel Grosses und Vortreffliches». Das bewog Berthold wiederum, Hackert in Neapel aufzusuchen und bei ihm zu studieren.

Der berühmte Hackert verkaufte seine Bilder in alle bedeutenden Sammlungen und wurde 1786 auch von Johann Wolfgang von Goethe besucht, der 1811 dann eine Schrift aufgrund der Aufzeichnungen des Malers zusammenstellte.[24] Heinrich Meyer rühmte zwar die «unendliche Treue und Wahrheit» seiner Prospekte, sprach ihm aber die «Erfindung» ab.[25] Meyer meinte, wenn jemand durch Zusetzen oder Weglassen, willkürlichere Anordnung, Licht und Schatten eine grössere Farbenharmonie erbringen sollte, so «würde er schon in das Gebiet der höheren, freien, dichterischen Landschaftsmalerei übergehen» und Hackert übertreffen.[26]

Das Verhängnis für Berthold, der fleissig und fromm nach Hackerts Vorbild arbeitete, wurde von einem Griechen aus Malta herbeigeführt, der zum tiefsten Erschrecken des jungen Malers in einer Ausstellung sagte: «Jüngling, aus dir hätte viel werden können». Hackert lacht über den brummigen Alten, der alles tadle, selber aber nur Fantastisches hervorbringe, das «den Teufel nichts taugt.»[27] Wie Berthold aber an einem Standort Hackerts an einem grossen Prospekt arbeitet, hält ihm der Malteser die höhere Pflicht vor Augen: «Auffassung der Natur in der tiefsten Bedeutung des höhern

Abb. 6   Jakob Philipp Hackert, *Veduta della Chiesa di S. Pietri di Roma dalla parte di Ponte Molle*, 1776, Radierung von Balthasar Anton Dunker, 41,8 × 56,5 cm, The British Museum, London

Sinns, der alle Wesen zum höheren Leben entzündet, das ist der heilige Zweck aller Kunst. [...] Bist du eingedrungen in den tiefern Sinn der Natur, so werden selbst in deinem Innern ihre Bilder in hoher glänzender Pracht aufgehen.» Hackert, der nicht zu den Eingeweihten gehöre, liefere nur «korrekte Abschriften eines in ihm fremder Sprache geschriebenen Originals» (Abb. 6). Diese Forderung nach einer mystischen Vision der Natur hat die fatale Wirkung, dass Berthold völlig gelähmt wird und die vorher liebliche Natur sich zum «bedrohlichen Ungeheuer» verwandelt.

Die Paralysierung wird geheilt durch die Erscheinung des Ideals in der «Gestalt eines hochherrlichen Weibes» am Eingang einer Grotte in einem herzoglichen Park in Neapel. Berthold erfährt den Vorgang als mystische Künstlerweihe und malt mehrere Altarbilder, auf denen überall in herrlicher Gestalt sein Ideal erscheint, das die Spötter in Neapel sofort mit der Prinzessin Angiola T... [della Torre] identifizieren. Ein Lazzaroni-Aufstand, während dessen Berthold die Prinzessin aus dem brennenden Palast rettet, beendet die kurze Zeit des schöpferischen Glücks und bereitet die Katastrophe vor. Der Retter ist völlig überwältigt von der Verlebendigung seines Ideals, und die Prinzessin entbrennt in heisser Liebe zu ihm, worauf beide zuerst nach Rom fliehen und dann nach München übersiedeln. Erfasst von einer «unheimlichen Gewalt» scheitert Berthold an einem Bild für die Marienkirche über das raffaelisch-nazarenische Thema mit Elisabeth, Maria und den beiden Kindern: «Starr und leblos blieb, was er malte, und selbst Angiola – Angiola, sein Ideal, wurde, wenn sie ihm sass und er sie malen wollte, auf der Leinwand zum toten Wachsbilde, das ihn mit gläsernen Augen anstierte.»[28] Suggeriert wird der Verdacht, Berthold habe nach grausamen Misshandlungen Frau und Kind umgebracht. Der naive Enthusiast fragt danach, erhält aber die heftigste Beteuerung der Schuldlosigkeit nebst der Androhung eines gemeinsamen Sturzes vom Gerüst. Ein halbes Jahr später schreibt der Professor dem Enthusiasten, Berthold sei verschwunden und man vermute einen Suizid, da man Hut und Stock nahe bei der Oder gefunden habe.

Hoffmanns Erzählung konfrontiert uns mit einer Dekonstruktion sozusagen aller naiven Ansichten über die Malerei. Das Motiv der Hybris, des «frevlerischen Übergriffs über menschliches Mass hinaus», von Künstlern und Kunstliebhabern wird mehrfach vorgebracht: mit der Herabsetzung von Bildgattungen, mit der Verachtung des Prospekts oder der Vedute, mit der diabolischen Versuchung, den tieferen Sinn der Natur durch Mystizismus zu erfassen, wie es Philipp Otto Runge und Caspar David Friedrich versuchten.[29]

Malerei der Zukunft
Philipp Otto Runge, der 1801 zur Fortsetzung seiner Ausbildung nach Dresden gekommen war, versuchte die Idee einer Malerei der Zukunft zu entwerfen. Er hatte gleich nach dem Erscheinen 1798 *Franz Sternbalds Wanderungen* von Ludwig Tieck gelesen und war «im Innersten» ergriffen.[30] Das Gespräch mit Tieck lehrte Runge den Zusammenhang zwischen dem Ende eines Zeitalters und der Blüte der Kunst, woraus er schloss, dass eine Neugründung der Kunst nur geschehen könne auf der Ahnung von Gott und auf der Empfindung des Künstlers vom Ganzen, das aus Religion und Kunst besteht.[31] Für das Wiedererstehen der Kunst und der Schönheit müssen nach Runge die «verderblichen neueren Kunstwerke» zugrunde gehen, womit auch die «historische Kunst» gemeint war, die Goethe und Heinrich Meyer in Weimar wieder zu beleben versuchten: «Ich glaube schwerlich, dass so etwas Schönes, wie der höchste Punct der historischen Kunst war, wieder entstehen wird, bis alle verderblichen neueren Kunstwerke einmal zu Grunde gegangen sind, es müsste denn auf einem ganz neuen Wege geschehen, und

dieser liegt auch schon ziemlich klar da, und vielleicht käme bald die Zeit, wo eine recht schöne Kunst wieder erstehen könnte, das ist in der Landschaft.»[32]

Das Konzept dieser Malerei der Zukunft war um 1802 noch wenig geklärt, sicher war allerdings, dass nicht die tradierte Landschaftsmalerei fortgesetzt werden sollte. In einem Brief vom April 1803 an Ludwig Tieck legte Runge eine «Erste Figur der Schöpfung» vor, eine mit dem Zirkel konstruierte ornamentale Konfiguration von sechs gleich grossen Kreisen, die um einen zentralen siebten Kreis angeordnet sind. Damit verband Runge die Schöpfungstage, die ersten der Sonderung in Ich und Du, Gutes und Böses, Licht und Finsternis, während im siebten künftigen Schöpfungstag alles zum Ursprung, zum Licht, zurückkehrt. Möglicherweise wurden Runge von Ludwig Tieck sowohl die Kenntnis des Philosophus teutonicus Jakob Böhme vermittelt wie die der indischen Mythologie, mit der sich in Deutschland unter anderen Johann Gottfried Herder und sein Schüler und Freund Friedrich Majer beschäftigten.[33]

Die vier *Zeiten,* an denen Runge seit dem Ende des Jahres 1802 arbeitete, erwiesen sich für ihn als der lange Weg zu einer neuen Kunst. *Der Morgen* (Abb. 7) von 1808 führt die «gränzenlose Erleuchtung des Universums» vor Augen: von Aurora als Lichtbringerin vor der aufgehenden Sonne gehen Engel aus, die den Sphärenklang darstellen, und Kinder, die über die unendliche Landschaft tanzen oder das Neugeborene begrüssen, das in der paradiesischen Natur im Licht liegt. Sonnenfinsternis und himmlischer Schein bilden auf dem Rahmen unten und oben die Polarität von Finsternis und Licht, während Genien und Blumen mit den drei Grundfarben rechts und links den Aufstieg aus dem Dunkel in die Helligkeit aufzeigen.[34] Die vier *Zeiten* sind Verkörperungen von Runges neuer Kunst, die mystische Gleichnisse vor Augen führt und umfassende Analogien zwischen kosmischem und geschichtlichem Geschehen beschwört.

Die Beschäftigung mit der Farbenlehre führte Runge zur Entwicklung der Farbenkugel, eines Globus der Farben mit Schwarz und Weiss auf den Polen, den Primär- und Sekundärfarben auf dem Äquator und den stufenweisen Aufhellungen und Verdunkelungen auf der Peripherie gegen die Pole hin. Der Mittelpunkt der Kugel ist ein neutrales Grau, in dem sich «alle diametral entgegenstehenden Farben und Mischungen» auflösen. Runge fügte der Publikation von 1810 seine Ausführungen über die Harmonie der Farben hinzu. Zudem enthält dieser Druck den langen Aufsatz von Henrik Steffens, *Ueber die Bedeutung der Farben in der Natur.*[35] Im gleichen Jahr

Abb. 7　Philipp Otto Runge, *Der Morgen*, 1809/1810, Öl auf Leinwand, 190 × 85,5 cm, Hamburger Kunsthalle

erschien auch Goethes umfangreiche Schrift *Zur Farbenlehre*.[36] Runge hatte seine Auffassungen über Farben im Kontakt mit Goethe entwickelt, der ihn als einen Gleichgesinnten in der Ablehnung Isaac Newtons begrüsste. Auf die Farbenkugel gekommen war er mit Hilfe des aus Norwegen stammenden Naturforschers und Philosophen Henrik Steffens, der ihn wahrscheinlich auch mit Friedrich Wilhelm Joseph Schellings Auffassung von der «Weltseele» bekanntmachte.[37]

Steffens war einer der zahlreichen Gelehrten, die von Schelling zu einer philosophischen Naturwissenschaft angeregt wurden. Er studierte bei Schelling in Jena und beim Geologen Abraham Gottlob Werner in Freiberg. Nachdem Steffens einen Aufsatz über den Oxidations- und Desoxidationsprozess der Erde in Schellings *Zeitschrift für die speculative Physik* veröffentlicht hatte, publizierte er 1801 seine *Beyträge zur innern Naturgeschichte der Erde*, worin er die ungeheure Vielfalt der Vorgänge und Phänomene (von den Korallenbänken der Südsee zu den Schlangengiften, den Gesteinsbildungen und über vieles andere zu Licht und Wärme) mit einer einfachen Theorie der Polaritäten zu bewältigen suchte. In der Nachfolge Schellings, dem er die Erklärung der Elektrizität zuschrieb, unternahm es Steffens, den Magnetismus in ein System mit der Elektrizität zu bringen und entwarf dazu ein Schema der zweifachen Polarität, worin Wasserstoff sowie Sauerstoff den positiven Pol der Elektrizität und Kohlenstoff sowie Stickstoff den negativen Pol des Magnetismus besetzen. Von dieser Spekulation, die er als Beweis bezeichnete, versprach er sich und den Lesern die künftige umfassende Erklärung der Welt: «Durch diesen Beweiss wird die Electricität Princip einer *Meteorologie,* so wie durch den, in diesem Theil, geführten Beweiss, der Magnetismus *Princip einer Geologie* geworden ist. Beyde werden die empirische Grundlage zu einer *Natur-Theorie* legen.»[38]

Der mechanistischen Naturwissenschaft, die er wegen ihrer bloss «zerlegenden Kunst» für unfähig hielt, «die unendliche Tiefe der bildenden Kraft» zu erreichen, gedachte Steffens so eine «wahre» Theorie vom «dynamischen Process der Erde» entgegenzusetzen.[39] Ihre Bestandteile sind die Lehren von der Entsprechung von Makrokosmos und Mikrokosmos, der Polaritäten und Verwandlungen und der Erde als eines lebendigen Organismus sowie die These über die jederzeitige Entstehung von Leben aus einer Urmaterie, die Steffens aus dem Befall einer mineralischen Substanz mit Pilzsporen ableitete.[40] In Steffens «philosophischer Naturwissenschaft» gibt sich der Versuch zu erkennen, auf die ungeheure Vielfalt der Beobachtungen einfache Vorstellungen anzuwenden, die zu einem grossen Teil der Alchemie entnommen waren. Das betrifft die Vorstellungen von Transmutation, Mikro- und Makrokosmos, Lebensentstehung und Urmaterie.[41] Der sächsische Hof in Dresden war im 17. und 18. Jahrhundert eines der grossen Zentren der Alchemie.[42]

Im Brief an Schelling vom 1. Februar 1810, der die Übersendung des Büchleins *Farben-Kugel* begleitete, äusserte Runge die Hoffnung, dass «die wissenschaftlichen Resultate in der Kunstausübung mehr an allgemeine wissenschaftliche Ideen» angeschlossen werden könnten und die Verbindung der Kunst mit der Welt wieder zu knüpfen wäre, wenn auch die Wissenschaft sich für die Zusammenhänge öffne.[43]

Naturwissenschaft und Landschaftsmalerei

Mit dem Postulat einer wissenschaftlich begründeten Landschaftsmalerei trat der Dresdner Arzt, Naturwissenschaftler und Malerdilettant Carl Gustav Carus auf, indem er im *Kunst-Blatt* im Juni und Juli 1826 den achten seiner *Neun Briefe über Landschaftsmalerei* mit der folgenden Anmerkung veröffentlichte: «Aus mannichfaltigen Betrachtungen über diese Kunst, welche als ihre eigentliche Aufgabe den grossen Gegenstand hat, einzelne Scenen, einzelne Stimmungen des allgemeinen Naturlebens darzustellen und, welche ich desshalb lieber *die Historienmalerey der Natur*, oder *Erdleben-Bildkunst* nennen möchte, ist im Laufe eines Jahrzehends eine Reihe von neun Briefen entstanden, welche ich bisher nur einigen Freunden mitgeteilt habe. Nach dem Wunsche Einiger lege ich hier ein Glied dieser Kette versuchsweise einem grössern Publikum vor.»[44] Carus wählte für die Publikation ebenjenen Brief aus, der seiner Meinung nach die Landschaftsmalerei auf eine neue Aufgabe festlegte, die er als «Erdleben-Bildkunst» bezeichnete. Zugleich befasste er sich mit den Akademien und der notwendigen Ausbildung der jungen Landschaftsmaler, die zur «Erdleben-Bildkunst» hinzuleiten waren: zunächst die Schulung des Auges, dann die Übung der Hand.[45] Danach sollten die jungen Künstler unterrichtet werden über den Zusammenhang zwischen den Formen und Strukturen der Gebirge, über die Abhängigkeit der Vegetation vom Standort und über den gesetzmässigen Bau der Pflanzen und ferner über die Gesetze der atmosphärischen Erscheinungen. Hierauf seien dem Schüler die Geheimnisse des Lichts und der Entstehung der Farben zu erläutern.[46] Carus wundert sich, dass man im bisherigen Unterricht über Landschaftsmalerei «die Nothwendigkeit eines solchen naturwissenschaftlichen Theiles so ganz übersehen konnte, da man in anderen Zweigen bildender Kunst die Unerlässlichkeit des Zuziehens naturwissenschaftlicher Studien so bald einsah.»[47] Für die weitere Erschliessung des Erdlebens wünscht sich Carus die Unterhaltung der Künstler mit Naturforschern, das Studium von Büchern wie *Ansichten der Natur* (1808) von Alexander von Humboldt und das Erscheinen eines Buches, das den jungen Künstlern die verschiedenen Seiten des Erdlebens bekannt machen würde. Ein solches Buch begann Carus genau zum Zeitpunkt der Publikation im *Kunst-Blatt*, arbeitete es in den dreissiger Jahren aus und publizierte es 1841 unter dem Titel *Zwölf Briefe über das Erdleben*.[48] Vorerst weiss er keinen besseren Rat zu geben, als zur Übung des Auges und der Hand «das vielfältige und sorgsame freie

Nachbilden und Selbstkonstruieren geometrischer Grundformen» zu empfehlen, da dies sowohl der «Lüderlichkeit» vorbeuge wie auch mit «Grundlagen aller organischen Bildungen» bekanntmache.[49] Sind die Vorübungen absolviert und beherrscht der Schüler die Darstellung von Körpern auf einer Fläche, kann er zur Nachbildung des Lebendigen übergehen. So meint Carus die jungen Künstler auf das Ziel hinzuführen, «die Sprache der Natur zu sprechen».

Zum Schluss legt Carus in aller Arglosigkeit und Naivität dar, worin die höchste Vollendung der «Erdlebenbildkunst» besteht: «Ist nun aber die Seele durchdrungen von dem innern Sinne dieser verschiedenen Formen, ist ihr die Ahnung von dem geheimen göttlichen Leben der Natur hell aufgegangen und hat die Hand die feste Darstellungsgabe, sowie auch das Auge den reinen, scharfen Blick sich angebildet, ist endlich die Seele des Künstlers rein durch und durch, ein geheiligtes freudiges Gefäss, den Lichtstrahl von oben aufzunehmen, dann werden Bilder vom Erdenleben einer neuern höheren Art, welche den Beschauer selbst zu höherer Naturbetrachtung heraufheben

Abb. 8   Johan Christian Clausen Dahl, *Schlucht in der Sächsischen Schweiz*, 1820, Öl auf Leinwand, 62,9 × 48 cm, Neue Pinakothek, München

Abb. 9 Moritz von Schwind, *Das organische Leben in der Natur*, Holzstich, in: *Fliegende Blätter,* Bd. 6, Nr. 144, 1848, Titelseite

und welche mystisch, orphisch in diesem Sinn zu nennen sind, entstehen müssen, und die Erdlebenbildkunst wird ihren Gipfel erreicht haben.»

Es geht um die verderbliche Versuchung, die der griechischstämmige Malteser dem Berthold aus Hoffmanns Erzählung eingeflüstert hatte. Zwar war für Carus die Wissenschaft grundlegend, die vor und nach 1800 unter dem Begriff «Geognosie» überall betrieben wurde als Frage nach der Beziehung zwischen dem Äusseren und dem Inneren und nach dem Zusammenhang zwischen den Formen und der Geschichte der Gebirge (Abb. 8).[50] Wie Steffens verband Carus aber unbedenklich die genaue Beobachtung mit grenzen- und grundlosen Spekulationen über das Weltganze.[51] Seine 1831 erschienene erste Ausgabe der *Briefe über Landschaftsmalerei* wurde vom Theologen Carl Grüneisen im *Kunst-Blatt* von 1833 ausführlich und wohlwollend besprochen.[52] Die Publikation der *Zwölf Briefe über das Erdleben* 1841 und die 1845 begonnene Publikation *Kosmos. Entwurf einer physischen Weltbeschreibung* von Alexander von Humboldt konnten den Mangel an Wirkung der «Erdleben-Bildkunst» aber nicht beheben. Die satirische Zeichnung *Das organische Leben in der Natur* (Abb. 9), die Moritz von Schwind 1848 in der Münchner Zeitschrift *Fliegende Blätter* veröffentlichte, ist ein bissiger Kommentar auf die Idee der «Erdleben-Bildkunst». Schwind formte die Wurzelpartie einer Baumgruppe um in mirakulöse anthropomorphe und langnasige Gestalten, von denen die einen liegen, die andern sitzen, die dritten sich zur Fortbewegung auf die Arme stützen und ein vierter sich in der Pose des Schreitens über dem Horizont aufstellt.

1. Die Literatur ist überaus zahlreich; vgl. Oskar Bätschmann, *Entfernung der Natur. Landschaftsmalerei 1750–1920*, Köln: DuMont, 1989; Werner Busch (Hrsg.), *Landschaftsmalerei* (Geschichte der klassischen Bildgattungen in Quellentexten und Kommentaren, 3), Berlin: Reimer, 1997; *Goethe und die Kunst*, Ausst.-Kat. Schirn Kunsthalle Frankfurt, 21.5.–7.8.1994; Kunstsammlungen zu Weimar, 1.9.–30.10.1994, Ostfildern: Hatje, 1994; *Wasser, Wolken, Licht & Steine. Die Entdeckung der Landschaft in der europäischen Malerei um 1800*, hrsg. von Klaus Weschenfelder und Urs Roeber, Ausst.-Kat. Mittelrhein-Museum Koblenz, 25.8.–3.11.2002, Heidelberg: Edition Braus, 2002; *Carl Gustav Carus. Natur und Idee*, hrsg. von Petra Kuhlmann-Hodick et al., Ausst.-Kat. Staatliche Kunstsammlungen Dresden, Gemäldegalerie Alte Meister/ Residenzschloss, 26.6.–20.9.2009; Staatliche Museen zu Berlin, Alte Nationalgalerie, 9.10.2009–10.1.2010, München: Deutscher Kunstverlag, 2009; *Carl Gustav Carus. Wahrnehmung und Konstruktion*, hrsg. von Petra Kuhlmann-Hodick et al., Akten des interdisziplinären Kolloquiums in Dresden, 21.–23.5.2008, München: Deutscher Kunstverlag, 2009.
2. Pierre-Henri de Valenciennes, *Elémens de perspective pratique, à l'usage des artistes, suivis de réflexions et conseils à un élève sur la peinture, et particulièrement sur le genre du paysage*, Paris: chez l'Auteur, An VIII [1799]; dt.: *Praktische Anleitung zur Linear- und Luftperspectiv für Zeichner und Mahler. Nebst Betrachtungen über das Studium der Mahlerey überhaupt, und der Landschaftsmahlerey insbesondere [...]*, aus dem Frz. übers. und mit Anm. und Zusätzen vermehrt von Johann Heinrich Meynier, 2 Bde., Hof: Gottfried Adolph Grau, 1803.
3. Valenciennes 1803 (1799) (wie Anm. 2), Bd. 2, S. 6–13.
4. Philippe Grunchec, *Le Grand Prix de Peinture. Les concours des Prix de Rome de 1797 à 1863*, Paris: Ecole nationale supérieure des Beaux-Arts, 1983; Pierre Miquel, *Le Paysage français au XIXe siècle, 1824–1874* (L'Ecole de la Nature), 3 Bde., Maurs la-Jolie: Editions de la Martinelle, 1975.
5. Carl Ludwig Fernow, «Über die Landschaftmalerei», in: *Der Neue Teutsche Merkur*, 1803, Bd. 3, S. 527–557, 594–640; vgl. Carl Ludwig Fernow, *Römische Studien*, Zürich: Gessner, 1806–1808, Bd. 2, S. 11–130.
6. Johann Wolfgang von Goethe, *Philipp Hackert. Biographische Skizze, meist nach dessen eigenen Aufsätzen entworfen*, Tübingen: Cotta, 1811, «Über Landschaftsmalerey. Theoretische Fragmente», S. 305–331.
7. Fernow 1803 (wie Anm. 5), S. 545.
8. Bätschmann 1989 (wie Anm. 1), S. 273–277.
9. Fernow 1803 (wie Anm. 5), S. 535.
10. Ebd., S. 596–597.
11. Christian August Semler, «Bruchstücke aus einem Werke über Landschaftsmahlerei», in: *Der Kosmopolit. Eine Monathsschrift zur Beförderung wahrer und allgemeiner Humanität*, 2 (1797), 12. Stück, S. 507–523; Christian August Semler, *Untersuchungen über die höchste Vollkommenheit in den Werken der Landschaftsmalerey. Für Freunde der Kunst und der schönen Natur*, 2 Bde., Leipzig: Schäfer, 1800; vgl. Hilmar Frank, «Die mannigfaltigen Wege zur Kunst. Romantische Kunstphilosophie in einem Schema Caspar David Friedrichs», in: *Idea*, 10 (1991), S. 165–196.
12. Carl Gustav Carus, *Nine Letters on Landscape Painting*, hrsg. und eingel. von Oskar Bätschmann, übers. von David Britt, Los Angeles: Getty Research Institute, 2002; Dresden/Berlin 2009–2010 und Kuhlmann-Hodick 2009 (wie Anm. 1).
13. Vgl. *Köpfe der Lutherzeit*, hrsg. von Werner Hofmann et al., Ausst.-Kat. Hamburger Kunsthalle, 4.3.–24.4.1983, München: Prestel, 1983.
14. Johann Georg Sulzer, Art. «Porträt», in: *Allgemeine Theorie der Schönen Künste in einzeln, nach alphabetischer Ordnung der Kunstwörter auf einander folgenden Artikeln abgehandelt*, 4 Bde., neue vermehrte 3. Aufl., Frankfurt und Leipzig, 1798, Bd. 3, S. 783–799.
15. Vgl. die Beiträge von Kathleen Melzer, «Die Cranioskopische und Chirognomische

Sammlung des Geheimen Rath Dr. C. G. Carus», und Michael Hagner, «Präzision und Ästhetik. Zur Physiognomik des Geistes bei Carl Gustav Carus», in: Kuhlmann-Hodick 2009 (wie Anm. 1), S. 253–260 resp. S. 261–270.

16 Werner Busch, «Der Rügen-Mythos», in: *Europa Arkadien. Jakob Philipp Hackert und die Imagination Europas um 1800*, hrsg. von Andreas Beyer, Lucas Burkart, Achatz von Müller und Gregor Vogt-Spira, Göttingen: Wallstein, 2008, S. 47–75, bes. S. 53–58.

17 Johann Wolfgang von Goethe, «Faust», in: Ders., *Sämmtliche Werke in vierzig Bänden*, Stuttgart/Tübingen: Cotta, 1856, Bd. 11, S. 19.

18 Koblenz 2002 (wie Anm.1), Nr. 2, S. 86–87.

19 Werner Busch, «Der Berg als Gegenstand von Naturwissenschaft und Kunst. Zu Goethes geologischem Begriff», in: Frankfurt/Weimar 1994 (wie Anm. 1), S. 485–497, Kat.-Nr. 325–344.

20 Busch 1994 (wie Anm. 19), S. 488–489.

21 Ernst Theodor Amadeus Hoffmann, «Die Jesuiterkirche in G.» (1816), in: *Sämtliche Werke. Historisch-kritische Ausgabe*, mit Einleitungen, Anm. und Lesarten von Carl Georg von Maassen, München/Leipzig: Georg Müller, 1908–1928, Bd. 3, 1909, S. 104–135.

22 *E. T. A. Hoffmann. Leben, Werk, Wirkung*, hrsg. von Detlef Kremer, Berlin u. a.: de Gruyter, 2009, S. 190–196.

23 Hoffmann (1816) 1909 (wie Anm. 21), S. 107; die folgenden Zitate auf den Seiten 109–118.

24 Goethe 1811 (wie Anm. 6), S. 305–331.

25 Heinrich Meyer, «Hackerts Kunstcharakter und Würdigung seiner Werke», in: Goethe 1811 (wie Anm. 6), S. 295–304.

26 Ebd., S. 304.

27 Hoffmann (1806) 1909 (wie Anm. 21), S. 122; die folgenden Zitate auf den Seiten 123–126.

28 Ebd., S. 132.

29 Art. «Hybris», in: *Historisches Wörterbuch der Philosophie*, hrsg. von Joachim Ritter et al., 13 Bde., Darmstadt: Wissenschaftliche Buchgesellschaft, 1971–2007, Bd. 3, Sp. 1234–1236 (R. Rieks).

30 Philipp Otto Runge, *Briefe und Schriften*, hrsg. und kommentiert von Peter Betthausen, München: Beck, 1982, S. 26–27; Ludwig Tieck, «Franz Sternbalds Wanderungen. Eine altdeutsche Geschichte» (1798), in: *Werke in vier Bänden*, hrsg. sowie mit Nachworten und Anm. versehen von Marianne Thalmann, 4 Bde., München: Winkler, 1963, Bd. 1, S. 701–986.

31 Runge 1982 (wie Anm. 30), S. 71–77 (Brief an den Bruder Daniel vom 9. März 1802).

32 Philipp Otto Runge, *Hinterlassene Schriften*, 2 Bde., hrsg. von dessen ältesten Bruder [Johann Daniel Runge], Hamburg: Friedrich Perthes, 1840–1841, Bd. 1, S. 7–16 (Brief an den Bruder Daniel vom 9. März 1802), S. 14–15. Vgl. auch Runges Brief an Tieck vom 1. Februar 1802, ebd., S. 23–28. Runge 1982 (wie Anm. 30), S. 71–77.

33 *Runge in seiner Zeit. Kunst um 1800*, hrsg. von Werner Hofmann, Ausst.-Kat. Hamburger Kunsthalle, 21.10.1977–8.1.1978, München: Prestel, 1977, S. 33–35 (Werner Hofmann); vgl. zu Runge und Böhme: Jörg Traeger, *Philipp Otto Runge und sein Werk. Monographie und kritischer Katalog* (Studien zur Kunst des 19. Jahrhunderts. Sonderband, 3), München: Prestel, 1975, S. 54–55 und 122–127; Thomas Leinkauf, *Kunst und Reflexion. Untersuchungen zum Verhältnis Philipp Otto Runges zur philosophischen Tradition* (Die Geistesgeschichte und ihre Methoden: Quellen und Forschungen, 14), Diss. Univ. Freiburg i. Br., 1982, München: Fink, 1987.

34 Hamburg 1977–1978 (wie Anm. 33), S. 204–206 (Hanna Hohl).

35 Philipp Otto Runge, *Farben-Kugel, oder, Construction des Verhältnisses aller Mischungen der Farben zu einander, und ihrer vollständigen Affinität, mit angehängtem Versuch einer Ableitung der Harmonie in den Zusammenstellungen der Farben*, Hamburg: Perthes, 1810, darin Henrik Steffens, «Ueber die Bedeutung der Farben in der Natur», S. 29–60.

36 Johann Wolfgang von Goethe, *Zur Farbenlehre*, 2 Bde., Tübingen: Cotta, 1810. Vgl. zur neueren Wertung: Dennis L. Sepper, *Goethe contra Newton. Polemics and the Project for a New Science of Color*, Cambridge:

[37] Zu Runges Farbenkugel: Heinz Matile, *Die Farbenlehre Philipp Otto Runges. Ein Beitrag zur Geschichte der Künstlerfarbenlehre* (Berner Schriften zur Kunst, 13), Bern: Benteli, 1973; Gage 1999 (wie Anm. 36), S. 173–176. Zu Runge und Steffens vgl. Traeger 1975 (wie Anm. 33), S. 58 und 211; ausführlich Leinkauf 1987 (wie Anm. 33), S. 177–245, 247–278; Timothy Franck Mitchell, *Art and Science in German Landscape Painting 1770–1840* (Clarendon Studies in the History of Art, 11), Oxford: Clarendon Press, 1993, S. 77–79; vgl. auch Runges Brief an Steffens in Halle vom März 1809, in: Runge 1982 (wie Anm. 30), S. 212–216.

[38] Henrich Steffens, *Beyträge zur innern Naturgeschichte der Erde, 1. Theil* [mehr nicht erschienen], Freyberg: Crazische Buchhandlung, 1801, S. 269–270. Vgl. Dietrich von Engelhardt, «Naturgeschichte und Geschichte der Kultur in der Naturforschung der Romantik», in: *Die Erfindung der Natur: Max Ernst, Paul Klee, Wols und das surreale Universum*, Ausst.-Kat. Sprengel Museum Hannover, 27.2.–8.5.1994; Badischer Kunstverein, Karlsruhe, 21.5.–10.7.1994; Rupertinum, Salzburg, 21.7.–4.9.1994, Freiburg i. Br.: Rombach, 1994, S. 53–59.

[39] Steffens 1801 (wie Anm. 38), S. 53. Steffens wurde 1804 Professor in Halle, 1811 ordentlicher Professor für Physik in Breslau und folgte 1832 einem Ruf nach Berlin. 1810 verfolgte er das Thema der «innern Naturgeschichte der Erde» in: *Geognostisch-geologische Aufsätze, als Vorbereitung zu einer innern Naturgeschichte der Erde*, Hamburg: Hoffmann, 1810.

[40] Henrich Steffens, *Grundzüge der philosophischen Naturwissenschaft*, Berlin: Verlag der Realschulbuchhandlung, 1806; Steffens 1810 (wie Anm. 39).

[41] Karl Christoph Schmieder, *Geschichte der Alchemie,* Halle a. S.: Verlag der Buchhandlung des Waisenhauses, 1832; Nachdruck: Ulm-Donau: Arkana, 1959; Lawrence M. Principe, *The Secrets of Alchemy*, Chicago/London: The University of Chicago Press, 2013.

[42] Schmieder 1832 (1959) (wie Anm. 41), S. 469–602.

[43] Runge 1840–1841 (wie Anm. 32), Bd. 1, S. 157–158; Runge 1982 (wie Anm. 30), S. 223–224.

[44] Carl Gustav Carus, «Bruchstück aus einer Reihe von Briefen über Landschaftsmalereyen», in: *Kunst-Blatt*, hrsg. von Ludwig Schorn, 1826, Nr. 52–54, S. 205–207, 211–212, 214–216, hier S. 205.

[45] Carl Gustav Carus, *Neun Briefe über Landschaftsmalerei, geschrieben in den Jahren 1815–1824. Zuvor ein Brief von Goethe als Einleitung*, Leipzig: G. Fleischer, 1831, S. 138; vgl. Carus 2002 (wie Anm. 12); Dresden/Berlin 2009–2010 (wie Anm. 1); Kuhlmann-Hodick (Hrsg.) 2009 (wie Anm. 1).

[46] Carus 1826 (wie Anm. 44), S. 206, 211; vgl. Carus 1831 (wie Anm. 45), S. 138, 142–143.

[47] Carus 1826 (wie Anm. 44), S. 212; Carus 1831 (wie Anm. 45), S. 145–146.

[48] Carl Gustav Carus, *Zwölf Briefe über das Erdleben*, hrsg. von Ekkehart Meffert, Stuttgart: Verlag Freies Geistesleben, 1986.

[49] Carus 1826 (wie Anm. 44), S. 216, die folgenden Zitate auf der gleichen Seite.

[50] Carus 1831 (wie Anm. 45), S. 174.

[51] Steffens 1801 (wie Anm. 38), 1806 (wie Anm. 40) und 1810 (wie Anm. 39).

[52] Carl Grüneisen, «Carl Gustav Carus. Neun Briefe über Landschaftsmalerei, Besprechung», in: *Kunst-Blatt*, hrsg. von Ludwig Schorn, Nr. 17/18, 26./28. Februar 1833, S. 65–68.

Caspar David Friedrichs frühe Sepien als Vorstufe zur romantischen Landschaft

Werner Busch

Die Benennungen von Friedrichs frühen Ausstellungszeichnungen schwanken bis zum heutigen Tag, und ohne weitere technische Untersuchungen wird auch keine Sicherheit zu erzielen sein. In den zeitgenössischen Besprechungen – und es sind nicht wenige – werden sie grundsätzlich Sepien genannt.[1] Es handelt sich dabei um Blätter, die auf der Basis einer zarten, auf die grossen Umrisse beschränkten Bleistiftvorzeichnung in differenzierter, abgestufter Brauntonigkeit der Zeichnung einen bildmässigen Charakter geben und sie damit als Ausstellungsstücke und Handelsware deklarieren. Skizzenbuchzeichnungen können die Vorlage abgegeben haben, sie wurden vor dem Objekt aufgenommen. Die daraus entwickelten, Sepien genannten ausgeführten Werke, so sehr sie zusätzlich atmosphärisch und motivisch inszeniert sein mögen, bewahren den Vedutencharakter, die Ansichten bleiben lokalisierbar. In dem 2011 erschienenen grossen Werkverzeichnis der Zeichnungen von Caspar David Friedrich spricht die Verfasserin Christina Grummt in ihrer Einleitung ganz selbstverständlich von Friedrichs frühen Sepien,[2] um im dann folgenden Katalog der Zeichnungen den Begriff, verblüffenderweise und ohne weitere Erklärung, nicht wieder aufzugreifen, ausgenommen bei den Zeichnungen, die sich nicht erhalten haben oder nicht mehr nachweisen lassen und die in der älteren Literatur und in der Forschung als Sepien bezeichnet wurden, sie bezeichnet sie als Sepien in Anführungsstrichen.[3] Bei den in Braun abgetönten Skizzenbuchzeichnungen dagegen ist lediglich von Lavierung die Rede. Das ist insofern konsequent, als die Skizzenbuchzeichnungen mit der Lavierung gröbere Schattierungen vornehmen oder weniges markieren, nicht jedoch die Lavierung als farbiges Äquivalent benutzen, wie bei den bildmässigen sogenannten Sepien, die sowohl Atmosphärisches in der Abschwächung des Tones von vorne nach hinten angeben als auch in der tonalen Differenz farbige Unterschiede markieren, die das gesamte Blatt durchwalten. Die lavierten Blätter dagegen lassen grosse Partien im Blattton, also zumeist in Weiss. Allerdings unterschlägt die blosse Benennung «Lavierung» die Farbe der Lavierung, denn Friedrich laviert beispielsweise in Grau oder in Braun. Für die traditionellerweise Sepien genannten Blätter verwendet Christina Grummt die Benennung «Pinsel in Braun», unterschlägt dabei gelegentlich die Bleistiftvorzeichnung. Nun ist die Unterscheidung in «Sepien» in der Einleitung und der technischen Bezeichnung «Pinsel in Braun» im Katalog nicht ganz ohne Grund gewählt, das eine Mal soll ein Zeichnungstypus, das andere Mal ein technisches Verfahren bezeichnet werden. Allerdings wird bei der zweiten Benennung offenbar bewusst offen gelassen, welchen Farbstoff Friedrich eigentlich benutzt.

Das ist durchaus verständlich. Denn mit dem blossen Auge ist es extrem schwer, die brauntonige Sepiatusche von einer braunen Aquarellfarbe oder Bister zu unterscheiden, zumal Sepia selten im Reinzustand auftaucht. Die genannten Farben können gleichermassen in unterschiedlicher Verdünnung und damit differenzierter Abstufung benutzt werden. Hat man Beispiele in den genannten Farben nebeneinander, so wird man leichter sagen können, dass sich bei Sepia die Trocknungsränder etwas stärker abzeichnen, da sich hier etwas mehr Pigmente ansammeln, zudem sind die Pigmentkörner etwas gröber, ferner ist die Sepia in der Wirkung etwas stumpfer, etwas kühler als Aquarellfarbe oder Bister, die ihrerseits etwas glänzender erscheinen.[4] Aber natürlich ist das auch abhängig davon, wie viel Feuchtigkeit mit dem Pinsel aufgenommen wird und welches Papier den Träger bildet. Friedrich verwendet sehr weitgehend Velinpapiere und gelegentlich Bütten. Allerdings kann man sich, was die Farbverwendung angeht, auch täuschen. So wurde auf einer Skizzenbuchzeichnung des *Berliner Skizzenbuchs I* von 1799 in einer grauen Lavierung mit ganz leichtem Brauneinschlag ein hoher Sepiaanteil nachgewiesen.[5] Der für die Sepia ungewöhnliche Ton entstand durch die Benutzung von gebläutem Büttenpapier aufgrund der Verwendung von Smalte, also Kobaltblau, was einen entschieden kühlen Ton bewirkt. Umgekehrt kann Sepia auch einen wärmeren Rotton erhalten durch die Beimischung von Cochenille, einem Farbstoff gewonnen aus verschiedenen Schildlausarten. Schliesslich – und das durchaus überwiegend – wird Sepia mit Bister gemischt. Dass Sepia selten rein verwendet wird, liegt schlicht daran, dass der Sepiaton sich nicht recht hält, sondern im Laufe der Zeit verblasst. Sepia, aus dem Sekret des Tintenfischs hergestellt, musste haltbar gemacht werden, vor allem durch die Beifügung von Gummiarabikum. Ferner musste sie durch Zusätze verfeinert werden.

Zwar wurde Sepia schon früh verwendet, aber fast ausschliesslich als Schreibstoff. Ihre Verfeinerung, Haltbarmachung und breitere Verwendung erfolgte erst im 18. Jahrhundert. Die Erfindung wird gemeinhin dem Dresdener Akademieprofessor Jacob Crescentius Seydelmann zugeschrieben, der die Technik und vor allem das Verfahren der gemischten Herstellung, überwiegend Sepia und Bister, aus Rom mitbrachte und es selbst für sorgfältige Klassikerkopien nutzte, als offenbar ideal geeignetes Reproduktionsmedium.[6] Die Anregungen dazu gingen allerdings wohl vom Kunstagenten, Antiquar, Sammler und berühmten Cicerone Johann Friedrich Reiffenstein aus, der sich aufgrund seiner internationalen Kontakte für die Verbreitung des Mediums und insbesondere auch von Seydelmanns Reproduktionen einsetzte, etwa am St. Petersburger, vor allem aber am Gothaer Hof.[7] Genauere Untersuchungen an Seydelmanns Blättern, von denen natürlich Exemplare im Dresdener Kupferstich-Kabinett aufbewahrt werden, haben gezeigt, dass der Sepiaanteil an seinen Blättern überraschenderweise eher gering ist. Insofern hat man sich – wie mir scheint, sehr zu Recht – angewöhnt, von Blättern in Sepiamanier zu sprechen. Diese Manier jedoch hat Adrian Zingg mit seiner Schule berühmt gemacht. Die Frage der direkten Einflussnahme durch Seydelmann ist noch ungeklärt. Zingg war ab 1766 in Dresden, transferierte Aberli- und Wille-Einfluss nach Dresden. Seydelmann ging Anfang der 1770er Jahre nach Rom, kam aber erst 1781 zurück. Von Zingg existieren brauntonige Veduten aus den 1770er Jahren, doch überwiegen hier noch farbig aquarellierte Blätter und Blätter in Grauton. Der durchgängige Braunton, die Verfestigung der Schulmanier, ist ein Produkt der 1780er Jahre, so dass, zumindest was die Bevorzugung der Technik angeht, hierfür ein Seydelmann'scher Einfluss anzunehmen ist. Entscheidend scheint dabei gewesen zu sein, dass Seydelmann Sepiamischungen in fertiger Form und in feinsten Abstufungen vertrieb, so dass nicht jeweils neu gemischt werden musste, sondern Tonstufen direkt aufgetragen werden konnten. Das hat das Verfahren einerseits verfeinert, andererseits für den Schulgebrauch praktikabel gemacht. Die Zingg'schen Federzeichnungen, ausgetuscht in Sepiamanier, konnten im Umriss druckgrafisch reproduziert und dann von Ateliermitgliedern tonal per Hand gefasst werden (Abb. 1). Das steigerte die

Abb. 1   Adrian Zingg, *Elbschiffe bei Rathen, im Hintergrund der Lilienstein*, 1780er Jahre, Feder in Schwarzbraun, Pinsel in Braun, 48 × 65,4 cm, Kupferstich-Kabinett, Staatliche Kunstsammlungen Dresden, Inv.-Nr. C 1975-39

Produktion, gewährleistete aber auch die gleichbleibend hohe Qualität. Im Zingg'schen Atelier wurden Blätter in unterschiedlichem Format hergestellt und damit in unterschiedlichen Preiskategorien. Standardmasse sind, grob gesprochen, Blätter im Format von etwa 10 × 15 cm respektive 18 × 25 cm oder solche von knapp 50 × 70 cm. Das grosse Format überwiegt im späteren Werk, beispielsweise beinahe durchgehend für die anspruchsvolle Lieferung von rund 60 Blatt für Albert von Sachsen-Teschen, die für die 1776 gegründete Albertina so etwas wie Inkunabelcharakter besitzt. Allerdings müssen auch hier die genaueren Auftragsumstände noch erforscht werden. Caspar David Friedrich konnte an diese Tradition direkt anknüpfen.[8]

Wir werden uns im Folgenden ausführlicher allein mit seinen frühen Blättern in Sepiamanier von 1801–1806/1807 beschäftigen und nur einen kurzen Blick auf die späten Sepien werfen. Wobei es so zu sein scheint, dass erste Beschäftigungen mit der Sepiatradition gleich nach seiner Ankunft in Dresden im Herbst 1798 einsetzen. Friedrich hatte von 1794 bis Mai 1798 in Kopenhagen an der Akademie studiert, war dann direkt in seine Heimatstadt Greifswald gereist, um bald darauf für zwei bis drei Monate nach Berlin zu gehen. Über diesen Aufenthalt wissen wir so gut wie nichts. Doch dürfte Friedrich aller Wahrscheinlichkeit nach seinen Greifswalder Jugendfreund, den Buchhändler und künftigen Verleger Georg Andreas Reimer, aufgesucht haben. Nur spekulieren kann man, ob Friedrich über Reimer bereits jetzt mit Schleiermacher vertraut wurde, der genau in den Monaten, in denen Friedrich in Berlin war, seine *Reden über die Religion* abschloss. Sie erschienen 1799. 1801 publizierte Schleiermacher seine Predigten bereits bei Reimer, 1802 besiegelten sie ihren Freundschaftsbund. 1806 erschien bei Reimer die zweite Auflage der Schleiermacher'schen *Reden*. Es würde auch Sinn ergeben, erst jetzt einen tiefergehenden Einfluss dieses Werkes auf Friedrich anzunehmen, wie wir sehen werden.[9] 1799, in seiner ersten Dresdener Zeit, betrieb Friedrich kleinteiliges Natur- bzw. Pflanzenstudium, doch daneben setzte er sich auch mit der Tradition der Dresdener Künstler auseinander. Fest datiert auf den 15. August 1799 findet sich eine Blätterstudie mit der Beischrift «nach Dietricy». Dietrich war 1774 gestorben. Ebenfalls aus dem Jahr 1799 dürften drei Zeichnungen stammen, von denen die eine erhaltene, mit Büschen und Bäumen und dem angedeuteten Durchblick auf ein Dorf mit Kirche «nach Zing[g]» von Friedrichs Hand beschriftet ist, die beiden anderen waren 1928 bei Kühl in Dresden ausgestellt und trugen die Beischrift «nach Veith». Johann Philipp Veith war Schüler von Adrian Zingg.[10] Und selbst wenn er sich später sehr eigenständig entwickelt hat, so ist er doch neben Carl August Richter derjenige Schüler Zinggs, der sich dessen Idiom am perfektesten angeeignet hat.[11] So können wir sicher sein, dass Friedrich die auf den Akademieausstellungen gezeigten Blätter in Sepiamanier von Zingg und seiner Schule sorgfältig studiert hat. Offensichtlich adaptierte er den Typus in der berechtigten Hoffnung, auf diesem Markt ebenfalls reüssieren zu können. Auch er bot Blätter in unterschiedlichem Format und damit in unterschiedlichen Preisklassen an. Die kleinen haben das Format von 12 × 18 cm, mittlere von 25 × 35 cm oder auch 40 × 60 bzw. 50 × 70 cm und ganz grosse, die auch die grössten Zingg'schen Blätter übertrumpften, von fast 70 × 100 cm.

Bevor wir sie nun im Einzelnen untersuchen, gilt es Folgendes festzuhalten, weil es sich auch zum Verständnis und für die Entwicklung von Friedrichs Blättern in Sepiamanier als wichtig erweisen wird. Erstaunlicherweise hat die Forschung zu diesem Problem so gut wie nichts beigetragen, geschweige denn aus der Betrachtung der Sepien irgendwelche Konsequenzen für den weiteren Werdegang des Künstlers gezogen. Friedrichs frühe Sepien brechen mit dem Jahr 1807 abrupt ab, für rund zwanzig Jahre fertigte er so gut wie keine Zeichnung in Braunabstufung, erst um 1826 erfolgt die variierende Wiederholung und Erweiterung seines Jahreszeitenzyklus von 1803. Hier mag es sich um eine bewusste Angleichung an die Technik des früheren Zyklus handeln, aus welchen Gründen auch immer. Dann tritt wieder eine längere Pause, bis 1834/1835, ein, danach häufen sich die Sepiadarstellungen. Der Grund sowohl für das frühe Abbrechen wie die späte Wiederaufnahme der Technik scheint leicht zu nennen zu sein. 1806/1807 wird die Sepia von der Ölmalerei abgelöst, die tonale Abstufung durch farbige Fassung, so dass jetzt auch verstärkt Aquarelle und Gouachen auftauchen anstelle von Sepiazeichnungen. Entscheidend dabei ist, dass Friedrich die Erfahrungen mit der technischen Prozedur der Sepiamanier auf die farbige Ölmalerei überträgt. In beiden Fällen hat er mit subtilen Lasuren gearbeitet. Leicht ist bei den frühen Sepien zu erkennen, dass er, um den Ton zu verdunkeln, Schicht auf Schicht aufträgt. Bis zur gänzlichen schwarzbraunen Dunkelheit bleibt der jeweilige Ton transparent und damit lichthaltig. Durch den schichtenweisen Auftrag ist der Ton subtil steuerbar. Ebenso malt Friedrich in Öl, selbst das Vorzeichnungsverfahren bleibt sich gleich: erst ein Bleistiftentwurf, den er dann mit der Feder – auch auf der grundierten Leinwand! – präzisiert, um anschliessend Schicht für Schicht die Farben aufzutragen, wobei auch hier bis zum Schluss die Unterzeichnung sich noch schwach abzeichnet, selbst bei Nacht- und Gegenlichtszenen. Das gibt Friedrich die Möglichkeit, die Lichtführung so zu steuern, dass die Helligkeit im Zentrum der Bildfläche fokussiert wird und zu den Rändern hin kaum merklich, aber immer stärker abnimmt.[12]

Carl Gustav Carus, der bei Friedrich das Malen erlernte, hat uns dieses Friedrich'sche Verfahren genau überliefert. Es sei in einiger Ausführlichkeit zitiert: «Es war mir», schreibt Carus in seinen Lebenserinnerungen, «von grosser Wichtigkeit, Friedrich's Verfahren bei Entwerfung seiner Bilder kennen zu lernen. Er machte nie Skizzen, Cartons, Farbenentwürfe zu seinen Gemälden, denn er behauptete (und gewiss nicht ganz mit Unrecht), die Fantasie erkalte immer etwas durch diese Hülfsmittel. Er fing das Bild nicht an, bis es lebendig vor seiner Seele stand, dann zeichnete er auf die reinlich aufgespannte Leinwand erst flüchtig mit Kreide und Bleistift, dann sauber und vollständig mit der Rohrfeder und Tusche das Ganze auf, und schritt hierauf bald zur Untermalung. Seine Bilder sahen daher in jeder Stufe ihrer Entstehung stets bestimmt und geordnet aus, und gaben immer den Abdruck seiner Eigenthümlichkeit und der Stimmung, in welcher sie ihm zuerst innerlich erschienen waren.»[13]

Dazu sollte man dreierlei ergänzend sagen, so präzise Carus die Abfolge der Bildanlage beschreibt. Richtig ist in der Tat, dass Friedrich nie vollständige Bildentwürfe angefertigt hat, die die gesamte Bildanlage festlegen und die dann auf die Leinwand zu übertragen wären, womit die Komposition im Entwurf bereits vollgültig vorläge und die eigentliche Bildidee nach klassisch-idealistischer Lehre bereits ihren Ausdruck gefunden hätte. Das hindert Friedrich freilich nicht, für so gut wie jedes gegenständliche Detail auf Studienzeichnungen zurückzugreifen. Seine Naturverpflichtung ist geradezu absolut. Das hat eine durchaus religiöse, protestantisch-lutherische Dimension: Auch das Geringste und Kleinste ist es nicht nur wert, als Gottes Schöpfung im Bild festgehalten zu werden, sondern es legt dem Künstler geradezu die Verpflichtung auf, ihm ohne Wenn und Aber zu gehorchen. Nur so ist der Schöpfung wirklich gerecht zu werden. Deswegen notiert Friedrich auf seinen Studienzeichnungen genau, wann und wo, unter welchen atmosphärischen Bedingungen und unter welchem Blickwinkel, aus welcher Entfernung er die aufgenommenen Dinge gesehen hat und wo der Horizont zu denken ist. Das Wort «Horizont» findet sich selbst bei blossen Baumstudien auf den Zeichnungen.[14] Da der Mensch nur in der Lage ist – ganz im Sinne der frühromantischen Erfahrung eines Schlegel oder Brentano –, die Welt allein fragmentarisch oder bruchstückhaft wahrzunehmen, hat der Künstler auf der Leinwand für eine Bildordnung zu sorgen, der sich die studierten Fragmente bruchlos einfügen. Diese Bildordnung ist zwar vom Künstler gestiftet, bildet aber doch ein virtuelles Äquivalent zu göttlicher Einheit und Ganzheit. Es ist ein abstrakt gestifteter Kosmos, der, wieder im Sinne der Frühromantik gesprochen, einen utopischen Vorschein unentfremdeter Ganzheit entwirft.

Zweitens: Wenn Carus schreibt: «Seine Bilder sahen daher in jeder Stufe ihrer Entstehung stets bestimmt und geordnet aus, und gaben immer den Abdruck seiner Eigenthümlichkeit und der Stimmung, in welcher sie ihm zuerst innerlich erschienen waren», so ist der Hauptsatz völlig richtig, der folgende Nebensatz nicht ganz. Denn das, was Friedrich zuerst innerlich erschienen war, wie Carus sagt, ist eben nicht eine vorab völlig gefasste

Idee, sondern ein Vorstellung, die schrittweise im Prozess des Malens sich bildet und die durch eine Lasur mehr oder eine weniger gesteuert werden kann. Das mag erklären, warum in seinem späteren Werk, als, gelinde gesagt, sein Geist verdüstert war, und weniger gelinde gesprochen, als er hochgradig depressiv war, seine Bilder immer dunkler wurden, ja, fast in Dunkelheit versunken sind. Die Schichten haben das Bild beinahe vollständig zugedeckt. So muss man sagen, auf jeder Stufe im Prozess folgt Friedrich seiner jeweiligen Gemütslage, eine Lasurschicht mehr und die Stimmung ist eine andere. Der Sepiaauftrag von Hell nach Dunkel konnte ihn auch dieses Steuerungselement lehren.

Und drittens: Carus lässt es an dieser Stelle an einem Hinweis auf die Lasurtechnik fehlen, die für den Prozesscharakter allentscheidend ist. Doch holt er diese Auslassung indirekt wenig später in seinem Text nach, als er, sehr intelligent und auf der Höhe physiologischer Erkenntnis, sorgfältig das gewöhnliche, im Wortsinne zerstreute und umherschweifende Sehen vom fixierten Blick des Bildes, wie er es nennt, scheidet, der eine andere Licht-Schatten-Steuerung verlangt, als sie die freie Natur vorgibt. Der fixierte Blick verlange die konzentrierte Lichtwirkung. «Friedrich», so schreibt er, «empfahl mir einst ein Experiment, welches mich sehr aufklärte [...]. Ein Mondscheinbild fand er einst auf meiner Staffelei [gemeint ist ein Carus'sches Bild], was ihm wahrhaft gefiel seiner Empfindung und Anordnung nach, welchem aber eben jene Concentration noch sehr fehlte. Da bat er mich, eine dunkle Lasur auf die Palette zu nehmen und ausserhalb des Mondes und der nächsterleuchteten Stellen alles, und je mehr gegen den Rand des Bild um so dunkler, damit zu übertuschen und dann auf die veränderte Wirkung Acht zu geben.»[15] Untersuchungen am Dresdener Bild *Zwei Männer in Betrachtung des Mondes* von 1819 haben genau dieses Verfahren gemäldetechnologisch nachweisen können. Ergänzen sollte man das weitere Ergebnis der Untersuchung, dass nämlich der Mond als einziger Gegenstand opak erscheint, also deckend gemalt ist.[16] Er ist die Quelle aller differenzierten Lichterscheinungen. Man kann geradezu sagen, dass es so zwei Lichtwesenheiten gibt.

Damit stellt sich im Grunde genommen bereits die Frage, ob Friedrich die Sepiatonalität auch nutzt, um Sinn herzustellen, oder ob die tonale Abstufung Selbstzweck insofern ist, als sie allein einer überzeugenden Bildwirkung dient. Bevor schrittweise eine Antwort auf diese entscheidende Frage gesucht werden soll, noch eine kurze Bemerkung zum späten

Wiedereinsetzen der Sepien bei Friedrich. Dem Künstler ging es im Alter gesundheitlich nicht gut. 1832 vollendete er ein letztes wirklich bedeutendes Gemälde, *Das grosse Gehege*. Danach wird die Malweise summarischer, nur gelegentlich, wie bei den *Lebensstufen*, die Anfang 1835 vollendet gewesen sein dürften, versuchte er sich noch einmal vollkommen zu konzentrieren. Am 16. Juni 1835 erlitt Friedrich einen Schlaganfall, der ihm das Malen in Öl fast unmöglich machte. Und so verlegte er sich auf kleinere Sepien, zumeist im Format von etwa 20 × 30 cm, manchmal noch wesentlich kleiner. Dabei konnte er die Arme auf die Fläche des Zeichentisches auflegen und auf solche Weise die Hand ruhig halten, aber selbst diese Blätter haben etwas Leeres, Flächiges, so sehr er sie thematisch zugespitzt hat.

Doch nun endlich zur Behandlung einer Reihe von frühen Sepien, wenn möglich in chronologischer Folge. Den Beginn markiert eine 70 × 50 cm grosse Zeichnung in Sepiamanier, die mit gutem Grund um 1801 datiert wird, vielleicht wäre die Annahme 1800/1801 noch besser.[17] Sie geht in ihrer Gesamtheit – durchaus ein wenig ungewöhnlich, jedenfalls für den späteren Friedrich – auf eine relativ genaue, fest auf den 28. August 1800 datierte Vorzeichnung zurück. Die grosse Zeichnung in Sepiamanier ist, wie das Werkverzeichnis der Zeichnungen von 2011 nicht vermerkt, aber Börsch-Supan bereits richtig beobachtet hat, unvollendet.[18] Das wird auch nahegelegt durch eine nur als Fotografie überlieferte, so gut wie gleich grosse Zeichnung aus derselben Zeit in der entsprechenden Manier, bei der ganze Partien, selbst im Zentrum, unvollendet sind.[19] Meine These lautet, dass Friedrich hier mit grossen Sepien experimentiert hat. Dafür spricht auch, dass die erste Sepiatonzeichnung, das sogenannte *Felsentor im Uttewalder Grund* (Abb. 2) bis ins 20. Jahrhundert im Besitz von Mitgliedern der Familie Friedrich geblieben ist. Es scheint ganz undenkbar, dass Friedrich den Vordergrund ungestaltet belassen hätte, nur in hellem Sepiaton abdeckt, und auch die folgenden dunkleren Partien nur angetuscht hätte. Nun deutet Börsch-Supan trotz des von ihm bemerkten vorläufigen Zustandes des Blattes dieses geradezu dramatisch aus. Er sieht die blosse Vedute deutlich überboten und schreibt wörtlich: «Der Vordergrund ist ein Sinnbild des beengten und dunklen irdischen Daseins, das Tor ein Symbol des Todes, der lichte Hintergrund bedeutet die Verheissung des Paradieses.»[20] Das ist Hans Dickel, dem Bearbeiter des Mannheimer Friedrich-Bestandes, zu dem die Vorzeichnung des *Felsentors* gehört, zu viel des Guten, aber immerhin sieht auch er in der der Vorzeichnung folgenden Sepia «den Versuch des Künstlers, das Pittoreske

Abb. 2   Caspar David Friedrich, *Das Felsentor im Uttewalder Grund*, um 1801, Pinsel in Braun über Bleistift, 70,6 × 50 cm, Museum Folkwang, Essen, Inv.-Nr. C 21/36

ins Symbolische zu heben.»[21] Man fragt sich, ob es auch nur einen einzigen Grund gibt, den Gegenstand auf die eine oder andere Weise symbolisch aufzuladen. Vergleicht man Vorzeichnung und folgende Sepiatonfassung, so wird man sagen können: die Gestalt der Felsen ist weitgehend übernommen, der Vordergrund und die seitlichen Felsen waren auch in der Vorzeichnung nicht weit entwickelt. Hinzugekommen ist ein Mann mit Hut, der ein Kind an der Hand führt; offenbar bringt es sein Erstaunen über das irritierende Felsentor durch in die Luft geworfene Arme zum Ausdruck. Die beiden sind im Moment des Durchschreitens des Tores dargestellt und zwar als blosse Silhouetten. Weiter ausgeführt sind die auf den hohen Felsen wachsenden Bäume, die die Vorzeichnung nur andeutet.

Will man eine grundsätzliche Differenz zwischen der Vorzeichnung – die übrigens im Werkverzeichnis fälschlich als blosse Bleistiftzeichnung bezeichnet wird,[22] es handelt sich weitgehend um Kreide – und der tonalen Fassung des Motivs in der Felsgestaltung annehmen, so kann man darauf hinweisen, dass in letzterer der rechten hohen Felssilhouette möglicherweise bewusst eine Löwenphysiognomie eingeschrieben ist. Das folgt einer alten, in der Romantik wieder aufgegriffenen Topik, in Gesteinsbildungen Gesichter hineinzulesen, um der Erscheinung einen irritierenden oder auch ängstigenden Charakter zu verleihen. Das wäre ganz im Sinne der frühen Reiseführer zur Sächsischen Schweiz gedacht, wo es etwa bei Carl Heinrich Nicolai 1801 heisst: «In diesem engen Raum liegen drei Steinblöcke eingeklemmt [...]. Diese bilden ein Tor [...]. Die meisten Reisenden ergreift ein Schauer, wenn sie unter den eingeklemmten Steinblöcken weggehen und wenn sie durch sind, sehen sie sich schüchtern um [...].»[23] D. h., das Tor wurde nicht so sehr als pittoresk, sondern vielmehr als sublim angesehen. Da Friedrichs nicht mehr nachweisbare zweite Zeichnung gleichen Formats die Darstellung einer Feuersbrunst in einer Kirchenruine anstrebte, dürfte seine Absicht 1800/1801 gewesen sein, das kleinteilig-pittoresk Erzählerische der Zingg'schen Tradition durch eine Steigerung ins grossformatige Sublime zu überbieten. Bei Friedrichs beiden Blättern kam die Absicht nicht zur Vollendung. Da Friedrichs grossformatiges *Felsentor* noch nicht den bei den zeitlich folgenden Blättern zusehends zu konstatierenden Bildordnungsprinzipien folgt, die durch ihre abstrakte Vorgabe den Blättern eine höhere Ordnung verleihen, dürfte Friedrich hier wie beim zweiten Blatt mit der Umsetzung einer zeitgenössischen ästhetischen Kategorie gespielt haben, die er im Folgenden verwerfen sollte. Nicht mehr und nicht weniger. Symbolischer Tiefsinn, so fürchte ich, ist hier nicht zu haben. Friedrich ist noch auf der Suche.

1801 im Juni und im August machte Friedrich seine ersten beiden Rügen-Reisen. Anfang des Jahres hatte er offenbar einen Selbstmordversuch unternommen und war in seine Heimat zu seiner Familie nach Greifswald gefahren, um zu sich zu finden. Von hier machte er die Rügen-Ausflüge. Die Ausbeute waren weitgehend Rügener Landschaftsaufnahmen, zumeist im reinen Umriss, breit gelagert, gelegentlich mit Lavierung und Quadrierung zur Übertragung. Ein Gutteil ist auf den Tag genau datiert, zudem folgen die Rügen-Blätter einer Nummerierung, die weitgehend auf Friedrichs Tagebucheintragungen rekurriert, so dass sich die Reiseroute mit grosser Wahrscheinlichkeit rekonstruieren lässt. Christina Grummt gelang der Nachweis, dass die Zeichnungen zu dem von ihr so getauften *Grossen Rügener Skizzenbuch* gehören, das 1801 und auch noch im Mai 1802 auf der dritten Rügen-Wanderung in Benutzung war. Bislang haben sich 19 zugehörige Blätter nachweisen lassen.[24] Ohne Übertreibung wird man sagen können, dass diese Zeichnungen die wichtigste Basis für die Sepiatonzeichnungen von 1801 bis 1806 gewesen sind. Letztere wiederum sind von den Zeitgenossen hoch gelobt worden und haben Friedrich offensichtlich sein Einkommen gesichert. Die Blätter wurden in Dresden ausgestellt, positiv rezensiert, einige wurden von Friedrich wiederholt, weil sie sich als besonderer Erfolg erwiesen hatten, besonders die Darstellungen von Kap Arkona, die Friedrich auf der Basis der Zeichnung vom 22. Juni 1801 vielfach neu inszeniert hat.[25] Mal bei Nacht, mal im Sturm mit Schiffbrüchigen, mal bei ruhiger See mit zum Trocknen aufgehängten Netzen, mal bei Sonnenaufgang mit geradezu versteckt angebrachten Fischern oder Bauersleuten. Auch Stubbenkammer-Darstellungen wiederholen sich.[26] Auf Rügen selbst waren die Darstellungen besonders beliebt, sie fanden sich bei den mit Friedrich befreundeten Pfarrern, bei denen er auf seinen Wanderungen übernachtete, bei Kosegarten oder Schwarz, aber auch bei seinem Lehrer Quistorp in Greifswald oder bei Professor Karl Schildener, der 1805 eine Friedrich'sche Sepia besprach.[27] Eine der Vorzeichnungen von 1801 hat sich gar als Vorlage für das Strandstück des Gemäldes *Mönch am Meer* erwiesen,[28] was darauf aufmerksam machen kann, dass Friedrich seine Bleistift- und Federstudien vor der Natur zur gelegentlich wirklich ferneren Verwendung gehortet hat. Sie gaben sein Repertoire ab, über das er in den unterschiedlichsten Zusammenhängen verfügte. In der Frühphase allerdings, mit der wir uns beschäftigen, erfüllen sie nicht selten noch die klassische Funktion der Vorzeichnung, davon löst Friedrich sich erst schrittweise. Da die zentralen Stubbenkammer- und Kap-Arkona-Zeichnungen quadriert sind, dienten sie der massstabgerechten Übertragung ins grössere Format, um dann mit Hilfe des Sepiatons inszeniert zu werden.

Es ist bis heute nicht geklärt, wie Friedrich die Rügen-Ansichten zeichnerisch aufgenommen hat. Die Tatsache, dass über einer dünnen Bleistiftvorzeichnung eine präzisierende Federzeichnung liegt, lässt auch die Möglichkeit zu, dass Friedrich technische Hilfsmittel genutzt hat, selbst wenn die Forschung dies nicht gerne hört. Zwei Dinge dürften dafür sprechen. Zunächst einmal liefern die Zeichnungen eine extreme Ausbreitung des jeweiligen Landschaftsblicks, wie sie ein Weitwinkelobjektiv liefert.[29] Friedrich könnte auf dreierlei Weise vorgegangen sein. Zum einen mag er die Camera obscura benutzt und die sich dabei ergebenden Umrisse einer mit dem Lineal vorgegebenen Horizontlinie angepasst haben. Geräte in Dresden und auf Rügen in Friedrichs Umkreis sind überliefert. Zudem sind die Hunderte von Zeichnungen des russischen Gesandten Shukowski, der bei Friedrich das Zeichnen gelernt hat und für ihn Ankäufe durch den Zaren vermittelt hat, ganz eindeutig mit der Camera obscura gemacht worden – er muss dies bei Friedrich gelernt haben.[30] Zum Zweiten könnte Friedrich das Verfahren der sogenannten Horizonteblätter verwendet haben, das für die Zeichner der Dessauer Chalkographie in Bezug auf die Landschaftsaufnahme überliefert ist: Sie haben eine Art mit Fäden bespannten Schirm in der Landschaft aufgestellt, um das damit gefasste Bild leichter nachzeichnen zu können.[31] Dritte Möglichkeit wäre eine mathematisch-geometrische Weitwinkelkonstruktion, wie sie Pierre-Henri de Valenciennes in seinem Traktat *Elémens de perspective pratique* mit Hilfe einer Zweipunktperspektive vorgeschlagen hat.[32] Solches könnte sich Friedrich bereits an der Kopenhagener Akademie angeeignet haben, auf der er Perspektivzeichnen bis hin zum Verfertigen architektonischer Entwürfe gelernt hat.[33]

Das ist das eine, das andere lässt sich wieder mit einem Begriff der Fotografiesprache fassen. Friedrich hat ganz offensichtlich mit Zoom gearbeitet, wobei er ein Fernrohr benutzt haben dürfte. Dies kann erklären, warum die Motive einiger Zeichnungen falsch lokalisiert wurden. Die Zeichnung vom 17. August 1801 (Abb. 3), deren Vordergrundstreifen für *Mönch am Meer* Verwendung fand, ist auf dem Mönchguter Teil von Rügen am

Abb. 3 Caspar David Friedrich, *Lobber Grosser Strand mit Blick auf das Nordperd auf der Rügenschen Halbinsel Mönchgut*, 17. August 1801, Feder in Braun über Bleistift, laviert, quadriert, 23,1 × 36,6 cm, Hamburger Kunsthalle, Kupferstichkabinett, Inv.-Nr. 41094

Lobber Grossen Strand aufgenommen worden. Was nicht erkannt wurde, weil sowohl die näher liegende Felsnase von Lobber Ort als auch die fernere vom Nordperd in der Grösse gegenüber dem Naturvorbild beträchtlich gesteigert wurde. Eine weitere Zeichnung, die von Lobber Ort mit Blick auf das Nordperd aufgenommen wurde, steigert dessen Grösse noch einmal, während der Umrisskontur vollkommen dem Naturvorbild entspricht.[34] Friedrich gibt einen versteckten Hinweis auf sein Verfahren in einer Zeichnung von 1813/1815, die noch einmal die Vorzeichnung vom 17. April 1801 nutzt und noch einmal Lobber Ort und das Nordperd näher heranrückt. Im Vordergrund stehen zwei Rügenwanderer. Wenn die Zeichnung im Zusammenhang mit Friedrichs Rügen-Wanderung von 1815 steht, könnte es sich um eine Anspielung auf Friedrich und seinen Freund Kummer handeln. Der Hintere der beiden hat sein Fernrohr auf die Schulter des Vorderen gelegt, der ihm etwas in der Ferne weist. Offenbar geht der Fingerzeig über das Nordperd auf ein grosses Segelschiff. Fotografiert man vor Ort mit Zoom, hat man die entsprechende Ansicht. Selbst bei den frühen Veduten denkt Friedrich also bereits über die Bildmässigkeit des Motives nach.[35]

Allerdings nicht im klassischen Sinn, wo seitliche Rahmungen und Vordergrundversatzstücke hinzuerfunden werden, um das Bild abzurunden und ihm mittels Staffage ein nobilitierendes Motiv zu geben, wie es seit Claude Lorrains Zeiten üblich war. Friedrich verfährt auch bei den Sepiatonzeichnungen anders. Die Varianten zu Kap Arkona in Sepiatonabstufung stammen nach Meinung der Forschung aus der Zeit um 1803, mit einer Ausnahme, die in der zeitgenössischen Kritik mehrfach im Jahr 1806 (Abb. 4) besprochen wird.[36] Sie folgt zwar gänzlich dem Typus der vorherigen Sepiatonblätter zu Kap Arkona, jedoch mit zwei bezeichnenden kleinen Ausnahmen. Zum einen kommt im Mittelgrund ein am Ufer ankerndes Segelschiff mit hohem Mast hinzu. Entsprechendes gibt es zwar auch auf einer Variante von 1803, doch dort erscheint der Schiffsmast nicht gänzlich senkrecht und vor allem nicht exakt auf der senkrechten Mittelachse des Blattes. Zum andern führt der höchste vom Mondlicht bestrahlte Wolkenrand in einem sanft ansteigenden Bogen an den rechten Bildrand und trifft ihn exakt in der halben Bildhöhe. Beides kommt unmerklich zur Wirkung und verankert das Dargestellte auf der Bildfläche. Besonders der senkrechte Schiffsmast auf der Mittelachse beruhigt den Gegenstand und harmoniert perfekt mit der spätabendlichen Ruhe bei Mondaufgang. So wie das Ufer sich sanft senkt, so steigen die Wolkenbildungen entsprechend an. Nach obenhin und

Abb. 4   Caspar David Friedrich, *Blick auf Kap Arkona mit aufgehendem Mond*, um 1806, Pinsel in Braun über Bleistift, 60,9 × 100 cm, Albertina, Wien, Inv.-Nr. 17298

vor allem zur linken oberen Bildecke verliert sich der Mondschein immer mehr und geht schier unmerklich in dunkles Braun über. Die Übergänge sind so subtil gegeben, dass sie im Einzelnen nicht zu greifen sind. Dieses Blatt ist 1809 von Benedikt Piringer in brauner Aquatinta geätzt worden, ihm gelingt es, ein erstaunliches Äquivalent zur Sepiazeichnung in der Druckgrafik zu erzeugen.[37] Friedrichs Sepiatonblatt hat die ungewöhnliche Grösse von 61 × 100 cm, Piringers Aquatinta ist nur um weniges kleiner. Offenbar folgt die Aquatintafassung einer Sepiatonzeichnung dem Verfahren der Dessauer Chalkographie, wo sich Aquatinten nach Heinrich Theodor Wehle finden.[38] Im Gegensatz zu den Blättern der Zingg'schen Schule versuchen sie ein atmosphärisches Sentiment aufzubauen. Bei Zingg bzw. der Zingg-Schule findet sich nur in wenigen Partien weniger Blätter eine minimale Verwendung von Aquatinta zur besonderen Verdunklung bestimmter Schattenbereiche, sonst bleibt es bei Handkolorierung.

Allem Anschein nach hat Friedrich den Markt sorgfältig beobachtet und versucht, dessen Möglichkeiten auszuloten und sein Repertoire zu erweitern. Man wird auch sagen können, gleich wie Zingg die Sächsische Schweiz bedenkt und dem Publikum schmackhaft zu machen sucht, so entdeckt Friedrich für sich und das Publikum Rügen als Motiv. In beiden Fällen hängt dies mit dem entstehenden Tourismus zusammen. Wartet die Sächsische Schweiz mit geologischen Sehenswürdigkeiten auf, so kann dies auch Rügen mit seinen Kreidefelsen. Zugleich verbinden sich mit Rügen mythisch-vorzeitige Geschichten, von denen die Hünengräber und Steinsetzungen zeugen. Andernorts habe ich vermerkt, dass sich die Mythisierung Rügens nach dem Modell der Entdeckung und Mythisierung der Schottischen Hebrideninsel Staffa mit Fingals Höhle aus dem Ossian-Mythos vollzogen hat.[39] Auch in Schottland ist das verknüpft mit dem entstehenden Tourismus, der, wie in der Sächsischen Schweiz oder auf Rügen, gedruckte Reiseberichte zur Voraussetzung hat, die die Mythen tradieren und gleichzeitig die geologischen Sehenswürdigkeiten naturwissenschaftlich in den Blick nehmen.

Friedrichs Rügen-Ansichten in Sepiaton, aber auch die gleich zu besprechenden weiteren Motive in ebendieser Technik werden in der zeitgenössischen Kritik von vornherein ausgesprochen positiv aufgenommen. In mehreren Besprechungen der Dresdener Kunstausstellung, gemeint ist jeweils die Akademieausstellung, des Jahres 1803 findet eine nur im Foto erhaltene Sepia mit den Kreidefelsen von Stubbenkammer erstaunlich positive Erwähnung und wird auch gegenüber mehreren anderen Sepien in der Ausstellung – was sich nur auf Zingg und seine Schule beziehen kann – besonders hervorgehoben.[40] Da die Akademieausstellungen im Frühjahr stattfanden, dürfte Friedrich spätestens im Herbst 1802 mit der Umsetzung der Rügener Skizzenbuchzeichnungen in grosse Sepien begonnen haben. 1804 werden Sepien mit anderen Motiven besprochen, so dass wir im fortgeschrittenen Jahr 1803 mit einer Friedrich'schen Neuorientierung rechnen können, was nicht heisst, dass er Wiederholungen der Rügen-Motive nicht auch weiterhin gefertigt hätte.

1803 datiert man Friedrichs *Jahreszeiten*-Zyklus in Sepiamanier, von dem *Frühling*, *Herbst* und *Winter* vor Kurzem wieder aufgetaucht sind, der *Sommer* bleibt verschollen. Bei der nötigen Restaurierung hat man die Blätter auch in technischer Hinsicht untersucht, mit dem verblüffenden Ergebnis, dass *Frühling* und *Winter* in der Tat primär in Sepia getuscht worden sind, während der *Herbst* so gut wie keine Sepia verwendet, sondern abgestuften braunen Aquarellton. Die Wirkung der Blätter ist jeweils eine andere. Der *Frühling* ist locker getupft, die Trockenränder sind ausgeprägt. Der *Herbst* ist feinste Pinselzeichnung in relativ klar voneinander geschiedenen Brauntönen, in manchen Partien arbeitet Friedrich hier ohne

Bleistiftvorzeichnung direkt mit dem Pinsel. Der *Winter* (Abb. 5) erscheint eher körnig und stumpffarbig, als läge ein leichter Schleier über dem Ganzen. Es ist denkbar, dass Friedrich versucht hat, den Stil der farbigen Fassung der jeweiligen Jahreszeitenerfahrung anzupassen.[41] Friedrich hat den *Jahreszeiten*-Zyklus wiederholt bzw. erweitert. Ob er dies mehrfach getan hat, bleibt umstritten. Besprochen wird der Zyklus erst 1807 von Böttiger im *Journal des Luxus und der Moden*, dem folgt die ausführliche, hoch komplexe und differenzierte Untersuchung des Zyklus in Gotthilf Heinrich von Schuberts Traktat *Ansichten von der Nachtseite der Naturwissenschaften* von 1808.[42] Aufgrund gewisser Abweichungen gegenüber dem Bestand des Zyklus, der 1803 datiert wird, nimmt Börsch-Supan die Existenz eines zweiten *Jahreszeiten*-Zyklus an, der 1806/1807 entstanden sein müsste.[43]

Das Problem ist vorderhand nicht definitiv zu lösen. Ich kann nur folgenden Vorschlag machen. Auf der Rückseite der Frühlingssepia findet sich die Jahreszahl 1803, sie hat den Anlass zur Datierung des Zyklus gegeben. Dass Friedrich sich zu diesem Zeitpunkt mit dem Thema der Jahreszeiten beschäftigt hat, wird auch dadurch nahegelegt, dass Philipp Otto Runge 1801 bis 1803 in Dresden war, seine Bekanntschaft mit Friedrich erneuert hat und dabei war, seinen *Tageszeiten*-Zyklus zu vollenden. Friedrichs *Jahreszeiten*-Zyklus kann zu Recht als eine Auseinandersetzung mit und als eine Antwort auf Runges Zyklus verstanden werden. Doch ist damit noch nichts über die Datierung der anderen Blätter gesagt. Da es, wie gesagt, keine Besprechung des *Jahreszeiten*-Zyklus vor 1807 gibt, hat Friedrich den Zyklus auch nicht vorher ausgestellt. Die Fertigstellung könnte sich also über einen längeren Zeitraum hingezogen haben, was die technischen und stilistischen Unterschiede miterklären könnte. Ich gehe also eher davon aus, dass es keinen zweiten Zyklus um 1806/1807 gegeben hat. Zumindest für eine spätere Datierung des *Winter*-Blattes, womöglich erst auf das Jahr 1806, könnte nun die folgende Beobachtung sprechen. Im Gegensatz zu den ersten drei Blättern des Zyklus – vom *Sommer* haben wir immerhin eine Fotografie – ist beim *Winter* (siehe Abb. 5) ein Bildordnungsverfahren verwendet worden, das zuvor nicht vorkommt und danach in verwandter Form regelmässig. Wie wir sehen werden, wendet Friedrich bereits in seinen bildmässigen Sepien von 1804/1805 die Mittelachsbetonung an, um damit Bedeutung zu generieren. Hier nun beim *Winter* kommt eine Methode hinzu, die der Künstler im Folgenden am häufigsten benutzen wird und die subkutan zur Wirkung kommen soll, der seit dem 16. Jahrhundert als «gött-

Abb. 5 Caspar David Friedrich, *Winter. Nacht. Alter und Tod*, 1805/06, Pinsel in Braun über Bleistift, 19,3 × 27,6 cm, Kupferstichkabinett, Staatliche Museen zu Berlin, Inv.-Nr. 135-2006

liche Proportion» bezeichnete Goldene Schnitt. Meine These ist, dass er dieses Verfahren zuerst bei den sogenannten Fenstersepien, die 1805/1806 datiert werden, verwendet hat und dort ganz eindeutig in kunsttheoretisch progammatischer Absicht.[44] Wir werden uns gleich damit beschäftigen. Im *Winter* ist, durchaus im Gegensatz etwa zu den frühen Rügen-Sepien, aber im Einklang mit späteren Rügen-Gemälden, besonders von Kap Arkona, die Horizontlinie auf die untere Waagerechte des Goldenen Schnittes gelegt worden. Die beiden Senkrechten des Goldenen Schnittes markieren, verkürzt gesagt, im *Winter* den rechten Rand der Klosterruine und die rechte Fensterlaibung des hohen Lanzettfensters der Ruine, an die der Mond als schwache Lichtquelle stösst und so diese Linie besonders betont. Dass dies keine fixe Idee ist, machen zwei Beobachtungen deutlich. Erstens: Nur zum *Winter* existiert eine exakt gleich grosse Vorlagezeichnung, die zur Übertragung gedient hat, sie weist Durchdruckspuren auf und schon bei ihr finden sich logischerweise die proportionalen Teilungen.[45] Zweitens: 1807 beginnt Friedrich in Öl zu malen und eines seiner ersten Bilder stellt eine Variante auf den *Sommer* des Sepiazyklus dar. Man könnte sagen, dass die Dinge in der gemalten Variante zurechtgerückt worden sind.[46] Und das allentscheidende Ordnungsprinzip des Ölbildes (Abb. 6) stellt nun die mitten durch die beiden ineinandergreifenden Bäume – eine Birke und eine Pappel, die in eine Spitze münden – verlaufende rechte Senkrechte des Goldenen Schnittes dar. Auf dieser Achse zwischen den beiden eng beieinanderstehenden Baumstämmen finden sich zwei schnäbelnde Tauben als Zeichen des Liebesglücks für das Paar in der Laube. Da die beiden ineinandergewachsenen Bäume als einzige hoch aufragen und, wenn man so will, das Hauptmotiv

Abb. 6   Caspar David Friedrich, *Der Sommer*, 1807, Öl auf Leinwand, 71,4 × 103,6 cm, Neue Pinakothek, München, Inv.-Nr. 9702

des Bildes bilden, steht hier der Goldene Schnitt für gänzliche Harmonie, die für einen kurzen Moment des Glücks im Sommer auf dem Lebensweg gegeben ist: Für einen Moment scheint die Zeit im Glück stillzustehen. Diese abstrakt anschaulich werdende Ordnung, die unmerklich unsere Reaktion steuert, da wir sie als angenehm empfinden, gewährleistet für Friedrich im Folgenden als das hoch aufgeladene Steuerungssystem jeweils den tieferen Sinngehalt seiner Darstellungen, ja wird selbst zum Bedeutungsträger. Im Falle des *Winters* vermag die Verwendung des Goldenen Schnitts etwas sehr anderes zum Ausdruck zu bringen als im *Sommer*-Gemälde. Das Leben geht zu Ende, alles ist zerfallen und doch in eine ewige Ordnung eingebunden, wie sie sich in Friedrichs protestantisch-lutherischer Grundüberzeugung ausprägt: Nur durch den Tod kommt der Mensch zum ewigen Leben, und eben darauf vermag die abstrakte «göttliche Proportion» zu verweisen.

Um 1804/1805 werden zwei kleine, offenbar als Pendants gedachte Sepiatonblätter datiert, von denen eine Wiederholung existiert. Für das eine Paar haben sich die Bezeichnungen *Nebelmorgen* und *Gebirge im Nebel*

(Abb. 7), für das andere die Bezeichnungen *Landschaft bei Sonnenaufgang* und *Gebirgslandschaft mit Kreuz* (Abb. 8) eingebürgert.[47] Das eine Paar stammt aus der Sammlung Koenig-Fachsenfeld, das andere aus Goethes Besitz. Die Forschung ist sich bis heute nicht einig, welchem Paar die Priorität gehört, auch, ob die Wiederholung eigenhändig ist – aber welche wäre es dann –, und zur Bedeutsamkeit der Blätter bemerkt sie, salopp gesagt, alles Mögliche. Das Format der Blätter ist klein, jeweils etwa 12 × 18 cm, das entspricht den Massen der kleinen Zingg'schen Blätter. Dreierlei spricht aus meiner Sicht dafür, dass es sich bei dem Goethe'schen Paar um eine Wiederholung handelt, und meines Erachtens erscheint es auch angebracht, die Eigenhändigkeit in Frage zu stellen. Wir sollten erstens die Bemerkung von Schuchardt, dem Betreuer von Goethes Sammlung, in deren Bestandskatalog von 1848 ernst nehmen. Er schreibt zum ersten Blatt: «Hügelige Landschaft bei Sonnenaufgang [...] nach Friedrich», hält die Blätter eher für nicht eigenhändige Kopien.[48] Auch Sumowski, der ein gutes Auge hat, spricht zweitens 1970 von Kopien, nachdem Weimar die Blätter 1969 als zweifellos eigenhändig deklariert hatte.[49] Drittens und wohl am wichtigsten: Kurt Waller, in seiner Skizze *Der Landschaftsmaler Friedrich*, erschienen in der *Wiener Zeitschrift für Kunst, Literatur, Theater und Mode* von 1818, berichtet eine Anekdote, die mit gutem Grund auf die Goethe'schen Pendants bezogen worden ist. Nun ist Waller nicht sehr zuverlässig, er schmückt gern aus. Allerdings sollte man bemerken, dass fast alle Anekdoten einen wahren Kern besitzen, nur darf man sie nicht wörtlich nehmen. So heisst es bei Waller: «Einer Dame hatte Friedrich etwas in's Stammbuch gemahlt, das hatte Goethe so gefallen, dass er ihr's wegnahm und an Friedrich schrieb, er möchte es für die Dame noch ein Mahl mahlen. I nun, meinte Friedrich, da er mir's erzählte, dem Goethe kann man's schon zum Gefallen thun.»[50] Der wahre Kern könnte in der Tat darin bestehen, dass Goethe das Paar aus der Sammlung Koenig-Fachsenfeld gesehen hatte und von Friedrich eine Wiederholung wünschte. Der Hinweis auf das Stammbuch mag sich auf die geringe Grösse der Blätter beziehen. Es sei daran erinnert, dass Goethe die von Friedrich auf die 7. Weimarische Kunstausstellung von 1805 geschickten Sepiaton-Pendants *Wallfahrt bei Sonnenaufgang* und *Sommerlandschaft mit abgestorbener Eiche*, obwohl sie nichts mit dem gestellten Jahresthema zu tun hatten, mit einem halben Preis bedacht hat.[51] Offensichtlich gefielen Goethe die Friedrich'schen Sepien.

Betrachtet man die Paare im Einzelnen, so können vorsichtig weitere Gründe für die Priorität der Koenig-Fachsenfeld-Pendants, die in der

Abb. 7   Caspar David Friedrich, *Gebirge im Nebel*, 1804/1805, Pinsel in Braun über Bleistift, 12 × 18 cm, Staatsgalerie Stuttgart, Graphische Sammlung, Sammlung Schloss Fachsenfeld, Inv.-Nr. I 739

Staatsgalerie Stuttgart aufbewahrt werden, beigebracht werden. Nur zwei Beobachtungen am *Gebirge im Nebel* (siehe Abb. 7) im Vergleich mit der Goethe'schen *Gebirgslandschaft mit Kreuz* (siehe Abb. 8): Zum einen achtete Friedrich von seinen frühesten Landschaftsstudien an sorgfältigst auf die Licht-Schatten-Führung, auch bei den kleinsten Dingen und Studien. Bei den beiden Landschaften mit Kreuz kommt das Licht von links und obwohl die Fachsenfelder Blätter die lockerer ausgeführten sind, ist etwa bei den Tannen im unteren rechten Teil des jeweiligen Baumes die Abdunklung sehr viel konsequenter, sie bezeichnen in der Tat den dunkelsten Teil. Beim Goethe'schen Exemplar fehlt dies vollkommen, ja, die Lichtführung ist durchaus widersprüchlich. Zum anderen: Friedrich beginnt zu diesem Zeitpunkt, wir werden es gleich noch deutlicher sehen, die Bildordnung geradezu mathematisch genau werden zu lassen. Das Kreuz im Vordergrund ist in beiden Fällen leicht aus der Bildmitte nach links verrückt, seine leichte Neigung nach rechts verweist jedoch auf den Gipfel des aus dem Nebel auftauchenden Bergmassivs. Misst man hier nun genau nach, so weist das Kreuz in der Fachsenfeld-Fassung exakt auf den allerhöchsten Gipfel, und dieser ist wiederum auf den Millimeter genau auf die Mitte der Bildbreite gelegt. Der Bezug ist absolut und dürfte auch tiefere Bedeutung haben, wieder nach Friedrichs Maxime, nur durch den Tod zum ewigen Leben. Das Kreuz steht für den Tod, der höchste Gipfel, der aus den Nebelschleiern auftaucht, für die erhoffte Erlösung in visionärer Form. Bei der Goethe'schen Fassung weist der Kreuzesstamm knapp am höchsten Gipfel vorbei, und dieser selbst liegt nicht exakt in der Bildmitte. In meinen Augen handelt es sich bei diesen Abweichungen um die typischen Fehler einer Kopie oder

Abb. 8   Caspar David Friedrich, *Gebirgslandschaft mit Kreuz*, 1804/1805, Pinsel in Braun, 12 × 18 cm, Klassik Stiftung Weimar, Graphische Sammlungen, Inv.-Nr. Schuchardt I, S. 264, Bd. 0317

gar eines Kopisten. Entsprechendes wäre auch beim *Nebelmorgen* und für die *Landschaft bei Sonnenaufgang* zu konstatieren. Bei beiden markiert der Kirchturm die halbe Bildbreite und damit den Bezugspunkt von Wanderer und Betrachter. Es ergibt bei den Lichtverhältnissen wenig Sinn, den Vordergrund durchgehend in den Schatten zu legen wie beim Goethe'schen Exemplar.

Ein kleiner Hinweis noch zu einem Motiv, das, wenn ich recht sehe, hier zum ersten Mal auftaucht und das beim späteren Friedrich durchgehend bedeutungsstiftend eingesetzt wird: Zwischen Vorder- und Hintergrund schiebt sich bei beiden Paaren jeweils eine die ganze Bildbreite durchziehende Nebelwand als Trennung. Das gibt Vorder- und Hintergrund eine unterschiedliche Wertigkeit, die mit Diesseits und Jenseits doch ein wenig zu absolut bezeichnet sein dürfte. Vielleicht reicht es, von einem Wirklichkeitsbereich im Vordergrund und einem Projektionsraum im Hintergrund zu sprechen. Das würde eher darauf hinweisen, dass es am Betrachter ist, für sich, bei seiner Bilderfahrung, das Verhältnis von vorne und hinten mit Sinn zu besetzen. Die Herkunft der Idee jedoch, ein gewaltiges Bergmassiv über einer Nebelbank schweben zu lassen, ihm damit Erscheinungscharakter zu geben, es zu entmaterialisieren, scheint sich benennen zu lassen, zumal Friedrich dieses Motiv in seinem grandiosen Rudolstädter Gemälde aus der Zeit um 1808 *Morgennebel im Gebirge* zum alleinigen Thema gemacht hat.[52] Es ist als verblüffendes und irritierendes, optisch und meteorologisch jedoch erklärbares Motiv im Detail in Valenciennes *Elémens* von 1799 beschrieben.[53] Friedrichs Lektüre in der deutschen Ausgabe von 1803 mag bei ihm zu dieser beinahe unmittelbaren Wirkung geführt haben. Es ist einmal mehr so, dass Friedrich etwas nüchtern Beobachtetes, der Wirklichkeitserfahrung Entstammendes, in seinem Sinne instrumentalisiert und für eine neuartige Sinnbesetzung öffnet.

Der nächste Schritt in Friedrichs Entwicklung ist mit den berühmten sogenannten Fenstersepien von 1805/1806 (Abb. 9 und 10) getan.[54] Erneut handelt es sich um Pendants. Auch über sie ist viel geschrieben und spekuliert worden, was hier nicht im Detail wiederholt werden kann. Dass allerdings bei ihnen die Anwendung des Goldenen Schnitts die entscheidende Rolle spielt, dürfte nicht zu bestreiten sein. Die Sepiablätter wurden auf der Dresdener Akademieausstellung von 1806 gezeigt, lobend besprochen,[55] jedoch nicht verkauft. Sie verblieben in Friedrichs Besitz. Es handelt sich um Blicke aus Friedrichs beiden Atelierfenstern in seiner Wohnung «An der Elbe 27», wie neuere Forschung präzisiert hat.[56] Durch das schräg gesehene linke Atelierfenster schaut man auf die Augustusbrücke im Zentrum Dresdens, durch das fast frontal gesehene rechte Fenster über die Elbe hinweg auf das Ende der sogenannten Bär-Festung mit einer Reihe von Pappeln. Die Verspannung beider Ausblicke in das Gerüst der beiden waagerechten und der beiden senkrechten Linien des Goldenen Schnittes, im Falle der rechten Frontalansicht auch der senkrechten und waagerechten Mittelachsen, sei hier nur ansatzweise vorgeführt, andernorts habe ich das ausführlicher getan.[57]

Die linke Schrägsicht legt die linke Senkrechte des Goldenen Schnittes exakt in die Kehle der Fensterlaibung, die rechte Senkrechte scheint unspezifisch, sie geht jedoch mitten durch den Brief auf der Fensterbank, der mit «Herr C. D. Friedrich» adressiert ist und so etwas wie einen versteckten Besitzervermerk oder auch eine versteckte Signatur darstellt. Die untere Waagerechte des göttlichen Teilungssystems jedoch führt durch den Nagel des an der Wand hängenden Schlüssels. Dass dies kein Zufall ist, macht auf der Darstellung des rechten Fensters die Tatsache deutlich, dass hier gänzlich entsprechend die untere Waagerechte durch den Nagel der Aufhängung der an der Wand platzierten Schere geht. Schlüssel und Schere der jeweiligen Darstellung sind so aufeinander bezogen. Beim rechten Fenster wird der an der Wand hängende Spiegel, in dem angeschnitten das Gesicht Friedrichs erscheint, oben und unten am Spiegelrahmen zum einen von der oberen Waagerechten des Goldenen Schnittes und unten von der waagerechten Mittelachse gefasst. Allein erwähnt sei noch, dass ähnlich wie bei dem linken Fenster die rechte Senkrechte des Goldenen Schnittes erst unspezifisch zu verlaufen scheint, bis man realisiert, dass sie genau den vor

Abb. 9 Caspar David Friedrich, *Blick aus dem Atelierfenster (linkes Fenster)*, 1805/1806, Pinsel in Braun, Feder in Braun, Bleistiftspuren, 31,2 × 23,7 cm, Belvedere, Wien, Inv.-Nr. 1850

Abb. 10 Caspar David Friedrich, *Blick aus dem Atelierfenster (rechtes Fenster)*, 1805/1806, Pinsel in Braun, Feder in Braun, Bleistiftspuren, 31,4 × 23,5 cm, Belvedere, Wien, Inv.-Nr. 1849

Friedrichs Fenster sichtbaren Schiffsmast markiert. Mögen die meisten der angeführten Linien die Bilder primär ästhetisch verankern und damit ihre Eindrücklichkeit steigern, so ist die besondere Hervorhebung von Schlüssel und Schere, wie viele Friedrichforscher durchaus gespürt haben, zweifellos von besonderer Sinnfälligkeit. Doch nur, wofür mögen sie einstehen? Was ist nicht alles vermutet worden. Die Schere verweise auf die Parze Atropos und das Abschneiden des Lebensfadens, dem folgend wird der Fluss zum Styx und die andere Seite zum Jenseits. Der Schlüssel veranschauliche zusammen mit der links gespiegelten Tür den Beginn des Lebens, während die rechte Darstellung auf das Ende hindeute. Es konnte natürlich auch nicht ausbleiben, dass die Schere ganz generell auf das romantische Fragment eines Novalis, Schlegel oder Brentano bezogen wurde.[58]

Ich denke, dass hier Kerstings Bild von Friedrichs Atelier aus dem Jahr 1812 (Abb. 11) in der Berliner Nationalgalerie weiterhelfen kann.[59] Mit Friedrich eng vertraut, ist der um zehn Jahre jüngere Kersting offenbar von ihm über dessen Kunstprinzipien ins Bild gesetzt worden. Kersting hat

Abb. 11   Georg Friedrich Kersting, *Caspar David Friedrich in seinem Atelier*, 1812, Öl auf Leinwand, 51 × 40 cm, Alte Nationalgalerie, Staatliche Museen zu Berlin, Inv.-Nr. A I 931

sie in mehreren programmatischen Bildern von Friedrichs Atelier zur Anschauung gebracht. Im Juli 1810 unternahm Kersting mit seinem Mentor eine Riesengebirgswanderung, in Dresden standen der *Mönch am Meer* und die *Abtei im Eichwald* auf der Staffelei und warteten auf ihre endgültige Vollendung. Man möchte annehmen, dass Friedrich auf der Wanderung Kersting mit seinen Kunstprinzipien vertraut gemacht hat. Jedenfalls ist auch bei Kerstings Bild von Friedrichs Atelier aus dem Jahr 1812 der Goldene Schnitt so eingesetzt worden, dass diese Prinzipien subkutan lesbar werden. Die obere Waagerechte des Goldenen Schnittes verwendet Kersting so wie die untere Waagerechte auf Friedrichs Fensterbildern. Bei Kersting geht sie – offenbar in direkter Referenz auf die Fenstersepien – exakt durch die Aufhängungsnägel eines an der Wand hängenden Winkelmasses und einer Holzschiene. Die untere Waagerechte dagegen verläuft bei Kersting auf den Fensterbänken der beiden Atelierfenster und schneidet links den Punkt, an dem Friedrichs Hand den Pinsel hält und rechts ein auf der Fensterbank liegendes schmales Buch. Die linke Senkrechte dagegen – und das beweist die Sinnfälligkeit der unteren Waagerechten – kreuzt sich mit dieser in dem Punkt, an dem Friedrichs Rechte den Pinsel hält, und zwar auf den Millimeter genau. Friedrich, im Stehen auf die Lehne seines Malstuhls gestützt, blickt sinnend auf eine grosse Leinwand auf der Staffelei, von der wir nur die Rückseite sehen. Das heisst, der Maler ist nicht beim Malen selbst gezeigt, wie auf Kerstings anderen Bildern von Friedrichs Atelier, sondern in Gedanken versunken. Der Ausblick aus dem Fenster, auf die Natur, ist mit Fensterklappen verstellt, die nur im oberen Teil das von den Malern gewünschte Nordlicht einlassen.

So wird man mit Hilfe der verweisenden Linien des Goldenen Schnitts das Bild wie folgt lesen können: Um den Gedanken des Bildes fassen zu können, ist der unmittelbare Naturblick ausgeschlossen, der Maler blickt nach innen, wie Friedrich das auch direkt formuliert hat, aber um diese Innenvision Bild werden lassen zu können, braucht es zweierlei. Zum einen den Ausgang vom Naturstudium. Das ist durchaus verbildlicht, denn bei dem Buch auf der Fensterbank dürfte es sich um eines von Friedrichs Skizzenbüchern handeln. Durch den Goldenen Schnitt ist es direkt auf Friedrichs Hand mit dem Pinsel bezogen. Der Faden der Natur darf, was ihre Formen angeht, nicht abreissen. Um aber zu einer Bildordnung zu kommen, die das im Inneren gesehene Bild und die Naturvorbilder zu einem sinnvollen Ganzen zusammenschliessen, bedarf es einer abstrakten und dennoch spürbaren Ordnung, und zwar einer geometrischen Ordnung. Dafür stehen Winkel und Schiene, sie können die vorgängige Bildordnung konstruieren.

Zurück zu den Fenstersepien. Der Schlüssel mag für das Ausschliessen des Aussen stehen, damit die Konzentration auf die Innenvision erfolgen kann, wenn es ans Malen geht. Und die Schere, könnte sie nicht ein versteckter Hinweis auf den Goldenen Schnitt, auf die abstrakte, göttliche Ordnung sein? Beide Gegenstände werden kaum realiter an dieser Stelle gehangen haben, ihrer Anbringung haftet etwas Ostentatives an. Friedrichs höchst kritischer gespiegelter Blick dürfte wie die beiden Blicke aus dem Fenster des Ateliers selbst das komplexe Verhältnis von Innen und Aussen reflektieren, das Friedrich permanent umgetrieben hat.

Wir kommen zu einem letzten Schritt unserer Untersuchung der frühen Friedrich'schen Blätter in Sepiaton. Das 64×92 cm grosse Blatt *Das Kreuz im Gebirge* (Abb. 12) von 1806/1807 im Berliner Kupferstichkabinett ist zu Recht immer wieder als unmittelbare Vorstufe zum *Tetschener Altar* (Abb. 13) betrachtet worden.[60] Dennoch hat die Forschung auch mit diesem

Blatt Probleme. Börsch-Supan hält es für unvollendet. Aufgrund versehentlich im Himmel erfolgter Farbspritzer habe Friedrich das Blatt aufgegeben. Er nimmt die ehemalige Existenz eines zweiten wiederholten Blattes an, das dann 1807 von Böttiger in Friedrichs Atelier gesehen und 1808/1809 in Weimar ausgestellt worden sei.[61] Für ein zweites Blatt gibt es sonst keine Hinweise. Im Werkverzeichnis von Christina Grummt ist nicht von einem unvollendeten Zustand des Blattes die Rede. Dafür wird das wohl gleichzeitige und fast gleich grosse Blatt *Hünengrab am Meer* von ihr als unvollendet gesehen, wovon nun wiederum Börsch-Supan nichts wissen will.[62] Das zweite Blatt wurde 1809 vom Grossherzog von Weimar erworben und in der Sammlung der Herzogin Luise aufbewahrt, was nicht unbedingt für einen unvollendeten Zustand spricht. Richtig ist, dass in beiden Fällen der unmittelbare Vordergrund in nur schwachem Sepiaton erscheint, so dass die die Form angebenden Bleistiftspuren deutlich zu sehen sind. Das eine Mal handelt es sich um den schroffen Fels, auf dem das Kreuz steht, das andere Mal um die in der Erde verankerten Steine des Hünengrabes. Beides ist in der Tat ein wenig irritierend. In beiden Fällen jedoch hat es den gleichen Effekt: Man schaut über den Vordergrund hinweg und konzentriert sich das eine Mal auf die Fichten, das Kreuz und den es überwölbenden Himmel, das andere Mal auf die Eichen. Wobei man zu letzterem Blatt sagen muss, dass es stark dem Licht ausgesetzt war und entsprechend verblasst ist, so dass die Wiesen im Mittelgrund und die schaumbekrönten Wellen des Meeres dahinter kaum noch deutlich zu erkennen sind. Es sei dem, wie

Abb. 12   Caspar David Friedrich, *Das Kreuz im Gebirge*, 1806/1807, Pinsel in Braun über Bleistift, 64 × 92,1 cm, Kupferstichkabinett, Staatliche Museen zu Berlin, Inv.-Nr. SZ 21

Abb. 13 Caspar David Friedrich, *Tetschener Altar* (auch: *Das Kreuz im Gebirge*), 1808, Öl auf Leinwand, 115,0 × 110,5 cm, Gemäldegalerie Neue Meister, Staatliche Kunstsammlungen Dresden, Inv.-Nr. 2197 D

dem sei, Friedrich geht mit dem Vordergrund auch andernorts nicht auf klassische Weise um. Beim *Tetschener Altar* ist er, gegen alle malerischen Regeln, gänzlich in den Schatten gelegt, so dass das Auge kaum in der Lage ist, Einzelnes zu identifizieren und über diese dunkle Masse hinweggeht und sich auf Kreuz und Himmel konzentriert. So spricht dann doch manches dafür, dass sowohl das eine wie das andere Phänomen Absicht ist und Friedrich jeweils dessen Wirkung testet.

Uns soll hier nur Eines interessieren. Bei der Sepia *Kreuz im Gebirge* mit ihrem entschieden reduzierten Vokabular liegt der Kreuzesstamm auf der rechten Senkrechten des Goldenen Schnittes. Wie beim nachfolgenden *Tetschener Altar* ist der Korpus des metallenen Kruzifixus von uns abgewandt und empfängt letzte Strahlen der nicht mehr sichtbaren Sonne, so dass das Metall aufglänzt. Der die Szene überwölbende bestrahlte Wolkenrand folgt in der Mitte ein Stück weit der oberen Waagerechten des Goldenen Schnittes. Exakt in der Mitte ist dieses Wolkenband ein klein wenig aufgerissen. Allein der Kreuzesstamm ragt im oberen Teil geringfügig in den hellen Wolkenstreifen, während die höchste Tanne links gerade noch an den Streifen stösst. Auch dies ist ein Ordnungsverfahren, das Friedrich mehrfach verwendet, so beim berühmten *Mondaufgang am Meer* von 1822 in Berlin.[63] Die Köpfe der beiden Frauen und das nahe grosse Segelschiff mit dem hohen Doppelsegel ragen in die helle Sphäre, während der ältere Mann und das hintere Schiff mit seinem höchsten Segel deren Rand gerade noch berühren. Damit ordnet Friedrich Dinge einander zu und stiftet für den, der die Zuordnung realisiert, Bedeutung. Im Falle des *Kreuzes im Gebirge* dürften die immergrünen Fichten der Hoffnung auf Erlösung Ausdruck geben, während der Kruzifixus aufgrund seines Hineinragens in eine andere Sphäre durch das Wissen um den Opfertod Christi als Verkörperung von vollzogener Erlösung gelesen werden kann. Zugegeben: Ein wenig ist dies ein Rückschluss aus der Analyse des *Tetschener Altares*. Denn dieser, wie ich anderorts ausführlich untersucht habe, betont alle vier Linien des Goldenen Schnittes, und sie sind jeweils bedeutungsstiftend.[64]

Die rechte Senkrechte verläuft erneut auf dem Kreuzesbalken, die untere Waagerechte markiert exakt den Kreuzesfuss. Das Kreuz gründet auf dem Felsen: «petra erat Christus», Christus als der Fels des Glaubens. Die linke Senkrechte dagegen führt ins Zentrum der untergehenden Sonne, wie die fünf breiten Strahlenbahnen deutlich machen können, die sich exakt auf der Basis des Altarbildes treffen. Friedrich hat das in seinem eigenen Kommentar vermerkt: Die Sonne verkörpere Gott und sei dabei, die Welt zu verlassen, womit uns nur eine schwache Erlösungshoffnung verbleibe.[65] Die obere Waagerechte geht zwar recht unspezifisch durch den Korpus Christi, doch markiert sie im Rahmen die Grenze, an der aus der Kämpferplatte des Kapitells die Palmwedel herauswachsen. Friedrich kannte dieses Motiv aus der Leipziger Nikolaikirche, in Ansätzen findet es sich auch in der Hallenser Marktkirche. Die Palmwedel, die sich einander zuneigen und einen Spitzbogen bilden, sind ein Versöhnungszeichen, wie überhaupt im Rahmen die Zeichen der verfassten Religion sich finden. Das Innenbild ist eine Landschaft mit einem Kreuz im Gebirge, wie es vor allem in Böhmen vielfach zu sehen war, doch die Inszenierung durch eine abstrakte göttliche Ordnung verwandelt das Naturbild und bindet es an die konventionellen Glaubenszeichen im Rahmen. Das ist eine gänzlich neue religiöse Bildsprache, und man kann das Entsetzen des Kammerherrn von Ramdohr verstehen, der die «Landschaftsmalerei sich in die Kirchen schleichen und auf Altäre kriechen» sah.[66] Ein wenig ostentativ mag der *Tetschener Altar* sein, geradezu bemüht, doch scheint Friedrich an einem Ziel angelangt zu sein, die verwendeten Verfahren wird er im Folgenden verfeinern, eine Interpretation durch den Rahmen nicht mehr nötig haben. Die geometrischen Prinzipien als Ausdruck göttlicher Absolutheit wird er beträchtlich vermehren. Parabel und vor allem Hyperbel werden dabei neben dem Goldenen Schnitt die entscheidende Rolle spielen.[67] Doch den Weg zu einer abstrakten Fassung konkreter Gegenstände, als ästhetisches Mittel, einen göttlichen Vorschein zu erzeugen, hat ihm die Beschäftigung mit den Sepiatonzeichnungen gewiesen. Schrittweise ist er von der Vedute über die Erkundung der ausdruckshaltigen Erscheinung der Gegenstände zu ihrer abstrakten Überhöhung gekommen als der einzigen für einen überzeugten Protestanten denkbaren Form, vom Göttlichen zu sprechen, ohne es zu zeigen.

1 Helmut Börsch-Supan/Karl Wilhelm Jähnig, *Caspar David Friedrich. Gemälde, Druckgraphik und bildmässige Zeichnungen* (Studien zur Kunst des 19. Jahrhunderts, Sonderbd., 4/Jahresgabe des Deutschen Vereins für Kunstwissenschaft, 1974/1975), München: Prestel, 1973, S. 62 (1803, 1804), 63 (1805), 64 (1805, 1806), 66 (1806), 67 (1807) etc.
2 Christina Grummt, *Caspar David Friedrich. Die Zeichnungen. Das gesamte Werk*, 2 Bde., München: Beck, 2011, Bd. 1, S. 27.
3 Ebd., etwa Kat.-Nr. 363, S. 363, oder Kat.-Nr. 370–372, S. 370–371.
4 Zu dieser Charakterisierung siehe die sorgfältigen Untersuchungen von Eva Glück und Irene Brückle in: *An der Wiege der Romantik. Caspar David Friedrichs «Jahreszeiten» von 1803* (Patrimonia, 317), Ausst.-Kat. Kupferstichkabinett – Staatliche Museen zu Berlin, Kulturforum Potsdamer Platz, 23.11.2006–11.3.2007, S. 39–46 und Kat.-Nr. 1–3.
5 Ebd., S. 40–41 und Kat.-Nr. 27.
6 Boguslaw Radis, *Kunstgeschichtliche und naturwissenschaftliche Untersuchungen zur Sepia. Restaurierung und Konservierung zweier Sepia-Zeichnungen von Jakob Crescentius Seydelmann*, Diplomarbeit, Fachhochschule Köln 2000.
7 Zu Reiffenstein bereitet Christoph Frank, Mendrisio, eine grössere Untersuchung vor, er hat mich 2012 dankenswerterweise mit unpubliziertem Quellenmaterial zu Reiffenstein respektive Seydelmann versorgt. Seither ist erschienen: Christoph Frank, «Auf dem Weg vom ersten zum vierten Rom. Johann Friedrich Reiffensteins antiquarische Agententätigkeit im Palazzo Zuccari (1767–1793)» und «Das Nachlassinventar Johann Friedrich von Reiffensteins vom 18. Oktober 1793», in: Elisabeth Kieven (Hrsg.), *100 Jahre Bibliotheca Hertziana, Max-Planck-Institut für Kunstgeschichte. Der Palazzo Zuccari und die Institutsgebäude 1590–2013*, München: Hirmer, 2013, S. 182–201 und S. 396–425, sowie ders., «‹Ihre Ratschläge und ihre Augen, die klarsichtiger sind als meine, fehlen mir› – Karoline Luise von Baden und Johann Friedrich Reiffenstein», in: *Die Meister-Sammlerin Karoline Luise von Baden*, hrsg. von Holger Jacob-Friesen und Pia Müller-Tamm, Publ. aus Anlass der Grossen Landesausstellung Baden-Württemberg, Staatliche Kunsthalle Karlsruhe, 30.5.–6.9.2015, und der Ausstellung *En Voyage. Die Europareisen der Karoline Luise von Baden*, Generallandesarchiv Karlsruhe, 17.6.–16.10.2015, Berlin: Deutscher Kunstverlag, 2015, S. 412–421. Die Gothaer Quellen zitiert in: Werner Busch, «Clair-obscur und Sepia. Eine kursorische Geschichte von Leonardo über Adrian Zingg zu Caspar David Friedrich», in: *Adrian Zingg. Wegbereiter der Romantik*, hrsg. von Petra Kuhlmann-Hodick, Claudia Schnitzer und Bernhard von Waldkirch, Ausst.-Kat. Kupferstich-Kabinett, Staatliche Kunstsammlungen Dresden, 17.2.–6.5.2012; Kunsthaus Zürich, 25.5.–12.8.2012, Dresden: Sandstein Verlag, 2012, S. 82–93, Anm. 26.
8 Ausführlich zu diesen Aspekten: Busch 2012 (wie Anm. 7). Zu den Wiener Sepien Zinggs: Maren Gröning/Marie Luise Sternath, *Die deutschen und die Schweizer Zeichnungen des späten 18. Jahrhunderts* (Beschreibender Katalog der Handzeichnungen in der Graphischen Sammlung Albertina, 9), Wien/Köln/Weimar: Böhlau, 1997, Kat.-Nr. 966–1030.
9 Zu Friedrich, Reimer und Schleiermacher ausführlich: Werner Busch, *Caspar David Friedrich. Ästhetik und Religion*, München: Beck, 2003, S. 74–76, 133, 159–185.
10 Grummt 2011 (wie Anm. 2), Kat.-Nr. 172, S. 189 (nach Dietrich); Kat.-Nr. 195, S. 204 (nach Zingg); Kat.-Nr. 196–197, S. 204–205 (nach Veith).
11 Dresden/Zürich 2012 (wie Anm. 7), Kat.-Nr. 117, S. 230–232.
12 Technische Untersuchung zu diesem Phänomen: *Caspar David Friedrich. Winterlandschaften*, hrsg. von Kurt Wettengl, Ausst.-Kat. Museum für Kunst und Kulturgeschichte der Stadt Dortmund, 16.6.–29.7.1990, S. 75–81.
13 Carl Gustav Carus, *Lebenserinnerungen und Denkwürdigkeiten*, 4 Theile, Leipzig: Brockhaus, 1865–1866, 1. Theil, S. 207.
14 Zu Friedrichs Annotationen auf Zeichnungen siehe Werner Busch, «Notations on

Friedrich's Drawings», in: *Caspar David Friedrich. The Art of Drawing*, Ausst.-Kat. Fundación Juan March, Madrid, 16.10.2009–10.1.2010, Madrid: Editorial de Arte y Ciencia, 2009, S. 21–29.

15 Carus 1865–1866 (wie Anm. 13), S. 208–209.
16 Wie Anm. 12.
17 Grummt 2011 (wie Anm. 2), Kat.-Nr. 232, S. 236–238.
18 Die Vorzeichnung ebd., Kat.-Nr. 227, S. 230–232; zum Unvollendeten der Sepia: Börsch-Supan/Jähnig 1973 (wie Anm. 1), S. 264–265.
19 Grummt 2011 (wie Anm. 2), Kat.-Nr. 313, S. 317; Börsch-Supan/Jähnig 1973 (wie Anm. 1), Kat.-Nr. 78, S. 266.
20 Börsch-Supan/Jähnig 1973 (wie Anm. 1), S. 264–265.
21 Hans Dickel, *Caspar David Friedrich in seiner Zeit. Zeichnungen der Romantik und des Biedermeier* (Die Zeichnungen und Aquarelle des 19. Jahrhunderts der Kunsthalle Mannheim, 3), Weinheim: VCH Acta humaniora, 1981, Kat.-Nr. 12, S. 70.
22 Grummt 2011 (wie Anm. 2), S. 230.
23 Karl Heinrich Nicolai, *Wegweiser durch die Sächsische Schweiz. Nebst einer Reisekarte*, Pirna: Pinther, 1801, S. 26.
24 Grummt 2011 (wie Anm. 2), Kat.-Nr. 292–310, S. 289 zur Rekonstruktion.
25 Ebd., Kat.-Nr. 304, S. 304–306, S. 306 zu den folgenden Sepien, vor allem Kat.-Nr. 373–376, 420; Börsch-Supan/Jähnig 1973 (wie Anm. 1), Kat.-Nr. 94–98, 128.
26 Grummt 2011 (wie Anm. 2), Kat.-Nr. 302–303.
27 Siehe Börsch-Supan/Jähnig 1973 (wie Anm. 1), S. 63–64.
28 Grummt 2011 (wie Anm. 2), Kat.-Nr. 307; zuerst beobachtet von Mayumi Ohara, *Demut, Individualität, Gefühl. Betrachtungen über Caspar David Friedrichs kunsttheoretische Schriften und ihre Entstehungsumstände*, Diss. FU Berlin, 1983, S. 227.
29 Siehe dazu Busch 2003 (wie Anm. 9), S. 49–55.
30 Michael J. Liebmann, «Shukowski als Zeichner. Neues zur Frage C. D. Friedrich und W. A. Shukowski», in: *Jahrbuch der Hamburger Kunstsammlungen*, Bd. 19, 1974, S. 106–116; ders. unter demselben Titel in: *Caspar David Friedrich. Leben, Werk, Diskussion*, hrsg. von Hannelore Gärtner, Berlin: Union Verlag, 1977, S. 204–208.
31 «...Waren nicht des ersten Bedürfnisses, sondern des Geschmacks und des Luxus». *Zum 200. Gründungstag der Chalcographischen Gesellschaft Dessau* (Kataloge der Anhaltischen Gemäldegalerie Dessau, 3), hrsg. von Norbert Michels, Ausst.-Kat. Anhaltische Gemäldegalerie Dessau, Museum Schloss Mosigkau, 5.10.–17.11.1996, Weimar: Böhlau, 1996, S. 194 sowie Kat.-Nr. 92 und 93.
32 Lange übersehen, existiert eine deutsche Ausgabe von Valenciennes' umfassendem Traktat, das Friedrich auch in anderer Hinsicht genutzt hat: Pierre Henri de Valenciennes, *Praktische Anleitung zur Linear- und Luftperspectiv für Zeichner und Mahler. Nebst Betrachtungen über das Studium der Mahlerey überhaupt, und der Landschaftsmahlerey insbesondere [...]*, aus dem Franz. übers. und mit Anm. und Zusätzen vermehrt von Johann Heinrich Meynier, 2 Bde., Hof: Gottfried Adolph Grau, 1803, bes. Bd. 1, S. 20–33 und Taf. III.
33 Marianne Magnussen, «Perspective, sciences et sens. L'art, la loi et l'ordre. Style et mathématiques», in: *Hafnia. Copenhagen Papers in the History of Art*, Bd. 9, 1983, S. 66–88.
34 Siehe Busch 2003 (wie Anm. 9).
35 Ebd., vgl. Abb. 9 mit Abb. 13–15 sowie Abb. 17 und S. 58–59.
36 Grummt 2011 (wie Anm. 2), Kat.-Nr. 420, S. 408; Börsch-Supan/Jähnig 1973 (wie Anm. 1), Kat.-Nr. 128, S. 284–285.
37 Dresden/Zürich 2012 (wie Anm. 7), Kat.-Nr. 141, S. 260–261.
38 Ebd., Kat.-Nr. 122a und 122b, S. 236 und 237; Dessau 1996 (wie Anm. 31), Kat.-Nr. 87–91 und 96–97.
39 Werner Busch, «Der Rügen-Mythos», in: *Europa Arkadien. Jakob Philipp Hackert und die Imagination Europas um 1800*, hrsg. von Andreas Beyer, Lucas Burkart, Achatz von Müller und Gregor Vogt-Spira, Göttingen: Wallstein, 2008, S. 47–75.
40 Siehe Börsch-Supan/Jähnig 1973 (wie Anm. 1), S. 62.

41 Berlin 2006–2007 (wie Anm. 4), S. 40–42 und Kat.-Nr. 1–3 sowie Taf. I–III.
42 Böttigers Besprechung in: Börsch-Supan/Jähnig 1973 (wie Anm. 1), S. 68, Schuberts Analyse ebd., S. 70–71.
43 Börsch-Supan/Jähnig 1973 (wie Anm. 1), S. 275, und Helmut Börsch-Supan, «Caspar David Friedrichs Zeiten-Zyklus von 1803. Leitmotiv seiner Kunst», in: Berlin 2006–2007 (wie Anm. 4), S. 25–38, hier S. 27, dagegen ebd., Hein-Th. Schulze Altcappenberg, «An der Wiege der Romantik. Die ‹Jahreszeiten› Caspar David Friedrichs von 1803», S. 15–24, hier S. 23, Anm. 14.
44 Grummt 2011 (wie Anm. 2), Kat.-Nr. 418 und 419, S. 404–408; Börsch-Supan/Jähnig 1973 (wie Anm. 1), Kat.-Nr. 131 und 132. Zum Aufbau der Fenstersepien nach dem Goldenen Schnitt: Busch 2003 (wie Anm. 9), S. 26–33.
45 Grummt 2011 (wie Anm. 2), Kat.-Nr. 364, S. 364–365.
46 Börsch-Supan/Jähnig 1973 (wie Anm. 1), Kat.-Nr. 164, S. 299; Busch 2003 (wie Anm. 9), S. 101–105.
47 Grummt 2011 (wie Anm. 2), Kat.-Nr. 378 und 379 für das erste Paar, Kat.-Nr. 380 und 381 für das zweite Paar.
48 Christian Schuchardt, *Goethe's Kunstsammlungen*, 3 Bde., Jena: Frommann, 1848–1849, Bd. 1, Nr. 516 und 517; Börsch-Supan/Jähnig 1973 (wie Anm. 1), S. 138–139.
49 Werner Sumowski, *Caspar David Friedrich-Studien*, Wiesbaden: Steiner, 1970, S. 40.
50 Kurt Waller, «Der Landschaftsmaler Friedrich. Eine Skizze», in: *Wiener Zeitschrift für Kunst, Literatur, Theater und Mode*, 3 (1818), S. 1216.
51 Grummt 2011 (wie Anm. 2), Kat.-Nr. 416 und 417, S. 399–401.
52 Börsch-Supan/Jähnig 1973 (wie Anm. 1), Kat.-Nr. 166, S. 300; Busch 2003 (wie Anm. 9), S. 86–91.
53 Vgl. Valenciennes 1803 (wie Anm. 32), Bd. 1, S. 265.
54 Grummt 2011 (wie Anm. 2), Kat.-Nr. 418 und 419, S. 404–408; Börsch-Supan/Jähnig 1973 (wie Anm. 1), Kat.-Nr. 131 und 132; Busch 2003 (wie Anm. 9), S. 26–33.
55 Börsch-Supan/Jähnig 1973 (wie Anm. 1), S. 66.
56 Yuko Nakama, *Caspar David Friedrich und die Romantische Tradition. Moderne des Sehens und Denkens*, Berlin: Reimer, 2011, S. 32, 41–45.
57 Busch 2003 (wie Anm. 9), S. 27–29.
58 Börsch-Supan/Jähnig 1973 (wie Anm. 1), S. 286–287 (Atropos und Styx sowie Beginn und Ende des Lebens); Helmut Börsch-Supan, *Caspar David Friedrich*, 4., erw. und überarb. Aufl., München: Prestel, 1990, S. 29–30; ebenso László F. Földényi, *Caspar David Friedrich. Die Nachtseite der Malerei* (Batterien, 50), aus dem Ungar. übers. von Hans Skirecki, München: Matthes & Seitz, 1993, S. 15; Nakama 2011 (wie Anm. 56), S. 51–53 (romantische Fragmenttheorie).
59 Werner Schnell, *Georg Friedrich Kersting (1785–1847). Das zeichnerische und malerische Werk mit Œuvrekatalog*, Habil.-Schrift TU Berlin, 1986, Berlin: Deutscher Verlag für Kunstwissenschaft, 1994, S. 40–50, Kat.-Nr. A 48, S. 306–307; Busch 2003 (wie Anm. 9), S. 22–26.
60 Grummt 2011 (wie Anm. 2), Kat.-Nr. 504, S. 474–475; Börsch-Supan/Jähnig 1973 (wie Anm. 1), Kat.-Nr. 145, S. 290.
61 Börsch-Supan/Jähnig 1973 (wie Anm. 1), Kat.-Nr. 146, S. 291.
62 Grummt 2011 (wie Anm. 2), Kat.-Nr. 505, S. 475–477; Börsch-Supan/Jähnig 1973 (wie Anm. 1), Kat.-Nr. 147, S. 291–292.
63 Börsch-Supan/Jähnig 1973 (wie Anm. 1), Kat.-Nr. 299, S. 379; Busch 2003 (wie Anm. 9), S. 155–156.
64 Börsch-Supan/Jähnig 1973 (wie Anm. 1), Kat.-Nr. 167, S. 300–302; Busch 2003 (wie Anm. 9), S. 34–45.
65 *Caspar David Friedrich. Die Briefe*, hrsg. und kommentiert von Herrmann Zschoche, Hamburg: Conference Point Verlag, 2005, Brief 20, S. 51–57, das paraphrasierte Zitat S. 53.
66 *Caspar David Friedrich in Briefen und Bekenntnissen*, hrsg. von Sigrid Hinz, München: Rogner & Bernhard, 1968, S. 138–156, das berühmte Sprachbild: S. 154.
67 Busch 2003 (wie Anm. 9), S. 123–126, 138–141, 165–169.

Intellektuelles Wohlgefallen. Johann Gottlob von Quandt (1787–1859) und die zeitgenössische Landschaftsmalerei

Andreas Rüfenacht

«Die Landschaftsmalerey, welche in Dresden durch die von Dietrich und Zingg abstammenden Manieren in den lezten Sprösslingen und Wasserreisern ganz ausgeartet war und sogar das Publikum der Natur entfremdet hatte, wird hoffentlich sich neu erschaffen [...].»[1] So schrieb der Kunstschriftsteller, Sammler von Gemälden und Mäzen Johann Gottlob von Quandt (1787–1859)[2] in einer Besprechung zur Dresdener Akademieausstellung des Jahres 1824 über die Gattung der Landschaft. Quandt erwartete eine Landschaftsmalerei, welche die Grenzen des Wirklichen nicht überschreite und zugleich harmonisch sei. Motivische Einzelheiten und Gesamtkomposition sollten im Einklang miteinander stehen. In seiner Rezension setzte er seine Hoffnungen auf die jungen Künstler Adrian Ludwig Richter (1803–1884) und Ernst Ferdinand Oehme (1797–1855). Von ihnen, aber auch von älteren Landschaftsmalern wie Joseph Anton Koch (1768–1839), Caspar David Friedrich (1774–1840) oder Johann Martin von Rohden (1778–1868) besass er in seiner Sammlung mehrere Gemälde.

Dank zweier Kataloge lässt sich Quandts Gemäldesammlung rekonstruieren. Ein Katalog erschien zu Lebzeiten des Kunstliebhabers, 1824, und ermöglicht ein Bild der frühen Sammlung. Sie umfasste knapp 70 Gemälde, darunter 20 Landschaften und ebenso viele Historien. Weil Quandts Sohn schon ein knappes Jahrzehnt nach dem Tod des Vaters bankrottging, musste die Sammlung versteigert werden. Dadurch ist ein Auktionskatalog von 1868 überliefert, der den Zustand der späten Sammlung zeigt. Bei seinem Tod besass Quandt 115 Gemälde, darunter 34 Landschaften und 37 Historien.³ Der Schwerpunkt der Sammlung lag also bei Historienbildern und Landschaftsgemälden. Quandt präsentierte sie in seinem Dresdner Wohnsitz. Zu diesem Zweck hatte er in seinem Haus an der Grossen Klostergasse in Dresden spezielle Sammlungsräume eingerichtet, die er auf Anmeldung Kunstfreunden und Künstlern zugänglich machte (Abb. 1).⁴

Anhand der Kataloge lassen sich in der Hängung der Gemälde mehrere Pendants rekonstruieren. Dabei stellte Quandt zwei besonders charakteristische oder bedeutungsträchtige Gemälde eines oder mehrerer Künstler einander gegenüber.⁵ Verschiedene Bilderpaare von Landschaftsmalereien können festgestellt werden. Exemplarisch seien Joseph Anton Kochs (1768–1839) *Berner Oberland* und *Ideale Landschaft mit der Heimkehr Jakobs* genannt:⁶ Letzteres Gemälde vereinigt Quandts Sammlungsschwerpunkt in den Gattungen Landschaft und Historie nicht nur durch das Motiv aus der alttestamentlichen Jakobsgeschichte. Die Figuren waren zudem vom grossen Münchner Historienmaler und Erneuerer der Freskomalerei Peter Cornelius (1783–1867) entworfen worden (Abb. 2). Das Pendant, die Berner Oberländer Ansicht (Abb. 3),⁷ hatte Quandt in Auftrag gegeben, als er 1819 für ein knappes Jahr in Italien weilte. Der Standort des Malers ist genau lokalisierbar. Er blickt von der Burgruine Resti oberhalb von Meiringen tief in das Reichenbachtal hinein auf die Reichenbachfälle, die berühmten und oft dargestellten Wetterhörner und die Grosse Scheidegg. Damit scheint in der Gegenüberstellung der beiden Gemälde von Koch die

Abb. 1 Künstler unbekannt (Johann Gottfried Abraham Frenzel?), *Haus und Garten des Herrn von Quandt zu Dresden! (Wohnung des Minister v. Lindenau.)*, um 1825, Radierung, 12 × 8,9 cm (Platte)

Abb. 2 Joseph Anton Koch und Peter Cornelius, *Ideale Landschaft mit der Heimkehr Jakobs*, 1816, Öl auf Leinwand, 74,5 × 98 cm, Museum der bildenden Künste Leipzig, Inv.-Nr. 120

eingangs zitierte Forderung Quandts an die Landschaftsmalerei, wonach motivisches Detail und Gesamtkonzeption natürlich und harmonisch sein sollen, bereits bildhaft angedeutet.

Quandts Äusserungen über Landschaftsmalerei und über die Kunstgattungen überhaupt lassen sich diversen Quellen wie Artikeln, Rezensionen, Büchern und Briefen entnehmen. In seinen Schriften stellte er die Kunst immer in einen Zusammenhang mit der Anschauung des Realen. Mit wachen Augen analysierte er Natur, Kunst und Gesellschaft. Seine Betrachtungen auf den zahlreichen Reisen drehten sich immer wieder um die Frage, wie die Kultur einer Nation oder die Natur bestimmter Gegenden kategorisiert werden könne. Hierbei setzte er das Kunstschaffen in den Ländern, die er bereiste, mit der Natur und der Bevölkerung in Beziehung. Solche Vergleiche finden sich in mehreren seiner Reiseberichte.[8] Vor diesem Hintergrund lässt sich eine Aussage von 1826 einordnen, in der er sich folgendermassen über Landschaftsmalerei äusserte: «Das Land-

Intellektuelles Wohlgefallen

Abb. 3   Joseph Anton Koch, *Berner Oberland*, 1816, Öl auf Leinwand, 73 × 99 cm, Gemäldegalerie Neue Meister, Staatliche Kunstsammlungen Dresden, Gal.-Nr. 2465

schaftsfach ist als kein besonderes zu betrachten, denn der Historienmaler bedarf der Landschaft, und der Landschafter kann der menschlichen Figuren nicht entbehren.»[9] Hier zeigt sich, dass für Quandt der Mensch sowohl in der Historien- als auch in der Landschaftsmalerei eine zentrale Rolle spielte.

Der Künstler als Hersteller von Malerei übernahm eine wichtige Aufgabe. Von ihm verlangte Quandt eine Poetisierung des dargestellten Gegenstandes. Der Naturgegenstand sollte wie die Dichtung vom Geist des Künstlers gestaltet werden. Weil Natur laut Quandt nur selten ein vernunftmässiges Ideal von Schönheit hervorbringe, dürfe der Künstler nicht die Einzelteile der Natur nachahmen. Vielmehr solle er sich die Naturgesetze und Naturformen im Studium aneignen und dadurch verstehen lernen. Erst dann könne er eine von seiner Vernunft durchdrungene Kunst erschaffen.[10] «Das Werk eines Künstlers wird in allen Theilen zusammenhängend und ganz in sich übereinstimmend seyn, weil der Künstler alle Theile in

Abb. 4   Adrian Ludwig Richter, *Ariccia (Der Morgen)*, 1828, Öl auf Leinwand, 59,5 × 77,5 cm, Gemäldegalerie Neue Meister, Staatliche Kunstsammlungen Dresden, Gal.-Nr. 2228

naturgemässen Formen gedacht, diese aber nach einer Idee bestimmt hat. Die Natur kann die Idee des Künstlers nicht bestimmen. Das wahre Ideal ist die vom Menschengeist durchdrungene Wirklichkeit.»[11]

Ein Maler, der nach Quandts Ermessen die Natur künstlerisch-poetisch zu durchdringen vermochte, war Adrian Ludwig Richter. Von ihm besass er mehrere Werke, darunter zwei italienische Landschaften, die als Gegenstücke konzipiert waren. Auf einem Bild ist das morgendliche Wasserholen vor der nahe Rom gelegenen Stadt Ariccia dargestellt (Abb. 4). Das andere Motiv zeigt das Städtchen Civitella in den Abruzzen bei Abendlicht mit Figuren auf der Heimkehr vom Feld (Abb. 5). Der innere Zusammenhang der beiden Gemälde liegt in den Motiven des Wasserschöpfens an der Quelle zu Beginn des Tages und des Einbringens der Ernte am Abend. Der gemeinsame Gedanke zeigt sich im Gedeihen, das Leben ermöglicht. Wasser und Ernte, Morgen und Abend deuten einen idyllischen Lebenskreis an.

Über das Abend-Bild schrieb Quandt: «Das eine ist die Ansicht von Civitella in Abendbeleuchtung; wirklich ein bewundrungswürdiges Bild in Hinsicht der Farbe in welcher sich das Hinschmelzen des Lichts u die allmähliche Dämmrung in den Thälern, trefflich darstellt. Eine Familie wel-

Abb. 5   Adrian Ludwig Richter, *Civitella (Der Abend)*, 1827/1828, Öl auf Leinwand, 59,5 × 77,5 cm, Gemäldegalerie Neue Meister, Staatliche Kunstsammlungen Dresden, Gal.-Nr. 2227

che mit Früchten des Feldes u Gartens heimkehrt, ist die Staffage. Es sind Frauen welche in einem historischen Bilde zu stehn würdig wären.»[12]

Die Verbindung von lebensnahen Figuren und genrehafter Szenerie in einer Landschaft, wie Quandt sie schätzte, findet sich in einem weiteren berühmten Bild Richters, das sich in Quandts Sammlung befand: *Überfahrt über die Elbe am Schreckenstein* (Abb. 6). Die Einbindung markanter und verschiedenartiger Figuren prägt die Rezeption dieses Werks besonders. Man kann es kaum den traditionellen Gattungen der Landschaft oder des Genres zuordnen. Wie beim Abend- und Morgen-Gemälde wird auch dieses Motiv dem Lebenskreis zugeordnet. Die Lebensalter widerspiegeln sich in den nachdenklichen Figuren im schaukelnden Lebensboot. Kinder, Jugendliche, das junge Pärchen und die Alten ziehen wie der auf den Stock gestützte Wanderer, unter flüchtigen Harfenklängen und von der Burgruine an vergangene Zeiten erinnert, auf ihren Lebenswegen dahin. Auch dieses Bild war für Quandt, durch die anschaulich-menschlichen Charaktere, in seiner Art ein Historiengemälde – und damit vom vernünftigen Geist des Künstlers durchdrungen.[13]

Mit Adrian Ludwig Richter verkehrte bei Quandt ein Künstler der jüngeren Romantiker-Generation, von dem der Sammler gesamthaft vier

Abb. 6 Adrian Ludwig Richter, *Überfahrt über die Elbe am Schreckenstein*, 1837, Öl auf Leinwand, 116,5 × 156,5 cm, Gemäldegalerie Neue Meister, Staatliche Kunstsammlungen Dresden, Gal.-Nr. 2229

Gemälde kaufte. Richter schrieb 1822, einige Landschaften in Quandts Gemäldesammlung hätten ihn für den Umgang mit den Eigenheiten der Natur im Gemälde sensibilisiert – darunter diejenigen von Johann Martin von Rohden oder Franz Ludwig Catel (1778–1856). Richter empfand ihre Kunst als «höchst liebevolles Anschliessen an die Natur, geadelt durch ein gewisses Stilgefühl, welches sie den ältesten Meistern abgelernt hatten.»[14] Dieses Erlernen von den alten Meistern war Quandts pädagogischer Anspruch und mithin der Grund, seine Sammlung für die Kunststudenten zu öffnen. Auf einen Vorhang am Eingang zu den Sammlungsräumen hatte er denn auch einen entsprechenden Sinnspruch sticken lassen:

«Am Alten magst du dich erfreuen,
Durch seine Mängel dich belehren,
Doch sollst du Altes nicht erneuen,
Durch Bessermachen wirst du's ehren.»[15]

In der Sammlung präsentierte Quandt zwei Landschaften als Pendants, die genau dieses Verhältnis von alter und neuer Kunst veranschaulichen und ein Licht auf Quandts Verständnis von Naturdarstellungen werfen. Es handelt sich um Jacob van Ruisdaels (1628–1682) *Bewaldetes Tal* (Abb. 7) und Ernst Ferdinand Oehmes *Dittersbacher Grund* (Abb. 8). Die beiden Gemälde können dank dem Auktionskatalog von 1868 als Gegenstücke identifiziert werden.[16]

Oehmes Bild kann mit einem realen Ort aus dem unmittelbaren Wirkungskreis von Quandt in Verbindung gebracht werden. Dargestellt ist das Flüsschen Wesenitz. Es handelt sich dabei um ein Motiv aus der Parklandschaft in Dittersbach, einer Ortschaft unweit Dresdens, wo Quandt 1830 das zugehörige Rittergut gekauft hatte. Hier tat er sich als gebildeter Landesherr hervor, reformierte die Landwirtschaft, übte niedere Gerichtsbarkeit aus, richtete eine Bank ein, schrieb gegen Analphabetismus an und versuchte erfolglos, Turnunterricht einzuführen. Er legte einen englischen Garten an, bestückte ihn mit zahlreichen Skulpturen – unter anderem von Ernst Rietschel (1804–1861) –, baute eine gotische Kapelle, ein Schweizer Haus und einen Ballsaal. Auf einem Hügel namens Schönhöhe errichtete er ein rundbogiges Türmchen mit Zinnen und einem Festsaal mit Fresken nach Balladen von Goethe. Als Architekten beschäftigte Quandt den Dresdener Akademielehrer Josef Thürmer (1789–1833) und dessen Nachfolger Gottfried Semper (1803–1879), als Maler Carl Gottlieb Peschel (1798–1879).[17]

Quandts Dittersbacher Rittergut samt seinem Landschaftspark kann als Kulturlandschaft bezeichnet werden. Der Kunstfreund selber schrieb über die Gestaltung von Gärten im Jahr 1830: «Nicht nur auf Haus, Hof und Garten beschränkt der sinnige Mensch seine ordnende Thätigkeit, die Kunst ist ihm Rathgeberin für Alles und er verbreitet sie über Feld, Wiese und Wald.»[18] Diese Durchdringung der Natur durch den kunstsinnigen und vernünftigen Menschen soll im Folgenden anhand der Gegenüberstellung der Landschaften von Ruisdael und Oehme erläutert werden.

Besonders auf das Gemälde von Ruisdael lassen sich mehrere Aussagen Quandts beziehen, die als Grundlage für die Interpretation dienen. Wenn der Sammler Ruisdaels Bild betrachtete, erlebte er ein ähnliches Gefühl wie beim Gang durch die Dittersbacher Hügel und Wälder: «Der Ruysdael war von jeher mein Liebling u wird es immer mehr, je einheimischer ich in dem engen, stillen Thale werde.» Dieses Empfinden vermag Quandt nur durch ein Gedicht von Tieck auszudrücken: «Es fällt bey diesem Bilde mir immer

Tiecks Lied ein: Rings von Bergen eingeschlossen, / Wo die klaren Bächlein gehen, / Wo die dunklen Weiden sprossen, / Wünscht ich bald mein Grab zu sehn. Lied u. Bild haben eine zauberische hinreissende u. übereinstimmende Trauer.»[19] Wenn Quandt sich durch die Landschaft des Niederländers an ein Gedicht von Tieck erinnert fühlt, dann drückt sich darin seine poetische Auffassung von Kunst aus. Von der Landschaftsmalerei erwartete er nicht Naturnachahmung, sondern die Einbindung menschlichen Empfindens. Dieses Moment verstand Quandt als Poesie der Malerei.[20]

Dass gerade das Gedicht es ist, das der bildenden Kunst gerecht wird, kann am Ruisdael-Beispiel weiterverfolgt werden. Quandts Freund, der Dichter Ludwig Breuer (1786–1833), schrieb ein panegyrisches Poem auf Quandt mit dem Titel «Ruisdael an der Wesenitz». Es entstand zum Huldigungsfest für Quandt bei seinem Einzug in Dittersbach. Breuer legt Ruisdael die Lobrede auf Quandt in den Mund, so dass der niederländische Maler in Versen verkündet, mit Quandt würden seine Landschaftsgemälde nun endlich geschätzt:

«[...] Da endlich ist ein edler Mann gekommen,
Gleich mir entstammt er fernen Niederlanden[21]
Der meiner Kunst gewidmet treues Neigen.
Ihm reich ich, die ich einst geliebt zu schauen,
Bergstrom und Wald und saftig grüne Auen,
Mit einem Wort – mein Urbild selbst zu eigen.
Zur Huldigung war ich hierhergekommen
Dem nahenden Gebieter-Paar zum Frommen.
Was – dacht ich' – können Wünsche hier noch bieten,
Wo ernste Kunst, vereint mit heitrer Milde,
Die kräftige Natur zum Dienste zwingen?»[22]

Ludwig Breuer verleiht Ruisdael die dichterische Sprache, um ihn nicht nur über Quandt, sondern auch über seine eigenen Naturdarstellungen sprechen zu lassen. Es habe einen verständigen Kunstfreund gebraucht, der die Natur zu schätzen wisse.

Dass Ruisdael die Sprache der Poesie angedichtet wurde, war zu diesem Zeitpunkt nichts Neues. Johann Wolfgang von Goethe (1749–1832) hatte 1816 im *Morgenblatt für gebildete Stände* den Aufsatz *Ruysdael als Dichter* veröffentlicht, der dieses Verständnis vorzeichnete.[23] Darin bespricht er drei Gemälde von Ruisdael in der Dresdner Gemäldegalerie.[24] Goethe schreibt, Ruisdael verhelfe als denkender Künstler wie ein Dichter seinen

Abb. 7   Jacob van Ruisdael, *Bewaldetes Tal mit Fluss und einer grossen Fichte*, um 1660, Öl auf Leinwand, 79,3 × 66,2 cm, Wilhelm Lehmbruck Museum, Duisburg

Abb. 8   Ernst Ferdinand Oehme, *Ein Bergstrom in waldiger Gegend (Dittersbacher Grund)*, 1831, Öl auf Leinwand, 80 × 67 cm, Privatbesitz

Betrachtern zu einem sinnlichen Begriff der Natur. Die Kunstkenner würden diesen sinnlichen Begriff in eine adäquate Sprache übersetzen. Damit nimmt Goethe dezidiert Stellung gegen die Idee von Landschaftsmalerei in August Wilhelm Schlegels (1767–1845) Gespräch *Die Gemählde* von 1799 und gegen die Landschaften Caspar David Friedrichs (1774–1840). Es geht Goethe darum, adäquate Worte der Bildbeschreibung zu finden. Schlegel dagegen sucht eine Universalsprache des Gemüts. Goethe verbindet Anschauung und Denken miteinander, während Schlegel Anschauung und Gefühl miteinander verbinden will.[25]

Quandt selber interessierte mehr der Titel «Ruysdael als Dichter» von Goethes Text und weniger dessen Grundgehalt. Noch 1856 verwies er auf Goethes Aufsatz, als er Ruisdaels drei Dresdener Bilder in seinem *Begleiter durch die Gemälde-Säle* erläuterte. Er deutete Goethes Interpretation in seinem Sinn um: «Göthe, der immer mit einem Worte mehr sagt, als alle andere [sic!] mit vielen prächtigen Redensarten, nennt Ruysdael ‹Dichter› […]. Die Bilder dieses Landschaftsmalers sind nicht sowohl Schilderungen der Natur an sich, als vielmehr der Gemüthsstimmungen, in welchen er

Gegenstände auffasste, und Wiederscheine aus den Tiefen seiner Seele.»[26] Mit der Nennung von Begriffen wie Gemüt und Seele steht Quandt viel näher bei Schlegels Gefühlssprache als bei Goethes verstandesorientierter Bildbetrachtung. Goethe selber hatte in seinem Text etwas ganz anderes geschrieben: «Der Künstler hat bewundrungswürdig geistreich den Punkt gefasst, wo die Produktionskraft mit dem reinen Verstande zusammentrifft, und dem Beschauer ein Kunstwerk überliefert, welches, dem Auge an und für sich erfreulich, den innern Sinn aufruft, das Andenken anregt, und zuletzt einen Begriff ausspricht, ohne sich darin aufzulösen oder zu verkühlen.»[27] Der Weimarer Dichter schreibt eben gerade gegen eine empfindsame Betrachtung von Ruisdaels Landschaften an.

Darin zeigt sich ein Generationenkonflikt, der schon Jahre zuvor offensichtlich geworden war. Quandt übersandte Goethe im Dezember 1831 Veduten von Dittersbach, die Traugott Faber (1786–1863) in Aquarell ausgeführt hatte. Nachdem Quandt über die beiden Blätter geurteilt hatte, sie seien leblos und ohne Gefühl, antwortete Goethe lakonisch, er hoffe, «dass die liebe Natur auch zur Vernunft gekommen sey», Quandt möge sich doch am Reellen, Fassbaren und Nützlichen erfreuen. Dieser bemerkte die unterschwellige Opposition gegen seine idealisierende Vorstellung von Landschaft und schrieb Jahre später in seinen Erinnerungen an Goethe, der Dichter habe seine «transcendente Kunstansicht» zurechtgewiesen.[28] Doch es blieb genau die Schlegel'sche, idealisierende Universalsprache der Poesie, die Quandt an der Landschaftsmalerei interessierte. Die Poesie half ihm, sich seiner Empfindungen bei der Landschaftswahrnehmung bewusst zu werden und sie auszudrücken.

Zu Ruisdaels Gemälde *Bewaldetes Tal* gesellte sich im Jahr 1830 Ernst Ferdinand Oehmes *Dittersbacher Grund* (Abb. 8). Das Pendantbild veranschaulicht das, was Quandt bei der Betrachtung seiner Ruisdael-Landschaft empfand: nämlich das Gefühl der Melancholie, in das ihn die Natur in Dittersbach versetzte. Oehmes Gemälde transformiert die Naturerfahrung in eine Bilderfahrung. Gleichzeitig kann die Bilderfahrung durch die Naturerfahrung selbst überprüft werden, denn Oehmes Standort am Flüsschen Wesenitz liegt unmittelbar am Eingang des Landschaftsparkes bei Schloss Dittersbach.

Mit den Gemälden von Ruisdael und Oehme hat Quandt die Naturerfahrung, die er in seinem meist im Sommer genutzten Dittersbacher Landsitz erleben konnte, ins Dresdener Stadthaus überführt. Das Bildpaar entpuppt sich damit als Veranschaulichung von Quandts Landschaftsidee: «[...] die Aufgabe des Landschafters scheint mir gerade die zu seyn, in seinem Bilde recht bewusst den Austausch des Gefühls wiederzugeben, welcher zwischen dem, der eine Gegend sieht und den Naturgegenständen, statt findet. Jede Gegend hat einen bestimmten Charakter, dieser versetzt uns in einen eignen Gemüthszustand und wir tragen diesen wieder auf die Gegenstände über und erblicken in diesen, gleichsam uns selbst in der Natur spiegelnd, was wir fühlen.»[29]

Die Gefühle des Betrachters versuchte Quandt in seinen Schriften in Begriffe zu fassen und durch die Präsentation seiner Gemälde in der Sammlung zu veranschaulichen. Dieser Zusammenhang von Kunsttheorie und Hängung lässt sich anhand eines weiteren komplexen Beispiels darstellen: Eine heute verschollene und nur noch in einer Radierung überlieferte italienische *Landschaft mit einem Einsiedler* von Johann Martin von Rohden (1778–1868) bestellte Quandt 1820 ursprünglich als Einzelbild (Abb. 9).[30] Als das Gemälde 1823 in die Sammlung kam, schrieb Quandt, es sei ein Muster für alle Landschaftsmaler, und lobte es überschwänglich: «An Rohdens Landschaft glaube ich einen vorzüglichen Schatz zu besitzen [...]. Jede Einzelnheit ist im Geist des Ganzen gedacht u dargestellt [...]. Die Composition ist sehr geistreich u alle Theile reihen sich organisch an einander. Der Strom der durch den Mittelgrund fliesst, erklärt die ganze Anordnung der Landschaft [...]. Der Geognost o[der] der Botanicker wird durch dies Bild beschäfftigt u der Kunstfreund erfreut.»[31]

Etwas später gab der Sammler bei Caspar David Friedrich eine nordische Landschaft als Gegenstück zu von Rohdens Bild in Auftrag. Auch dieses Werk ist verschollen. Es kann jedoch mit der Hamburger Fassung *Das Eismeer* von 1823–1824 verglichen werden (Abb. 10).[32] Quandt schrieb über den Auftrag: «Der Landschafter Friedrich malt für mich ein grosses Bild, welches ein Gegenstück zu Rohdens Landschaft werden soll. In Rohdens Bild ist alles vereint, was eine südliche Natur freundliches darbietet u in Friedrichs, was der Norden Ungeheures, und Erhabenes zeigt. Schroffe Felsen, oben mit Schnee bedeckt, an welchen kein armes Gräschen Nahrung findet, schliessen einen Meerbusen ein, in welchem Stürme Schiffe verschlagen u durch ungeheure Eisschollen zerdrückt haben. Dieses graue Gemisch von Schiffstrümmern, Treibholz u Eismassen macht eine wunderbare u grosse Wirkung.»[33]

Die beiden Bilder standen also für «die südliche Natur in ihrer üppigen und majestätischen Pracht» und «die Natur des Nordens in der ganzen

Abb. 9 Johann Gottfried Abraham Frenzel nach Johann Martin von Rohden, *Landschaft mit einem Einsiedler*, 1827, Radierung, 19 × 22,5 cm, Museen der Stadt Nürnberg, Inv.-Nr. St. N. 10607

Schönheit ihrer Schrecken».[34] In der neueren Forschung wurde vermutet, dass Quandt mit der Gegenüberstellung dieser beiden Bilder die zwei ästhetischen Kategorien des Schönen und des Erhabenen effektvoll in Bezug zueinander setzte.[35] Diese These gilt es zu hinterfragen, da Quandt einerseits von Rohdens Gemälde ursprünglich als Einzelauftrag bestellte, andererseits sich die Begriffe der ästhetischen Kategorien erst in seiner Schrift *Briefe aus Italien über das Geheimnisvolle der Schönheit und die Kunst*, die 1830 erschien (siehe Abb. 11), systematisch erarbeitete.

Die Präsentation, wie sie durch Quandts Sammlungskatalog von 1824 ersichtlich wird, legt ein anderes Deutungsmuster nahe. Auf die südliche Landschaft von Rohdens folgen zwei Architekturdarstellungen von Domenico Quaglio (1787–1837), zwischen denen wiederum eine Darstellung der Heiligen Familie von Giovanni Battista Salvi genannt Sassoferrato (1609–1685) beschrieben ist. Leider ist aus Quandts Sammlung nur noch Quaglios Ansicht des Münsters von Freiburg im Breisgau erhalten.[36]

Quandt scheint einerseits unterschiedliche Gattungen wie die Architekturvedute, die Landschaftsmalerei und die Historie nebeneinander zeigen zu wollen. Andererseits sollen die Gemälde von Rohdens und Friedrichs einen Bezug zwischen nördlicher und südlicher Kunst herstellen. Die beiden deutschen Bilder wurden von Quaglios Architekturansichten flankiert, wobei von Rohdens italienische Landschaft gewissermassen Unterstützung vom Italiener Sassoferrato erhielt. Die beiden ästhetischen Kategorien nach Burke, Kant und Schiller mögen zwar mitschwingen, doch die Gegen-

Abb. 10   Caspar David Friedrich, *Das Eismeer (Die gescheiterte Hoffnung)*, 1823–1824, Öl auf Leinwand, 96,7 × 126,9 cm, Hamburger Kunsthalle, Inv.-Nr. 1051

überstellung von Nord und Süd scheint den Vorrang zu haben. Zwar nennt Quandt die Begriffe des Erhabenen und Schönen im Zusammenhang mit Friedrichs und von Rohdens Landschaft, führt sie aber argumentativ nicht zusammen. Dagegen kontrastiert er ausdrücklich das Nordische und das Südliche der Gemälde: Der Süden bietet Freundlichkeit und Schönheit, der Norden Erhabenheit und Naturgewalt.[37] Wenige Jahre nach der Fertigstellung der beiden Werke schrieb Quandt in der *Kupferstecherkunst* von 1826 zum Unterschied zwischen nördlicher und südlicher Kunst: «Wir sehen eine Auffassung der Gegenstände, der nach aussen sich drängenden […] Leidenschaften, in allem was die Italiener hervorbrachten, wogegen die Werke der Deutschen in seelenvoller Ruhe erscheinen. […] Bildlich gesprochen unterscheidet sich die deutsche und italienische Schule so von einander, wie die Wurzeln und Aeste eines Baumes; jene streben nach der Tiefe, diese nach aussen und in die Weite.»[38] Mit dieser Metapher offenbart Quandt sein

Verständnis von Italien als dem irdischen Ort der sinnlichen Leidenschaften und Deutschland als einer tiefgründigen, geistig-religiösen Welt.[39]

Mit den Architekturdarstellungen von gotischen Kirchen wird diese Deutung noch unterstrichen. Im «Spitzbogenstyl» zeigt sich überhaupt die in Quandts Augen genuin deutsche Kunst.[40] Dabei muss man sich bewusst werden, dass die Komposition des italienischen Leitbildes von Sassoferrato auf Raffaels *Madonna di Loreto* zurückgeht. Der Renaissance-Maler spielte in der Frage des Ausgleichs nord- und südalpiner Kunst eine zentrale Rolle.[41] Damit stellt Quandt in der Präsentation von 1824 die deutsche Kunst auf eine der italienischen gleichwertige Ebene. Man kann die Pendants der südlichen Landschaft von Rohdens und der nördlichen Friedrichs als Überwindung der Unterschiede zwischen den italienischen und deutschen Schulen und Stilen ansehen. Es sind nun zwei deutsche Künstler, welche die Charakteristika des Südlichen und des Nördlichen darzustellen vermögen.[42]

Nach 1824 hatte sich die Präsentation der Gemäldesammlung durch zahlreiche Erweiterungen gewandelt. Der Auktionskatalog von 1868 überliefert eine neue Kombination der Landschaften Friedrichs und von Rohdens mit anderen Gemälden im dritten Zimmer.[43] Sie stehen nun im Kontext weiterer Landschaften von Adrian Ludwig Richter, Gottlob Friedrich Steinkopf (1779–1861) und Franz Ludwig Catel. Die neue Hängung kann mit Quandts Kunsttheorie und seiner spezifischen Sichtweise der ästhetischen Kategorien begründet werden. Seine Ästhetik formuliert er ab 1830 in seiner Schrift *Briefe aus Italien über das Geheimnisvolle der Schönheit und die Kunst* (Abb. 11). In dieser Publikation schreibt er, dass Kunstwerke durch ihre physische Präsenz Gemüt und Verstand anregten. Diese Erregung nennt er das «intellektuelle Wohlgefallen». In den entsprechenden Passagen der *Briefe* reflektiert Quandt, weshalb der Anblick von Kunst beim Betrachter Gefühle auslösen könne.

Quandts Ausdruck «intellektuelles Wohlgefallen» ist ein Anklang an Immanuel Kants Schönheitsbegriff in der *Kritik der Urteilskraft*. Für den Philosophen ist der Schönheitsbegriff kein Vernunftbegriff. Er charakterisiert Schönheit als die Fähigkeit des Menschen zu erkennen und zu urteilen – aber Schönheit ist nicht eigentliche Erkenntnis. Daher ist für Kant die Schönheit ein «interesseloses Wohlgefallen».[44] Quandt rezipiert Kant in seinem eigenen Sinn und schreibt, Schönheit sei «das Vernunftgemässe in sinnenfälliger Form.»[45] Ein schönes Kunstwerk löse beim Betrachter ein Gefühl

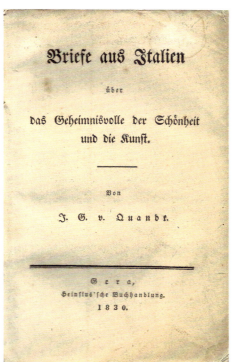

Abb. 11 Johann Gottlob von Quandt, *Briefe aus Italien über das Geheimnisvolle der Schönheit und die Kunst*, Gera: Heinsius, 1830, Titelblatt

aus, das dieser mit seiner Vernunft kategorisiere.[46] Damit wird Kants «interesseloses Wohlgefallen» bei Quandt ein «intellektuelles Wohlgefallen».

Quandt beschreibt vier Hauptbegriffe des intellektuellen Wohlgefallens: das Schöne, das Erhabene, das Tragische und das Rührende (Abb. 12).[47] Das Erhabene ist «das freudige Gefühl der intellectuellen Ueberlegenheit» des Betrachters über das Dargestellte.[48] Das Rührende bezeichnet Quandt als eine Übereinstimmung des Gemüts des Betrachters mit dem dargestellten Gegenstand. Der Betrachter erkennt den Schmerz des Dargestellten als seinen eigenen.[49] Das Tragische wiederum empfinde man im Angesicht des Untergangs eines Individuums für einen besseren Zweck.[50] Der «philosophisch denkende Kunstforscher» solle seine Gefühle bei der Bildbetrachtung mit diesen vier Kategorien erklären.

Aufgrund der Ausführungen in den *Briefen aus Italien* können Rückschlüsse auf die Landschaftsgemälde im dritten Zimmer von Quandts Sammlung gezogen werden. So zieht Quandt Caspar David Friedrich als

Beispiel heran, um über die ästhetischen Kategorien und das Kolorit zu sprechen. Friedrichs Gemälde erfüllten zwar hinsichtlich der Macht der Darstellung die Kategorie des Erhabenen, jedoch seien die gedämpften Farben und die Grautöne eher dem Rührenden zuzuordnen: «Ein getrübtes Licht und eine dunkle Färbung lassen uns die Natur in Trauer erscheinen [...]. Unter den Neuern hat sich in dieser Hinsicht der Landschafter Friedrich ausgezeichnet. Die Werke dieser Künstler sind in Italien selten und würden hier auch kein Glück machen, weil hier in reicher Fülle die ungetrübte Schönheit in Farben und Formen sich offenbart.»[51] Die «ungetrübte Schönheit» findet sich in der italienischen Landschaft von Rohdens, der selber bis zu seinem Tod in Rom gelebt hat, wieder, auch wenn Quandt ihn nicht explizit nennt. Bemerkenswerterweise bleibt der Kunstschriftsteller selbst bei der Beschreibung der ästhetischen Kategorien dem Vergleich deutscher und italienischer Kunst verhaftet, wie er noch 1824 augenscheinlich wurde: Schönheit ist italienisch, Erhabenheit deutsch.

In ähnlicher Weise können die weiteren Landschaften im Raum, von Adrian Ludwig Richter – darunter die bereits beschriebenen Ansichten von Civitella und Ariccia (Abb. 4–5) – und Gottlob Friedrich Steinkopf, in Bezug zu Quandts Kunsttheorie gestellt werden.[52] Doch geradezu als das Motiv zur Theorie erweist sich das tragische Bild *Die unglückliche Heimkehr des Fischers* von Franz Ludwig Catel: Quandt umgibt seine langatmigen Ausführungen über das Erhabene, Rührende und Tragische in den *Briefen aus Italien* mit der Geschichte einer Fischerfamilie, die Catels Gemälde entspricht. Die berichtartige Erzählung handelt von der rührenden Liebe eines schönen Fischerpaares. Die Beziehung scheitert am tragischen Schiffbruch des Fischers auf der erhabenen Weite des Meeres.[53] Offensichtlich versuchte Quandt, die trockene Materie mit einem angeblich eigenen Erlebnis aus Italien aufzulockern, um Authentizität zu vermitteln. Nicht zuletzt deswegen wählte er als äussere Form seiner ästhetischen Schrift den Brief. Vielmehr aber zielte er darauf ab, die abstrakte Materie anschaulich zu vermitteln.

Die nordische und südliche Landschaft Friedrichs und von Rohdens treten also in einen erweiterten theoretischen Kontext. Ihre Präsentation geht über die Gegenüberstellung des Schönen und Erhabenen als Pendants hinaus und muss im Zusammenhang von Quandts Sammlung verstanden werden. Der Grund liegt in Quandts spezifischem Verständnis der ästhetischen Kategorien. Es unterscheidet sich in wesentlichen Punkten von der Ästhetik seiner Zeit. Zwar reflektiert der Kunstschriftsteller die bekannten

Texte über das Erhabene und Schöne ausführlich, ganz besonders Kants *Kritik der Urteilskraft*. Doch anders als in der traditionellen Beurteilung der ästhetischen Kategorien setzt Quandt das Schöne und Erhabene einander nicht als Gegensätze gegenüber.[54] Bei ihm sind sie nur ein Verschiedenes, bleiben aber miteinander verbunden.[55] Anders als die Philosophen ergänzt er das Schöne und Erhabene mit dem Tragischen und Rührenden. Das Tragische zählt zwar auch beim wichtigen Ästhetiker und Professor in Tübingen und Zürich, Friedrich Theodor Vischer (1807–1887), zu den ästhetischen Kategorien. Vischer hat nur wenige Jahre, nachdem Quandt seine *Briefe aus Italien* veröffentlichte, 1837 seine Habilitationsschrift *Ueber das Erhabene und Komische, ein Beitrag zu der Philosophie des Schönen* publiziert.[56] Sie lässt sich an vielen Stellen mit Quandt vergleichen und kompiliert die ästhetischen Kernpunkte der zeitgenössischen Philosophie. Doch Vischer stellt dem Tragischen das Komische entgegen. Das Rührende dagegen spielt in seiner Ästhetik keine Rolle oder wird kritisch bis negativ beurteilt.[57]

Quandt ordnet seine Grundbegriffe der Kunstanschauung auf einem Kreis an (Abb. 12). Damit bleiben die traditionellen Gegensatzpaare mit der Verteilung der Begriffe an den Polen zwar noch erkennbar. Eine Vermischung der Gefühlskategorien jedoch findet sich sonst bei keinem Exponenten der philosophischen Ästhetik. Nur Quandt mischt sie wie die Farben zu «Nüancen des Gefühls».[58] Auf den ersten Blick scheint ihm mit dieser Vermengung der ästhetischen Kategorien und mit der Auflösung ihrer strikten Gegensätzlichkeit etwas Neues zu gelingen. Das einzige, was er jedoch vermischt, sind unterschiedliche Begriffsebenen. Darin liegt das Problem seiner Ästhetik: Quandt ordnet das Schöne der Vernunft zu, während das Erhabene, das Tragische und das Rührende Gefühle bezeichnen. Doch folgt man Kant, können Vernunftbegriffe und Gemütsregungen nicht auf der gleichen Begriffsebene verglichen werden. Aus dieser Erkenntnis heraus diskutierte der Königsberger Philosoph, Quandts erklärtes Vorbild, Schönheit und Erhabenheit im Rahmen der *Kritik der Urteilskraft* also auf einer gemeinsamen Begriffsebene. Damit gehört die Schönheit bei Kant nicht zur Vernunft. Auf der kantischen *Kritik* aufbauend, erfolgte die Weiterentwicklung der ästhetischen Kategorien durch die Ästhetiker des frühen 19. Jahrhunderts. Die deutschen Idealisten und Transzendentalphilosophen um Schelling verbanden – angeregt durch Kants Philosophie – Objektivität und Subjektivität, Vernunft und Gefühl, in der Transzendentalphilosophie. Sie verstanden Kunst als Anschauung des Unendlichen.

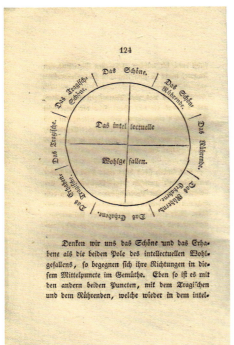

Abb. 12　Johann Gottlob von Quandt, «Das intellektuelle Wohlgefallen», in: *Briefe aus Italien über das Geheimnisvolle der Schönheit und die Kunst*, Gera: Heinsius, 1830, S. 124

Doch das alles interessierte Quandt nur theoretisch. «Ich [habe] mir alle Mühe gegeben [...] darzuthun, dass eine Ästhetik als abstracte Schönheitslehre etwas ganz Unzulässiges ist», schrieb er in einem Brief an Julius Schnorr von Carolsfeld (1794–1872).[59] Er wollte Kunst als etwas verstehen, was im Hier und Jetzt angeschaut wird. Für ihn ist Kunstanschauung nicht auf ein entferntes Unendliches bezogen, sondern es geht Quandt ganz konkret um ein Bild an der Wand, eine Statue auf dem Sockel oder den gotischen Dom in der Stadt. So versuchte er, was die Philosophen längst als unmöglich erkannt hatten: nämlich das Geschmacksurteil als Vernunftbegriff herzuleiten und vernünftige Kunstbetrachtung zu betreiben.[60]

Doch selbst wenn Quandts Argumentation, philosophisch verstanden, nicht aufgeht, stellt sich die Frage nach der Qualität seiner ästhetischen Schriften. Worin könnte sie trotz aller Widersprüche zu den Lehrmeinungen der deutschen Ästhetik in der ersten Hälfte des 19. Jahrhunderts liegen? Quandts Errungenschaft scheint die zu sein, die philosophischen Begriffe in eine Alltagssprache überführt zu haben. Dies zeigt sich an verschiedenen Beispielen. So verwendet er im Zusammenhang mit dem Begriff des Erhabenen immer wieder das aus dem morphologisch zugrundeliegenden Verb abgeleitete Attribut «erhebend», z. B. ein erhebender Berg, Wasserfall, Farbton.[61] Solche Umschreibungen haben einen didaktischen Charakter. Auch der Titel «Briefe» und die zahlreichen erläuternden Beispiele und eingewobenen Geschichten deuten in diese Richtung. Quandts Schriften sind womöglich eine Art theoretisches Manifest des Galeriegesprächs. In diesen Gesprächen verwendeten die Kunstfreunde dilettierend die Begriffe der Philosophen. Quandts Texte mögen eine Art Lehrbuch für Kunstfreunde sein. Damit können sie an ästhetischen Fragen teilhaben, ohne in den elitären Bereich philosophischer Komplexität vorstossen zu müssen.[62]

In Quandts Präsentation der Landschaften von Rohdens, Friedrichs, Richters, Catels und Steinkopfs lässt sich diese Vermittlung zwischen philosophischer Ästhetik und Kunstbetrachtung nachvollziehen. Es ist eine höchst private, zum Bild gewordene Ästhetik. Die Landschaften veranschaulichen Quandts persönliches Verständnis der ästhetischen Kategorien. Mit ihnen kann er die Empfindungen bei der Kunstbetrachtung vergleichen. Der Sammler entpuppt sich damit nicht so sehr als Ästhetiker auf der Höhe des philosophischen Diskurses, sondern vielmehr als engagierter Rezipient der philosophischen, ästhetischen und kunsttheoretischen Strömungen seiner Zeit.

Die Landschaftsgemälde geben wie die Historienmalerei in Quandts Augen Aufschluss über die Geschichte der menschlichen Vernunft. Gerade weil der Mensch Teil der Natur ist, eignen sich Naturdarstellungen hierin für eine vermittelnde Funktion. Die Künstler als vernünftige Menschen stehen so beispielhaft für die Fähigkeiten der menschlichen Vernunft: «Die Natur ist eine Autokratie die keine andern Gesetze hat, als die, welche ihre eigne Vernunft [...] gab. Diese Gesetze sind äusserst einfach u allgemein, so dass ihre Anwendung eine fast unendliche Mannichfaltigkeit u eine beinahe unbeschränkte Möglichkeit zulässt u darum der beschränkte menschliche Verstand nicht bestimmen kann, was möglich oder unmöglich seÿ. [...] Wer kann aber sagen, dass ein Berg, eine Wolke, eine Welle gerade die oder jene Form haben solle? Hegel hat wohl Recht zu sagen: Was ist, ist vernünftig. – Nur muss dieser Satz in Beziehung auf Landschaftsmalerei, welche eben nichts Wirkliches, sondern blos den Schein einer Wirklichkeit hervorbringt, so modificirt werden, dass der Landschafter, um die Vernunft nicht zu beleidigen, nur das darstellen darf, dessen Möglichkeit sich durch Naturformen, also erfahrungsmässig, darlegen lässt. [...] In dem Landschaftsbilde herrschen dieselben Naturgesetze wie im Cosmos u die Phantasie des Künstlers, in welchem die Allkraft des Lebens, wie im Weltall, von dem er ein Theilchen ist, waltet, gestaltet, ohne der Naturgesetze sich bewusst zu werden, das Kunstwerk eben so gesetzmässig, wie die Natur ihre Erzeugnisse.»[63] Damit ist für Quandt die Landschaftsmalerei eine Metapher der menschlichen Vernunft.

1 Johann Gottlob von Quandt, «Ueber die diessjährige Kunstausstellung in Dresden», in: *Kunstblatt*, 5 (1824), Nr. 92, S. 366.
2 Johann Gottlob von Quandt, geboren in Leipzig in eine durch Tabakhandel reich gewordene Familie; privat gebildet in kantischer Philosophie und Kunstgeschichte; entdeckte 1815 auf dem Dachboden der Nikolaikirche in Leipzig mehrere altdeutsche Gemälde und kam dadurch mit Johann Wolfgang von Goethe in Kontakt; 1819–1820 Romreise, auf der er mit den wichtigsten deutschen Künstlern verkehrte und bei diesen mehrere Gemälde in Auftrag gab, u. a. bei Julius Schnorr von Carolsfeld, Friedrich Overbeck, Joseph Anton Koch; 1820 erfolgreiches Adelsgesuch; ab 1824 dauerhaft in Dresden wohnhaft; 1828 Mitgründer und erster Vorsitzender des sächsischen Kunstvereins; 1830 Kauf des Ritterguts Dittersbach in der Nähe von Dresden, Einrichtung eines Landschaftsparks und Goethe-Erinnerungsortes; 1832–1834 Einrichtung des Historischen Museums Dresden (heute Rüstkammer); ab 1834 Mitglied des akademischen Rates der Dresdener Kunstakademie und der Galeriekommission der Königlich Sächsischen Gemäldesammlung; in den 1840er Jahren Reisen nach Spanien, Südfrankreich und Schweden, über die er ausführliche Berichte publizierte; zahlreiche Buch- und Aufsatzpublikationen zu Kunst und Kunstgeschichte, aber auch über Ästhetik, Philosophie, Politik, Schulbildung und Landwirtschaft. – Aktuellste Literatur: Andreas Rüfenacht, *Johann Gottlob von Quandt (1787–1859). Kunst fördern und ausstellen*, Diss. Univ. Zürich [erscheint 2017]; ders., «Johann Gottlob von Quandt und die Gründungsetappen des Leipziger Kunstmuseums», in: *mdbk. Jahrbuch des Museums der bildenden Künste Leipzig*, 18 (2016), S. 14–26; ders., «Zufluchtsorte verstossener Kunst. Johann Gottlob von Quandts Einrichtung des Historischen Museums Dresden 1832–34», in: *Jahrbuch der Staatlichen Kunstsammlungen Dresden*, Bd. 36, 2010, S. 110–119; ders., «Goethe in Dresden und Dittersbach. Frühe Formen des Dichter-Gedenkens bei Johann Gottlob von Quandt», in: *Literatur ausstellen. Museale Inszenierungen der Weimarer Klassik* (Jahrbuch der Klassik Stiftung Weimar, 2012), Göttingen: Wallstein, 2012, S. 31–53; *Johann Gottlob von Quandt, 1787–1859. Goetheverehrer und Förderer der Künste. Eine Sammlung von Beiträgen*, hrsg. von Helga Luzens, Dittersbach: Quandt-Verein, 2002; *«Von den herrlichsten Kunstwerken umgeben ...». Der Briefwechsel zwischen Johann Wolfgang von Goethe und Johann Gottlob von Quandt*, hrsg. von Walter Schmitz und Jochen Strobel, Dresden: Thelem, 2001.
3 Johann Gottlob von Quandt, *Verzeichniss von Gemälden und andern Kunstgegenständen im Hause des J. G. v. Quandt zu Dresden*, Dresden: Ramming, 1824; *Verzeichniss der von Herrn Johann Gottlob von Quandt hinterlassenen Gemälde-Sammlung alter und neuer Meister*, hrsg. von Ludwig Gruner, Dresden: Blochmann, 1868.
4 In verschiedenen Archiven und Bibliotheken konnten Briefe, Zeitungsartikel und Aufsätze eruiert werden, welche die öffentliche Zugänglichkeit von Quandts Sammlung nachweisen. Siehe auch Cornelia Briel, «Johann Gottlob von Quandt und die Kunstpflege in Sachsen», in: Luzens (Hrsg.) 2002 (wie Anm. 2), S. 11–17, hier S. 14. Eine ausführliche Beschreibung von Quandts Museum bietet das zweite Kapitel «Des Hrn. v. Quandt Kunstsammlung», in: Anonym, «Erinnerungen von einem Ausfluge nach Dresden», in: *Zeitung für die elegante Welt*, 25 (1825), Nr. 98–99, 102–104, Sp. 780–782, 788–791, 811–814, 817–820, 826–828.
5 Pendants spielten in der Dresdner Romantik eine wichtige Rolle. Das Zusammenführen solcher Bilderpaare lässt sich bei Quandt an verschiedenen Stellen beobachten. Siehe Leander Büsing, *Vom Versuch, Kunstwerke zweckmäßig zusammenzustellen. Malerei und Kunstdiskurs im Dresden der Romantik* (Dortmunder Schriften zur Kunst. Studien zur Kunstgeschichte, 2), Norderstedt: Books on Demand GmbH, 2011, S. 15–17, 235–240.

6 Gruner (Hrsg.) 1868 (wie Anm. 3), S. 23–24, Nr. 81–82. Siehe auch Johann Gottlob von Quandt, *Verzeichnis meiner Kupferstichsammlung als Leitfaden zur Geschichte der Kupferstecherkunst und Malerei*, Leipzig: Weigel, 1853, S. 169: «In früherer Zeit zeichnete Karstens, dann Thorwaldsen und auch Cornelius die Figuren in Kochs Landschaften. […] Koch gerieth dadurch, dass er die Staffage seiner Landschaften ausmalte, welche andere Künstler gezeichnet hatten, in die Selbsttäuschung, dass er ein grosses Talent für die Historienmalerei habe.»

7 Dieses Gemälde wird durch das Museum auf 1816 datiert. Wahrscheinlicher ist eine Entstehung im Jahr 1821, wie ein Brief von Rudolf Schadow an seinen Vater Johann Gottfried Schadow vom 17.1.1821 nahelegt, in dem steht, Koch male für Quandt ein Bild aus der Gegend des «Staubbach». In der Literatur zu Koch findet sich jedoch kein «Staubbach», weswegen es sich wohl eher um das vorliegende «Berner Oberland» handelt. Reichenbachfälle und der Staubbachfall sind nicht allzu weit voneinander entfernt, was aus der Berliner Perspektive zur Konfusion geführt haben könnte. Berlin, Staatliche Museen preussischer Kulturbesitz (SMPK), Zentralarchiv, Nachlass Johann Gottfried Schadow, NL Sw 182: «[…] Koch mahlt eine grosse Landschaft aus der Gegend des Staubbach in der Schweiz, Bestellung v. H. v. Quan[d]t […].»

8 Siehe zum Beispiel Johann Gottlob von Quandt, *Streifereien im Gebiete der Kunst auf einer Reise von Leipzig nach Italien im Jahr 1813*, 3 Bde., Leipzig: Brockhaus, 1819, Bd. 3, S. 231: «Die Eisgipfel der Alpen bilden jene glänzende Demantkette, welche das nordische Vaterland umgürtet, und mit Wehmuth verfolgt mein Blick die hohen, blauen Apenninen, die nach Süden hinziehen und in Duft und rosigen Nebel sich auflösen. […] Die Sonne sank auf die Alpen nieder und brannte wie ein heiliges Opferfeuer auf dem grossen Altar der Natur. Die Gluth entzündete Himmel und Erde, die Fluren dampften, die Eisgebirge flammten; alles schmolz und floss in und durch einander. So fliessen nun alle Erinnerungen in eine Einzige zusammen. Italien liegt mit glühenden Farben vor meiner Seele; einzelne duftige, hellerglänzende Wolken ziehen durch die Abendröthe der Erinnerung.»

9 Johann Gottlob von Quandt, *Entwurf zu einer Geschichte der Kupferstecherkunst und deren Wechselwirkungen mit anderen bildenden Künsten*, Leipzig: Brockhaus, 1826, S. 279.

10 Quandt 1819 (wie Anm. 8), Bd. 1, S. 71–72; Johann Gottlob von Quandt, *Briefe aus Italien über das Geheimnisvolle der Schönheit und die Kunst*, Gotha: Heinsius, 1830, S. 55–56, 298–300. Hier klingt das Kunstverständnis des deutschen Idealisten Friedrich Wilhelm Joseph Schelling (1775–1854) an: «Wie können wir jene scheinbar harte Form [der Natur – AR] geistig gleichsam schmelzen, dass die lautere Kraft der Dinge mit der Kraft unseres Geistes zusammenfliesst, und aus beiden nur Ein Guss wird?» F.W.J. Schelling, *Texte zur Philosophie der Kunst*, hrsg. von Werner Beierwaltes, Stuttgart: Reclam, 2004, S. 62–64. Quandt referiert Schellings Rede *Über das Verhältnis der bildenden Künste zur Natur* (1807) in seiner Publikation *Vorträge über Ästhetik für bildende Künstler. In der Königl. Academie für bildende Künstle zu Dresden gehalten*, Leipzig: Hirschfeld, 1844, S. 121–127.

11 Quandt 1830 (wie Anm. 10), S. 64; Johann Gottlob von Quandt, *Die Gemälde des Michel Wohlgemuth in der Frauenkirche zu Zwickau. Im Auftrage des Königlich Sächsischen Alterthumsvereins*, Dresden/Leipzig: Weigel, 1839, S. 5 über die Mimesis: «Die Darstellung des Wirklichen an sich […] leitete auf Abwege, und zwar zu einer Natürlichkeit, die in Niedrigkeit ausartete.» Quandts Mimesiskritik lautet ähnlich wie bei Schelling: «Wenn wir die Dinge nicht auf das Wesen in ihnen ansehen, sondern auf die leere, abgezogene Form, so sagen sie auch unserm Innern nichts.» Schelling 2004 (wie Anm. 10), S. 57–59, 64.

12 Brief an Julius Schnorr von Carolsfeld vom 20.9.1828, Sächsische Landes- und Universitätsbibliothek Dresden (SLUB), Mscr.

Dresd. n Inv. 15, Bd. 31, fol. 159r. In *Kunstblatt*, 29 (1848), Nr. 60, S. 239–240, charakterisiert Quandt Richters Figuren als «integrierende Theile der Natur». Richter selber war sehr bemüht um die Figuren und liess sie gar von Schnorr überarbeiten. Ganz im Sinne Quandts fragte er in einem Tagebucheintrag von 1830: «Könnte man nicht ein historisches Gemälde, ein Gedicht, ja eine Musik auch in eine Landschaft übersetzen?» Adrian Ludwig Richter, *Lebenserinnerungen eines deutschen Malers. Selbstbiographie nebst Tagebuchniederschriften und Briefen* (1885), hrsg. von Heinrich Richter, Einleitung von Ferdinand Avenarius, Leipzig: Hesse & Becker, 1909, S. 573. Siehe auch *Ludwig Richter – der Maler. Ausstellung zum 200. Geburtstag*, hrsg. von Gerd Spitzer und Ulrich Bischoff, Ausst.-Kat. Galerie Neue Meister, Staatliche Kunstsammlungen Dresden, 27.9.2003–4.1.2004, München: Deutscher Kunstverlag, 2003, S. 18–19, 141–144.

[13] Die historienartige Einbindung der Figuren spielt in der Rezeption des Werks eine wichtige Rolle; Dresden 2003–2004 (wie Anm. 12), S. 28–29. Quandt definierte Historien als Bilder, «durch welche grosse Charaktere in gehaltvollen Handlungen, erhöhte Gemüthszustände, in bedeutenden Lagen des Lebens, oder auch innere und äussere Schönheit in harmonischer Ruhe, in einem Daseyn sich darstellen.» Zit. nach *Ernst Ferdinand Oehme, 1797–1855. Ein Landschaftsmaler der Romantik*, hrsg. von Ulrich Bischoff, Ausst.-Kat. Albertinum, Staatliche Kunstsammlungen Dresden, 21.4.–29.6.1997; Museum für Kunst und Kulturgeschichte der Hansestadt Lübeck, Behnhaus, 20.7.–7.9.1997, S. 37.

[14] Richter 1909 (wie Anm. 12), S. 111.

[15] Brief Quandts an Schnorr vom 29.8.1824, SLUB, Mscr. Dresd. n Inv. 15, Bd. 31, fol. 117r; Anonym 1825 (wie Anm. 4), Sp. 812.

[16] Gruner (Hrsg.) 1868 (wie Anm. 3), Nr. 34, 37. Siehe auch Seymor Slive, *Jacob van Ruisdael. A Complete Catalogue of His Paintings, Drawings and Etchings*, New Haven/London: Yale University Press, 2001, Nr. 185, S. 191; Dresden/Lübeck 1997 (wie Anm. 13), S. 84, Nr. 90, S. 193.

[17] Zu den Fresken im Belvedere auf Schönhöhe siehe Rüfenacht 2012 (wie Anm. 2), S. 39–48. Das Dittersbacher Rittergut wurde in mehreren Publikationen thematisiert. Zusammenfassend die Artikel von Bernd Heinrich, Gerhard Glaser und Bernhard Maaz in Luzens (Hrsg.) 2002 (wie Anm. 2), S. 7–10, 43–56, 70–92.

[18] Quandt 1830 (wie Anm. 10), S. 367–368.

[19] Brief von Quandt an Johann Friedrich Rochlitz vom 24.8.1826, in: SLUB, Mscr. Dresd. App. 26, Nr. 219. Die Verse aus Ludwig Tiecks Gedicht «Der Trostlose», 1. Strophe, in: Ludwig Tieck, *Schriften in zwölf Bänden*, Bd. 7, *Gedichte*, hrsg. von Ruprecht Wimmer, Frankfurt a. M.: Deutscher Klassiker Verlag, 1995, S. 113. Der Bezug auf Tieck ebenso im Brief von Quandt an Schnorr vom 18.6.1826, in: SLUB, Mscr. Dresd. n Inv. 15, Bd. 31, fol. 132r: «Es ist eine Trauer über die ganze Natur in diesem Bilde verbreitet welche als genussreiche Schwermuth im Gemüth zum Bewusstseyn kommt.»

[20] Quandt 1830 (wie Anm. 10), S. 176–177. «Die Poesie ist universelle Kunst. [...] die Kunst ist nichts anders, als Versinnlichung innerer Anschauung.»

[21] Es handelt sich hierbei um eine Anspielung auf Quandts Herkunft: Seine Vorfahren stammten aus Holland.

[22] Ludwig Breuer, *Gedichte. Nachlass für seine Freunde*, Dresden: [s.n.], 1835, S. 133. Siehe auch Bernd Heinrich, «Johann Gottlob von Quandt in Dittersbach», in: Luzens (Hrsg.) 2002 (wie Anm. 2), S. 43–56, hier S. 45.

[23] Johann Wolfgang von Goethe, «Ruysdael als Dichter», in: *Morgenblatt für gebildete Stände*, 3.5.1816, Nr. 107, S. 425–427. Gertrud Rudloff-Hille, «Goethe und die Dresdner Galerie», in: *Beiträge und Berichte der Staatlichen Kunstsammlungen Dresden*, 1972–1975, S. 52–55.

[24] Es handelt sich um die Gemälde *Das Kloster*, Öl auf Leinwand, 75 × 96 cm, *Der Wasserfall vor dem Schlossberg*, Öl auf Leinwand, 99 × 85 cm, und *Der Judenfriedhof*, Öl auf Leinwand, 84 × 95 cm, alle in der Gemäldegalerie Alte Meister, Staatliche Kunstsammlungen Dresden, Gal.-Nr. 1494, 1495, 1502.

25 August Wilhelm Schlegel, *Die Gemählde. Gespräch*, hrsg. von Lothar Müller, Amsterdam u. a.: Verlag der Kunst, 1996, S. 24–39, über Ruisdael S. 30–31. Tristan Weddigen, *Die Sammlung als sichtbare Kunstgeschichte. Die Dresdner Gemäldegalerie im 18. und 19. Jahrhundert*, Habil. Universität Bern, 2008 [unpubliziert], S. 181–185, setzt sich ausführlich mit dem Verhältnis von Goethes Essay und Schlegels Landschaftsidee auseinander. Siehe auch Rudloff-Hille 1972–1975 (wie Anm. 23), S. 52; Oskar Bätschmann, «Carl Gustav Carus (1789–1869): Physician, Naturalist, Painter, and Theoretician of Landscape Painting», in: Carl Gustav Carus, *Nine Letters on Landscape Painting*, hrsg. und eingel. von Oskar Bätschmann, übers. von David Britt, Los Angeles: Getty Research Institute, 2002, S. 1–73, hier S. 22–23.
26 Johann Gottlob von Quandt, *Der Begleiter durch die Gemälde-Säle des Königlichen Museums zu Dresden*, Dresden: Meinhold, 1856, S. 117–118.
27 Goethe 1816 (wie Anm. 23), S. 425.
28 Brief von Goethe an Quandt vom 18.12.1831, in: Schmitz/Strobel (Hrsg.) 2001 (wie Anm. 2), S. 152; Johann Gottlob von Quandt, «Meine Berührungen mit Goethe», ebd., S. 239.
29 Brief vom 8.12.1831, in: Schmitz/Strobel (Hrsg.) 2001 (wie Anm. 2), S. 150. Siehe auch Quandt 1830 (wie Anm. 10), S. 56–57.
30 Das Gemälde ist als Radierung von Johann Gottfried Frenzel, *Landschaft mit Einsiedler*, 19 × 22,5 cm, Museen der Stadt Nürnberg, Inv.-Nr. St. N. 10607, überliefert. Siehe auch *Johann Martin von Rohden 1778–1868*, hrsg. von Marianne Heinz, Ausst.-Kat. Neue Galerie, Kassel, 22.9.–19.11.2000; Von der Heydt-Museum, Wuppertal, 3.12.2000–4.2.2001, Wolfratshausen: Edition Minerva, 2000, S. 24–25; Ruth Pinnau, *Johann Martin von Rohden 1778–1868. Leben und Werk*, Bielefeld: Broelemann, 1965, Kat.-Nr. VG 46, S. 142–144.
31 Brief an Schnorr vom 30.5.1823, in: SLUB, Mscr. Dresd. n Inv. 15, Bd. 31, fol. 96v und *Kunstblatt*, 5 (1824), Nr. 92, S. 366. Ebenso ein anonymer Besucher in Quandts Sammlung: «Die Komposition ist vortrefflich […]. Man kann jede Pflanze, jeden Baum in grösster Nähe besehen, und sich der ungemeinen Naturtreue im Einzelnen erfreuen, so wie man dieselbe in weiter Entfernung in dem Ganzen wiederfindet.» Anonym 1825 (wie Anm. 4), Sp. 782.
32 Zur Unterscheidung von Quandts Version des Gemäldes und der etwas späteren Fassung in der Hamburger Kunsthalle siehe Helmut Börsch-Supan/Karl Wilhelm Jähnig, *Caspar David Friedrich. Gemälde, Druckgraphik und bildmässige Zeichnungen* (Studien zur Kunst des 19. Jahrhunderts, Sonderbd., 4/Jahresgabe des Deutschen Vereins für Kunstwissenschaft, 1974/1975), München: Prestel, 1973, Kat.-Nr. 295, 311, S. 376–377, 386–387. Ihre Identifikation der Versionen gilt in der heutigen Forschung als akzeptiert.
33 Brief von Quandt an Schnorr vom 4.3.1822, in: SLUB, Mscr. Dresd. n Inv. 15, Bd. 31, fol. 82r.
34 Zit. nach dem russischen Zeitgenossen Friedrichs, Wassili Andrejewitsch Shukowski in einem Brief vom 23.6.1821, abgedruckt in: Johannes Grave, *Caspar David Friedrich und die Theorie des Erhabenen*, Weimar: VDG, 2001, S. 85.
35 Büsing 2011 (wie Anm. 5), S. 231–232; Werner Busch, *Caspar David Friedrich. Ästhetik und Religion*, München: Beck, 2003, S. 147–148; Grave 2001 (wie Anm. 34), S. 85–99.
36 Quandt 1824 (wie Anm. 3), S. 4. Domenico Quaglio, *Ansicht des Freiburger Münsters von Nordwesten*, 1821, Öl auf Leinwand, 102 × 84,7 cm, Augustinermuseum, Freiburg i. Br., Inv.-Nr. M 24/008. Beschreibungen der weiteren Gemälde in Gruner (Hrsg.) 1868 (wie Anm. 3), Nr. 102, 105 (Quaglio), Nr. 42, Schule von Bologna, 1824, Sassoferrato zugeschrieben, Nr. 64 (Friedrich), Nr. 67 (Rohden). Da Raumpläne fehlen, ist die sichere Verortung der fünf Gemälde auf den Wänden des Zimmers nicht möglich. Anonym 1825 (wie Anm. 4), Sp. 781–782, beschreibt nur von Rohdens und Quaglios Gemälde.
37 Siehe oben Zitat unter Anm. 33. Vgl. Busch 2003 (wie Anm. 35), S. 147, und Grave 2001 (wie Anm. 34), S. 93. Die Verbindung der Gegenstücke mit einem südlichen Arkadien

und einem nördlichen Erlösungsgedanken bei Peter Rautmann, *C. D. Friedrich. Das Eismeer. Durch Tod zu neuem Leben*, Frankfurt a. M.: Fischer Taschenbuch Verlag, 1991, S. 45–49. Zur Gegensätzlichkeit von Schönheit und Erhabenheit siehe die Artikel «Schön/Schönheit», in: *Ästhetische Grundbegriffe (ÄGB). Historisches Wörterbuch in sieben Bänden. Studienausgabe*, hrsg. von Karlheinz Barck et al., Stuttgart/Weimar: Metzler, 2010, Bd. 5, S. 396–419; «Erhaben», ebd., Bd. 2, S. 288–298.

[38] Quandt 1826 (wie Anm. 9), S. 20. Siehe auch Rautmann 1991 (wie Anm. 37), S. 48–49.

[39] Diese Deutung kennzeichnet schon die Landschaft von Rohdens, in welcher der Einsiedler einen nordischen Pilger bewirtet; siehe Anonym 1825 (wie Anm. 4), Sp. 781. Rautmann 1991 (wie Anm. 37), S. 66–75, nimmt für die Hamburger *Eismeer*-Version von Friedrich genau diese Interpretation vor.

[40] Johann Gottlob von Quandt, *Beobachtungen und Phantasieen über Menschen, Natur und Kunst auf einer Reise in's mittägige Frankreich*, Leipzig: Hirschfeld, 1846, S. IV, 83: «Ich konnte keine Gelegenheit vorüber gehen lassen, welche sich darbot, meine Ueberzeugung zu befestigen: dass der Spitzbogenstyl nicht in Frankreich, sondern in Deutschland ausgebildet wurde. [...] Die deutschen Baumeister des 13. Jahrh. aber erkannten die Schönheit der Verhältnisse eines Baues, in welchem der Spitzbogen rein durchgeführt und Grundgesetz aller Formen ist. Diese Umgestaltung der Baukunst [...] ist unbestreitbar das Werk der Deutschen.»

[41] Quandt 1819 (wie Anm. 8), Bd. 1, S. 112–113; siehe auch Rüfenacht 2012 (wie Anm. 2), S. 37–39; Weddigen 2008 (wie Anm. 25), S. 222. Die Beschreibung in Gruner (Hrsg.) 1868 (wie Anm. 3), S. 13 (als Schule von Bologna) stimmt mit Raffaels *Madonna di Loreto* von 1509/1510, heute im Musée Condé, Chantilly, überein.

[42] Quandt war bei seiner Arbeit in der Dresdner Gemäldegalerie im alten Galeriegebäude massgeblich daran beteiligt, die nationalen Stile zu vereinigen. Auf ihn gehen Vorschläge zurück, den Galerierundgang so zu gestalten, dass man nicht zum zentralen italienischen Kern der Sammlung vordringt, sondern die nördlichen und südlichen Schulen abwechslungsweise und einigermassen chronologisch abschreitet. Die Frage des Nord-Süd-Ausgleichs im Kontext der Nazarener und der deutschen Romantik sowie Quandts Arbeit in der Gemäldegalerie in Dresden werden in meiner Dissertation (wie Anm. 2) ausführlich analysiert. Siehe auch Weddigen 2008 (wie Anm. 25), S. 221–222.

[43] Gruner (Hrsg.) 1868 (wie Anm. 3), S. 18–19. Das Vorwort des Katalogs vermerkt, dass nach Quandts Tod 1859 keinerlei Änderungen an den Hängungen vorgenommen worden seien.

[44] Immanuel Kant, *Kritik der Urteilskraft. Schriften zur Ästhetik und Naturphilosophie. Text und Kommentar* (Deutscher Klassiker Verlag im Taschenbuch, 37), hrsg. von Manfred Frank und Véronique Zanetti, Frankfurt a. M.: Deutscher Klassiker Verlag, 2009, S. 522–524; siehe auch ÄGB 2010 (wie Anm. 37), Bd. 5, S. 413. Manfred Frank, *Einführung in die frühromantische Ästhetik. Vorlesungen* (edition suhrkamp, 1563), Frankfurt a. M.: Suhrkamp, 1989, S. 87–94.

[45] Quandt 1830 (wie Anm. 10), S. 44. Der Schönheitsbegriff als Kern und Grundbedingung seiner Kunsttheorie in den Briefen 1–5, ebd., S. 1–67.

[46] Quandt war sich bewusst, dass er nicht mit Kant übereinstimmte. Quandt 1830 (wie Anm. 10), S. 50–52; Quandt 1844 (wie Anm. 10), S. 96–104; vgl. Kant 2009 (wie Anm. 44), S. 531–532.

[47] Quandt 1830 (wie Anm. 10), S. 50–52. Die einzelnen Kategorien sind in den Briefen 7–10, ebd., S. 80–146, erläutert. Das Schöne ist den anderen drei Begriffen als Vernunftbegriff übergeordnet. Als Gefühl der Schönheit, also als intellektuelles Wohlgefallen, ist es den anderen Begriffen aber gleichgestellt. Sein Merkmal sei, laut Quandt, eine innere Befriedigung. Ebd., S. 80.

[48] Quandt 1830 (wie Anm. 10), S. 82–83, allgemein über den Erhabenheitsbegriff, ebd., S. 80–103.

49 Quandt 1830 (wie Anm. 10), S. 107–113, über das Rührende.
50 Ebd., S. 117: «Wir nennen es tragisch, wenn wir das Individuum untergehen und eine sittliche Idee siegreich hervorgehen sehen.» Allgemein über das Tragische ebd., S. 116–120.
51 Quandt 1830 (wie Anm. 10), S. 333–334.
52 Dies wird in meiner Dissertation (wie Anm. 2) ausführlich vorgenommen. Quandt über das verschollene Gemälde von Steinkopf in: *Kunstblatt*, 2 (1821), Nr. 30, S. 117–118. Zu Richter in: *Kunstblatt*, 5 (1824), Nr. 92, S. 366.
53 Quandt 1830 (wie Anm. 10), S. 103–106, 113–117. Franz Ludwig Catel, *Eine Fischerfrau beklagt mit ihren Kindern am Strand den Tod ihres Gatten (Die unglückliche Heimkehr des Fischers)*, 1824, Öl auf Leinwand, 62 × 74 cm, Verbleib unbekannt. Siehe auch Andreas Stolzenburg, *Der Landschafts- und Genremaler Franz Ludwig Catel (1778–1856)*, hrsg. von Ursula Bongaerts, Ausst.-Kat. Casa di Goethe, Rom, 30.1.–22.4.2007, S. 65–70.
54 Zu den Gegensätzen der ästhetischen Kategorien siehe Kant 2009 (wie Anm. 44), v. a. §1–29, S. 521–619; siehe auch den Kommentar ebd., S. 1235–1247; Renate Reschke, «Schön/Schönheit», in: ÄGB 2010 (wie Anm. 37), Bd. 5, S. 413; Jörg Heininger, «Erhaben», ebd., Bd. 2, S. 293–296. Siehe auch Frank 1989 (wie Anm. 44), S. 87–103; Schelling 2004 (wie Anm. 10), S. 113.
55 Quandt 1830 (wie Anm. 10), S. 102: «Dass ein Kunstwerk schön seyn und auch das Gefühl der Erhabenheit in uns erwecken kann, geht aus dem Wesen des Schönen und Erhabenen hervor, welche zwar verschieden, aber nicht sich aufhebend entgegengesetzt sind.»
56 Friedrich Theodor Vischer, *Ueber das Erhabene und Komische, ein Beitrag zu der Philosophie des Schönen*, Stuttgart: Imle & Krauss, 1837. In dieser Abhandlung legte Vischer die Grundlage für seine umfassende Ästhetik, die ab 1857 in sechs Bänden erschien.
57 Kant 2009 (wie Anm. 44), S. 547; Vischer 1837 (wie Anm. 56), S. 78. Siehe auch Klaus Schwind, «Komisch», in: ÄGB 2010 (wie Anm. 37), Bd. 3, S. 363–371, und Roland Galle, «Tragisch/Tragik», ebd. 2010, Bd. 6, S. 151–165. Der Begriff des Rührenden kommt hingegen in den ÄGB nicht vor.
58 Quandt 1830 (wie Anm. 10), S. 123.
59 Er bezieht sich hier auf seine *Briefe aus Italien*, die 1830 erschienen. Brief von Quandt an Schnorr vom 4.1.1830, in: SLUB, Msc. Dresd. n Inv. 15, Bd. 31, fol. 166v.
60 Zur intellektuellen Anschauung bei den frühromantischen Philosophen siehe Frank 1989 (wie Anm. 44), S. 155. Siehe auch Waltraud Naumann-Beyer, «Anschauung», in: ÄGB 2010 (wie Anm. 37), Bd. 1, S. 238–240.
61 Quandt 1830 (wie Anm. 10), S. 82, 96.
62 In diese Richtung geht auch eine Kurzrezension der *Briefe aus Italien* in der *Zeitung für die elegante Welt*, 30 (1830), Nr. 100, Sp. 800: «Ist es auch nicht zu verkennen, dass in unserer Zeit Werke, die sich mit Kunstphilosophie beschäftigen, ein solches Publicum finden möchten, wie zu [Zeiten Kants und seiner Nachfolger – AR] […], so darf doch, wie Ref. zu glauben geneigt ist, ein solches Buch, vorausgesetzt, dass es wirklich gründlich Gedachtes und wahrhaft Gediegenes in Gehalt und Form anzubieten hat, immer noch auf die Aufmerksamkeit und Theilnahme eines nicht unansehnlichen Theils gebildeter Leser rechnen.» Siehe auch Weddigen 2008 (wie Anm. 25), S. 150–151; Lothar Müller, «Nachwort», in: Schlegel 1996 (wie Anm. 25), S. 165–196, hier S. 167–168.
63 Brief von Quandt an den Leipziger Verleger Rudolph Weigel (1804–1867) vom 26.3.1859, in: SLUB, Msc. Dresd. App. 204, Nr. 97y. Vgl. auch das Zitat weiter oben Anm. 10. Diese sehr späte Äußerung relativiert die frühen Aussagen, als er noch schrieb, die künstlerische Vernunft würde nicht von der Natur bestimmt. Möglicherweise nimmt er hier Carl Gustav Carus' (1789–1869) *Neun Briefe über Landschaftsmalerei* von 1831 auf. Die Beziehung zu Carus ist ambivalent. Der Arzt gehörte zu denjenigen, die Quandt 1833 aus dem Sächsischen Kunstverein ekelten. Er übernahm dessen Nachfolge als Vorsitz. Gleichzeitig sind sechs freundliche Briefe

von Quandt an Carus aus den Jahren 1830–1832 erhalten in: SLUB, Msc. Dresd. App. 204, Nr. 97h-n. Siehe auch den Beitrag von Brunhilde Köhler, «Johann Gottlob von Quandt und der Sächsische Kunstverein», in: Luzens (Hrsg.) 2002 (wie Anm. 2), S. 18–26; Bätschmann 2002 (wie Anm. 25), S. 36–39.

II. Medien, Produktion, Markt

Adrian Zingg und die sächsische Landschaft

Kunstlandschaft Dresden. Adrian Zinggs Vorgänger und Zeitgenossen in der sächsischen Landschaftsmalerei

Anke Fröhlich-Schauseil

Dresden war im 18. Jahrhundert eines der Kunstzentren im deutschen Sprachraum, in dem Kunstlandschaft und Landschaftskunst eng miteinander verbunden waren. Die vielfältige, als «schön» oder als «pittoresk» wahrgenommene Umgebung der Stadt trug ebenso dazu bei wie die reichen Kunstsammlungen mit grossen Beständen an Landschaftsgemälden, -zeichnungen und -druckgrafik, die man hier studieren konnte. Unter den Kurfürsten mit ihren Beratern, Kunstagenten und Sammlungsinspektoren sowie mit kennerschaftlichen Sammlern, Gelehrten und Autoren herrschte hier ein den Künsten wohlgesonnenes Klima, das sich konkret in Ankäufen, Stipendien, Gratifikationen und schliesslich auch in der Akademiegründung 1764 ausdrückte.

Selbst wenn Landschaftsmalerei der tradierten Hierarchie zufolge geringer angesehen war als andere Bildgattungen, wusste man sie doch zu repräsentativen Zwecken zu nutzen und entwickelte früh ein Sensorium für ihre Reize. Unter dem Einfluss zeitgenössischer Literatur und pantheistischer Vorstellungen, die sich hier beispielsweise auch unter dem Einfluss der Herrnhuter Brüder entwickelt hatten, wirkte sie schliesslich auf die Naturwahrnehmung selbst zurück, so dass – unter der Anteilnahme und der Anleitung solcher Autoren wie Gottlieb Wilhelm Becker (1753–1813) – bedeutungsreich aufgeladene «empfindsame» Parks angelegt und zugleich die Sächsische Schweiz als Wandergebiet erschlossen wurden.[1]

Auch dass sich hier um 1800 die frühromantische Landschaftsauffassung herausbilden konnte, lag nicht allein an dem einzelnen Genie Caspar

David Friedrichs (1774–1840), den die Landschaft, die Sammlungen und vor allem die Akademie mit ihrem Lehrstuhl für Landschafts- und Tiermalerei hierher gezogen hatten, sondern an der bereits zuvor unter älteren Malern entwickelten Empfänglichkeit für atmosphärische Reize, in der Natur erlebbare Stimmungen – und am Vermögen, dafür eine künstlerische Sprache zu finden. Friedrich und sein Kreis bewegten sich innerhalb einer Künstlerszene, in der sie ein breites Spektrum von Aspekten dieser Kunstgattung, von Landschaftstypen, Kompositionsweisen und Handschriften kennenlernten, um daraus dann ihre, die romantische Natur- und Weltanschauung zu amalgamieren.

Im Folgenden werden Adrian Zinggs (1734–1816) Vorgänger und Zeitgenossen vorgestellt, ohne dass dabei auf den Professor für Landschafts- und Tiermalerei Johann Christian Klengel (1751–1824) und dessen Schule oder auch die romantischen Landschaftsmaler um Caspar David Friedrich näher eingegangen würde. Zwar war Zingg während der fünf Jahrzehnte seiner Tätigkeit in Dresden auch ihr Zeitgenosse und unter seinem wie unter dem Einfluss seines jüngeren Kollegen Klengel bildete sich eine grosse Zahl an Künstlern aus, die ein breites Spektrum von Landschaftsauffassungen, künstlerischen Techniken sowie Publikumserwartungen bedienten;[2] doch gehörte er einer älteren Generation an: Sein Werk zeigt bei aller zeitweiligen Neuigkeit doch ein tieferes Verständnis für die barocken Bildtraditionen der älteren Künstler als für die Bestrebungen der Romantiker.

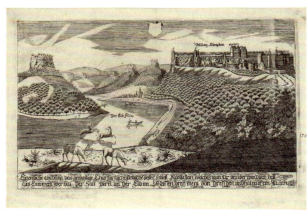

Abb. 1 Künstler unbekannt, *Eigentliche abildung, das gewaltige Churfürstliche sächsche vestes schloß, Königstein, welches man für unüberwindlich helt ...*, 2. Hälfte 17. Jh., Kupferstich, 21,5 × 34,6 cm, Kupferstich-Kabinett, Staatliche Kunstsammlungen Dresden, Inv.-Nr. A 133065

Die Landschaftsmalerei in Sachsen bis zur Mitte des 18. Jahrhunderts

Die Ursprünge der Landschaftsmalerei in Sachsen lagen in topografischen Darstellungen, die sich noch eng mit der Kartografie berührten. Wenn die später so berühmte Landschaft des Elbsandsteingebirges als Motiv gewählt wurde, dann als strategisch günstiger Standort der «uneinnehmbaren» Festung Königstein an der Elbe (Abb. 1). In die Landschaft eingebettete Städteansichten schmückten auch die seitlichen Bildfelder der Decke des sogenannten Riesensaals im Dresdner Residenzschloss.[3] Kurfürst Johann Georg I. (1585–1656) hatte im Jahr 1627 den Kriegsingenieur, Baumeister, Kartografen und Vedutenzeichner Wilhelm Dilich (1571–1650) mit Ansichten sächsischer Ortschaften beauftragt.[4] Die Dresdner Hofmaler Kilian Fabritius (um 1585–1633) und Christian Schiebling (1603–1663) nutzten sie als Vorlagen für die Deckenausmalung im Riesensaal, die, in der Zeit des Dreissigjährigen Krieges entstanden, mit der Wiedergabe seines Territoriums vorrangig eine politische Funktion erfüllte. Auch der Schweizer Vedutist Matthäus Merian (1593–1650), der in der ersten Hälfte des 17. Jahrhunderts eine grosse Zahl deutscher Städte wiedergab, setzte mehrere von Dilichs Zeichnungen in Kupferstiche um.

Der Prospekt- und Landschaftsmaler Johann Alexander Thiele und seine Schüler

Ihren Anfang als eigene Kunstgattung nahm die Landschaftsmalerei in Dresden mit dem Hofmaler Johann Alexander Thiele (1685–1752), dem sogenannten «Vater der sächsischen Landschaftsmalerei».[5] Von ihm sind neben Zeichnungen – zumeist Landschafts- und Kompositionsskizzen oder Pflanzenstudien (Abb. 2) – und Landschaftsinventionen im Stil niederländischer Meister des 17. Jahrhunderts hauptsächlich Prospekte realer Gegenden aus Sachsen, Böhmen, Thüringen und Mecklenburg überliefert. Vor allem mit diesen grossformatigen Gemälden, in denen er als Erster und mit sicherem Gespür eindrucksvolle, zum Teil düster-dramatisch aufgeladene, dann wieder beruhigt-heiter ausgebreitete Landschaften detailliert und mit erzählerischen Staffagen schilderte, machte er sich einen Namen.

Schon in den ersten Jahrzehnten des 18. Jahrhunderts erschlossen er und seine Schüler sich auch die Oberlausitz, die Muldental-Landschaft und das Erzgebirge. Ausser aus den Beständen kleinerer Museen geht dies vor allem aus den Ortsbezeichnungen auf Zeichnungen von Thiele,

Abb. 2 Johann Alexander Thiele, *Drei Baumstudien*, Pinsel in Grau über Grafit, Rückseite: Baumstudie in schwarzer Kreide, 56,2 × 24,4 cm (Blattmass), 25,5 × 24,4 cm (Bildmass), Kulturhistorisches Museum Görlitz, Graphisches Kabinett, Inv.-Nr. H 107

Johann Gottlieb Schön (um 1720–1746?) und Christian Benjamin Müller (1690–1758) hervor, die überwiegend im Graphischen Kabinett des Kulturhistorischen Museums Görlitz überliefert sind.[6] Lange vor Adrian Zingg hatte Thiele demnach begonnen, systematisch hinauszuwandern, um unter freiem Himmel zu zeichnen, wie seine genau beobachteten, sensiblen Naturstudien seit den zwanziger Jahren des 18. Jahrhunderts zeigen, die sich mit Zinggs systematisch-lehrhaften Baumstudien ebenso vergleichen lassen wie mit denen Caspar David Friedrichs ungefähr 80 Jahre später.

Nach dem Vorbild Claude Lorrains (1600–1682) oder auch wie Bernardo Bellotto in Dresden (1721–1780) reproduzierte Thiele seine Prospekte in grossen Radierungen selbst; darunter 1726 die Festung Königstein mit dem Lilienstein als zentralen Gipfeln des Elbsandsteingebirges, die Adrian Zingg später in den Stand von landschaftlichen «Ikonen» erhob (Abb. 3). In ihnen erscheint der Landschaftsausschnitt gleichsam gestaucht und auf diese Weise in die Bildfläche gezwungen; eine barock-mechanistische Verfahrensweise, die Thieles frühen Malstil auszeichnet.

In der Jahrhundertmitte wandelte sich seine Auffassung: Das Gelände – wie in der 1741 datierten Elblandschaft westlich von Dresden bei dem heute eingemeindeten Dorf Pieschen (Abb. 4) – erscheint nun weniger

Abb. 3 Johann Alexander Thiele, *Königstein von Westen*, 1726, Radierung, 35,5 × 56,1 cm, Kupferstich-Kabinett, Staatliche Kunstsammlungen Dresden, Inv.-Nr. A 133061

aufgewühlt und bewegt und die Konturen zeigen sich durch atmosphärische Erscheinungen gemildert. Vor allem aber wandelte sich das Kolorit aus dem Dunklen und etwas Trockenen ins Helle, Weiche und Lichtdurchflutete. Weniger die Gegenstände als der Raum zwischen ihnen, gleichsam als Bild- und Welt-Raum, wurde damit thematisiert. Im Gegensatz zu den Prospekten malte Thiele seine Landschaftsinventionen wie die Niederländer des 16. und 17. Jahrhunderts oft im kleinen Kabinettformat und auf Blech, worauf besonders feine Pinselstriche in intensiv leuchtendem Kolorit möglich waren. Auch in diesen miniaturhaften Landschaften sind die schmelzenden Farben des Himmels, die Übergänge von Blau zu Gelb und Rot und ihre Spiegelungen in Gewässern das eigentliche Thema. Mit dieser Empfänglichkeit für das Atmosphärische in der Natur, die er wahrscheinlich an den Gemälden seines Vorbildes Christoph Ludwig Agricola (1667–1719) schulte, zählt Thiele zu den Vorbereitern der Dresdner Frühromantik.

Von Johann Gottlieb Schön, den Thiele während seiner Thüringer Zeit zu sich nahm, stammen Zeichnungen, deren Gegenstände mit denen seines Lehrers besonders eng zusammenhängen. Man kann an ihnen nachweisen, dass sie beide auf der Suche nach Motiven gemeinsam mit Müller weite Wanderungen unternahmen und dass Thieles endgültige Prospekte schliesslich in einer Werkstattgemeinschaft entstanden. Beide zeichneten vor denselben Motiven und aus ähnlichen Blickwinkeln; oder Thiele nutzte auch die Blätter seiner Schüler als Vorarbeiten – ein Hinweis darauf, dass Zinggs vereinnahmender Umgang mit den Werken seiner Mitarbeiter nichts Ungewöhnliches war. So zeichnete Schön eine Brücke, die der Wasserzuführung zu dem Bergbaugebiet um Freiberg diente (Abb. 5). Ein paar Jahre später schuf Thiele ein Gemälde des Aquädukts aus derselben Perspektive und «vervollständigte» es selbstverständlich durch Repoussoirs und Staffage im Vordergrund.[7] Mit dieser Arbeitsweise steht sicher im Zusammenhang, dass von Müller keine und von Schön nur wenige eigene Ölgemälde überliefert sind.[8] Später wählte auch Adrian Zingg das eindrucksvolle Bauwerk mehrfach als Motiv, wobei er den panoramaähnlichen Ausblick auf die Brücke in einer weit ausgebreiteten Landschaft beibehielt.[9]

Während Thiele, Schön und Müller mit ihrem Interesse für topografische und landschaftliche Höhepunkte sowie mit ihrer Art der Zusammenarbeit unmittelbare Vorläufer von Zingg und dessen Werkstattmitarbeitern waren, brachten Thieles Schüler Johann Christian Vollerdt (1708–1769) und Christian Wilhelm Ernst Dietrich (1712–1774) jeweils ein eigenständiges, von selbständigen Interessen und ausgeprägten Begabungen bestimmtes Œuvre hervor.

Von Johann Christian Vollerdt sind vor allem Elbe- und Rheinlandschaften überliefert sowie Inventionen im Stil älterer Meister. Seine frühes-

Abb. 4   Johann Alexander Thiele, *Elblandschaft bei Neudorf und Pieschen*, 1741, Öl auf Leinwand, 105×153 cm, Gemäldegalerie Alte Meister, Staatliche Kunstsammlungen Dresden, Gal.-Nr. 3590

Abb. 5 Johann Gottlieb Schön, *Prospect von der Halsbrücken bey Freyberg/nach dem Leben gezeichnet von J. G. Schön*, 1738, Pinsel in Grau über Grafit, 20 × 33 cm, Sächsische Landesbibliothek – Staats- und Universitätsbibliothek Dresden, Kartensammlung, Inv.-Nr. SLUB/KS B2231

ten überlieferten Werke stammen aus dem Jahr 1738, die spätesten von 1769. Über 200 konnten bisher von ihm nachgewiesen werden, und im Kunsthandel tauchen immer wieder einmal Werke von ihm auf.[10] Besonders Jan Griffier (um 1645–1718) mit seinen von hohem Standpunkt aus gesehenen tiefräumigen Gebirgs- und Flusslandschaften hatte er sich zum Vorbild gewählt (Abb. 6). Mittels Architektur- und Figurenstaffage, Gewässern, hintereinander gestaffelten Gebirgsformationen usw. legte er innerhalb einer Bildwelt mehrere Binnenräume an, die der Betrachter blickend «durchwandern» kann. Daneben schuf er zum Beispiel eine Dresden-Vedute, deren Perspektive später unter anderen auch Adrian Zingg wieder aufgreifen sollte. Das Gemälde, das an Bernardo Bellottos Veduten der Stadt gemahnt, zeigt Dresden kurz vor der Zerstörung durch die preussischen Kanonen im Siebenjährigen Krieg.[11]

Der Hofmaler Christian Wilhelm Ernst Dietrich

Der berühmteste und einflussreichste unter Thieles Schülern war der Dresdner Hofmaler Christian Wilhelm Ernst Dietrich, genannt Dietricy.[12] Zwölfjährig kam er als frühe und virtuose Begabung aus Weimar zu Thiele nach Dresden, wo er dem Kurfürsten Friedrich August I., genannt der Starke (1670–1733), als Wunderkind vorgestellt wurde. In den folgenden Jahrzehnten spielte er in der deutschen Kunst des 18. Jahrhunderts eine zentrale Rolle, und sein Einfluss reichte bis weit in das 19. Jahrhundert hinein.

Schon aus den dreissiger Jahren des 18. Jahrhunderts sind zahlreiche Werke überliefert, doch seit seiner Italienreise 1743 wurde er ausserordentlich produktiv. Auch wenn er eher als beabsichtigt zurückkehrte und schon früh – von Autoren wie seinem Freund Karl Heinrich von Heineken (1707–

1791) oder seinem Biografen Johann Friedrich Linck – betont wurde, dass er von der Reise weniger profitiert habe als erhofft, ruht in den Depots der Museen und grafischen Sammlungen in Deutschland und Europa ein grosser Schatz «italienischer» Zeichnungen und Gemälde, die von den Eindrücken der Reise gespeist sind. Dabei lässt sich beobachten, dass er bestimmte Motive wie antike Bogenbrücken mit Turmruinen und Statuen mehrfach aufgriff. Auf dem Wege von nüchternen Studien im Skizzenbuch bis hin zum Gemälde «präludierte» der Künstler dabei gleichsam über das Brücken-Motiv.[13] Ein anderes, häufig wiederkehrendes Sujet war der Rundtempel, dessen Urbild Dietrich in Tivoli gesehen hatte und den Zingg in einer eng an Dietrichs Stil angelehnten Zeichnung ebenfalls wiedergab.[14] Neben italienischen Villen, Parks mit Pinien und Zypressen oder strähnenförmig herabstürzenden Wasserfällen stellte er die kolossalen antiken Überreste und ihre Nutzung durch einfache Landleute besonders gern dar. Häufig sind die Blätter erst Jahre nach seiner Reise datiert, so dass sie sich trotz ihres auf den ersten Blick spontan anmutenden Zeichenduktus als Werkstattprodukte eines kalkuliert für den Kunstmarkt schaffenden Künstlers erweisen.

Abb. 6   Johann Christian Vollerdt, *Der Tag*, 1743, Öl auf Holz, 35 × 43 cm, Museum der bildenden Künste Leipzig, Inv.-Nr. 1273

Dietrich war in seiner thematischen Bandbreite wie in seinem Stil äusserst variabel – als Landschaftsmaler (Abb. 7), jedoch auch als Maler antiker und biblischer Historiengemälde, Watteau'scher Wanddekorationen, höfischer und bürgerlicher Porträts oder niederländischer Genreszenen, bei denen er sich von Adriaen van Ostade (1610–1685) und David Teniers d. J. (1610–1690) inspirieren liess. In seinen Landschaften bezieht er sich auf Salvator Rosa (1615–1673), Nicolaes Berchem (1620–1683), Allaert van Everdingen (1621–1675) oder Cornelis van Poelenburg (um 1594/1595–1667) und vor allem Rembrandt Harmensz. van Rijn (1606–1669). Diese Vorbilder konnte man in der berühmten Gemäldegalerie des Kurfürsten studieren, der er selbst als Inspektor vorstand.

In gewisser Weise verschmolz Dietrich in seinem Werk die künstlerischen Handschriften dieser Meister miteinander und übertrug sie in eine geschliffene, wenig charaktervoll-sperrige und zu seiner Zeit offensichtlich leichter konsumierbare Dietrich'sche Formensprache. Von der Ästhetik bestimmter Künstlerzeichnungen wie Rembrandts oder Salvator Rosas fasziniert, griff er deren Stil auf und ahmte ihn nach, ohne jedoch mögli-

Abb. 7 Christian Wilhelm Ernst Dietrich, *Landschaft mit Einsiedler*, um 1750, Öl auf Holz, 32 × 40,5 cm, Kunstsammlungen zu Weimar, Inv.-Nr. G 705

Abb. 8   Christian Wilhelm Ernst Dietrich, *Felslandschaft mit Steg und Hütte*, um 1750, schwarze und braune Kreide, mit weisser Kreide gehöht, auf bräunlichem Papier, 23,9 × 33,7 cm, Kunstsammlungen zu Weimar, Graphische Sammlungen, Inv.-Nr. KK 448

cherweise deren Motivation für diese Art der Linienführung oder Lavierung vollständig verstanden zu haben. Dies legt zumindest ein Vergleich zwischen beispielsweise einer lavierten Pinselzeichnung mit biblischem Motiv und ähnlichen Blättern der genannten Künstler nahe.[15]

Unter seinen Zeichnungen sticht eine Anzahl von Pastellen auf Tonpapier hervor, die als Inventionen und Ideenreservoir zugleich anzusehen sind (Abb. 8).[16] In diesen Blättern liess er mit sparsamsten Mitteln Details wie einen Ast, eine Brücke oder das Türmchen einer Kapelle aus einer in Dunst und Unschärfe verschwimmenden Umgebung hervortreten und schuf damit Bildräume, die auf souveräne Weise das Imaginationsvermögen der Betrachter einbeziehen. In anderen Zusammenhängen erneut verwendet, sind diese Details in seinen Gemälden wie in Radierungen wiederzufinden. Aus heutiger Sicht erscheint diese Pastellfolge als ein besonders frischer, origineller und freier Teil seines Schaffens als Landschaftsmaler, in dem er die ästhetischen Möglichkeiten des Vagen und Unbestimmten auf reizvolle Weise auf die Spitze trieb.

Wie innerhalb der Malereigattungen, so war auch Dietrichs Bandbreite allein innerhalb der Landschaften erstaunlich. Während es offensichtlich sein Ziel gewesen zu sein scheint, alle geschätzten Meister dieses Fachs in ihren Eigenarten bin hin zur Vorliebe für Motive und Raumkonzepte nachzuahmen, erstrebte Zingg die absolute Wiedererkennbarkeit eines einzigen, seines eigenen Stils, selbst in den Werken seiner Schüler.

Maria Dorothea Wagner und Johann Georg Wagner

Von Dietrichs Schwester, der in Meissen tätigen Maria Dorothea Wagner (1719–1792), besitzen Kunstsammlungen in Bremen, Dresden, Dessau, Frankfurt am Main, Gotha, Wien und Wiesbaden heute noch Gemälde und Zeichnungen; auch in Danzig befand sich eine grössere Gruppe ihrer Werke.[17] Ihre Gemälde sind mit denen ihres Bruders eng verwandt. Auch sie malte Flusslandschaften mit malerischen Ruinen und niederländisch anmutenden Hütten zu unterschiedlichen Tageszeiten (Abb. 9) und häufig als Pendants. Nachdem sich die Gouachen ihres Sohnes Johann Georg Wagner (1744–1767) als sehr erfolgreich erwiesen hatten, wendete auch sie diese Technik an. Für die Beliebtheit ihrer Werke spricht, dass ihre Zeichnungen von Stechern wie Johann Michael Frey (1750–1819) und Johann Gottlob Schumann (1761–1810) vervielfältigt wurden. Nicht nur ihr Bruder nutzte sie als Vorlagen für seine Schüler, auch Adrian Zingg und selbst die jüngeren Karl Gottfried Traugott Faber (1786–1863) und Johan Christian Clausen Dahl (1788–1857) verwendeten sie noch lange nach ihrem Tode zu diesem Zweck.

Ihr Sohn, der begabte Johann Georg Wagner, fand unter Dietrichs Einfluss italienisch anmutende Motive in der sächsischen Landschaft, in der Umgebung von Meissen, wieder.[18] Damit ist dieser Künstler, der schon mit 23 Jahren starb, ein Beispiel dafür, wie erlernte Sehmuster aus der bildenden Kunst die Wahrnehmung der realen Natur beeinflussten. Trotz der kurzen Schaffenszeit und dank der Förderung durch den deutschen Kupferstecher und Kunsthändler Johann Georg Wille (1715–1808) in Paris war das Schaffen sowohl Dietrichs wie dieses jungen Malers schon zu Lebzeiten

Abb. 9 Maria Dorothea Wagner, *Gebirgslandschaft mit Wasserfall*, Mitte des 18. Jahrhunderts, Öl auf Holz, 21,5 × 30,8 cm, Staatliche Museen Gotha, Schloss Friedenstein, Inv.-Nr. 403

und noch lange darüber hinaus auch in der Metropole an der Seine bekannt. Willes Bestreben, auf dem Pariser Kunstmarkt neben der französischen, italienischen, niederländischen und englischen auch eine «deutsche Schule» zu etablieren, hatten ausser Wagner auch Johann Eleazar Zeissig, genannt Schenau (1737–1806), Zingg oder Johann Christian Klengel in Dresden ihre Förderung zu verdanken.

Vor allem Wagners Methode, Landschaften in Gouache und Pastellkreide zu malen (Abb. 10), machte Wille in Paris populär. Es wurde Mode, «à la Wagner» zu kolorieren, und Künstler des Wille-Kreises wie Jakob Philipp Hackert (1737–1807) oder auch François Boucher (1703–1770) ahmten sie nach und steigerten dabei oft das Kolorit noch ins Porzellanhaft-Kühle. Wagner wurde kopiert und in Kupferstichen reproduziert, darunter von namhaften Dresdner Kupferstechern, etwa Johann Friedrich Bause (1738–1814), Johann Christian Klengel, Johann Gottlob Schumann und Friedrich Christoph Weisbrod (1739– um 1803), oder von Jacques Aliamet (1726–1788) in Paris. Zumeist betonen sie die aneinanderstossenden Volumina von Felsen, Hügeln, Feldern und Gebüsch, aus denen seine Bildwelten geformt sind. Hütten, Rundtürme, Brücken und Stege über Flüsse wie bei Dietrich sind auch seine bevorzugten Gegenstände.

Der Hofmaler Joseph Roos
Unter den etwas jüngeren Kollegen war ein Mitglied der berühmten Tiermaler-Dynastie Roos, der Hofmaler Joseph Roos (1726–1805), seit 1765 als Professor für Landschaftsmalerei in Dresden tätig.[19] Dieser Maler schuf an

Abb. 10   Johann Georg Wagner, *Gebirgige Ideallandschaft bei aufziehendem Sturm mit heimkehrenden Bauern*, um 1760, Gouache, 17,1 × 27,5 cm, Kunsthandel Ralph R. Haugwitz, Berlin

den Niederländern orientierte, italianisierende Ruinenlandschaften mit ausgedehnten Tiefenräumen, die stellenweise mit denen von Dietrich verwandt sind, sowie Landschaften mit grossformatiger, nah gesehener Viehstaffage; es sind auch einige Zeichnungen und Radierungen von ihm überliefert, in denen er jedoch nicht von seinem Thema der Hirtenlandschaften abwich. Im Gegensatz zu Dietrichs grosser Vielfalt und ähnlich wie Vollerdt wählte er hauptsächlich diesen einen Aspekt der Landschaftsmalerei, auf den er sich grösstenteils konzentrierte. In seinen idyllischen Hirtenszenen verschmähte Roos jede erzählerische Attitüde und zeigte die Hirten lediglich als ruhende Begleiter ihrer Viehherden, häufig vom Betrachter abgewendet. Roos' Hofmaler-Kollege Dietrich, aber auch Maria Dorothea Wagner und Johann Georg Wagner schufen derartige Hirtenidyllen ebenfalls. Dafür wählten sie jeweils eine ähnliche spätbarocke Darstellungsweise mit bewegtem Erdreich, prallen Volumina und dunkler, intensiver Farbigkeit.

Christian Benjamin Müller und die Landschaftszeichner in der Oberlausitz

Die wichtigste Informationsquelle über Christian Benjamin Müller, ursprünglich seit 1737 sächsischer Hofporträtmaler, ist ein handschriftlicher Lebenslauf aus der Feder seines Schülers Adolf Traugott von Gersdorf (1744–1807).[20] Daher weiss man, dass Müller fünfzehnjährig zu dem Dresdner Hofmaler Samuel Bottschild (1641–1706) in die Ausbildung kam und später auch Thiele sein Lehrer wurde, den er auf Studienreisen 1739 nach Böhmen und im Sommer 1745 durch die Oberlausitz und das Elbtal (Abb. 11) begleitete. Bei ihm lernte er nicht nur das Studieren von Details sowie das Aufnehmen von Landschaftsprospekten nach der Natur, sondern er orientierte sich auch an Technik und Stil der durchscheinend lavierten Pinselzeichnungen.

In den letzten Lebensjahren lebte Müller in Görlitz und schliesslich auf einem Adelsgut in der Nähe, von wo aus er das damals bescheidene Oberlausitzer Kunstleben beeinflusste: So sind Johann Gottfried Schultzens (1734–1819) Alben mit lausitzischen Landschaftszeichnungen auf das Vorbild von Müllers Blättern zurückzuführen und entdeckte Müller das Talent des späteren Professors für Kupferstich an der Leipziger Akademie, Christian Gottlieb Geyser (1742–1803), der einer grossen Zahl von Büchern mit seinen gestochenen und radierten Illustrationen ihr charakteristisches Gepräge gab.

Abb. 11   Christian Benjamin Müller, *Blick zum Lilienstein im Elbsandsteingebirge*, um 1745, Pinsel in Braun und Grau über Spuren von Grafit, 20 × 32,4 cm, Kulturhistorisches Museum Görlitz, Graphisches Kabinett, Inv.-Nr. H 377, Kat. 121

Etwa 800 Landschaftszeichnungen von Müllers Hand waren in grösseren Gruppen auf mehrere Sammlungen verstreut. 120 Ansichten aus Sachsen, Böhmen und Bayern haben sich allein im Kunstkabinett der Universität Warschau befunden, sind jedoch während des Zweiten Weltkrieges verloren gegangen.[21] Weitere 44 Blätter besass Christian Ludwig Hagedorn (1712–1780) in seiner Sammlung.[22] Unter Adolf Traugott von Gersdorfs Nachlass befanden sich 74 Landschaftszeichnungen, die heute im Görlitzer Graphischen Kabinett aufbewahrt werden. Darunter sind Baumstudien, Gartentore, Brunnen und Treppenanlagen sowie Ansichten von Burgen und Prospekte von Pirna, Meissen, Leipzig sowie vom Lilienstein und vom Oybin oder aus dem Thüringer Wald.

Der Landschaftsmaler Christoph Nathe (1753–1806) wird in seinen späten Aquarellen an Müllers freien Umgang mit Stift und Pinsel anknüpfen, an das «non-finito» der mit Bleistift gezeichneten und blass lavierten Ansichten.[23] Auch einige Kaukasus-Ansichten Heinrich Theodor Wehles (1778–1805) erinnern in ihrer Zeichenweise an Müllers Pinselzeichnungen.[24]

Vor allem aber unterrichtete er Adolf Traugott von Gersdorf. Neben Physik, Astronomie und Meteorologie hatte es diesem Universalgelehrten besonders die Geologie angetan, wie seine Reisetagebücher und seine darin enthaltenen Zeichnungen verraten, die unter anderem auch auf seiner Schweiz-Reise 1786 entstanden sind.[25] Unter Müllers Anleitung hatte Gersdorf unter anderem Schweiz-Ansichten von Caspar Wolf (1735–1783) kopiert. Trotz seines vorherrschenden naturwissenschaftlichen Interesses lassen seine aquarellierten Federzeichnungen von Überblickslandschaften eine geschulte Empfänglichkeit für die Eigenart eines Landstrichs erkennen.

Da Gersdorf auch mit Zingg gut bekannt war, sind noch heute in den Görlitzer Kunstsammlungen, die aus seinem Vermächtnis hervorgingen, zahlreiche Zingg-Werke vorhanden.

Ein anderer Nachfolger Müllers war der Architekt Johann Gottfried Schultz, der bei seinen durchaus stimmungsvollen Landschaftszeichnungen enzyklopädisches Interesse walten liess und sie deshalb mit ausführlichen Notizen zu Topografie, Meteorologie und Geschichte versah.[26] Zeichnend umrundete er Ortschaften, blickte aus entgegengesetzten Richtungen in Täler hinein oder von Hügeln herab, und er dokumentierte Kirchen und Kapellen ebenso wie Wasser- und Windmühlen oder Hammerwerke. Gelegentlich ist es ein und dieselbe Landschaft, die er im Stundenabstand zeichnete. Im Aufbau dieser Ansichten sind bewährte künstlerische Regeln erkennbar, mit denen Schultz an überlieferte Darstellungstraditionen anknüpfte. Darin drückt sich bis heute der bildsuchende Blick des Zeichners aus, der nur jene Gegenstände aus der unendlichen, dichten und scheinbar unstrukturierten natürlichen Umgebung herausgreift, die er für bildwürdig hält. Zu diesen noch aus der barocken Landschaftsmalerei stammenden Regeln gehört es, mittels geschlängelter Wege oder Bäche sowie diagonal angeordneter Bauwerke oder Böschungen die Illusion eines tiefen Bildraumes zu wecken und die Entfernung durch das nach hinten heller und kühler werdende Kolorit anzudeuten.

Mit Johann Samuel Conrad (1761–1800), der ebenfalls Zeichnungsbände hinterlassen hat, oder mit dem sehr produktiven Kupferstecher Christian Gottlieb Geyser sowie mit dem Landschaftszeichner und -radierer Christoph Nathe bildete Schultz begabte Schüler heran, unter denen die beiden zuletzt Genannten weit über die Region hinaus berühmt werden sollten.

Allerdings beklagte er doch seine mangelnde Ausbildung in der Provinz und während des Siebenjährigen Krieges, und seine Kunst blieb denn auch im Rahmen eines – wenn auch produktiven und verdienstvollen – Dilettantismus. Mit Gersdorf, Schultz und schliesslich Christoph Nathe sowie dessen Schülern, unter ihnen Heinrich Theodor Wehle, entwickelte sich eine Görlitzer bzw. oberlausitzische Tradition der Landschaftsmalerei, die über Müller ursprünglich auf Thiele zurückzuführen ist und die sich in der Raumauffassung, dem Anspruch an topografische Genauigkeit oder in der Wahl der als «schön» wahrgenommenen Naturausschnitte und Sehenswürdigkeiten stark an Adrian Zinggs Werken orientierte. Doch wie

Schultzens Werk zeigt, war die Zeit reif für eine systematische akademische Kunstausbildung nach dem Vorbild der berühmtesten europäischen Akademien in Paris und Bologna.

Die Gründung einer sächsischen Kunstakademie
Noch während des Siebenjährigen Krieges geplant, wurde die Kunstakademie sofort im Januar 1764 ins Leben gerufen, unter der Generalleitung Christian Ludwig von Hagedorns. Dieser Diplomat, Kunstsammler und Verfasser kunsttheoretischer Schriften hatte eine besondere Affinität zur Landschaftsmalerei: seine Schriften zeugen von einer Einfühlsamkeit in ihre spezifischen Gestaltungsprobleme, wie sie sich nur durch eigene Versuche herausbildet;[27] tatsächlich trat Hagedorn auch mit ca. 50 eigenen Landschaftsradierungen und Charakterköpfen hervor, die teilweise von Rembrandt inspiriert waren.

Im Gegensatz zu bestehenden europäischen Kunstakademien in Paris, Bologna oder Kopenhagen schuf er in Dresden eine Professur für Landschaftsmalerei, so dass die Gattung nun auch institutionell anerkannt war und die Ausbildung systematisch stattfinden konnte.

Der Akademie gehörten unter anderen Adam Friedrich Oeser (1717–1799) als Direktor der Leipziger Tochterakademie sowie Dietrich als Direktor der Zeichenschule der Meissner Porzellanmanufaktur an, die ebenfalls Hagedorn unterstanden. Letzterer nützte dem Ruf der Akademie vor allem durch seinen berühmten Namen, doch Oeser übte in der Leipziger Filial-Akademie eine langandauernde und fruchtbare Wirkung aus, vor allem tatsächlich auf dem Gebiet der Landschaftsmalerei.[28] Er war ein Lehrer, der «in die Seelen drang», wie es Johann Wolfgang von Goethe (1749–1832) in einem Brief vom 20. Februar 1770 aus Frankfurt an Oesers Freund Philipp Erasmus Reich (1717–1787) formulierte.[29] Mit Jakob Wilhelm Mechau (1745–1808), Johann Sebastian Bach dem Jüngeren (1748–1778) und Christoph Nathe brachte sein Unterricht namhafte Landschaftsmaler hervor.

Adam Friedrich Oeser und seine Schüler
Bei aller Schaffensbreite des Bildhauers, Illustrators, Dekorations- und Landschaftsmalers Oeser ragen dessen eigene Landschaftszeichnungen, zumeist mit Pinsel oder mit Rötelkreide ausgeführt, künstlerisch wenig hervor. Häufig wählte er von Salomon Gessner (1730–1788) inspirierte idyllische Sujets (Abb. 12); und dies war es neben der Raumauffassung, der

Abb. 12   Adam Friedrich Oeser, *Idyllische Landschaft*, Feder in Schwarz, Pinsel in Grau über Spuren schwarzer Kreide, 21 × 34,5 cm, Klassik Stiftung Weimar, Graphische Sammlungen, Inv.-Nr. KK 4050

Komposition und vor allem der Verwendung des feuchten Pinsels, was von seinen Schülern aufgegriffen wurde.[30]

Zum Beispiel schuf der Leipziger Kaufmannssohn Jakob Wilhelm Mechau auf diese Art luftig lavierte Pinselzeichnungen mit Elbansichten, die – bei gleicher Motivwahl – mit den topografisch ausgerichteten Prospekten von Zingg wenig zu tun haben.[31] Bei Baumstudien und Darstellungen mit fast bildfüllenden Baumkronen entwickelten auch die Künstler der Oeser-Schule selbstverständlich ein rhythmisch-systematisches Lineament, das mit Zinggs vergleichbar ist. Doch wodurch sich Mechau vor allem auszeichnete, waren seine grossformatigen malerischen Radierungen italienischer Ansichten, denen knappe und zugleich stimmungsvolle, nüchtern-poetisch wirkende Zeichnungen vorausgegangen waren. Gemeinsam mit Johann Christian Reinhart (1761–1847) und Christoph Albert Dies (1755–1822) während mehrjähriger Romaufenthalte geschaffen, prägten sie für lange Zeit in Deutschland die Vorstellung von Italiens südlicher Natur.[32]

Als seinen liebsten und begabtesten Schüler bezeichnete Oeser Johann Sebastian Bach den Jüngeren, den Enkelsohn des Leipziger Thomaskantors.[33] Bach übernahm von ihm die Vorliebe für Motive aus Salomon Gessners *Idyllen* und lernte bei ihm die Verwendung des Pinsels, die er selbständig weiterentwickelte. Dies merkt man an Darstellungen entlang der Elbufer, die Bach in Dresden unter dem Eindruck der Zingg-Schule schuf. Motivwahl und Raumauffassung sind Zinggs ähnlich, doch vermied er scharfe Linien oder gar Konturen, vielmehr setzte er die Volumina der Bildgegenstände gleichsam aus Flächen und «Wolken» von feuchten Pinseltupfen zusammen. Wie Mechau zuvor und später auch Christoph Nathe, so wechselte auch Bach von Oeser in Leipzig nach Dresden zu Johann Christian Klengel und in den Einflussbereich Adrian Zinggs. Dabei behielt er seinen eigenständigen, weich tupfenden Stil bei, mit dem er sich der Grisaille und der Brunaille annäherte, und hätte vermutlich noch eine grosse Entwicklung genommen, wenn er nicht bereits mit dreissig Jahren in Rom verstorben wäre.

Ehe Adrian Zingg 1766 als Professor für Landschaftskupferstich nach Dresden kam, hatten ältere Künstler der Landschaftsmalerei in Sachsen demnach bereits ihren Stempel aufgedrückt: Er kam in eine Kulturlandschaft, in der neben den Anregungen durch die kurfürstliche Gemäldegalerie mit ihren Schätzen des 17. Jahrhunderts und Einflüssen wie der Empfindsamkeit und Gessners *Idyllen* besonders die Werke seiner Vorgänger und Kollegen Thiele, Dietrich und Klengel die Szene beherrschten. Dabei ging die spätbarocke Formensprache mit ihrer übersteigerten Wirkung «geformter» Bildräume mit asymmetrischen, bewegten Volumina in kontrastreichem Kolorit in eine massvollere, harmonischer wirkende über, und zwar unter seiner jahrzehntelangen Beteiligung.

1 Siehe Gottlieb Wilhelm Becker, *Das Seifersdorfer Thal*, mit Kupfern von Johann Adolf Dernstedt und Christian Gottfried Schulze, Leipzig: Voss und Leo/Dresden: beim Hofkupferstecher Schultze, 1792.
2 Vgl. hierzu Hans Joachim Neidhardt, *Die Malerei der Romantik in Dresden*, Leipzig: Seemann, 1976; Anke Fröhlich, *Landschaftsmalerei in Sachsen in der zweiten Hälfte des 18. Jahrhunderts. Landschaftsmaler, -zeichner und -radierer in Dresden, Leipzig, Meissen und Görlitz von 1720 bis 1800*, Diss. TU Dresden, 2000, Weimar: VDG, 2002, sowie dies., «Adrian Zinggs Umfeld und Nachfolger», in: *Adrian Zingg. Wegbereiter der Romantik*, hrsg. von Petra Kuhlmann-Hodick, Claudia Schnitzer und Bernhard von Waldkirch, Ausst.-Kat. Kupferstich-Kabinett, Staatliche Kunstsammlungen Dresden, 17.2.–6.5.2012; Kunsthaus Zürich, 25.5.–12.8.2012, Dresden: Sandstein Verlag, 2012, S. 74–81 und S. 224–261.
3 Johann Azelt (1654 – nach 1692), *Der Riesensaal im Dresdner Residenzschloss*, 1678, Radierung und Kupferstich, 46,4 × 58,3 cm, Kupferstich-Kabinett, SKD, Inv.-Nr. A 131506 in Sax. Top. II, I, 25.
4 Vgl. Paul Emil Richter/Christian Krollmann (Hrsg.), *Wilhelm Dilichs Federzeichnungen kursächsischer und meissnischer Ortschaften aus den Jahren 1626–1629* (Schriften der Königlich Sächsischen Kommission für Geschichte, 13), 3 Bde., Dresden: Meinhold, 1907.
5 Zu seinem Schaffen siehe Moritz Stübel, *Der Landschaftsmaler Johann Alexander Thiele und seine sächsischen Prospekte* (Aus den Schriften der Sächsischen Kommission für Geschichte; 21), Leipzig/Berlin: Teubner, 1914; *Die schönsten Ansichten aus Sachsen. Johann Alexander Thiele (1685–1752) zum 250. Todestag*, hrsg. von Harald Marx, Ausst.-Kat. Georgenbau des Dresdener Schlosses, 27.4.–27.10.2002; Angermuseum Erfurt, 10.11.2002–21.4.2003, Dresden: Sandstein Verlag, 2002, sowie *«Wie über die Natur die Kunst des Pinsels steigt». Johann Alexander Thiele (1685–1752). Thüringer Prospekte und Ideallandschaften* (Sondershäuser Kataloge, 2), Ausst.-Kat. Schlossmuseum Sondershausen, 22.5.–22.6.2003, Weimar: Hain, 2003.
6 Siehe *Meisterwerke auf Papier. Das Graphische Kabinett zu Görlitz* (Schriftenreihe der Städtischen Sammlungen für Geschichte und Kultur, N. F., 42/Sächsische Museen – fundus, 5), hrsg. von Katja Margarethe Mieth, den Städtischen Sammlungen für Geschichte und Kultur Görlitz sowie der Sächsischen Landesstelle für Museumswesen, Autoren: Anke Fröhlich, Constanze Herrmann, Kai Wenzel, Dössel: Janos Stekovics, 2008, sowie Andreas Martin/Anke Fröhlich, *Die Flusslandschaft an den Mulden. Frühe Wahrnehmungen in bildender Kunst und Reiseliteratur* (Spurensuche. Geschichte und Kultur Sachsens, 5), Dresden: Thelem, 2012.
7 Johann Alexander Thiele, *Prospect von der sogenannten Halsbrücke an der Mulde bey Freyberg*, 1744, Öl auf Leinwand, 103 × 153 cm, Stadt- und Bergbaumuseum Freiberg, Inv.-Nr. 50/276.
8 Von Johann Gottlieb Schön: *Schwarzenberger Mühle bei Gräfenroda*, 1738, Öl auf Leinwand, 42,5 × 51 cm, Schlossmuseum Arnstadt, Inv.-Nr. B 105; *Winterlandschaft*, 1744, Öl auf Leinwand, 25 × 30 cm, Gemäldegalerie Alte Meister, SKD, Inv.-Nr. 925; *Meeresblick*, 1745, Öl auf Holz, 20 × 27,5 cm, Staatliche Eremitage, St. Petersburg, Inv.-Nr. 2571.
9 Adrian Zingg, *Altväter-Wasserleitung bei Freiberg*, Feder in Schwarz und Braun, Pinsel in Braun, laviert, 48,7 × 66 cm, Grafische Sammlung der Albertina, Wien, Inv.-Nr. 14994; *Altväter-Wasserleitung bei Freiberg*, Feder und Pinsel in Grau, 25,1 × 35,8 cm, Hamburger Kunsthalle, Kupferstichkabinett, Inv.-Nr. 23902; *Die Altväterwasserleitung*, Umrissradierung, braun laviert, 9,4 × 14,4 cm, Kupferstich-Kabinett, SKD, Inv.-Nr. A 131949. Dieselbe Brücke erscheint dagegen trotz bescheidenen Formats bei Ludwig Richter (1770–1848) in dessen *70 Malerischen Um- und Ansichten der Umgebung von Dresden* von 1820 monumental, vgl. Adrian Ludwig Richter, *Halsbrücke bei Freiberg*, Kupferstich, ca. 10 × 15 cm, Kupferstich-

Kabinett, SKD, Inv.-Nr. B 592a,1. Sie gemahnt in ihrer Wirkung an die Aquädukte aus der Umgebung Roms. Der Blick auf die einheimische Gegend war offensichtlich geprägt durch die zahlreichen italienischen Landschaftsansichten mit ihren Überresten aus der Antike. Zum Werk Ludwig Richters siehe *Ludwig Richter und sein Kreis. Ausstellung zum 100. Todestag im Albertinum zu Dresden*, Ausst.-Kat. Staatliche Kunstsammlungen Dresden, Gemäldegalerie Neue Meister, Kupferstich-Kabinett, März bis Juni 1984, Leipzig: Edition Leipzig, 1984, sowie *Ludwig Richter. Der Maler*, hrsg. von Gerd Spitzer und Ulrich Bischoff, Ausst.-Kat. Staatliche Kunstsammlungen Dresden, Galerie Neue Meister, 27.9.2003–4.1.2004; Bayerische Staatsgemäldesammlungen, München, Neue Pinakothek, 22.1.–25.4.2004, München/Berlin: Deutscher Kunstverlag, 2004.

[10] Vgl. *Die Sammlung Friedrich Pappermann in Dresden*, Ausst.-Kat. Albertinum an der Brühlschen Terrasse, Klingersaal, Staatliche Kunstsammlungen Dresden, 25.3.–17.6.1990, S. 33, sowie Anke Fröhlich, «Johann Christian Vollerdt. Spätbarocke Flusslandschaften eines Dresdner Malers», in: *Weltkunst*, 72 (2002), Nr. 2, S. 165.

[11] Johann Christian Vollerdt, *Dresden vom rechten Elbufer aus gesehen*, 1756, Öl auf Leinwand, 61 × 75,5 cm, Freies deutsches Hochstift/Goethe-Museum, Frankfurt a. M., Inv.-Nr. IV/1644.

[12] Zu Dietrich vgl. u. a. Karl Heinrich von Heineken, «Verzeichnis des Dietrichischen Kupferstichwerkes», in: Ders., *Nachrichten von Künstlern und Kunst-Sachen*, Leipzig: Krauss, 1768, S. 127–163; Johann Friedrich Linck, *Monographie der von dem vormals K. Poln. und Churfürstl. Sächs. Hofmaler und Professor etc. C. W. E. Dietrich radirten, geschabten und in Holz geschnittenen malerischen Vorstellungen. Nebst einem Abrisse der Lebensgeschichte des Künstlers*, Berlin: J. F. Linck, 1846; Ina Maria Keller, *Studien zu den deutschen Rembrandtnachahmungen des 18. Jahrhunderts*, Diss. Univ. München, 1971, Typoskript, Berlin 1981; Petra Michel, *Christian Wilhelm Ernst Dietrich (1712–1774) und die Problematik des Eklektizismus*, München: Mäander, 1984; Christian Dittrich, «In Rembrandts Geschmack. Nachwirkungen seines Radierwerkes bei Christian W. E. Dietrich», in: *Dresdener Kunstblätter*, 48 (2004), Nr. 5, S. 301–308; *Nahe den Alten Meistern – Radierungen von C. W. E. Dietrich (1712–1774)*, hrsg. von Stephan Brakensiek und Mayarí Granados, Ausst.-Kat. Städtische Galerie Schieder-Schwalenberg/Lippische Kulturagentur Schloss Brake, 20.6.–1.8.2010, Lemgo: Landesverband Lippe, 2010, sowie Petra Schniewind Michel, *Christian Wilhelm Ernst Dietrich, genannt Dietricy, 1712–1774*, München: Hirmer, 2012.

[13] Christian Wilhelm Ernst Dietrich, *Brücke*, S. 40 in Dietrichs römischem Skizzenbuch, Kupferstich-Kabinett, SKD, Inv.-Nr. Ca 49 m; ders., *Sächsische [!] Berglandschaft mit Brücke*, Schwarze Kreide, Aquarell, 35,6 × 48,5 cm, Hamburger Kunsthalle, Inv.-Nr. 1920-174; ders., *Steinbrücke in italienischer Ruinenlandschaft*, 1756, Feder in Braun, laviert, 16,3 × 21 cm, Grafische Sammlung der Albertina, Wien, Inv.-Nr. 4101; ders., *Landschaft mit Brücke*, Öl auf Leinwand, 53,5 × 74,5 cm, Koninklijk Museum voor Schone Kunsten Antwerpen, Inv.-Nr. 5012; ders., *Die Furt*, Öl auf Leinwand, 35 × 48,5 cm, Hamburger Kunsthalle, vgl. Hans F. Schweers, *Genrebilder in deutschen Museen. Verzeichnis der Künstler und Werke*, München, New York etc.: Saur, 1986, S. 74; ders., *Das Thor auf der verfallenen Brücke. (Auch «Ponte molle» genannt.)*, 1744, Radierung, 14,4 × 20 cm (Platte), Klassik Stiftung Weimar, Graphische Sammlungen, Inv.-Nr. DK 207-01, vgl. Linck 1846 (wie Anm. 12), Nr. 149 I.

[14] Adrian Zingg, *Italienische Landschaft/Sächsische Schweiz mit Rundtempel*, Feder in Tusche, Pinsel in Sepia, 49 × 64,8 cm, Archiv der Hochschule für Bildende Künste Dresden, Inv.-Nr. B 1130.

[15] Christian Wilhelm Ernst Dietrich, *Der Heilige Hieronymus in der Wüste*, Spuren von Grafit, Feder in Braun, Pinsel in Braun, laviert, verso: Skizze einer hockenden bei

einer liegenden Figur neben einem Baum, etwas Feder in Schwarz sowie Pinsel in Braun, laviert, 16,6 × 20 cm, Klassik Stiftung Weimar, Graphische Sammlungen, Inv.-Nr. KK 423.

16 Christian Wilhelm Ernst Dietrich, Kupferstich-Kabinett, SKD, Inv.-Nr. C 5696 und C 6517 bis C 6534 sowie *Felslandschaft mit viereckigem Turm*, 1750, Schwarze Kreide, mit weisser Kreide gehöht, auf bräunlichem Papier, 33,1 × 23,7 cm, Klassik Stiftung Weimar, Graphische Sammlungen, Inv.-Nr. KK 450; ferner *Flüchtige Landschaftsskizze*, Pastell auf braunem Papier, 19,8 × 30 cm, Kupferstichkabinett, Staatliche Museen zu Berlin, Inv.-Nr. KdZ 6760.

17 Sie sind jedoch seit dem Zweiten Weltkrieg verloren; zu Maria Dorothea Wagner vgl. Anke Fröhlich, «Die Landschaftsmalerin Johanna Dorothea Wagner», in: Bärbel Kovalevski (Hrsg.), *Zwischen Ideal und Wirklichkeit. Künstlerinnen der Goethezeit*, Publ. anlässlich der gleichnamigen Ausstellung, Schlossmuseum Gotha, 1.4.–18.7.1999; Rosgartenmuseum Konstanz, 25.8.–24.10.1999, Ostfildern-Ruit: Hatje, 1999, S. 314–315 und S. 224–225.

18 Zu Johann Georg Wagner vgl. Anke Fröhlich, «Von Meissen nach Paris. Der sächsische Landschaftsmaler Johann Georg Wagner (1744–1767)», in: *Weltkunst*, 72 (2002), Nr. 7, S. 1097–1098.

19 Zu dieser Tiermaler-Dynastie vgl. Hermann Jedding, *Johann Heinrich Roos. Werke einer Pfälzer Tiermalerfamilie in den Galerien Europas*, Mainz: von Zabern, 1998; speziell zu Joseph Roos siehe ebd., S. 281–303.

20 Adolph Traugott von Gersdorf, *Biographie seines Zeichenlehrers Christoph Benjamin Müller*, Handschrift Dresden 1758, Kulturhistorisches Museum Görlitz, Graphisches Kabinett, Inv.-Nr. OLH 18.

21 Laut brieflicher Auskunft von Frau Wanda Rudzinska vom Graphischen Kabinett der Warschauer Universitätsbibliothek vom 27. Juni 1997.

22 Vgl. Moritz Stübel, *Christian Ludwig von Hagedorn. Ein Diplomat und Sammler des 18. Jahrhunderts*, Leipzig: Klinkhardt & Biermann, 1912, S. 161–163.

23 Zu Nathe vgl. Anke Fröhlich, *«Einer der denkendsten Künstler unserer Zeit». Der Landschaftszeichner Christoph Nathe (1753–1806) – Monographie und Werkverzeichnis der Handzeichnungen und Druckgraphik*, Bautzen: Lusatia, 2008.

24 Zu Wehle vgl. Ernst-Heinz Lemper, *Heinrich Theodor Wehle, 1778–1805*, Ausst.-Kat. Städtische Kunstsammlungen Görlitz, 1978, Bautzen: Nowa Doba, 1978; *Im Reich der schönen, wilden Natur. Der Landschaftszeichner Heinrich Theodor Wehle 1778–1805*, hrsg. von Christina Bogusz und Marius Winzeler, Ausst.-Kat. Sorbisches Museum, Bautzen, 4.9.–13.11.2005; Anhaltische Gemäldegalerie Dessau, 27.11.2005–22.1.2006; Kulturhistorisches Museum Görlitz, 3.2.–2.4.2006, Bautzen: Domowina, 2005.

25 Zu Gersdorf vgl. Ernst-Heinz Lemper, *Adolf Traugott von Gersdorf, 1744–1807. Naturforschung und soziale Reformen im Dienste der Humanität*, Berlin: VEB Deutscher Verlag der Wissenschaften, 1974.

26 Siehe Ines Anders, «Johann Gottfried Schultz (1734 bis 1819). Biographische Notizen aus Anlass seines 260. Geburtstages und 175. Todestages», in: *Görlitzer Magazin. Beiträge zur Geschichte, Kunst- und Kulturgeschichte der Stadt Görlitz und ihrer Umgebung*, 8 (1994), S. 85–106, sowie *Johann Gottfried Schultz (1734–1819). Görlitzer Stadtbeamter, Oberlausitzer Zeichner, Herrnhuter Bruder* (Schriftenreihe der Städtischen Sammlungen für Geschichte und Kultur, N. F., 39), Ausst.-Kat. Kulturhistorisches Museum Görlitz, Barockhaus, 16.7.–30.11.2005, Görlitz: Oettel, 2005.

27 Siehe Christian Ludwig von Hagedorn, *Lettre à un amateur de la peinture avec des eclaircissements historiques sur un cabinet et les auteurs des tableaux, qui le composent* [Dresden 1755], Reprint, Genf: Minkoff, 1972; ders., *Betrachtungen über die Mahlerey*, 2 Bde., Leipzig: Wendler, 1762; *Briefe über die Kunst von und an Christian Ludwig von Hagedorn*, hrsg. von Torkel Baden, Leipzig: Weidmann, 1797. Eine ausführliche Wür-

28 digung seiner Radierungen erschien von E. K., «Ueber die radirten Landschaften von Herrn von Hagedorn», in: *Neue Miscellaneen artistischen Inhalts für Künstler und Kunstliebhaber*, hrsg. von Johann Georg Meusel, Viertes Stück, Leipzig 1797, S. 400–405.

28 Siehe Alphons Dürr, *Adam Friedrich Oeser. Ein Beitrag zur Kunstgeschichte des 18. Jahrhunderts*, Leipzig: Dürr, 1879; Albrecht Kurzwelly, «Die Leipziger Kunstakademie unter Oeser und ihre ersten Schüler», in: *Leipziger Kalender. Illustriertes Jahrbuch und Chronik* 11 (1914), S. 32–72; Wilhelm Schulze, *Adam Friedrich Oeser und die Gründung der Leipziger Akademie*, Leipzig: Schmidt, 1940; Timo John, *Adam Friedrich Oeser (1717–1799). Studie über einen Künstler der Empfindsamkeit*, Beucha: Sax, 2001; Thomas Friedrich, *Das Porträtwerk Adam Friedrich Oesers (1717–1799). Ein Beispiel der Selbstverortung eines Künstlers in einer sich ausdifferenzierenden Gesellschaft*, Weimar: VDG, 2005; *Das Evangelium des Schönen. Zeichnungen von Adam Friedrich Oeser (1717–1799)*, hrsg. von Richard Hüttel, Ausst.-Kat. Museum der bildenden Künste Leipzig, 10.4.–24.8.2008, München: Hirmer, 2008.

29 Otto Jahn (Hrsg.), *Goethes Briefe an Leipziger Freunde*, Leipzig: Breitkopf & Härtel, 1849, S. 217; Goethe schrieb weiter: «Oesers Erfindungen [zu Wielands *Dialogen des Diogenes*, Leipzig 1770] haben mir eine neue Gelegenheit gegeben, mich zu seegnen, dass ich ihn zum Lehrer gehabt habe. Fertigkeit oder Erfahrung vermag kein Meister seinem Schüler mitzutheilen, und eine Uebung von wenigen Jahren, thut in den bildenden Künsten, nur was mittelmässiges; auch war unsre Hand nur sein Nebenaugenmerck; er drang in unsre Seelen, und man musste keine haben um ihn nicht zu nutzen. Sein Unterricht wird auf mein ganzes Leben Folgen haben.»

30 Siehe dazu Anke Fröhlich, «Salomon Gessner und die Dresdner Akademie», in: *Idyllen in gesperrter Landschaft. Zeichnungen und Gouachen von Salomon Gessner (1730–1788)*, hrsg. von Bernhard von Waldkirch/Zürcher Kunstgesellschaft, Ausst.-Kat. Kunsthaus Zürich, 26.2.–16.5.2010, München: Hirmer, 2010, S. 169–181.

31 Zu Mechau vgl. Anke Fröhlich, «‹... er folgte seinem eigenen Genius ...›. Dem Landschaftsmaler Jakob Wilhelm Mechau (1745–1808) zum 200. Todestag», in: *Dresdner Kunstblätter*, 52 (2008), Nr. 2, S. 80–91.

32 Johann Christian Reinhart, Albert Christoph Dies, Jacob Wilhelm Mechau, *Mahlerischradirte Prospecte von Italien*, Nürnberg: Frauenholz, 1799.

33 Zu Bach vgl. Wolfgang Stechow, «Johann Sebastian Bach the Younger»; in: Millard Meiss (Hrsg.), *Essays in Honor of Erwin Panofsky*, 2 Bde., New York: New York University Press, 1961, S. 427–436 (Bd. I) und S. 140–143 (Bd. II, Abb.); Klaus Stichweh, *Der Zeichner Johann Sebastian Bach und sein Umkreis*, Ausst.-Kat. Kurpfälzisches Museum Heidelberg (zur V. Heidelberger Bachwoche), 4.6.–29.6.1980; Maria Hübner, «Der Zeichner Johann Sebastian Bach d. J. (1748–1778). Zu seinem 250. Geburtstag», in: *Bach-Jahrbuch*, 84 (1998), S. 187–200, sowie Anke Fröhlich, *Zwischen Empfindsamkeit und Klassizismus. Der Zeichner und Landschaftsmaler Johann Sebastian Bach d. J. (1748–1778). Œuvre-Katalog*, mit einem biographischen Essay von Maria Hübner, Leipzig: Evangelische Verlagsanstalt, 2007.

Adrian Zingg und seine Werkstatt. Die «Marke Zingg» als Qualitätsmerkmal

Sabine Weisheit-Possél

Der Name Adrian Zingg verbindet sich zum einen mit dem des Naturbeobachters, des künstlerischen Entdeckers der Sächsischen und Böhmischen Schweiz und zum anderen mit dem des cleveren Geschäftsmanns, der bestrebt war, ein einmal gefundenes Motiv effektiv auszunutzen. Dies führte in Zinggs Werk zu zahlreichen Varianten und Bildwiederholungen, bei denen es sich als schwierig bis unmöglich gestaltet, die Handschrift des Künstlers zu bestimmen. Ich habe in meiner Zingg-Monografie dafür plädiert, dass man akribische Zuschreibungs- und Authentizitätsfragen aufgeben und vielmehr die Produkte der Zingg-Werkstatt als Ergebnisse eines bestimmten künstlerischen Konzeptes verstehen sollte.[1] Nach der vom Dresdner Kupferstich-Kabinett und dem Zürcher Kunsthaus veranstalteten Zingg-Ausstellung, die erstmals das breite Spektrum der Arbeiten des Künstlers, und zwar in Werkgruppen gegliedert, vorgestellt hat, kann dieser Ansatz noch etwas stärker zugespitzt werden.[2] Dies soll in drei Schritten geschehen: zum einen entlang des Entstehungsprozesses der Arbeiten, dann an der Frage, wie sie verbreitet worden sind, und schliesslich, wer daran beteiligt war.

Zingg hat den grössten Teil der Motive für seine Landschaftszeichnungen selbst vor Ort aufgenommen. Erhalten ist das Skizzenbuch von 1766, heute im Kupferstich-Kabinett Dresden, in das Zingg gleich zu Beginn seiner Dresdner Zeit kleine Landschaftsausschnitte und Baumstudien aus der Umgebung zeichnete.[3] Manche Motivskizzen finden sich in später angefertigten grösseren Kompositionen wieder. So wird zum Beispiel die Ansicht *Königstein von Westen* aus dem Skizzenbuch (Blatt Nr. 3)[4] in eine grössere Komposition übernommen (Abb. 1). Dabei hat der Künstler unter Beibehaltung

Abb. 1   Adrian Zingg, *Der Lilienstein und die Festung Königstein in der Sächsischen Schweiz*, Feder und Pinsel in Schwarz, laviert, bez. r. unten: «A. Zingg ad Nat del:», 49,2 × 64,6 cm, Hamburger Kunsthalle, Kupferstichkabinett, Inv.-Nr. 23900

der Konturen von Berg und Festung Königstein die Imposanz der Darstellung gesteigert. Dies geschieht durch einen etwas weiter entfernt gewählten Betrachterstandpunkt und ein etwas näheres Zusammenziehen der beiden sich an der Elbschleife gegenüberliegenden Felsmassive Königstein und Lilienstein im linken Bildhintergrund. Gleiches gilt für die kleine Zeichnung, die zu einem Konvolut von Bleistiftzeichnungen aus dem Zingg-Kreis gehört, welches im Kunsthaus Zürich verwahrt wird (Abb. S. 87).[5] Dargestellt ist die Ansicht des Liliensteins und des Königsteins vom linken Elbufer aus. In der ausgeführten grösseren Zeichnung (Abb. S. 89) werden wiederum die Umrisse, hier auch die räumlichen Entfernungen, genau übernommen, lediglich der Vordergrund wird wie üblich mit Versatzstücken angereichert. Auch bei diesem Beispiel wird die Ausdruckskraft der Ansicht in der ausgeführten Zeichnung gesteigert, hier indem das Bergmassiv wolkenverhüllt gezeigt wird, als handle es sich um einen Alpengipfel.[6] Die oben erwähnte

Abb. 2 Adrian Zingg, *Flusslandschaft bei Nossen*, Feder in Schwarz, Pinsel in Grau, 19,7 × 31 cm, bez. r. oben: «bei Nossen»; r. unten: «A. Zingg ad Nat. del. 1785», Kupferstich-Kabinett, Staatliche Kunstsammlungen Dresden, Inv.-Nr. C 1988-667

grosse Sepiazeichnung mit der Ansicht des Königsteins (Abb. 1) liegt gleich in zwei Fassungen vor, ein Phänomen, das uns im Werk dieses Künstlers oft begegnet.[7] Die Varianten sind bis auf kleine Details in der Vegetation und geringfügige Veränderung der Staffage oft kaum voneinander zu unterscheiden. Vor allem diese repräsentativen grossformatigen Sepiazeichnungen sind es, die durch ihre Wiederholungen den Sammlern und Kunstwissenschaftlern nicht selten Kopfschmerzen bereiten und bei denen immer wieder versucht wird, die erste und die zweite Fassung, das Original und die Wiederholung – oder wie immer man es nennen will – zu scheiden.

Um etwas scheiden zu können, hier natürlich die Meister- von der Schüler- bzw. Werkstattarbeit, muss man die Handschrift des Meisters kennen. Der Dresdner Kunsthistoriker Sophus Ruge meinte schon 1897, dass nur die frühen Arbeiten – vor allem die des Skizzenbuchs – von Zinggs eigener Hand seien, da der Künstler zu dieser Zeit noch keine brauchbaren Schüler gehabt habe. Von allen anderen Arbeiten späterer Zeit, die Zinggs Namen oder seinen Stempel tragen, könne man nach Ruges Meinung nicht mit Sicherheit sagen, ob es sich um Originalarbeiten handle. Die Zingg'sche Manier aber bleibe unverkennbar.[8] Im Folgenden soll gezeigt werden, dass wir den von Ruge genannten frühen Arbeiten noch eine weitere Werkgruppe von Zeichnungen hinzufügen können, die sicher von Zinggs eigener Hand ist.

Neben der Gewohnheit, ein Motiv mit Bleistift zu umreissen und danach im Atelier zu vervollkommnen oder vervollkommnen zu lassen, hat Zingg später auch seine Zeichnungen gleich an Ort und Stelle mit Tusche vollendet.[9] Abgesehen von der Sächsischen und Böhmischen Schweiz war

Abb. 3 Adrian Zingg, *Ansicht der Burg Lichtenstein im Erzgebirge*, Feder in Schwarz, Pinsel in Grau, 17,3 × 25,8 cm, bez. r. unten: «A. Zingg del.»; r. oben: «Lichtenstein», Privatbesitz

es besonders das damals noch nahezu unbekannte Erzgebirge mit seinen wildromantischen Flusslandschaften und einer Vielzahl von Burgen und Schlössern, das dem Künstler ein grosses Spektrum an Motiven bot. Zingg hat auch diese Gegend, meist gemeinsam mit Schülern, durchwandert und sie von den verschiedensten Blickpunkten aus geradezu systematisch erfasst und zwar in Form von in Grau getuschten Feder-Pinselzeichnungen. Als Beispiel hierfür seien seine Ansichten der Gegend bei der Stadt Nossen im Erzgebirgsvorland genannt.[10] Alle diese Blätter haben eine Grösse von ca. 20 × 32 cm, sind in Grau getuscht, oben rechts mit der Ortsangabe und meist links unten mit der Signatur Zinggs versehen und 1785/1786 entstanden. Ohne die Ortsangabe wären die meisten dieser Ansichten, wie beispielsweise die einer felsigen Flusslandschaft aus dem Kupferstich-Kabinett Dresden (Abb. 2), gar nicht zu lokalisieren. Die Zeichnungen sind auch stilistisch untereinander völlig gleich, sowohl was die Wolkenangabe angeht wie auch die verschatteten Vordergrundpartien, die verwendeten Staffagefiguren, die Rahmungen, die vermittelnden Bäume oder die hervorgehobenen Lichtpartien.

Jedoch bereits zehn Jahre früher, also Mitte der 1770er Jahre, ist eine Reihe von stilistisch sehr ähnlichen Zeichnungen entstanden; wiederum zeigen einige dieser kleinen Zeichnungen Motive aus dem Erzgebirge, zum Beispiel eine Ansicht der Burg Lichtenstein (Abb. 3). Auch dabei handelt es sich um voll ausgeführte Ansichten, gleichwohl ohne die aus den etwas grösseren Kompositionen von Mitte der 1780er Jahre geläufigen Vordergrundfüller. Vielmehr werden hier die räumlichen Verhältnisse mit raschen

Federstrichen klar umschrieben, durch Licht- und Schattenverteilung zarte, aber eindrucksvolle Kontraste gesetzt. Sie markieren so etwas wie Zinggs ersten gezielten Zugriff auf eine bestimmte Region und den Ausgangspunkt seiner Landschaftskonzeption. Vieles spricht dafür, dass diese Zeichnungen zum Teil während einer «malerischen Reise ins Erzgebirge», die Zingg zusammen mit dem Frankfurter Maler Georg Melchior Kraus (1733–1806) im Jahr 1775 unternommen haben soll, entstanden sind.[11] Zingg und Kraus verkehrten in Paris in dem Künstlerkreis um Johann Georg Wille. Schon hier unternahmen die beiden gemeinsame Exkursionen in die Umgebung von Paris. Zingg wiederholte und etablierte nicht nur die dort gemachten praktischen Erfahrungen in seiner Dresdner Zeit, sondern auch die Form der vor Ort geschaffenen, gleichwohl bildwürdig ausgeführten kleinen Landschaftsansichten.

Man kann davon ausgehen, dass es sich bei den hier vorgestellten beiden Gruppen von mittelgrossen Feder-Pinselzeichnungen um eigenhändige Arbeiten Adrian Zinggs handelt, die in Zusammenhang mit Künstlerreisen vor Ort entstanden sind und zwar bis 1786, also bis in die Zeit hinein, da der Künstler den Zenith seiner Laufbahn erreicht hat. Dafür spricht nicht zuletzt die Tatsache, dass alle diese Blätter mit Tusche bildmässig laviert worden sind. Sepia etablierte sich erst ganz am Ende des 18. Jahrhunderts als Zeichenmaterial und wurde wegen ihrer komplizierten Mischungen wohl nur im Atelier eingesetzt. Damit haben wir stilistische Parameter, die bei unklaren Zuschreibungen angesetzt werden können. Aber: Hilft uns das wirklich weiter?

Um das Problemfeld dieser Frage zu umreissen, soll eine weitere Ansicht von Frauenstein im Erzgebirge, diesmal der Ruine der gleichnamigen Burg, betrachtet werden (Abb. 4). Die kleine, 18,8×12,3 cm grosse Zeichnung befindet sich im Kupferstich-Kabinett Dresden. Zingg hat das hier anzutreffende Kompositionsschema – von einem erhöhten Blickpunkt schaut man über die hintereinander gestaffelten Bildgründe auf eine Architektur als höchste Erhebung der Landschaft im Bildhintergrund – häufig benutzt; um die Höhenwirkung zu unterstreichen, verwendet er in diesem Fall das Hochformat. Von diesem Motiv gibt es gleich drei weitere Varianten, die alle Zingg zugeschrieben werden.[12] Man erkennt kleine motivische Unterschiede bei den Staffagefiguren und der Vegetation im Vordergrund, auch ist der Himmel verschieden gestaltet. Bei genauerer Betrachtung kann man auch feine stilistische Unterschiede benennen. Beispielsweise zwischen dem Dresdner Blatt (Abb. 4) und einer Darstellung des gleichen Motivs aus der Grafischen Sammlung des Erfurter Angermuseums (Abb. 5). Bei dem Dresdner Blatt werden die Konturen der Ruine zwar zügig, aber immer wieder absetzend, so wie wir es bei den zuvor besprochenen grauen Zeichnungen der Erzgebirgsreihe gesehen haben, markiert. Bei der Erfurter Arbeit findet man dagegen eher durchgezogene Linien. Oder die Struktur der Baumstämme im Vordergrund: Einmal (Abb. 4) finden sich mindestens vier tonale Abstufungen des Brauntones kontrastreich nebeneinander gesetzt, im anderen Fall (Abb. 5) wird die Bauminnenseite in einer fast durchgezogenen Längsfläche hell, die Aussenseite dunkel gestaltet. Es wäre auf weitere Differenzen zu verweisen. Man kann jedoch bei der insgesamt grossen Ähnlichkeit dieser Ansichten der Burgruine Frauenstein, die alle unter Zinggs Namen laufen, nicht mit Sicherheit sagen, welche Anteile bei den verschiedenen Blättern von Zingg sind, und noch weniger kann man die als unüblich für Zingg identifizierten Elemente eindeutig einem anderen Künstler zuordnen. Entscheidend ist, dass diese Ansicht durch

Abb. 4 Adrian Zingg, *Burgruine Frauenstein im Erzgebirge*, Feder in Schwarzbraun, Pinsel in Braun, 18,8 × 12,3 cm, Kupferstich-Kabinett, Staatliche Kunstsammlungen Dresden, Inv.-Nr. C 4317

Abb. 5   Zingg-Werkstatt, *Frauenstein*, Feder und Pinsel in Braun, 30,5 × 44,3 cm, Kunstmuseen Erfurt – Angermuseum, Grafische Sammlung, Inv.-Nr. VIII 398

Abb. 6   Zingg-Werkstatt, *Burgruine Frauenstein im Erzgebirge*, Umrissradierung, braun laviert, 31,7 × 44,3 cm, r. oben: Künstlerstempel Zinggs

ihre Übertragung in eine lavierte Umrissradierung (Abb. 6), die motivisch eine Mischung der verschiedenen Varianten darstellt, weite Verbreitung gefunden hat und von Zingg abgesegnet worden sein muss. Vorstellbar ist, dass die kleine, hochformatige Zeichnung (Abb. 4) die Vorlage für die Radierung abgegeben hat, die Erfurter, wie auch die Zeichnungen aus Basel und Dresden[13] Werkstattvarianten darstellen. Damit ist aber nicht gesagt, dass die Radierung und ihre Sepiafassung von Zingg selbst stammen. Viele Motive aus der Zingg-Werkstatt tauchen zudem in anderen Zusammenhängen wieder auf; sie sind als Übernahmen des Grundtypus zu werten. So stand Zinggs Ansicht der Ruine Frauenstein Pate für die Illustration des in Leipzig erschienenen *Taschenbuch zum geselligen Vergnügen* von Gottlieb Becker in der Ausgabe von 1800 und sie war vorbildlich für die Nr. 45 im Sammelwerk *70 Mahlerische An- und Aussichten der Umgegend von Dresden [...]* von Carl August und Ludwig Richter, die 1820 in Dresden erschienen sind. Und dies ist durchaus kein Einzelfall!

Man kann an dieser Stelle zweierlei konstatieren: Zum einen, dass Zingg es verstand, seine Ansichten und Bilderfindungen gut zu vermarkten, und dass es zweitens bei diesem Künstler wenig sinnvoll ist, sich primär auf Zuschreibungsfragen zu konzentrieren. Vielmehr haben wir es bei den Werken Zinggs mit einem – modern gesprochen – Sammelbegriff zu tun, der bestimmten ökonomischen Bedingungen gerecht wird. Bestärkt von seinem Mentor Wille, der Zinggs Arbeit als Reproduktionsstecher geschätzt und ihn schon in Paris sehr gut bezahlt hatte, präsentierte sich Adrian Zingg in Dresden von Anfang an als selbstbewusster Künstler. Für seine Tätigkeit als Lehrer an der 1764 neu gegründeten Dresdner Kunstakademie verlangte er ein relativ hohes Gehalt, die völlige Freiheit der Wahl bei der Herstellung seiner Kunstwerke und eine gesonderte Bezahlung für Aufträge seitens des Hofes.[14] Auch die Akademie selbst verfolgte bei der Ausbildung der jungen Künstler neben aufklärerisch-praktischen auch ökonomische Ziele und verlangte von Zingg ausdrücklich eine Belebung des Grafikhandels in Sachsen. Auch wenn die «Kunst im Sinne der nationalen Wohlfahrt» schon von den Zeitgenossen, namentlich dem jungen Goethe, heftig kritisiert wurde, muss man doch klar sagen, dass diese Zielrichtung und Prägung der Akademie in Dresden die entscheidende Grundlage für den ökonomischen Erfolg von Adrian Zingg war.

Während es zum Aufbau der Dresdner Kunstakademie und damit auch zu Zinggs Lehrtätigkeit eine Reihe von Forschungen gibt,[15] wissen wir über die Organisation der Werkstatt des Künstlers im Grunde genommen so gut wie gar nichts und können nur Rückschlüsse aus den erhaltenen Produkten der Werkstatt ziehen. 1777 setzte sich Zingg in einem langen Brief an das kurfürstliche Kabinett für eine grössere Wohnung im Fürstenberg'schen Palais ein, offenbar um geeignete Bedingungen für sein Geschäftsvorhaben zu schaffen.[16] Nach schwierigen Verhandlungen erhielt Zingg die grössere Wohnung und man kann davon ausgehen, dass er spätestens ab Ende der 1770er Jahren mit seinem Werkstattbetrieb begonnen hat. Obwohl der Künstler vonseiten der Akademie nur verpflichtet war, einen Schüler zu unterrichten, hatte er stets mehrere, «für den Fall, dass einige missrathen», wie er selbst es 1809 rückblickend ausgedrückt hat.[17] Schon diese Formulierung zeigt an, dass die Ausbildung von Schülern für Zingg durchaus zielgerichtet war und zwar hinsichtlich ihrer Einsetzbarkeit in seiner Werkstatt. Die wichtigsten Schüler und Mitarbeiter Zinggs waren die drei etwa gleichaltrigen Künstler Johann Heinrich Troll, Heinrich Friedrich Laurin und Christian August Günther sowie die gut zehn Jahre später Geborenen Johann Philipp Veith, Johann Gottlob Henschke und Carl August Richter.[18]

Eine Aufgabe der Werkstatt-Angehörigen war das Radieren und Lavieren der Umrissradierungen nach den Landschaftsansichten des Lehrers. Dabei kam es Zingg zum einen auf allerhöchste Qualität der Abzüge und zum anderen auf grösstmögliche Ähnlichkeit der Druckgrafik zur Handzeichnung an. Um die Federzeichnung möglichst gut zu imitieren, wurden die Linien der Umrissradierung in der Zingg-Werkstatt unterschiedlich stark gesetzt. Nach dem Druck folgte dann die Lavierung oder in seltenen Fällen auch Kolorierung, und zwar von Hand. Für eine Reproduktionsgrafik ist dieses Verfahren zwar aufwendig, hat jedoch den Effekt, dass die Druckgrafik der Zeichnung täuschend ähnlich sieht und nicht selten mit ihr verwechselt wurde und wird, was durchaus gewollt war. Diese Wirkung verstärkte sich noch dadurch, dass die Blätter durchweg beschnitten wurden, so dass der Rand der Druckform nicht mehr sichtbar ist. Die meisten Radierungen zeigen rechts oben den Künstlerstempel Zinggs, manche sogar seine gezeichnete Signatur. Auch dies vielleicht, um die Radierung wie eine signierte Handzeichnung aussehen zu lassen. Ob das auch Einfluss auf das Preisniveau eines solchen Blattes hatte, muss offen bleiben. Meist finden sich bei der Radierung im Vergleich zum Vorbild kleine Abweichungen in der Staffage oder bei Details der Vegetation, so dass die Druckgrafik nicht nur durch die stets von Hand erfolgte Lavierung, sondern auch durch kleine Veränderungen der Motive die «Aura» eines Unikats und damit einen höheren Wert als eine reine Reproduktionsgrafik erhielt.

Wie die Werkstattarbeit praktisch ablief, ob Zingg selbst radiert oder nur die Oberaufsicht geführt hat, wie die Lavierung der Radierungen stattfand, ob sie von einem oder arbeitsteilig von mehreren Mitarbeitern gefertigt wurde, wissen wir nicht.[19] Tatsache ist jedoch, dass die druckgrafischen Erzeugnisse der Zingg-Werkstatt einen durchgehend hohen Qualitätsstandard erfüllen und vergleichsweise hohe Preise auf dem Grafikmarkt erzielten, wie wir aus den Auktionsergebnissen des Zingg'schen Nachlasses wissen.[20] Adrian Zingg liess seine Schüler und Mitarbeiter jedoch nicht nur seine Landschaftsansichten radieren, sondern übte auch mit ihnen, in seiner Manier zu zeichnen. In Johann Rudolf Füsslis *Allgemeinem Künstlerlexikon* (1779–1821) wird der Unterrichtsstil Zinggs mit folgenden Worten beschrieben: «Seine Lehrlinge stehen unter strenger Aufsicht; er hält sie (unter seinen Augen) zu einem unermüdeten nie rastendten Fleisse an; indem er sie gleichsam mit Gewalt in die Buchstaben seiner Manier einzwängt, hat er keine schlechten Schüler gezogen. Diese zeichnen alle so wie er; ihre Arbeiten (die Zingg für sich behält und deren grosse Haufen besitzt) sind von den seinen kaum zu unterscheiden.»[21] Von der Burg Rauenstein im Erzgebirge etwa existieren gar vier ungefähr gleich grosse Zeichnungen, die heute in Wien und Washington aufbewahrt werden.[22] Auf den ersten Blick unterscheiden sich die Arbeiten nur in der Figurenstaffage und der Vegetation im Vordergrund sowie dem Baum am rechten Bildrand. Bei genauerer Untersuchung lassen sich jedoch auch feinste stilistische Unterschiede feststellen, etwa bei der Gestaltung der Baumkronen, die einmal eher wattig, diffus, das andere Mal mit klar umrissenen Konturen ausgeführt wurden. Oder bei der Wiedergabe des Wassers, der Gischt, die einmal, um Kontraste zu setzen, mit Bleiweiss gehöht ist, während sich in den anderen Blättern diese Technik jedoch nicht findet. Weitere Unterschiede liessen sich aufzählen. Die Signatur allein hilft bei der Zuschreibung der grossen Sepiablätter nicht weiter.[23] Im Fall der vier Ansichten der Burg Rauenstein spricht vieles dafür, dass es sich bei dem signierten Blatt aus der Wiener Akademie um die ursprüngliche, von Zingg gefertige Fassung handelt, nach der von ihm oder einem Mitarbeiter eine Wiederholung mit veränderter Staffage geschaffen wurde. Von diesen beiden Blättern wiederum wurden in der Werkstatt weitere Wiederholungen gefertigt. Aus dem Nachlassverzeichnis der Zingg'schen Kunstsammlung geht hervor, dass sich nach Zinggs Tod im Jahr 1816 noch eine grosse Anzahl seiner Arbeiten im Besitz des Künstlers befand.[24] Dies deutet an, dass in der Werkstatt sozusagen auf Vorrat produziert wurde. Bei Fragen der Zuschreibung hilft das ausführliche Verzeichnis jedoch nicht. Dort findet man bei der Auflistung der Handzeichnungen stets Anmerkungen wie: «Wenn auch nicht alle von des Meisters Hand sind, so ist doch ein grosser Teil von ihm retouchiert, und die vorzüglichsten mit + bemerkt».[25] Die Praxis, dass der Meister gute Schülerarbeiten mit seinem Namen signierte, ist in der Kunsttradition hinlänglich bekannt – verwiesen sei nur auf Rembrandt – und hatte auch am Ende des 18. Jahrhunderts noch Gültigkeit. Sie war den Zeitgenossen und der Kunstkritik geläufig und ehrte die betreffenden Schüler.

Einer, der für seine Arbeiten, wohlgemerkt im Zingg'schen Stil, auf allerhöchsten Befehl Sr. Majestät des Königs von Sachsen 1803 sogar eine Medaille vom Meister überreicht bekam, war Carl August Richter. Er war der engste Schüler und langjähriger Mitarbeiter Zinggs. Richters Sohn Ludwig, der Patensohn Zinggs, berichtet in seinen *Lebenserinnerungen eines deutschen Malers* von 1870 viel über die Tätigkeit seines Vaters bei Zingg.[26] Als authentische Quelle kann diese Autobiografie Ludwig Richters jedoch nicht herangezogen werden.[27] Carl August Richter hat sich nach Zinggs Tod auch selbst geäussert. Im Jahr 1819 schrieb er u. a.: «Meine natürliche Anlage zur Kunst und mein ununterbrochener Fleiss, verhalfen mir dahin: dass ich im 5ten Jahr meines Studiums sowohl im Landschaftszeichnen, als im Kupferstechen, meinem Lehrer gleichkam, und derselbe die von mir verfertigten Arbeiten ohne Bedenken unter seinem Namen herausbrachte.»[28] Dass Carl August Richter später tatsächlich seinem Lehrer in Stil und Qualität gleichkam, beweisen seine eigenen Zeichnungen, wie zum Beispiel die Ansicht von Schloss Scharfenstein im Erzgebirge (Abb. 7). Diese Zeichnung – wäre sie nicht von Richter signiert – würde problemlos als Arbeit von Adrian Zingg bzw. seinem Atelier durchgehen. Allenfalls wird man sagen können, dass die Blätter von Richter sich durch eine grössere Genauigkeit im Umriss auszeichnen – was sie ein klein wenig steifer macht, als wäre das locker Fliessende der Sepiazeichnungen festgezurrt worden. Doch ihre Qualität bleibt nichtsdestoweniger ausgesprochen hoch.

Die grösste Anzahl grossformatiger Sepiazeichnungen von Carl August Richter befindet sich heute in Warschau in den Grafischen Sammlungen der Universitätsbibliothek und der Nationalbibliothek. Obwohl Carl August Richter zahlreiche Angebote bekommen hatte, in Warschau zu arbeiten,

Abb. 7 Carl August Richter, *Schloss Scharfenstein im Erzgebirge*, 50,3 × 70 cm, Feder in Schwarz, Pinsel in Braun, bez. l. unten: «C. A. Richter del a Nat», Universitätsbibliothek Warschau, Grafische Sammlung, Inv.-Nr. Zb.d.UW T.174 nr 333

und sein Bruder Joseph bereits seit 1806 dort als Künstler erfolgreich Fuss gefasst hatte, verliess er die Zingg-Werkstatt nicht, vielmehr hoffte er, in die Fussstapfen des Lehrers treten zu können. Dies spricht nicht für ein ausgeprägtes Selbstbewusstsein Carl August Richters, umso mehr aber für den Erfolg der «Marke Zingg», an dem Richter wie auch die anderen Mitarbeiter Zinggs nicht nur partizipierten, sondern den sie auch gewährleisteten. Nach Zinggs Tod im Jahr 1816 änderte sich dies. Was Carl August Richter anbetrifft, so verkaufte dieser 1818, also nur zwei Jahre nach Zinggs Tod, vierzehn grossformatige Sepiazeichnungen als eigenständige Arbeiten an die Grafische Sammlung der Warschauer Universitätsbibliothek, wo sie sich noch heute befinden.[29]

Die Angebote aus Warschau an die Familie Richter kamen nicht zufällig, vielmehr sind sie Ausdruck der engen Beziehungen zwischen Polen und Sachsen in dieser Zeit. Während Dresden als Hauptstadt des vereinigten Königreiches unter August III. Mitte des 18. Jahrhunderts eine Zeit des wirtschaftlichen und kulturellen Aufschwungs erlebte, verarmte Warschau. Der Siebenjährige Krieg (1756–1763) veränderte diesen Status entschieden. Sachsen und insbesondere Dresden wurden durch den Krieg schwer in Mitleidenschaft gezogen, Warschau dagegen blieb nicht nur von militärischen Auseinandersetzungen und Zerstörungen verschont, sondern zog geradezu einen Nutzen aus der historischen Situation. Der königliche Hof siedelte damals von Dresden nach Warschau über und mit ihm kamen nicht nur die Hofbeamten, sondern auch Künstler und Architekten, so dass Polen in den Jahren 1764–1795 eine Zeit der kulturellen Blüte erlebte. Wichtig in unserem Zusammenhang ist vor allem der polnische Adelige Graf Stanislaw Kostka Potocki (1755–1821), der sowohl als bedeutender Staatsmann wie auch als exzellenter Kunstkenner, Archäologe – von ihm stammt der sogenannte «polnische Winckelmann» – und Historiker in die Geschichte eingegangen ist.[30] Sein wichtigstes Vorhaben war die Pflege nationaler Traditionen und die aufklärerisch gedachte Hebung des allgemeinen Kunstge-

Abb. 8   Carl August Richter, *Der Kuhstall in der Sächsischen Schweiz*, 50,8 × 70 cm, Feder in Schwarz, Pinsel in Braun, bez. l. unten: «C. A. Richter dely a Nat», Universitätsbibliothek, Warschau, Grafische Sammlung, Inv.-Nr. Zb.d.UW T.174 nr 331

Abb. 9 Zingg-Werkstatt, *Der Kuhstall in der Sächsischen Schweiz*, Umrissradierung, braun laviert, 30 × 43,2 cm, bez. u. auf dem Felsen: «Zingg dl.» [mit schwarzer Feder]; r. oben: Künstlerstempel Zinggs

schmacks. Zu diesem Zweck begann er ab 1799 das Palais in Wilanów in ein Museum umzuwandeln, wozu auch die Katalogisierung und systematische Erweiterung der grafischen Sammlung der Familie gehörte. 1818 schenkte er der Warschauer Universität, deren Gründungsmitglied er war, den wertvollsten Teil seiner grafischen Sammlung.[31]

Potockis Sohn Aleksander (1776–1845) setzte das Lebenswerk des Vaters, insbesondere in Bezug auf die Pflege der Zeichnungssammlung, fort. 1837 kaufte er eine beträchtliche Zahl von Zeichnungen und Druckgrafiken, insgesamt 559 Stück, in Dresden, darunter auch Blätter der Zingg-Werkstatt.[32] Sie werden heute in der Grafischen Sammlung der Warschauer Nationalbibliothek aufbewahrt. Doch trotz einer handschriftlichen Inventarliste von Aleksander Potocki aus dem Jahr 1840, die sowohl Bemerkungen zum Thema der Darstellung wie zum Künstler und zu der Technik der verschiedenen Ansichten gibt, ist die Zuordnung auch der Blätter der Potocki-Sammlung in der Warschauer Nationalbibliothek wegen der häufig vorkommenden Variationen und der bekannten Zuschreibungsprobleme in vielen Fällen nicht zu leisten.[33]

«Zingg oder nicht Zingg» scheint auch hier nicht die richtige Frage zu sein, gleichwohl handelt es sich durchgehend um hochrangige Produkte der Zingg-Werkstatt. Aleksander Potocki inventarisierte die Sammlung nicht nur, sondern er gab ihr auch eine einheitliche Präsentation, die aufschlussreich ist. Zeichnungen und Radierungen, signiert wie unsigniert, wurden nämlich in einheitliche Alben mit graublauen Hüllen – und zwar völlig ungeordnet – eingeklebt. Deren Titel lautet schlicht: *Paysages, Zingg et Richter*, manchmal auch nur: *Paysages*. Dies deutet einmal mehr darauf hin, dass für die zeitgenössischen Sammler die akribische Trennung verschiedener Hände letztlich sekundär war, vielmehr die Gattung und vor allem die Qualität der Arbeiten im Vordergrund standen.

Als Beleg für die Gültigkeit dieser Aussage sei zum Schluss noch die Darstellung eines der berühmtesten Motive der Sächsischen Schweiz, des sogenannten Kuhstalls bei Bad Schandau, herangezogen. Die Zeichnung wurde von Carl August Richter signiert (Abb. 8), die fast gleich grosse und bis auf winzige Details motivisch identische Umrissradierung dagegen ist durch den Künstlerstempel und die handschriftliche Signatur Zinggs ausdrücklich als Produkt der «Marke Zingg» deklariert (Abb. 9). Auch bei diesem Blatt Richters ist die grosse Nähe zu Zinggs Stil und Motivik augenscheinlich – vielleicht ein wenig zu gross, was im Übrigen oft ein Hinweis auf Werkstattarbeiten ist. Gemeint ist die überreiche Anhäufung Zingg'scher pittoresker Versatzstücke zur Füllung des Vordergrundes, beispielsweise die drei fast in der Luft hängenden Wurzelballen um die Höhlenöffnung. Sie wirken, als wären sie direkt aus Zinggs Zeichenanleitung übernommen.

Dies zeigt, dass Zingg im fortgeschrittenen Alter auch auf Motiverfindungen seiner Schüler zurückgriff und weist darüber hinaus erneut und deutlich daraufhin, dass es bei den Produkten der Zingg-Werkstatt nicht so sehr um Eigenhändigkeit ging, sondern vielmehr auf das unverwechselbare Gefüge, eben auf die «Marke Zingg» ankam. Heutige Qualitätsbegriffe, die auf Individualität und Eigenhändigkeit pochen, greifen dabei freilich nicht. Unser Kunstbegriff, vom deutschen Idealismus geprägt, macht uns ein wenig blind für den besonderen Rang der Zingg'schen Hervorbringungen.

1 Sabine Weisheit-Possél, *Adrian Zingg (1734–1816). Landschaftsgraphik zwischen Aufklärung und Romantik* (Villigst Perspektiven, 12), Diss. FU Berlin, 2008, Berlin: Lit, 2010.
2 Siehe hierzu *Adrian Zingg. Wegbereiter der Romantik*, hrsg. von Petra Kuhlmann-Hodick, Claudia Schnitzer und Bernhard von Waldkirch, Ausst.-Kat. Kupferstich-Kabinett, Staatliche Kunstsammlungen Dresden, 17.2.–6.5.2012; Kunsthaus Zürich, 25.5.–12.8.2012, Dresden: Sandstein Verlag, 2012.
3 Das Skizzenbuch ist in Gänze abgedruckt in: Dresden/Zürich 2012 (wie Anm. 2) und ebd., S. 40–60, von Petra Kuhlmann-Hodick kommentiert.
4 Abb. ebd., S. 45.
5 Vgl. Dresden/Zürich 2012 (wie Anm. 2), Nr. 72 und 73, S. 178–179.
6 Vgl. auch den Beitrag von Martin Kirves in diesem Band, S. 76–99.
7 Die andere Fassung wird in einer deutschen Privatsammlung verwahrt: Adrian Zingg, *Königstein im Elbsandsteingebirge*, Feder in Schwarz, Pinsel in Braun, 50 × 63,9 cm, bez. r. u. auf Felsen: «A. Zingg n. d. nat. dl», Privatbesitz Deutschland.
8 Sophus Ruge, «Adrian Zingg», in: *Über Berg und Tal. Organ des Gebirgsvereins für die Sächsisch-Böhmische Schweiz*, 20 (1897), S. 1–10, hier S. 3.
9 Dies berichtet Conrad Gessner, der für zwei Jahre bei Zingg zur Lehre war, in einem Brief an seinen Vater Salomon Gessner aus Dresden am 12. Juni 1786, siehe Weisheit-Possél 2010 (wie Anm. 1), S. 192.
10 Blätter aus dieser Reihe befinden sich heute vor allem in den Kupferstich-Kabinetten in Dresden, Berlin, Stuttgart und Coburg.
11 Friedrich Justin Bertuch erwähnt eine solche Reise in seinem Nachruf auf Georg Melchior Kraus im *Journal des Luxus und der Moden*, 22 (1807); vgl. Weisheit-Possél 2010 (wie Anm. 1), S. 235–237.
12 Neben dem als Abb. 5 wiedergegebenen Blatt sind das: Zingg-Werkstatt, *Burgruine Frauenstein im Erzgebirge*, Feder in Schwarz, Pinsel in Braun, 24,1 × 18,6 cm, Kupferstich-Kabinett, Staatliche Kunstsammlungen Dresden, Inv.-Nr. C 4307. Zingg-Werkstatt, *Blick auf einen Berg mit Burgruine*, Feder in Schwarz, Pinsel in Braun, 24,5 × 19 cm, Kupferstichkabinett, Kunstmuseum Basel, Inv.-Nr. 1914.136.
13 Siehe. Anm. 12.
14 Vgl. das Anstellungsdekret Zinggs an der Dresdner Kunstakademie, das nach zähen Verhandlungen zwischen Zingg und dem damaligen Direktor der Akademie, Christian Ludwig von Hagedorn, am 5.12.1765 ausgestellt worden war, abgedruckt in: Moritz Stübel, «Briefe von und über Adrian Zingg», in: *Monatshefte für Kunstwissenschaft*, 9 (1916), S. 281–303, hier S. 299.
15 Zur Gründung und zum Aufbau der Dresdner Kunstakademie vgl. Anke Fröhlich, *Landschaftsmalerei in Sachsen in der zweiten Hälfte des 18. Jahrhunderts. Landschaftsmaler, -zeichner und -radierer in Dresden, Leipzig, Meissen und Görlitz von 1720 bis 1800*, Diss. TU Dresden, 2000, Weimar: VDG, 2002, S. 39–43; Weisheit-Possél 2010 (wie Anm. 1), S. 55–66, hier auch eine Auflistung der älteren Literatur.
16 Stübel 1916 (wie Anm. 13), S. 286.
17 Manuskript von Adrian Zingg aus den Papieren von Gottlieb Wilhelm Becker, Sächsische Landes- und Universitätsbibliothek Dresden, App. 292, Nr. 290. Der Text erscheint in leicht verändertem Stil in der *Vorerinnerung zum zweiten Heft – Aus einem Briefe an einen Freund* [= Becker, d. V.] zu Zinggs *Landschaftszeichner*, Dresden im Februar 1809.
18 Ausführlich zu diesen Künstlern: Fröhlich 2002 (wie Anm. 15), S. 124–139.
19 Durch die Beschneidung sind die Blätter selten genau gleich gross, ein Abpaus-, bzw. Durchdruckverfahren ist deshalb ausgeschlossen. Ein Blatt mit Quadratur – eine Möglichkeit der Übertragung – wurde nur ein einziges Mal gefunden (*Wasserfall in Thümlers Garten bei Altenburg*, Federzeichnung in Rotbraun über Bleistift auf quadriertem Blatt, 31,3 × 43,5 cm, Kunstmuseum St. Gallen).
20 Adrian Zinggs Nachlass ist 1816 in Leipzig versteigert worden. Eine Abschrift des Versteigerungskatalogs befindet sich im Anhang

der unpublizierten Zingg-Monografie von Karl Wiedemann, von der ein Exemplar als Typoskript o. J. [1944] im Kupferstich-Kabinett der Staatlichen Kunstsammlungen Dresden, ein weiteres in der Vadiana in St. Gallen vorliegt.
21 Johann Rudolf Füssli, *Allgemeines Künstlerlexikon [...]*, 6 Bde., Zürich: Orell, Füssli und Compagnie, 1779–1821, Zweyter Theil [5] (1821), S. 6185.
22 Siehe hierzu: Weisheit-Possél 2010 (wie Anm. 1), S, 368–373.
23 Ich halte die 57 grossformatigen Zingg'schen Sepiablätter aus der Wiener Albertina für einen Grossauftrag von Albert von Sachsen-Teschen. Dabei wurden entweder Wiederholungen beliebter Ansichten nachbestellt oder Blätter aus dem Fundus der Werkstatt ausgewählt. Man muss davon ausgehen, dass die heute in der Albertina verwahrten Blätter nicht allein von Zinggs Hand sind, auch wenn der Grossteil der Blätter von ihm signiert wurde.
24 Wiedemann o. J. (wie Anm. 20), Anhang: Nachlassverzeichnis Zinggs, S. 20.
25 Ebd.
26 Ludwig Richter, *Lebenserinnerungen eines deutschen Malers, nebst Tagebuchaufzeichnungen und Briefen* (Sammlung Dieterich, 118), hrsg. von Erich Marx, 2. Aufl., Leipzig: Dieterich, 1950. Ludwig Richter begann mit der Niederschrift im Jahr 1869, also im Alter von 66 Jahren. Die *Lebenserinnerungen* Richters beginnen mit der Beschreibung seiner Kindheit und enden mit dem Bericht vom Tod seiner Tochter Marie im April 1847. Die Veröffentlichung erfolgte ein Jahr nach Ludwig Richters Tod durch seinen Sohn Heinrich. Das in siebzehn Heften niedergeschriebene Manuskript der *Lebenserinnerungen* befindet sich heute im Stadtarchiv Dresden.
27 Vgl. hierzu Saskia Pütz, *Künstlerautobiographie. Die Konstruktion von Künstlerschaft am Beispiel Ludwig Richters* (Berliner Schriften zur Kunst, 23), Diss. FU Berlin, 2008, Berlin: Gebr. Mann, 2011, sowie den Beitrag der Autorin in diesem Band (S. 244–265).
28 Bei dem Brief handelt es sich um eine zwanzigseitige Eingabe an den damaligen Direktor der Kunstakademie, den Grafen Vitzthum von Eckstädt, vom 29.12.1819, in der Carl August Richter ausführlich seine Verdienste um die Kunstakademie schilderte, letztlich um eine Gehaltserhöhung zu erreichen; hier zit. nach: Wiedemann o. J. (wie Anm. 20), Anhang VI, S. 77.
29 Für diese Information danke ich Watroba Przemyslaw, Kurator an der Warschauer Universitätsbibliothek. Er teilte mir ferner mit, dass es sich ursprünglich tatsächlich um einen Ankauf von 14 Zeichnungen Richters gehandelt habe, der Verbleib des 14. Blattes sei jedoch unbekannt.
30 Die wichtigsten kunsthistorischen Informationen über die Familie Potocki, insbesondere in Bezug auf die Entstehung der Wilanów-Sammlung finden sich in dem drei Bände und ein Supplement umfassenden Bestandskatalog der Zeichnungen dieser Sammlung, der allerdings, bis auf eine kurze englische Zusammenfassung der Einleitung, nur in polnischer Sprache vorliegt, *Rysunki z wilanowskiej kolekcji Potockich, w zbiorach Biblioteki Narodowej* (Katalogi Zakadu Zbiorów Ikonograficznych Biblioteki Narodowej), hrsg. von Krystyna Gutowska-Dudek, 3 Bde. und Supplement, Warschau: Biblioteka Narodowa [Nationalbibliothek], 1997–2004. In deutscher Sprache finden sich nur zwei kurze Erwähnungen von Stanislaw Kostka Potocki in Zusammenhang mit historischen Ausstellungen, zum einen in: *Thesauri Poloniae – Schatzkammer Polen. Zur Geschichte der polnischen Sammlungen*, hrsg. von Wilfried Seipel, Ausst.-Kat. Kunsthistorisches Museum Wien, 3.12.2002–2.3.2003, Mailand: Skira, 2002, S. 229–231, und zum anderen in Zusammenhang mit der Ausstellung *Unter einer Krone. Kunst und Kultur der sächsisch-polnischen Union* 1997 in Dresden, hrsg. von Werner Schmidt et al., Ausst.-Kat. Dresdner Schloss, 24.11.1997–8.3.1998, Leipzig: Edition Leipzig, 1997. Einen gewissen Einblick in die Zeitumstände von 1794 bis 1820 geben die Erinnerungen der Gräfin Potocka, der Schwiegertochter von Stanislaw Potocki: *Die Memoiren der*

Gräfin Potocka, 1794–1820, hrsg. von Casimir Stryienski, nach der 6. französischen Aufl. bearb. von Oskar Marschall von Bieberstein, Leipzig: Schmidt & Günther, 1899.

[31] Die älteste Beschreibung der Wilanów-Sammlung der Familie Potocki datiert aus dem Jahr 1800: *Catalogue des dessins de la Collection du Comte Stan(islaw) Potocki*, vgl. Gutowska-Dudek (Hrsg.) 1997–2004 (wie Anm. 30), Bd. 1, Summary, S. 16.

[32] Ebd., Bd. 3, S. 114 und S. 194.

[33] Diese Inventarliste, abgekürzt: *Spis (rysunków) po 1840 = Brulion [...] Spis oryginalny"* (sporzadzony własnorecznie prez Aleksandra Potockiego po 1840), befindet sich im Archiv der Wilanów-Bibliothek in der Nationalbibliothek in Warschau. Von den 21 Zingg zugeschriebenen Zeichnungen, die sich heute in der Warschauer Nationalbibliothek befinden, werden 10 Blätter in dieser Liste aufgeführt, von den 10 Richter zugeschriebenen Blättern sind es 8 Arbeiten.

Unterrichtspraxis und Selbstvermarktung: Anleitungsbücher zur Landschaftskunst von Ferdinand Kobell, Jakob Philipp Hackert und Adrian Zingg

Steffen Egle

Ferdinand Kobell, Jakob Philipp Hackert und Adrian Zingg – alle drei institutionell erfolgreiche Landschaftskünstler und einflussreiche Lehrerfiguren – publizierten gegen Ende ihrer Karrieren Anleitungsbücher zum Landschaftszeichnen: Kobell veröffentlichte 1784 im Selbstverlag sein *Livre ou instruction pour dessiner les paysages*; Hackert gab um 1802 mehrere Radierungen als Vorlagen für das Studium von Bäumen heraus, die er mit dem Titel *Principes pour apprendre à dessiner le paysage d'après nature* überschrieb; Zingg schliesslich machte mit seinem 1808 bei Göschen in Leipzig erschienenen Heft *Anfangsgründe für Landschaftszeichner* den Auftakt zu mehreren kunstdidaktischen Publikationen, die er im Verlaufe der folgenden Jahre herausbrachte.[1] Die drei Landschaftskünstler partizipierten mit diesen Anleitungsbüchern an einer medialen Entwicklung, die gerade für die Landschaftsmalerei von grosser Bedeutung werden sollte: Kurz vor und vor allem nach 1800 florierte ein ganzer Verlagssektor mit kunstdidaktischer Literatur für angehende Künstler und Kunstlaien, in dem zunehmend auch die Landschaft als eigenständige Gattung ihren Platz fand.[2] Bedient wurde dieser Sektor vorwiegend von zweitrangigen Künstlern und lokalen

Zeichenmeistern.³ Dass qualitativ und künstlersoziologisch betrachtet herausragende Vertreter des Landschaftsfaches wie Kobell, Hackert und Zingg ihre Landschaftsauffassung und ihre methodischen Herangehensweisen in illustrierten Trakten niederlegten, ist dagegen eher die Ausnahme. Umso mehr lohnt es, nach der Motivation für diese Publikationen zu fragen.

Das Hauptanliegen dieses Beitrags ist ein Vergleich der drei genannten Anleitungsbücher, der die formale und funktionale Entwicklung des Mediums aufzeigen soll. Während Kobells *Instruction* noch eine Zusammenstellung vom Künstler selbst radierter Druckgrafiken und damit eine Mustersammlung im traditionellen Sinn darstellt, wurden die Blätter für die Anleitungen von Hackert und Zingg eigens angefertigt und nach methodischen Gesichtspunkten arrangiert; ein einleitender Text macht die Handhabung der Anleitung nachvollziehbar. Anhand der Zeichenanweisungen dieser beiden Künstler können Strategien beschrieben werden, durch die das Zeichnen nach Vorlagen als grundlegender Bestandteil der Ausbildung auch von Landschaftsmalern wesentlich vereinfacht wurde. Aus der deskriptiven Analyse werden im zweiten und dritten Teil des Aufsatzes erste Schlussfolgerungen in Bezug auf die Funktion der Traktate gezogen. Sie zielten, so die These, nicht allein auf das Studium nach zweidimensionalen Vorlagen im Sinne der Koordination von Auge und Hand und der Vermittlung erster Formeln für die Repräsentation dreidimensionaler Objekte in der zweidimensionalen Bildfläche. Vielmehr präfigurierten sie die Naturwahrnehmung des Schülers und leisteten so einen Beitrag zu dessen ästhetischer Erziehung. Eine weitere Funktion der Anleitungen, auf die nur ganz kurz eingegangen werden kann, kommt im Falle von Kobell, Hackert und Zingg hinzu. Es fällt auf, dass die Publikationen zu einem Zeitpunkt erschienen, als die Popularität ihrer Autoren bereits am Schwinden war. Sie sind daher auch als Versuch zu deuten, eine bestimmte Landschaftsauffassung gegenüber progressiven Tendenzen in der Kunstpraxis zu konservieren und einer neuen Generation von Künstlern zu überliefern.

Anleitungsbücher zur Landschaftskunst: Anmerkungen zu ihrer medialen und funktionalen Entwicklung

Eine mediale Beschreibung der genannten Anleitungen von Ferdinand Kobell, Jakob Philipp Hackert und Adrian Zingg erlaubt eine erste Annäherung an deren funktionale Bestimmung im Rahmen des spezialisierten Unterrichts in der Landschaftsmalerei. Relativ einfach ist eine solche Beschreibung im

Fall Ferdinand Kobells. Es handelt sich bei dem 1784 erschienenen *Livre ou instruction pour dessiner les paysages* um eine blosse Sammlung seiner eigenhändigen Radierungen, die als Kompendium zusammengebunden sind (Abb. 1). Der Titel «Instruction» scheint daher etwas hoch gegriffen, fehlt dem Werk doch jeglicher instruktive Anteil in Form eines erläuternden Textes oder eines methodischen Arrangements. Vielmehr stellt Kobells Anleitung ein Muster- bzw. Vorlagenbuch im traditionellen Sinne dar, das heisst eine Zusammenstellung von selbstkomponierten Motiven, die der Künstler im Laufe seiner Karriere radiert hat. Derartige gedruckte Musterbücher gab es im deutschen Sprachraum seit dem 16. Jahrhundert.[4] Indem Kobell dieser Sammlung durch einen Titelvorsatz den Status von Unterrichtsvorlagen verlieh, leistete er allerdings Kanonisierungsarbeit in eigener Sache. Eigene Bilderfindungen ersetzten – das ist der funktionale Aspekt der *Instruction* – den Mustervorrat von unterschiedlichen Künstlern, wie er für gewöhnlich in einer Werkstatt vorhanden war. An die Stelle stilistischer Heterogenität tritt der vorbildliche Stil des Lehrers, der durch die Schüler tradiert werden sollte.

Abb. 1   Detail einer Beispielseite aus Ferdinand Kobell, *Livre ou instruction pour dessiner les paysages. Contenant 108 gravures à l'eau-forte*, Mannheim: chez l'auteur, 1784, Radierung und Kupferstich, Universitätsbibliothek Heidelberg

Abb. 2   Titelblatt in: Philipp Hackert, *Principes pour apprendre à dessiner le paysage d'après nature*, um 1802, Radierung und Kupferstich, 70,4 × 50,3 cm (Blatt); 48,8 × 36,9 cm (Platte); 47 × 35 cm (Einfassungslinie), Staatsgalerie Stuttgart, Inv.-Nr. A 2012/7789, 1 (KK)

Gegenüber Kobell zeichnen sich Hackerts *Principes pour apprendre à dessiner le paysage d'après nature* (1801–1802) durch eine – wenn auch sehr vorläufige – methodische Konzeption aus.[5] Das Heft besteht aus insgesamt 13 Blättern, wobei nur das erste Blatt einen in die Platte gestochenen Textanteil in französischer Sprache mit erläuterndem Charakter besitzt (Abb. 2). Der Text – der für die deutsche Ausgabe ausgegliedert wurde – leitet zum Studium der Bäume nach der Natur an: «Um das Studium des Baumschlags im allgemeinen zu erleichtern, kann man die verschiedenen Laubgattungen auf drei Hauptarten zurückführen, welche die übrigen sämtlich, mehr oder minder abweichend, unter sich begreifen und mit denen man sich also zuvörderst erst ganz genau bekannt machen muss, ehe man weiterschreiten darf. Diese Hauptarten sind: die Kastanie, die Eiche und die Pappel. Ist

Abb. 3   Philipp Hackert, *Principes pour apprendre à dessiner le paysage d'après nature*, um 1802, Tafel I[a]-II[a] (*Châtaignier* und *Chêne*), Radierung und Kupferstich, 70,5 × 50,2 cm (Blatt); 53,5 × 34,3 cm (Platte); 22,8 × 32,5 cm (Einfassungslinie oben); 22,9 × 32,6 cm (Einfassungslinie unten), Staatsgalerie Stuttgart, Inv.-Nr. A 2012/7789, 2 (KK)

die Hand einmal recht geübt, diese Hauptlaubarten frei, ungezwungen und kühn in allen Lagen zu zeigen, so wird es ein leichtes seyn, auch alle andere Gattung charakteristisch darzustellen, denn die Abweichungen sind gering und beruhen bloss auf einem etwas längern oder kürzern, schärfern oder stumpfern Druck der Hand. Nur der Stamm, der Schuss der Aeste und die Gruppierung des Laubes geben erst jeder Gattung ihre eigenthümliche Verschiedenheit und diese lernt man durch fleissiges Zeichnen nach der Natur und aufmerksame Vergleichung am leichtesten.»[6]

Entsprechend dieser Anleitung zeigen die auf den Text folgenden Tafeln – und die mit dem Text zusammen gestochenen Laubvorlagen – Bäume, die durch eine französische Legende jeweils mit dem Namen der Baumart bezeichnet werden. Die Tafeln sind in zwei jeweils römisch von I bis VIII

Abb. 4 Philipp Hackert, *Principes pour apprendre à dessiner le paysage d'après nature*, um 1802, Tafel II[b] (*Chêne*), Radierung und Kupferstich, 70,2 × 49,5 cm (Blatt); 48,7 × 36,9 cm (Platte); 43,7 × 34,4 cm (Einfassungslinie), Staatsgalerie Stuttgart, Inv.-Nr. A 2012/7789, 7 (KK)

nummerierten Serien angeordnet, die sich aufeinander beziehen: die erste Serie bietet verschiedene Baumarten in einer Umrissradierung, die zweite Serie jeweils ausgeführte Stiche der Baumarten (Abb. 3–4). Bei der zweiten Serie handelt es sich um eigene Platten und nicht um die weitergearbeiteten Umrissradierungen. Entsprechend weichen sie in Format und Komposition von der ersten Serie ab. Einige der Darstellungen sind mit «Hackert fec.» in der Platte bezeichnet, was belegt, dass Hackert nicht nur der Zeichner und Erfinder der Motive war, sondern offenkundig auch der Stecher.[7]

Hackert nimmt unter dem Paradigma des Charakteristischen bzw. der «eigenthümlichen Verschiedenheit» eine Typenbildung vor, die es dem Schüler ermöglichen soll, artunterscheidende Merkmale eines Baumes zu erfassen und darzustellen, und zwar in Bezug auf die Erscheinung als Ganzes wie

Abb. 5 Johann Daniel Preissler, *Gründliche Anleitung, welcher man sich im Nachzeichnen schöner Landschafften und Prospecten bedienen kann [...]*, Nürnberg 1734, Tafel 6, Radierung und Kupferstich, 35 × 22,5 cm (Blatt), 32,5 × 20 cm (Platte), Staatsgalerie Stuttgart, Inv.-Nr. D 1963/5023

auch im Detail. Das methodische Prinzip, welches diesen Vorgang grundsätzlich erleichtern soll, ist die Gegenüberstellung einer Umrissradierung und einer durch Licht und Schatten modellierten Ansicht desselben Baumtypus, nicht jedoch des identischen Motivs.[8] Ziel dieses Verfahrens ist es, das Sehangebot für den kopierenden Schüler zunächst deutlich zu reduzieren. Das methodische Grundproblem des Landschaftsunterrichts besteht ja gerade darin, dass der Schüler im Landschaftsfach – weit mehr noch als in der Figurenmalerei – mit einer äusserst komplexen Motivstruktur konfrontiert ist, die aus der Vielzahl der Gegenstände und Details resultiert. Deshalb ist das auch der Landschaftsausbildung zugrunde gelegte Musterstudium, das dem Naturstudium voranging, zum Scheitern verurteilt, lässt man den Schüler von vornherein nach vollständigen Landschaftskompositionen zeichnen. Bereits Salomon Gessner hatte darauf hingewiesen und reagiert, indem er in seinem *Brief über die Landschaftsmalerey* dazu riet, Kupferstiche zunächst auf bestimmte Elemente – Bäume, Felsen, Lagen etc. – hin anzusehen und zu kopieren, und erst in einem nächsten Schritt in Hinsicht auf ihren Totaleindruck.[9] Der methodische Vorzug von Hackerts Anleitung wurde von Zeitgenossen sofort erkannt. So schreibt der Rezensent der deutschen Ausgabe: «Das [die Beigabe nichtschattierter Umrissradierungen] ist sehr vernünftig; denn nichts ist schädlicher als die Methode, Schülern gleich, nach den ersten Vorbereitungen, ausschattirte Landschaften vorzulegen. Sie lernen dabei nichts von der Anlage, der Seele der Zeichnung, weil sie ihnen vor der Ausarbeitung mit Schatten und Licht verborgen bleibt; sie pinseln diese nach und lernen am Ende, statt zeichnen, nur aus- und übertuschen.»[10]

Das methodische Prinzip einer Gegenüberstellung von Umriss und Ausführung war nicht neu, es fand im Zusammenhang mit der Landschaft zuerst bei Johann Daniel Preissler Anwendung, in dessen *Gründlicher Anleitung, welcher man sich im Nachzeichnen schöner Landschafften und Prospecten bedienen kann [...]*, die erstmals 1734 in Nürnberg erschien (Abb. 5).[11] Das Verfahren einer konsequent vom Umriss her gedachten Repräsentationsstrategie ist darüber hinaus in Hackerts eigener Zeichenpraxis dieser Jahre begründet: Stets arbeitete Hackert vom Umriss her, den er dann mit Lavierungen in braunem Pinsel ausfüllte. Nachvollziehen lässt sich diese Arbeitsweise anhand der Gegenüberstellung einer Baumzeichnung aus der Gegend von S. Angelo a Scala und einer vergleichbaren ausgeführten Zeichnung mit Blick auf Capo Miseno (Abb. 6–7).

Gegenüber Preissler ist das Verfahren bei Hackert um eine entscheidende Kategorie erweitert: die «exakte» Naturbeobachtung, die bereits durch den Titel der Anleitung – «dessiner le paysage d'après nature» – aufgerufen wird. Am Zeichnen nach der Natur war Preissler nie interessiert, ging es ihm doch darum, dem Schüler eine bestimmte Anzahl von Formeln beizubringen, über die er in seinen Historien bei der Hintergrundgestaltung frei verfügen konnte. Hackert dagegen verfolgte eine gänzlich andere Absicht: Durch seine Baumporträts wollte er die Wahrnehmung seiner Schüler so präfigurieren, dass diese in die Lage versetzt würden, in der freien Natur den besonderen Charakter eines Baumes zu erkennen und zeichnerisch zu erfassen. Das gilt für die Wuchsform als Ganzes ebenso wie für die einzelnen Partien oder das charakteristische Blattwerk eines Baumes.

Am Beispiel von Hackerts *Principes* lässt sich studieren, wie die Verbreitung von Konzepten und Landschaftsauffassungen durch die vielfach neu in Erscheinung tretenden Printmedien auf unterschiedlichen Ebenen vorangetrieben wurde. Zum einen wurde die Anleitung natürlich rezensiert und damit einem breiten bürgerlichen Lesepublikum bekannt gemacht. Das Urteil einer ausführlichen Besprechung in der auflagenstarken *Allgemeinen*

Abb. 6   Jakob Philipp Hackert, *Bei S. Angelo a Scala*, 1797, Feder in Braun über Bleistift, 76 × 53,7 cm, Klassik Stiftung Weimar, Goethe-Nationalmuseum, Inv.-Nr.: Schuchardt I, S. 269, Nr. 369 IX

Literatur-Zeitung vom 15. Februar 1803 ist geteilt, weist aber eine Stossrichtung auf, die für die Bewertung des Mediums «Anleitungsbuch» generell von besonderer Bedeutung ist: Für Künstler sei die Anleitung ungeeignet, da diese sich ohnehin sobald als möglich an die Natur wenden und aus ihr selbst den Charakter der verschiedenen Gegenstände entwickeln müssten. Dagegen erfährt das Hackert'sche Werk als ein zum Unterricht von Liebhabern bestimmtes Werk uneingeschränkten Beifall.[12]

Als ein solches, d. h. als ein Werk für Dilettanten, wurde es auch schnell vereinnahmt. Noch im selben Jahr 1803 erschien eine deutsche Ausgabe der *Principes* unter dem Titel «Theoretisch-practische Anleitung zum richtigen und geschmackvollen Landschaft-Zeichnen nach der Natur» bei Campe in Nürnberg und Leipzig, wobei bisher nicht geklärt werden konnte, ob als autorisierte Ausgabe Hackerts oder als nichtautorisierter Nachdruck.[13]

Abb. 7 Jakob Philipp Hackert, *Blick auf Capo Miseno von Pozzuoli aus*, 1797, Feder und Pinsel in Braun über Grafit, 85,3 × 65,2 cm, Klassik Stiftung Weimar, Graphische Sammlungen, Inv.-Nr. KK 238

Eine kurze Besprechung dieser deutschen Ausgabe, wieder in der *Allgemeinen Literatur-Zeitung*, weist das Werk als eine «Copie» der Hackert'schen Anleitung aus.[14] Es gibt allerdings Modifikationen in Bezug auf die Anzahl der Blätter. Auch führte Anton Paul Eisen ein Blatt aus der Serie der querformatigen Umrissradierungen in Aquatinta aus, das so in Hackerts Originalausgabe nicht vorkommt. Die Tafeln sind durch entsprechende Bezeichnungen der Stecher als Nachdrucke ausgewiesen: Beteiligte Künstler waren die Kupferstecher Anton Paul Eisen, Paul Wolfgang Schwarz und Friedrich Geissler. Der Status der Kopie wird von dem anonymen Rezensenten durchaus kritisiert: «Gegen die Original-Blätter gehalten, fehlt den vorliegenden Copien gerade das Beste, nämlich der Geist und die Meisterhand, wodurch jene sich so vortheilhaft auszeichnen; in Hn. Eisen's Arbeit sind alle Striche einförmiger geworden, und haben an Bedeutung verloren.»[15]

Ein Weiteres ist hier in Bezug auf den Aspekt der Verbreitung interessant. Der an den Kopien beteiligte Paul Wolfgang Schwarz tat sich ab 1804 als Autor eigener kunstdidaktischer Publikationen für Landschaftszeichner hervor, ohne darin Hackerts Qualität jemals zu erreichen. In das methodische Konzept, das er in Textform als *Gründliche Anleitung im Landschaftszeichnen und Zusammensetzen derselben*, erschienen 1806, niederlegt, integriert Schwarz Hackerts Baumstudien: «Sind sie durch meine Anweisungen dahin gelangt, wohin sie durch solche gebracht werden sollten; so liegt das vortreffliche Zeichenbuch des Herrn Hofmahlers Hackert Theoretisch praktische Anleitung [...] vor ihren Augen».[16] Schwarzens Anleitung ergänzt, was Hackerts *Principes* nicht enthalten: ein aufbauendes Curriculum, das die Landschaft als Summe von Elementen begreift, welche einzeln studiert werden können. Sie stellt also das fehlende Propädeutikum zu Hackerts Baumstudien dar, realisiert für den praktischen Kunstlaien. Die künstlerische Qualität von Schwarzens Anleitung steht der Hackerts allerdings um ein Erhebliches nach.

In der Frage eines aufbauenden Landschaftsunterrichts gehen die *Anfangsgründe für Landschaftszeichner* von Adrian Zingg, publiziert um 1808/1809, weit über Hackert hinaus, allein dadurch, dass sie von einem ausführlichen instruierenden Text begleitet sind.[17] Sabine Weisheit-Possél hat den Unterricht Zinggs in ihrer Monografie über den Künstler ausführlich dargestellt,[18] so dass der Blick hier gleich auf die mediale Erscheinungsform der Anleitung gelenkt werden kann. Zinggs didaktisches Werk erschien in zwei Heften, wobei das erste Heft vier Textseiten und zwölf hochformatige Tafeln mit Illustrationen, das zweite Heft zehn Textseiten und vierzehn Tafeln enthält. Den Text dieses zweiten Heftes konzipierte Adrian Zingg als – möglicherweise fiktiven – «Brief an einen Freund». Die Briefform als Medium der künstlerischen Unterweisung – der Begriff «Künstlerlehrbrief» kann das Phänomen bezeichnen – erfreute sich in der Zeit der Aufklärung einer besonderen Beliebtheit. Der Brief stellt, anders als der theoretisch unterweisende Text, eine besondere Nähe zum Leser her und schien geeignet, das mündliche Unterweisungsszenario abzubilden.[19] Methodisch betrachtet verbindet Adrian Zinggs Leitfaden *Anfangsgründe* ein Prinzip der Modularisierung der Natur in kleine, handhabbare Einheiten mit dem Anspruch einer Anleitung zur exakten Naturbeobachtung. Dazu sind die Tafeln der beiden Hefte so angeordnet, dass sie fortschreitend zunächst einzelne Naturelemente als Vorlage zum Kopieren geben, etwa Stauden, Gräser, Felsen, und schliesslich immer komplexer werdende nahsichtige Landschaftspartien als exemplarische zusammengesetzte Kompositionen dieser Einzelelemente (Abb. 8–9). Die einzelnen Pflanzen sind dabei in grösstmöglicher botanischer Exaktheit wiedergegeben.

Bezüglich Zinggs kunstpädagogischer Intention ist daher die programmatische Titelvignette ernst zu nehmen: Sie zeigt einen jungen Zeichner in der Natur, der damit beschäftigt ist, eine Gruppe Stauden abzuzeichnen.[20] Nicht die Einverleibung eines Vorrats von Vordergrundformeln für die Studiokomposition ist der eigentlich Zweck dieser Anleitung, sie stellt vielmehr – Hackerts Baumstudien durchaus vergleichbar – eine Hilfe zur selektiven Wahrnehmung charakteristischer Elemente in der freien Natur dar. Ein Prinzip der Modularisierung, das heisst der analytischen Zerlegung komplexer Motive in Einzelelemente bzw. der allmähliche Aufbau komplexerer Landschaftspartien aus diesen Einzelelementen, bereitet den Schüler nicht nur auf eine mögliche Kombination der Elemente vor, sondern trägt dazu bei, komplexe Seheindrücke, wie sie in der Natur auf den Schüler warten, in einfach zu erfassende Einheiten zu zerlegen. Damit sind Zinggs *Anfangsgründe* eine Schule des zergliedernden Sehens, die nicht zuletzt eine Sensibilität für die Morphologie der einzelnen Pflanzen, Sträucher oder Bäume vermittelte.

Auch Zinggs Anleitung gründet – wie die Hackerts – in der erfolgreich praktizierten Zeichentechnik des Urhebers, wie etwa Zeichnungen Zinggs illustrieren, die im Kupferstichkabinett Dresden aufbewahrt werden (Abb. 10). An dieser Stelle ist darauf hinzuweisen, dass den Schülern der Zingg-Werkstatt – wie in anderen Künstlerateliers auch – Zeichnungen als Vorlagen zum Kopieren dienten.[21] Der zentrale Mehrwert der Anleitungen, die das traditionelle Vorlagenmaterial der Werkstatt ergänzten, lag in der Möglichkeit einer Verbreitung über das Atelier hinaus.[22] Ausserdem erlaubten sie – wie das Beispiel Zinggs in ersten Ansätzen gezeigt hat – die Festschreibung einer didaktischen Methode durch eine der Blattfolge inhärente Ordnung.

Der systematische Ort der Anleitungsbücher in der künstlerischen Praxis

Im Gegensatz zu kunsttheoretisch fundierten Traktaten oder ästhetischen Schriften, wie sie seit der Renaissance zur bildenden Kunst publiziert wurden und deren Zweck weniger in der kunstpraktischen Unterweisung als vielmehr in der Legitimation der Kunst als schöner Wissenschaft lag, sind die besprochenen Anleitungen explizit für die künstlerische Praxis konzi-

Abb. 8   Tafel III (18 Pflanzenstudien), Radierung, 38,5 × 25,7 cm (Blatt); 26,8 × 18,7 cm (Platte)
Abb. 9   Tafel X (Bäume an einem steilen Hang), Radierung, 38,5 × 25,7 cm (Blatt); 26,8 × 18,7 cm (Platte), beide in: Adrian Zingg, *Anfangsgründe für Landschaftszeichner*, Heft I, Leipzig o. J. (1808), Kupferstich-Kabinett, Staatliche Kunstsammlungen Dresden, Inv.-Nr. B 476a,2

piert worden. Fragt man nach deren systematischem Ort innerhalb eines spezialisierten Curriculums des Landschaftsfaches, wie es sich im ausgehenden 18. Jahrhunderts erst herauszubilden begann, so ist die Antwort scheinbar einfach: Sie dienten, wie in der Ausbildung zum Figurenmalen, dem Kopieren nach Vorlagen und sind mithin auf der ersten Stufe des seit Leonardo dreiteilig gedachten Unterrichtsaufbaus anzusiedeln. Die Anleitungen ergänzten bzw. substituierten das zweidimensionale Vorlagenmaterial, welches üblicherweise in der Werkstatt vorhanden war, also Zeichnungen, Radierungen und Gemälde.

In Analogie zur etablierten Ausbildung des Figurenmalers gesetzt – als Subtext ist das traditionelle System der Malereiausbildung zunächst mitzudenken –, gibt die Landschaftsmalerei an einem Punkt jedoch eine Leerstelle zu erkennen: Der Landschaftsunterricht kennt kein Äquivalent zum

Skulpturenzeichen. Das Zeichnen «nach dem Runden» ist immer schon ein Zeichnen nach der Natur, d.h. nach der Sache selbst. Damit fehlt der wesentliche Schritt, der traditionell für die ästhetische Erziehung des Schülers entscheidend war, nämlich das Studium nach der Antike. Diese Leerstelle führt im Falle der Landschaftsmalerei zwangsläufig zu einer Überdeterminierung des Zeichnens nach zweidimensionalen Mustervorlagen. Nur darüber konnte dem Schüler eine bestimmte Landschafts- bzw. Naturauffassung – als Äquivalent zu einer bestimmten Figuren- bzw. Gewandauffassung in der Historienmalerei – vermittelt werden. Deutlich wird dieser Anspruch einer ästhetischen Unterweisung durch vorbildhafte Mustervorlagen in Salomon Gessners *Brief über die Landschaftsmalerey*. Gessner legt – entsprechend der eklektizistischen Herangehensweise des 18. Jahrhunderts – einen Kanon vorbildhafter Künstler für einzelne Landschaftsteile bzw. für die Gesamtwirkung der Landschaft fest, wobei es sich dabei fast durchweg um bereits historische Meister des 17. Jahrhunderts handelt.

Mit Ferdinand Kobell, Jakob Philipp Hackert und Adrian Zingg ist eine Akzentverschiebung zu beobachten: die eigene Manier löst als vorbildhafte Sichtweise auf die Natur die kanonisierten Landschaftsmaler ab. An die Stelle eines produktiven Stilpluralismus tritt die Naturauffassung des Lehrers.[23] Im Falle Hackerts stehen die nach ihrer Art unterschiedenen Bäume paradigmatisch für den Anspruch, Natur «charakteristisch» darzustellen, d.h. im individuellen Gegenstand das Allgemeine aufscheinen zu lassen und umgekehrt. Grundsätzlich ist daher festzuhalten, dass die Baumstudien nicht einfach nur als Übungsblätter gesehen werden dürfen, mittels deren der Schüler die Koordination von Auge und Hand übte oder durch die er Kunstgriffe der zweidimensionalen Repräsentation dreidimensionaler Gegenstände erlernte – beides waren zentrale Funktionen des Zeichnens nach zweidimensionalen Vorlagen. Sie besitzen darüber hinaus vielmehr die Funktion, die Naturwahrnehmung des angehenden Landschaftszeichners oder -malers in einer ganz bestimmten Weise zu präfigurieren. Das gilt in ganz ähnlicher Weise für Adrian Zinggs Anleitung: Der dort propagierte Naturzugriff zeichnet sich ebenfalls, fast radikaler noch als bei Hackert, durch die genaue morphologische Beschreibung einzelner Kräuter, Gräser und Sträucher aus.

Aus methodisch-didaktischer Perspektive leisteten die eigens für den Unterricht konzipierten und sinnvoll arrangierten Vorlagen grundsätzlich mehr als ein beliebiger Kupferstich im heterogenen Werkstattfundus, der sich in der Regel durch ein überkomplexes Sehangebot auszeichnete. Das wurde am Beispiel Hackerts und Zinggs – in Abgrenzung zu Kobell – deutlich. Hackert unterstützte den Schüler durch das Angebot einer Umrisszeichnung, die auf modulierende Schraffuren und Details weitgehend verzichtete. Zingg reduzierte die Komplexität der Vorlage dadurch, dass er die Natur als Ganzes in handhabbare Einzelgegenstände zerlegte. Durch die methodische Organisation trugen insbesondere Zinggs Vorlagenwerke zu einer Systematisierung des Unterrichts bei: An die Stelle eines kontingenten Szenarios – der Schüler zeichnet, was ihm mehr oder wenig zufällig in die Hände fällt – tritt ein sorgfältig überlegtes, zielgerichtetes Curriculum, das auf dem Prinzip einer moderaten Schwierigkeitssteigerung fusst. Insgesamt wurde der Lernprozess durch dieses methodisch modifizierte Musterstudium wesentlich beschleunigt.

Der tatsächliche Gebrauch der Anleitungsbücher lässt sich heute zumeist nur noch schwer nachweisen. Zeichnungen, die sich als Kopien nach den Vorlagen ausmachen lassen, dürften sich wohl nur selten erhalten haben. Das mag mit der Tatsache zusammenhängen, dass Arbeiten, welche die erste Stufe des Unterrichts dokumentieren, offenkundig nicht aufbewahrt wurden – ganz im Gegensatz zu Zeichnungen, die nach und in der Natur entstanden.[24] Gelegentlich weisen die Anleitungen Benutzerspuren auf, die nahelegen, dass die Blätter tatsächlich verwendet wurden.[25] Ihr Verwendungszweck und -ort kann einerseits durch die in den Vorbemerkungen angesprochenen Adressaten und andererseits durch den heutigen Aufbewahrungsort bzw. durch Besitzervermerke rekonstruiert werden. Es ergeben sich mehrere institutionelle Kontexte, innerhalb deren Vorlagen wie die in diesem Beitrag analysierten verwendet wurden: allen voran der private Zeichenunterricht, der sich vom adeligen Zeitvertreib für Prinzessinnen zunehmend zu einer bürgerlichen Beschäftigung entwickelte;[26] der ab 1800 sich zunehmend etablierende schulische bzw. universitäre Zeichenunterricht; und schliesslich der Unterricht an Kunstschulen und Akademien.

Hinsichtlich der Landschaftsauffassung eignet den Anleitungen, wie sie in diesem Beitrag vorgestellt werden, ein dezidiert konservativer Aspekt. Fundamentale Neuerungen in der Landschaftsauffassung vollzogen sich nicht in diesem Medium, vielmehr wurde eine bestimmte Landschaftsauffassung darin festgeschrieben und an eine neue Künstlergeneration tradiert – zumindest in der Theorie. Es ist aber dennoch nicht zu übersehen, dass das Medium «Anleitung» selbst einer fundamentalen Entwicklung unterliegt: das hat der Vergleich der drei Zeichenbücher gezeigt. Dieser Wandel

Abb. 10 Adrian Zingg, *Baumstudie. Zwei Laubbäume*, Rötel, 32 × 22,8 cm, Kupferstich-Kabinett, Staatliche Kunstsammlungen Dresden, Inv.-Nr. C 1963-1501

zielt in der Folge mehr auf Strategien zur Vereinfachung des Lernprozesses und damit automatisch auch auf eine Popularisierung der Landschaftsausbildung innerhalb einer Kultur der an der praktischen Kunstausübung interessierten Laien, mit der die Geschichte der Landschaftsdarstellung im frühen 19. Jahrhundert sehr stark verbunden ist.

Anleitungsbücher als Medium der Selbstvermarktung

Den hier beschriebenen Anleitungsbüchern ist noch eine weitere, wenn auch implizite Funktion zu unterstellen, die sich aus der Tatsache ableiten lässt, dass alle drei Maler ihre Anleitungen zu einem relativ späten Zeitpunkt in ihrer je auf besondere Weise erfolgreichen Karriere veröffentlichten: Das Bedürfnis der Verbreitung der eigenen Landschaftsauffassung unter dem Paradigma der künstlerischen Unterweisung scheint auch etwas mit Selbstvermarktung und dem Versuch, den eigenen Nachruhm zu steuern, zu tun zu haben. Der Wiederabdruck von insgesamt 108 Radierungen in einem Kompendium, wie wir es bei Ferdinand Kobell gesehen haben, war ein klassisches Instrument, eigene Bilderfindungen zu verbreiten. Hinzu kommt hier der Impetus des Vorbildlichen, der durch den Titel suggeriert wird: Mit einem Werk wie den *Instructions* stellt sich Kobell an die Stelle der alten Meister, ein Gestus expliziter Eigenwerbung.

Was Hackert angeht, so war er seit seiner kriegsbedingten Entlassung als Hofmaler in Neapel in einer fundamentalen Krise. Die alten Auftraggeberkreise brachen weg und Hackert musste sich noch einmal neu erfinden. Auch sank seine Reputation um die Jahrhundertwende beträchtlich, da andere Landschaftskünstler wie Johann Christian Reinhart oder Joseph Anton Koch das Feld zunehmend beherrschten.[27] Dass Hackert – der Maler – überhaupt noch einmal im Medium der Radierung arbeitete, ist allein schon als Reaktion auf diese problematischen Umstände zu sehen, nutzte er doch direkt den multiplikatorischen Effekt, den Druckgrafik besitzt. Dass er dann aber ausgerechnet Musterblätter für junge Landschaftskünstler veröffentlichte und damit – gewissermassen entgegen dem Zeitgeist – die eigene Vorbildlichkeit behauptete, zeugt von einer sehr kalkulierten Strategie, die verlorene Wertschätzung wiederzugewinnen. Ob sie aufging, sei dahingestellt. Es half nur bedingt, dass Hackert in Goethe den wohl einflussreichsten kunstpolitischen Fürsprecher der Zeit auf seiner Seite hatte.

Adrian Zingg schliesslich übertrug das Geschäftsmodell Johann Georg Willes, das er während seiner Ausbildung in Paris kennengelernt hatte, konsequent auf seine eigenen Ambitionen im Umfeld der Dresdner Akademie. Eine der Grundvoraussetzungen für Willes Erfolg war der starke Akzent, den er auf einen hervorragenden Unterricht legte.[28] Diese Strategie, über den Nachwuchs eine Verbreitung der eigenen künstlerischen Auffassung sicherzustellen, übernahm Adrian Zingg für seine eigene Unternehmung in Dresden. Es ist anzunehmen, dass Zingg das Potenzial der neu aufkommenden Unterrichtsmedien in der Landschaftszeichnung erkannt hatte und deshalb seinen eigenen Beitrag dazu leistete. Publizierte Anleitungen erlaubten eine Loslösung der Methode vom realen Ort der Werkstatt, was eine schlagartige Erweiterung des Wirkungskreises bedeutete. Für einen bereits betagten Künstler wie Zingg, dem Gedanken an seinen Nachruhm zu unterstellen sind, kam das Medium der Anleitung gewiss sehr gelegen.

1   Ferdinand Kobell, *Livre ou instruction pour dessiner les paysages*, Mannheim: chez l'auteur, 1784; Jakob Philipp Hackert, *Principes pour apprendre à dessiner le paysage d'après nature*, o. O.: o. V., o. J. [1801–1802]; Adrian Zingg, *Anfangsgründe für Landschaftszeichner*, 2 Hefte, Heft I: Leipzig: Göschen, [1808], Heft II: Leipzig: Tauchnitz, [1809].

2   Anleitungsbücher zur Landschaftsmalerei, wie sie in diesem Aufsatz exemplarisch vorgestellt werden, bilden innerhalb der von einer florierenden Verlagsindustrie getragenen Medienkultur einen eigenen Sektor. Eine Vorstellung davon, wie rasant sich diese sehr spezifische Publikationssparte innerhalb der Publizistik zur bildenden Kunst entwickelte, gibt beispielsweise Johann Samuel Ersch, *Handbuch der deutschen Literatur seit der Mitte des 18. Jahrhunderts bis auf die neueste Zeit*, Amsterdam/Leipzig: Kunst und Industrie-Comptoir, 1814, S. 42–43. In der Forschung wurden Anleitungsbücher zur Landschaftsmalerei bisher nicht systematisch erschlossen. Einen Überblick über die Entwicklung allgemeiner Anleitungsbücher gibt Hans Dickel, *Deutsche Zeichenbücher des Barock. Eine Studie zur Geschichte der Künstlerausbildung* (Studien zur Kunstgeschichte, 48), Hildesheim u. a.: Olms, 1987; in Bezug auf die Funktion von Anleitungsbüchern in der Ausbildung von Kunstlaien immer noch grundlegend Wolfgang Kemp, *«... einen wahrhaft bildenden Zeichenunterricht überall einzuführen» – Zeichen und Zeichenunterricht der Laien 1500–1800. Ein Handbuch* (Beiträge zur Sozialgeschichte der ästhetischen Erziehung, 2), Frankfurt a. M.: Syndikat, 1979. Zu den Popularisierungstendenzen der landschaftsspezifischen Anleitungsbücher Steffen Egle, «‹Für Freundinnen und Freunde der Kunst›. Populäre Kunstliteratur zur Landschaftsmalerei um 1800», in: Markus Bertsch/Reinhard Wegner (Hrsg.), *Landschaft am «Scheidepunkt». Evolutionen einer Gattung in Kunsttheorie, Kunstschaffen und Literatur um 1800* (Ästhetik um 1800, 7), Göttingen: Wallstein, 2010, S. 173–192.

3   Eine *Theoretisch-practische Anleitung zum Zeichnen und Tuschen der Landschaften*, Hof: Grau, 1796, wurde beispielsweise von dem Erlanger Universitätszeichenmeister und Romanisten Johann Heinrich Meynier herausgegeben, der auch Pierre-Henri de Valenciennes Perspektivtraktat (1799) mit den Anmerkungen zur Landschaftsmalerei ins Deutsche übersetzte; Christian August Günther, seit 1815 ausserordentlicher Professor an der Dresdner Akademie, brachte gleich mehrere Anleitungen heraus, unter anderem eine heute gar nicht mehr nachweisbare *Landschaftszeichen-Schule, od. Anweisung zu einer deutlichen Methode, sich zum Landschaftszeichnen gut vorzubereiten*, Leipzig: Leo, 1803; eine *Theoretisch practische Anweisung Landschaften, nach Kupferstichen, Gemälden, und nach der Natur, zu zeichnen und zu coloriren*, Göttingen: o. V., 1804, wurde von dem Göttinger Stadtschul- und Universitätszeichenlehrer Christian Eberhard Eberlein verfasst. Die Liste liesse sich beliebig fortsetzen.

4   Ein bekanntes Beispiel ist etwa Jost Ammans *Kunnst- und Lehrbüchlein für die anfahenden Jungen [...]* (1578), publiziert bei Feyerabendt in Frankfurt am Main. Dazu Dickel 1987 (wie Anm. 2), S. 103–108.

5   Die Zeichenanleitung lässt sich in drei teilweise voneinander abweichenden Ausgaben nachweisen, die kurz hintereinander erschienen: französisch unter dem Titel *Principes pour apprendre à dessiner le paysage d'après nature gravés à l'eau-forte par Philippe Hackert*, vertrieben durch die Brüder Vollard in Mailand; italienisch unter dem Titel *Principi di disegno di paese disegnati dal vero da Filippo Hackert et incisi da Vincenzo Aloja*, gedruckt bei Antonio Lupoli in Neapel; deutsch bei Friedrich Campe in Nürnberg und Leipzig unter dem Titel *Theoretisch-Practische Anleitung zum richtigen und geschmackvollen Landschaft-Zeichnen nach der Natur von Philipp Hackert, königl. neapolitanischen Hoff-Mahlers*. – Neun der insgesamt elf Tafeln der deutschen Ausgabe sind abgebildet in: Norbert Miller/Claudia Nordhoff, *Lehrreiche Nähe. Goethe und*

Hackert. Bestandsverzeichnis der Gemälde und Graphik Jakob Philipp Hackerts in den Sammlungen des Goethe-Nationalmuseums Weimar (Stiftung Weimarer Klassik bei Hanser), München/Wien: Hanser, 1997, S. 191–194. – Es ist hier nicht der Ort, die Abweichungen im Einzelnen zu diskutieren. Die Entstehungsgeschichte wird dadurch verkompliziert, dass Hackert einzelne Blätter schon vor den Zeichenanleitungen als separate Radierungsfolge herausgab. Auch existiert eine italienische Anleitung, die fast vollständig von der hier diskutierten Zeichenanweisung abweicht (digitalisiert von der Fotothek der Bibliotheca Hertziana: <http://foto.biblhertz.it/exist/foto/i-raraview.xq?bhr=Wa-HAC+360-3900+gr+raro>, Zugriff 6.9.2016). Entscheidend ist, dass die Blätter der italienischen und der deutschen Ausgabe nicht eigenhändig von Hackert radiert wurden, was im Falle der französischen Ausgabe der Fall zu sein scheint, nimmt man die Angabe des Titels – «gravés à l'eauforte par Philippe Hackert» – ernst. Die Platten dieser Ausgabe sind in der Regel mit «Hackert f[ecit]» bezeichnet. Die Blätter der deutschen Ausgabe wurden von Anton Paul Eisen, Paul Wolfgang Schwarz und Friedrich Geissler nachgraviert. Insofern gehe ich, wie Claudia Nordhoff in Miller/Nordhoff 1997 (wie oben), S. 195, auch nicht davon aus, dass die drei Ausgaben gleichzeitig erschienen. Vielmehr wird die französische Ausgabe die Vorlage für die deutsche Ausgabe gebildet haben, wobei der zeitliche Abstand aber in der Tat gering gewesen sein muss. Die Platten der französischen Ausgabe tragen die Jahreszahlen 1801 und 1802 – eine Veröffentlichung ist also wohl 1802 erfolgt; die deutsche Ausgabe ist mit 1802 und 1803 datiert, eine kurze Notiz dazu erschien in: *Allgemeine Literaturzeitung*, 1803, Bd. 4, Nr. 332 (Dezember), Sp. 456. – Siehe zu Hackerts Baumzyklus und zu den *Principes* Wolfgang Krönig, «Baum-Bilder von Philipp Hackert (1737–1807). Der einzelne Baum als Thema seiner Kunst», in: *Jahrbuch der Berliner Museen*, Bd. 32, 1990, S. 209–235, insbesondere S. 210–217, sowie die überarbeitete Version dieses Aufsatzes in: Wolfgang Krönig/Reinhard Wegner, *Jakob Philipp Hackert. Der Landschaftsmaler der Goethezeit*, mit einem Beitrag von Verena Krieger, Köln: Böhlau, 1994, S. 95–108.

6 Zitiert nach den beiden Textblättern, die der deutschen Ausgabe (wie Anm. 5) beigefügt sind.

7 Zu Hackert als Radierer vgl. die Einleitung zum «Katalog der Druckgraphik» in: Miller/Nordhoff 1997 (wie Anm. 5), S. 156–157.

8 Die Umrissradierungen sind querformatig, die entsprechenden ausgeführten Radierungen hochformatig komponiert. Entstehungsgeschichtlich gehen die ausgeführten Radierungen den Umrissradierungen voraus. Warum aber Hackert die Umrisse nicht von den ausgeführten Motiven deduzierte, lässt sich nur schwer erklären. Möglicherweise wollte Hackert mit den Umrissradierungen eine andere Ansichtigkeit realisieren: Der Baum wird von einem nahsichtigen Standpunkt aus nur als Ausschnitt wiedergegeben, was einerseits das Augenmerk weg von der Wuchsform des Baums als Ganzes auf die Morphologie des Stammes lenkt.

9 Salomon Gessner, [Brief über die Landschaftsmalerey], in: Johann Caspar Fuesslin, *Geschichte der besten Künstler in der Schweiz*, Bd. 3, Zürich: bey Orell, Gessner, Füessli und Comp., 1770, XXXVI-LXIV, hier XLII-XLIV.

10 Anonymer Rezensent, «Zeichenkunst», in: *Zeitung für die elegante Welt*, 3 (1803), Nr. 63, Sp. 499–500, hier Sp. 500. Der positiven Kritik liegt freilich weniger das Argument einer Vereinfachung des Lernprozesses zugrunde als vielmehr die in der klassizistischen Theorie fundierte Vorrangstellung der Zeichnung gegenüber Licht und Schatten bzw. Kolorit.

11 Preissler macht dieses Prinzip aber auch schon zur Grundlage seiner Anleitung im Figurenzeichnen, die er unter dem Titel *Die durch Theorie erfundene Practic, oder Gründlich verfasste Reguln deren man sich als einer Anleitung zu berühmter Künstlere Zeichen-Wercken bestens bedienen kan* heraus-

gab (3 Bde., Nürnberg: o. V., 1721, 1722 und 1725). Dazu Dickel 1987 (wie Anm. 2), S. 192–208.

[12] Anonymer Rezensent, in: *Allgemeine Literatur-Zeitung*, 1803, Bd. 1, Nr. 47 (Februar), Sp. 369–373.

[13] Jakob Philipp Hackert, *Theoretisch-practische Anleitung zum richtigen und geschmackvollen Landschaft-Zeichnen nach der Natur [...]*, Nürnberg/Leipzig: bei Friedrich Campe, s. a. [1803]. Der anonyme Rezensent in der *Zeitung für die elegante Welt* 1803 (wie Anm. 10), Sp. 500, stellt infrage, ob Hackert die Platten für den Nachdruck selbst weitergab: «Die Blätter sind unstreitig von Hackert; ob er sie aber selber im Originale hergegeben, mögte sich bezweifeln lassen».

[14] Anonymer Rezensent in *Allgemeine Literatur-Zeitung* 1803 (wie Anm. 5), Sp. 456.

[15] Ebd.

[16] Paul Wolfgang Schwarz, *Gründliche Anleitung im Landschaftszeichnen und Zusammensetzen derselben*, Nürnberg/Sulzbach: in der I. E. Seidelschen Kunst- und Buchhandlung, 1806, S. 4–5.

[17] Zingg [1808–1809] (wie Anm. 1).

[18] Siehe hierzu das Kapitel «Zingg als Akademielehrer» in: Sabine Weisheit-Possél, *Adrian Zingg (1734–1816). Landschaftsgraphik zwischen Aufklärung und Romantik* (Villigst Perspektiven, 12), Diss. FU Berlin, 2008, Berlin: Lit, 2010, S. 66–98. Siehe ausserdem *Adrian Zingg. Wegbereiter der Romantik*, hrsg. von Petra Kuhlmann-Hodick, Claudia Schnitzer und Bernhard von Waldkirch, Ausst.-Kat. Kupferstich-Kabinett, Staatliche Kunstsammlungen Dresden, 17.2.–6.5.2012; Kunsthaus Zürich, 25.5.–12.8. 2012, Dresden: Sandstein Verlag, 2012, Katalogteil «Adrian Zingg als Zeichenlehrer in Dresden», S. 182–205.

[19] Das prominenteste Beispiel eines solchen Künstlerlehrbriefes stellt der mehrfach nachgedruckte, später so genannte *Brief über die Landschaftsmalerey* von Salomon Gessner (wie Anm. 9) dar. Aber auch dessen *Briefwechsel mit seinem Sohne*, 1801 herausgegeben von Heinrich Gessner, kann zu dieser Gattung gerechnet werden. Ursprünglich nicht publizierte Briefe an Marianne Kraus, die einen instruktiven Gehalt besitzen, sind sowohl von Jakob Philipp Hackert als auch von Ferdinand Kobell erhalten; siehe dazu den Anhang zu «Tagebuch einer Italienreise aus dem Jahre 1791», hrsg. von Fritz Muthmann, in: *Neue Heidelberger Jahrbücher*, Jg. 1931, S. 95–176.

[20] Abbildung in Dresden/Zürich 2012 (wie Anm. 18), S. 64, Abb. 4. In ähnlicher Weise programmatisch zeigt Anton Graffs Porträt von Adrian Zingg, heute im Kunstmuseum St. Gallen (Abb. im vorliegenden Band S. 11 und 81), im Hintergrund Zeichenschüler, von dem zumindest einer eindeutig damit beschäftigt ist, die nahsichtige Natur aufzunehmen. Es liessen sich weitere Beispiele anführen. Siehe dazu den Aufsatz von Bernhard von Waldkirch, «Natur und Mensch. Zur Staffierung der Landschaft bei Adrian Zingg», in: Dresden/Zürich 2012 (wie Anm. 18), S. 60–65.

[21] Den Einfluss dieser Vorlagen auf den Schülerkreis kann man im Falle Zinggs gut dokumentieren. Vorlagenzeichnungen Zinggs sowie Beispiele der Zingg-Schule sind abgebildet in Dresden/Zürich 2012 (wie Anm. 18), S. 186–187, Kat. 79 und 80; S. 190–191, Kat. Nr. 84–86; S. 196–199, Kat. 90–93. Die erhaltenen Schülerzeichnungen belegen, wie sich Zinggs Naturauffassung im Frühwerk seiner Schüler, unter anderem bei Caspar David Friedrich, nahezu unverändert fortsetzte. Eine Händescheidung macht dieser Befund mitunter schwierig.

[22] Von Zingg gibt es weitere Publikationen, auf die an dieser Stelle nur hingewiesen sei: *Studienblätter für Landschafts-Zeichner*, erschienen 1811 bei Tauchnitz in Leipzig, und – bisher nicht berücksichtigt – *Übungsblätter im Landschaftszeichnen*, die aber möglicherweise erst postum publiziert wurden. Ich konnte Letztere über Buchanzeigen o. Ä. bisher nicht nachweisen. Sie stellen in zwei Serien Reproduktionsstiche Zinggs nach Gessner und Dietrich dar und dienten – wie der Untertitel betont – geübteren Künstlern.

23 Der Versuch, die Künstlerausbildung auf eine Einübung des Werkstattstils hin auszurichten, ist natürlich nicht neu. Vielmehr lag es in der Natur der Sache, dass der angehende Künstler möglichst nah an der Manier des Meisters arbeitete, schliesslich sollte er ihm bei der Ausführung von Gemälden möglichst früh behilflich sein können.

24 Auf dieses Problem hat schon Dickel 1987 (wie Anm. 2) hingewiesen.

25 So ist eine der Tafeln im Exemplar von Philipp Hackerts *Principes pour apprendre à dessiner le paysage d'après nature* aus den Beständen der Staatsgalerie Stuttgart (Inv.-Nr. A 2012/7789) mit einem nachträglich aufgezeichneten Gitternetz versehen, das die Vergrösserung der Darstellung erlauben würde (vgl. Abb. 2–4, S. 225–227).

26 Der Rezensent in der *Zeitung für die elegante Welt* 1803 (wie Anm. 10), Sp. 499, spricht die «Damen» als Adressaten von Jakob Philipp Hackerts Zeichenanweisung an. Es ist in diesem Zusammenhang darauf hinzuweisen, dass Hackert als Lehrer beispielsweise die Prinzessinnen Marie Therese und Luise von Neapel unterrichtet hat, oder aber Marianne Kraus, die als Hofdame im Gefolge von Franz I. von Erbach-Erbach nach Italien reiste. Werner Busch hat im Rahmen der Diskussion im Anschluss an die Präsentation des vorliegenden Beitrags zu Recht darauf hingewiesen, dass über den französischen Originaltitel der Anleitung immer noch primär ein adeliges Publikum angesprochen wurde. Dem ist die Tatsache gegenüberzustellen, dass es offenkundig einen Popularisierungsdruck gab, der die schnelle Übersetzung ins Deutsche beförderte.

27 Die sinkende Wertschätzung Hackerts lässt sich an der Bewertung in der Kunstkritik nachvollziehen. Siehe dazu Verena Krieger, «Hackert in der Kunstkritik», in: Krönig/Wegner 1994 (wie Anm. 5), S. 171–195.

28 Hein-Thomas Schulze Altcappenberg, «*Le Voltaire de l'Art*». *Johann Georg Wille (1715–1808) und seine Schule in Paris. Studien zur Künstler- und Kunstgeschichte der Aufklärung, mit einem Werkverzeichnis der Zeichnungen von J. G. Wille und einem Auswahlkatalog der Arbeiten seiner Schüler von Aberli bis Zingg* (Kunstgeschichte, 16), Diss. Univ. Bonn, 1986, Münster: Lit, 1987, insbes. S. 60–74.

Adrian Zingg als Vorbild oder Gegenbild? Tradition, Ökonomie und Naturstudie in der Landschaftsgrafik Ludwig Richters

Saskia Pütz

«Wir lagen in den Banden einer todten Manier, wie alle Zinggianer, waren in einen Wust von Regeln und stereotypen Formen und Formeln dermassen eingeschult, dass ein lebendiges Naturgefühl, die wahre, einfache Anschauung und Auffassung der Dinge sich gar nicht regen, wenigstens nicht zum Ausdruck kommen konnte. Wir plagten und mühten uns ab, die schablonenmässigen Formen ‹der gezackten Eichenmanier› und ‹der gerundeten Lindenmanier›, wie Zingg sagte, so einzuüben, dass wir dergleichen mit Leichtigkeit zeichnen konnten.»[1] Diese Passage zählt zu den bekanntesten Stellen aus Ludwig Richters Autobiografie und dürfte wohl auch zu den geläufigsten Zitaten über Adrian Zingg gehören. Im Rückblick nach über einem halben Jahrhundert distanzierte Richter sich mit diesen Worten von seiner künstlerischen Prägung in Dresden durch den gut siebzig Jahre älteren Zingg. Diese Abgrenzung war ungemein folgenreich für die öffentliche Wahrnehmung beider Künstler. Und indem die Kunstwissenschaft nach wie vor auf Richter referiert, wenn es um die künstlerischen Ausbildungsverhältnisse im Dresden der 1810er und 1820er Jahre geht, hatte seine Beschreibung auch einen nachhaltigen Einfluss auf die Forschung weit über seine eigene Person hinaus.

Betrachtet man diese Textpassage jedoch im Kontext der Autobiografie und analysiert sie als literarisches Produkt, zeigt sich, dass Richters Darstellung der Konstruktion einer autonomen, künstlerischen Identität dient.

Durch die starke Zeichnung, ja Überzeichnung eines Gegenbilds erschafft Richter sich selbst als natürlichen, authentischen und wahrhaften Künstler. Diese Identitätskonstruktion durch Alterität setzt auf kontrastreiche Gegensätze, die bereits aus der zitierten Textpassage deutlich hervorgehen: Da werden die «todte Manier», «Regeln», «stereotype Formen und Formeln» gegen das «lebendige Naturgefühl», die «wahre, einfache Anschauung und Auffassung der Dinge» gestellt. Zingg steht hier metonymisch für ein ganzes Ausbildungssystem, eine ganze Generation von Künstlern, die «Zinggianer». Diese Polarität zieht sich wie ein roter Faden durch den gesamten Text der Autobiografie. Es ist eine narrative Strategie Richters, die er einsetzt, um seine eigene positive Künstleridentität und ihre Bildung und Charakteristik im Text zu schärfen. Dafür nutzt Richter kontrastierende Distinktionsmerkmale, die er in verschiedenen Formen von negativ konnotierter Alterität einsetzt.[2] Von Beginn an stellt Richter die Entwicklung seines künstlerischen Wesens, seine innere Natur dem Wertesystem des 18. Jahrhunderts gegenüber, das ihm als Folie zur negativen Abgrenzung dient: dazu zählen der klassizistisch geprägte Bildungshorizont seines Elternhauses, das abhängige Arbeitsverhältnis seines Vaters, Carl August Richter, von Zingg, die Zingg'schen Zeichenmethoden, die Ausbildung an der Dresdener Kunstakademie sowie seine Reise nach Frankreich als Hofkünstler eines russischen Aristokraten. Innerhalb der *Lebenserinnerungen* verhindert dieses Werte- und Regelsystem Richters natürliche Entfaltung.[3] Gemäss dem literarischen Topos des Wunderkindes ist es lediglich sein «inneres Gefühl», das ihn leitet auf seiner Suche nach Identifikationsfiguren und Möglichkeiten, sich Ausdruck zu verschaffen.[4] Um seine künstlerische Individualität und Autonomie herauszustellen, grenzt Richter sich in seiner Autobiografie durch literarisch überlieferte Formeln und Motive von den zeitgenössischen kanonischen Leitbildern ebenso ab wie von der antiakademischen Bewegung. So kann er die am klassischen identitätsgenetischen Modell orientierte Bildung seines künstlerischen Selbst als unabhängige, organische Entfaltung aus seiner eigenen natürlichen Anlage heraus entstehen lassen.

Entschieden negiert Richter in seinen *Lebenserinnerungen* sämtliche von aussen kommenden positiven Einflüsse sowohl von privater wie von institutioneller Seite und zeichnet demgegenüber ein reduziertes und stark verallgemeinerndes Bild seiner Ausbildung. Indem er nicht nur Zingg, sondern die verschiedenen Versuche seiner privaten Lehrer sowie des

Unterrichts an der Akademie als künstliche Anleitungen zur schematischen, nicht von der Naturbetrachtung ausgehenden Darstellung charakterisiert, schafft Richter einen negativen Pol, gegenüber dem er die Natürlichkeit seines eigenen inneren Kunststrebens besonders hervorheben kann. Im weiteren Textverlauf wird dieses Konglomerat negativer Kräfte mit weiteren Merkmalen legiert. Richter überformt seine Darstellung deutlich mit dem Nationalcharakterstereotyp eines Frankreichs der «Anciens», das zu seiner Reise- wie Schreibzeit aktuell war. Schliesslich verdichten sich die unterschiedlichen Gegenüber innerhalb der Autobiografie zu einem omnipräsenten Gegenmodell, das als «das Französische» bezeichnet werden kann. Richter setzt dieses negativ besetzte «Französische» als Interpretament für seine positive Künstlerwerdung ein. Nur mittels dieser ausgeprägten, radikalen Differenz des «Anderen» kann er im Text seine eigene Identität als Künstler garantieren.[5]

Paradoxerweise ist es ein genuin deutsches künstlerisches Selbst, das sich via Italien ausbildet. Italien ist die angeeignete Fremde, deren Kunst- und Kulturschätze zur kulturellen Orientierung und zur Entwicklung der eigenen Identität beitragen. «Italien» steht damit in Richters Autobiografie tropisch für den Ort der Entfaltung und Selbstwerdung seiner künstlerischen Natur. Indem Richter dort, genauer in Rom, seine künstlerische mit seiner religiösen Wiedergeburt zusammenfallen lässt,[6] rundet er seine Autobiografie zum Ganzen eines modellhaft sich entwickelnden künstlerischen Selbst, zur «Sinn-Einheit des gelebten Lebens».[7]

Richters Kritik an Zingg im Kontext der *Lebenserinnerungen* ist jedoch mehr als nur die Abgrenzung von einer als überholt geltenden Kunstanschauung mit geradezu topischem Vokabular. Adrian Zingg war der Taufpate Ludwig Richters, woher dieser bekanntermassen seinen ersten Vornamen Adrian hat. Dass Carl August Richter seinem Lehrer und Auftraggeber das Amt des geistigen Vaters oder auch «Mit-Vaters», so die eigentliche Bedeutung des lateinischen Terminus «pater spiritualis» oder «patrinus», bei seinem Sohn übertrug, zeigt die enge nicht nur berufliche, sondern auch private Verbindung, in der beide zueinander standen. In der Tat kommt Richters Kritik an seinem «pater spiritualis» in seiner autobiografischen Selbstdarstellung einem Befreiungsschlag von dem künstlerisch wie ökonomisch erfolgreichen Übervater gleich. Aber gerade in der negativen Überzeichnung beschreibt Richter genau die wesentlichen Merkmale von Zinggs Arbeitsweise, von denen er selbst letztlich entgegen aller Distanzierung stark beeinflusst und geprägt wurde: die Lehrbarkeit von Zinggs Landschaftsdarstellungen und damit zusammenhängend die Schulbildung. Zingg hatte ja nicht nur praktisch in seiner Werkstatt und in der Akademie Schüler unterrichtet und ausgebildet, sondern zu diesem Zweck auch Lehr- und Vorlagenbücher geschaffen.[8]

Interessant ist hierbei, dass Richter in seinem Text die «gezackte Eichenmanier» und die «gerundete Lindenmanier» als Inbegriff der Zingg'schen Methode herausstellt. Diese formalisierte Zeichenweise wurde zwar auch von Zingg gelehrt, wie Sabine Weisheit-Possél überzeugend dargelegt hat,[9] aber Zingg folgte damit einer bewährten Unterrichtspraxis, wie sie sich bereits früher, beispielsweise durch Philipp Hackert, etabliert und vor allem durch das Vorlagenalbum von Johann Daniel Preissler verbreitet hatte (Abb. 1).[10] In dem idealtypisch dargestellten Bildentstehungsprozess wird das Zeichnen in der Natur von Preissler nirgends erwähnt. Im Vergleich können die nahsichtigen Pflanzenstudien in Zinggs Lehrbuch, die sehr viel detailgetreuer nach der Natur gezeichnet sind, wohl als pädagogische Neuerung angesehen werden (Abb. 2). Zingg lehrte nicht lediglich formelhafte Darstellungsmethoden, wie Richters autobiografische Darstellung

Abb. 1 Johann Daniel Preissler, *Gründliche Anleitung welcher man sich im Nachzeichnen schöner Landschafften oder Prospecten bedienen kan: den Liebhabern der Zeichen-Kunst mitgetheilet und eigenhändig in Kupffer gebracht*, 5. Aufl., Nürnberg 1756, Tafel 2

suggeriert, sondern er verband die ökonomische Formalisierung der Darstellung von Blatt- und Buschwerk mit dem Studium der Natur. Teilweise sind es ganze Naturausschnitte, die Zingg in seinem Lehrbuch darstellt. Er schreibt dazu: «Bey seinen künstlerischen Spaziergängen beobachte er [der Landschaftszeichner] aufmerksam, wie sich der Charakter der Gegenstände seinem Auge darstellet. Bey einer solchen angestrengten und unablässigen Beobachtung wird sein Gemüth den Charakter der Natur aufnehmen und es wird endlich seiner Hand gelingen, das darzustellen, was sich in dem Spiegel seiner Seele zeigt.»[11]

Genau diese Praxis des Zeichnens nach der Natur im Hinblick auf eine spätere bildmässige Verarbeitung war Richter bestens vertraut. Aus seiner Hand sind frühe Zeichnungen überliefert, die sehr detailliert einzelne Pflanzen darstellen. Die abgebildete Zeichnung (Abb. 3) stammt aus der Zeit, bevor Richter 1816 sein Studium an der Akademie begann, wo er auch unter Johann Christian Klengel studierte, der die Praxis des Freiluftstudierens

Abb. 2 Adrian Zingg, *Anfangsgründe für Landschaftszeichner*, Studienblätter, nicht datiert, Radierung, 26,8 × 18,8 cm (Platte), 38,5 × 25,7 cm (Blatt), Kupferstich-Kabinett, Staatliche Kunstsammlungen Dresden, Inv.-Nr. B 476a,2; links: Heft I, Tafel VIII, rechts: Heft II, Tafel VIII

Abb. 3 Ludwig Richter, *Pflanzenstudie (Distel)*, 1815, Grafit auf weissem Papier, 18,5 × 24,6 cm, Kupferstichkabinett, Staatliche Museen zu Berlin

und -zeichnens von Zingg übernahm, wie Anke Fröhlich gezeigt hat.[12] Richter arbeitete zu diesem Zeitpunkt bereits in der Werkstatt seines Vaters. Auf dem Blatt befindet sich ein Vermerk, der extra hervorhebt, dass es sich um eine Studie nach der Natur handelt, die Richter im Alter von zwölf Jahren angefertigt habe. Der Handschrift nach zu urteilen hat Richter selbst diesen Vermerk in späteren Jahren hinzugefügt. Gemeinsam mit seinem Vater unternahm er Reisen ins Umland, um Landschaftsansichten aufzunehmen. Es ist zu vermuten, dass der Vater Motive sammelte für eine spätere Ausführung und Reproduktion in der Werkstatt von Zingg. Eine frühe Zeichnung des Sohnes von 1814, beziehungsweise 1816–1818,[13] dokumentiert diese künstlerischen Wanderungen und Freiluftstudien (Abb. 4). Sie zeigt die Burgruine Tollenstein, ca. 80 km östlich von Dresden im heutigen Tschechien gelegen. Ludwig Richter hat die Studie bereits im Ansatz bildmässig angelegt und klassisch in drei Gründe aufgeteilt. Während die Berge im Bildhintergrund und die Bäume im Vordergrund nur mit zarten Strichen markiert sind, ist das eigentliche Thema, die Burgruine Tollenstein, im Mittelgrund recht detailliert mit präzisen Bleistiftlinien und -schraffen festgehalten. Das angedeutete Vordergrundmotiv der beidseitig rahmenden Bäume, die nur einen kleinen Ausblick freigeben, ist allerdings nicht typisch für Zingg, der die Vordergrundpartie stärker zurücknimmt, meist nur einseitig den Bildausschnitt rahmt und den Blick auf eine weite Landschaft mit einer ausgedehnten Himmelsfläche eröffnet (Abb. 5). Die Mischung aus topografischer Genauigkeit und klassisch-idealistischen Kompositionsprinzipien, die eine spätere Staffierung des Vordergrunds mit Natur-Versatzstücken aus dem Pool der Detailstudien vorsehen, ist jedoch meines Erachtens auf Zinggs

Abb. 4 Ludwig Richter, *Burgruine Tollenstein*, um 1816/1818 (bez. 1814), Grafit auf weissem Papier, 21,6 × 17,5 mm, Kupferstichkabinett, Staatliche Museen zu Berlin

Einfluss zurückzuführen. Richters Vater war Schüler von Zingg gewesen und arbeitete seit seiner Ausbildung für dessen Werkstatt. Eine eigenständige Ausprägung in Bezug auf Gegenstände, Ansichten, Komposition und Ausführung hat Carl August Richter nie wirklich erreicht, wie auch der Sohn feststellt, der dafür die Übermacht des Zingg'schen Systems verantwortlich macht. So wurde Ludwig Richter über seinen Vater früh mit der Arbeitsweise von Zinggs Werkstatt vertraut und hat sich die «Zinggsche Manier» vermittelt durch seinen Vater und ebenso durch eigene Anschauung der Werke Zinggs – aus dem Erbe seines Paten konnte er sich einige Radierungen von dessen Werken anschaffen – zu eigen gemacht. Er arbeitete in diesem Stil auch für andere Auftraggeber, so für den russischen Fürsten Naryschkin, den er 1820–1821 auf einer siebenmonatigen Reise nach Frankreich begleitete. Leider haben sich von dieser Reise nur wenige Landschaftsskizzen erhalten (siehe auch Abb. S. 297) und keine ausgeführten Zeichnungen, da die Mappe mit den fertigen Blättern von Naryschkin der Kaiserin von Russland dediziert wurde und als verschollen gilt. Diese erste eigenständige Zeichnungsserie wäre ein wichtiges Bindeglied zwischen den gedruckten Ansichten Ludwig Richters und der Generation seiner Lehrer, zu der sein Vater, über diesen vermittelt Zingg und natürlich Klengel gehörten. Ein Vergleich von Richters Reisezeichnungen, hier die Küste von Marseille, mit Ansichten

Abb. 5 Adrian Zingg, *Der Tollenstein in Böhmen*, nicht datiert, Feder in Schwarzbraun und Pinsel in Braun, 18,6 × 12,5 cm, Kupferstich-Kabinett, Staatliche Kunstsammlungen Dresden, Inv.-Nr. C 4316

Zinggs, wie der lavierten Radierung, die um 1770 entstand und den Blick auf Briesnitz an der Elbe zeigt, lässt trotz der völlig verschiedenen geografischen Bildgegenstände eine deutliche Ähnlichkeit in der Bildkomposition erkennen (Abb. 6 und 7): der leicht erhöhte Betrachterstandpunkt, die Verteilung der weiten Himmel- und Wasserflächen auf dem Papier oder der «bewohnte» hügelige Mittelgrund am diesseitigen Ufer. Der Vordergrund ist ungeklärt und deutet nur unten links eine Ruine und oben eine Baumkrone flüchtig an. Diese nachträgliche und stark zurückgenommene Form des Repoussoirs, die meist nur einseitig das Bild rahmt, ist häufig bei Zingg zu finden.

Aber das Zeichnen in und nach der Natur als zentrales Merkmal der künstlerischen Ausbildung bei Zingg unterschlägt Richter in seinem Rückblick. Es fügt sich im Rahmen seiner *Lebenserinnerungen* nicht in den Antagonismus von veraltet, regelgeleitet und formalisiert auf der einen Seite kontra lebendig, wahrhaftig und naturgetreu auf der anderen, der die Homogenisierung seines eigenen autobiografischen Ichs ermöglicht. Und genau in diesem Punkt erfährt Richters Darstellung eine Brechung, wodurch die Dichotomie unterlaufen wird: das Zeichnen nach der Natur steht für das individuelle Naturerlebnis des Künstlers. Die Art und Weise der Umsetzung, nämlich die nahsichtige und detailgenaue Bleistiftzeichnung, eint in seiner Darstellung die deutschen Künstler in Rom und unterscheidet

Abb. 6   Ludwig Richter, *Küste bei Marseille*, 1820, Bleistift auf gelblichem Papier, 18 × 22,2 cm, Kupferstichkabinett, Staatliche Museen zu Berlin

sie wesentlich von ihren französischen Kollegen. Das besagt die wohl bekannteste Textstelle aus den *Lebenserinnerungen*, in der die gezeichnete Umrisslinie der deutschen Künstler dem malerischen «Knalleffect» ihrer französischen Kollegen gegenübergestellt wird:

«‹Gegensätze berühren sich!› Bei den Franzosen und uns traf das nur im räumlichen Sinne zu, denn ihre Zimmer stiessen unmittelbar an die unsrigen; aber obwohl sie mindestens ebenso liebenswürdige und solide Leute waren, als wir zu sein uns schmeichelten, so kamen wir doch durchaus in keinen Verkehr mit einander. Im Gegentheil mieden wir uns mit einer Art von Scheu; denn jede Partei mochte die andere für mezzo matti halten, die Gegensätze waren damals zu stark. Die französischen Maler mit ihren Riesenkasten brauchten zu ihren Studien ungeheure Quantitäten von Farbe, welche mit grossen Borstpinseln halb fingersdick aufgesetzt wurde. Stets malten sie aus einer gewissen Entfernung, um nur einen Totaleffect, oder wie wir sagten einen Knalleffect zu erreichen. Sie verbrauchten natürlich sehr viel Maltuch und Malpapier, denn es wurde fast nur gemalt, selten gezeichnet; wir dagegen hielten es mehr mit dem Zeichnen als mit dem Malen. Der Bleistift konnte nicht hart, nicht spitz genug sein, um die Umrisse bis ins feinste Detail fest und bestimmt zu umziehen. Gebückt sass ein Jeder vor seinem Malkasten, der nicht grösser war als ein kleiner Papierbogen, und suchte mit fast minutiösem Fleiss auszuführen, was er vor sich sah. Wir verliebten uns in jeden Grashalm, in jeden zierlichen Zweig und wollten keinen ansprechenden Zug uns entgehen lassen. Luft- und Lichteffecte wurden eher gemieden als gesucht; kurz, ein Jeder war bemüht, den Gegenstand möglichst objektiv, treu wie im Spiegel, wiederzugeben.»[14]

Die nahsichtige, detailgenaue Zeichnung nach der Natur wird also einerseits als gemeinsames Erbe beziehungsweise als wesensverwandter Stil der Deutschen dargestellt. Andererseits hat sie als positiv besetzte künstlerische Erfahrung und Aneignung von Natur innerhalb der Autobiografie nur in Italien ihren Platz, wo sie Teil von Richters künstlerischer Läuterung und Vollendung ist. Von seiner früheren Ausbildung, einer Dresdener Schule gar, ist keine Rede. Vielmehr geht Richter in seiner autobiografischen Selbststilisierung so weit, dass er sich selbst als denjenigen darstellt, der später als Professor für Landschaftsmalerei ab 1841 in Dresden das Zeichnen nach der Natur in den akademischen Unterricht erstmals aufnahm, um den Schülern den «unglaublich manierirten Zopf der sogenannten Zingg'schen Schule auszumerzen», wie er schreibt: «[...] da kam ich zu dem Entschluss, einen Versuch zu wagen, die Schüler unmittelbar nach der Natur zeichnen zu lassen, was bis dahin an der Akademie nicht gebräuchlich gewesen war.»[15] Dass Richter damit als Lehrer eine Dresdener Tradition weiterführt und also gerade das Erbe Zinggs antritt, anstatt es

Abb. 7   Adrian Zingg, *Blick auf Briesnitz an der Elbe*, um 1770, Radierung, mit Sepia laviert, Blattmass: 31,3 × 45,1 cm (beschnitten), Städtische Galerie Dresden – Kunstsammlung, Inv.-Nr. 1977/k306

«auszumerzen», wird in der Autobiografie ins Gegenteil verkehrt,[16] was die Rezeption Richters und seiner Generation nachhaltig beeinflusst hat.

Richters künstlerische Entwicklung wird vor allem im Kontext seiner Italienreise wahrgenommen. Das Bild von Italien als Sehnsuchts- und Erfüllungsort seiner künstlerischen Ambitionen ist stark geprägt durch die *Lebenserinnerungen.* Vor dem Hintergrund des Einflusses von Zingg ist interessant, dass Richter noch 1821 gar nicht nach Italien zu reisen plante, sondern die Schweiz sein eigentliches Ziel war. Auch sind in seinem Tagebuch von 1821 Christian Wilhelm Ernst Dietrich und vor allem Salomon Gessner mit seinen Idyllen die Künstler, die er sich selbst zum Vorbild wählt, um sein hochgestecktes Ziel, ein bedeutender Landschaftsmaler zu werden, zu erreichen. Auf der Frankreichreise vertraut er seinem Tagebuch seine ehrgeizigen Träume an, ein «Raphael in der Landschaft» und «gross in der Kunst noch [zu] werden.»[17] In den folgenden Einträgen beschäftigt er sich mit der Frage, «welche Manier wohl als neu und gut in der Landschaftsmalerei zu gebrauchen wäre.»[18] Sehr bewusst geht Richter die Suche nach einem eigenen und angemessenen Stil an. Nach eingehender Kritik aktueller Strömungen, sowohl der in Rom verbreiteten «harten gotische[n] oder überhaupt altdeutsche[n] Manier» sowie der «ängstlichen Manier der Nachahmer Dahls», kommt er zu dem Schluss, dass «weder der grosse, erhabene, noch der wilde Stil in der Landschaftsmalerei» seinem Charakter angemessen sei, sondern «eher das Reizende, Liebliche und Enge» zu ihm passe.[19] Während Dahl für Richter «Wildheit» und Claude den «grosse[n] Stil» repräsentiert, bekommen für ihn die «angenehm mit Figuren staffierte[n] Landschaften»[20] Christian Wilhelm Ernst Dietrichs eine gewisse Vorbildfunktion, die in der Autobiografie jedoch nicht erwähnt wird. Diese Landschaften Dietrichs zählen nach der Definition seines Zeitgenossen Christian Ludwig von Hagedorn durch ihre Figuren- und Viehstaffagen zu den «ländlichen», im Gegensatz zu den «heroischen» Gegenden.[21] Diese «ländlichen Landschaften» Dietrichs waren keine direkten kompositorischen Vorbilder für Richters spätere Gemälde. Vielmehr sah Richter in der Art und Weise, wie die Figuren bei Dietrich in die Landschaft eingebunden sind und in der durch dieses Zusammenspiel evozierten Stimmung eine Möglichkeit für sein eigenes Bestreben, Landschafts- und Figurengestaltung miteinander zu verbinden und sich nicht ausschliesslich auf eine Gattung zu beschränken. Entsprechende Beispiele fand Richter in der *Italienischen Landschaft* oder dem seit 1741 in Dresden befindlichen

Abb. 8   Christian Wilhelm Ernst Dietrich, *Hirt und Hirtin bei ihren Herden*, vor 1730, Öl auf Leinwand, 35 × 49,5 cm, Gemäldegalerie Alte Meister, Staatliche Kunstsammlungen Dresden

Bild *Hirt und Hirtin bei ihren Herden* (Abb. 8). Diese Vorbildfunktion fand wahrscheinlich in den *Lebenserinnerungen* keine Erwähnung, da Dietrichs Eklektizismus und sein Talent, sich fremde Stile anzueignen, gänzlich der Vorstellung Richters von künstlerischer Authentizität widersprachen.

Richter war ein versierter Zeichner und auch Radierer von populären Ansichten. Gerade deshalb ist ein fehlgeschlagenes Projekt von ihm besonders aufschlussreich hinsichtlich der ökonomischen Voraussetzungen für die Produktion von Druckgrafik: die sechs radierten Ansichten aus der Umgebung Roms (Abb. 9). Es sind die einzigen Landschaftsgrafiken von Richters Hand, die gedruckt vorliegen und keine nordalpinen, also deutschen, österreichischen, tschechischen oder Schweizer Ansichten zeigen. Die Radierungen vertrieb Carl Gustav Börner, den Richter noch aus Rom kannte und der 1826 in Leipzig eine Kunsthandlung sowie einen Verlag gegründet hatte. Kaum aus Italien zurück, zeichnete Richter für ihn zunächst sechs Landschaften aus Salzburg, radierte sie und liess ihnen zwei Jahre später sechs italienischen Landschaften folgen, die 1832 als *Malerische*

Abb. 9 Ludwig Richter, *Olevano*, Radierung, 13,2 × 18,6 cm, in: *Malerische Ansichten aus den Umgebungen von Rom*, Leipzig: C. G. Börner, 1832, Kupferstich-Kabinett, Staatliche Kunstsammlungen Dresden, Inv.-Nr A 1908–1082

Ansichten aus den Umgebungen von Rom veröffentlicht wurden. Anders als in Richters gemaltem Werk sollten dies die einzigen Grafiken mit italienischen Landschaftsmotiven bleiben. Aber sie verkauften sich schlecht. Aufgrund des fehlenden Erfolgs beschäftigte Richter sich in der Folge wieder mit den regionalen Landschaften seiner Heimat. Zwar existieren weitere Radierungen nach Richter mit italienischen Motiven. Aber bei diesen Ansichten handelt es sich um Reproduktionen von Richters Gemälden, die für die Bilderchronik des Sächsischen Kunstvereins angefertigt worden waren, nicht um genuine Landschaftsgrafiken.

1834 erschien dann wieder eine Radierungsfolge über die Sächsische Schweiz[22] bei Richters langjährigem Gönner und Verleger Christoph Arnold, der bereits 1820 und 1823 die grafischen Serien von Richter und dessen Vater publiziert hatte. Richter bewegte sich damit wieder auf bekanntem Terrain und knüpfte direkt an seine Tätigkeit vor seiner römischen Zeit an, so dass hier von einer auftraggeberspezifischen sowie thematischen Kontinuität in seinem Schaffen gesprochen werden kann. Die Zielgruppe dieser Ansichten sind wieder eindeutig Touristen und Reisende. Diese drei zeitnah zwischen 1828 und 1834 entstandenen grafischen Folgen nach beziehungsweise auch von Richter sind für ein jeweils unterschiedliches Zielpublikum konzipiert: Die Nachstiche nach seinen Gemälden mit italienischen Landschaften entstanden in der Zeit von 1828 bis 1832 im Auftrag des sehr speziellen Kreises der bildungsbürgerlichen, an regionalen Künstlern interessierten Mitglieder des Sächsischen Kunstvereins sowie für die Institution selbst;[23] die *Malerischen Ansichten aus den Umgebungen von Rom* von 1832 waren italienische Landschaftsgrafiken für ein überregionales kunstinteressiertes Publikum in Deutschland, das die Radierungen aufgrund ihrer italienischen Motive sowie unter rein künstlerischen Aspekten ansprechen sollte; die Folge *Die Saechsische Schweiz*, die 1834 veröffentlich wurde, enthielt hingegen Souvenirgrafiken als Erinnerungsstücke für Einheimische wie Reisende, bei der der Wiedererkennungswert im Vordergrund stand. Für die *Malerischen Ansichten aus den Umgebungen von Rom* gab es keinen so definierten Markt wie dies für die sächsischen Ansichten der Fall war und keine so spezielle Nachfrage wie vom Sächsischen Kunstverein. Weder Richters Name noch seine «historischen Landschaften» mit italienischen Motiven waren als Leistungsmerkmale stark genug, um ihn auf dem bestehenden Markt mit italienischen Landschaftsgrafiken zu positionieren und den erfolgreichen Absatz zu garantieren. Auch gab es keinen Verleger, der das Risiko dieser grösseren Serie auf sich nahm und als Auftraggeber fungierte. Börner agierte in Bezug auf Richters Bilder und Grafiken nur als Zwischenhändler.

Ganz anders Christoph Arnold, ein Dresdener Verleger von zentraler Bedeutung und deutschlandweitem Renommee, der insbesondere im Bereich der Verbreitung bürgerlicher Literatur sowie der politischen Emanzipation des Bürgertums sehr aktiv war.[24] Durch seine unternehmerischen Aktivitäten sowie die politische Bedeutung der bei ihm verlegten Zeitschriften wurde er zum publizistischen Wortführer des liberalen Bürgertums in Dresden. Aufgrund der langjährigen engen Verbindung zu Arnold hatte Richter Einblick in das Verlagsgeschäft erhalten und war mit den Regeln der expandieren Branche gut vertraut, was für den Erfolg seiner späteren Illustrationen entscheidend wurde. Da Richter anfangs kein Akademie-Stipendium hatte und nicht die privaten Mittel besass, um eine Italienreise zu finanzieren, konnte er sich den dreijährigen Aufenthalt nur dank des mäzenatischen Handelns von Arnold leisten, der ihm für diese Zeit jährlich 400 Taler zur Verfügung stellte.[25] Die Bedeutung dieser Verlagsanbindung für Richters künstlerische Existenz darf nicht unterschätzt werden. Arnold hatte Richter zudem vor dessen Abreise nach Italien eine Anstellung in Aussicht gestellt. Aus Aufzeichnungen Richters geht hervor, dass er in Italien damit rechnete, nach seiner Rückkehr für ein jährliches Gehalt von 600 bis zu 1000 Talern für Arnold tätig zu sein.[26]

Doch Raubdrucke einiger kostspieliger Stichwerke schädigten Arnolds Geschäft derart, dass er im September 1827 von seinen Versprechungen zurücktreten und Bankrott anmelden musste. Richters Hoffnungen auf eine gesicherte Grundversorgung waren damit gescheitert und er musste sich auf dem freien Markt nach neuen Arbeits- und Finanzierungsmöglichkeiten umsehen. Eine davon war sein Versuch, seinen lang gehegten Plan einer Folge von Radierungen der schönsten Gegenden Deutschlands samt typischen Volksszenen in die Tat umzusetzen. Seit 1827 unternahm er dafür fast jährlich Reisen ins Erzgebirge und nach Böhmen. Die Konkurrenz des aufkommenden, finanziell sehr viel günstigeren Stahlstichs vereitelte jedoch das Vorhaben, da Arnold mit seinem neu gegründeten Verlag das Risiko eines so kostspieligen Unternehmens unter diesen Umständen nicht mehr zu tragen bereit war. Die Blätter konnten erst zwölf Jahre später, 1839, unter dem Titel *Zehn Ansichten merkwürdiger Gegenden in Sachsen* veröffentlicht werden. Es ist sicherlich kein Zufall, dass Arnold sich ausgerechnet 1839 doch noch zum Druck und Vertrieb der Blätter bereit erklärte. In diesem Jahr übernahm Sachsen-Weimar als erster Einzelstaat das preussische Nachdruckverbot (Gesetze von 1837). Damit war nun in Sachsen zumindest ein zehnjähriger Schutz auf gedruckte Werke rechtsgültig, wobei dieser Schutz ein Verlegerrecht war und sich vom Verständnis des Privilegs herleitete. Das schützenswerte Gut, das Gegenstand der Privilegien war, die ein Landesherr in seinem Herrschaftsbereich vergeben konnte, bestand in der Arbeit, dem Kapital, das in die Herstellung des Werkes, also bei Druckerzeugnissen in den Druck selbst, das Material, Buchbinderarbeit und Vertrieb investiert worden war. Der Schutz des Werkes lag somit beim Verleger.

Ungefähr drei Jahre vor dieser neuen Gesetzgebung war Arnold erneut durch illegalen Nachdruck geschädigt worden. Der Leipziger Verleger Georg Wigand hatte ohne Erlaubnis vorhandene Landschaftsradierungen von Richter für das Stichwerk *Das malerische und romantische Deutschland* nach England geschickt und dort für den Stahlstich in eine «wirkungsvollere Manier übersetzen lassen und sie theuer bezahlen müssen.»[27] – In dieser Bemerkung Richters, die Wigand indirekt zitiert, zeigt sich noch der Leistungsgedanke des Privilegienrechts, in dem der Aufwand, der zur Herstellung eines Werkes notwendig ist, zählt. Nachdem der Streit beigelegt worden war, engagierte Wigand Richter direkt für das gross angelegte Projekt, dessen elf Bände er von 1837 bis 1842 herausgab.[28]

Der Vergleich mit den Ansichten aus der 17 Jahre früher veröffentlichten Sammelpublikation *70 Mahlerische An- und Aussichten der Umgegend von Dresden […]*[29] zeigt das arbeitsökonomische Vorgehen Richters bei seinen sächsischen Ansichten für Wigand: die landschaftlichen Mittel- und

Abb. 10 Carl August Richter und Ludwig Richter, *Das Schloss Augustusburg; am Fusse des Schlossberges die überbaute Brücke über die Flöhe*, vor 1820, Radierung, 15,3 × 10 cm (Bildgrösse), in: Carl August Richter/Ludwig Richter, *70 Mahlerische An- und Aussichten der Umgegend von Dresden [...]*, Dresden: Arnoldische Buchhandlung, 1820

Abb. 11 Ludwig Richter (gez.)/ James Carter (gest.), *Augustusburg*, Stahlstich, ca. 18 × 24 cm (Blattgrösse), in: A. von Tromlitz (eigtl. Karl August Friedrich von Witzleben), *Das malerische und romantische Deutschland*, Bd. 1: *Romantische Wanderung durch die Sächsische Schweiz*, Leipzig: Wigand, 1836

Hintergründe mit den markanten Sehenswürdigkeiten sind nahezu identisch mit den früheren Ansichten (Abb. 10 und 11). Neu ist jeweils die Ausgestaltung des Vordergrunds. Darin zeigt sich der Bedeutungsgewinn der Figuren bei Richter und die Verbindung von Figur und Landschaft zur «historischen Landschaft». In seiner früheren Stichserie von 1823 (*30 An- und Aussichten zu dem Taschenbuch für den Besuch der Sächsischen Schweiz*), die sich an ein explizit touristisches Publikum richtet, ist auch das Bildpersonal in überwiegend betrachtender Haltung dargestellt – primär bürgerliche Betrachter, seltener bukolische Hirten, die versonnen in die Landschaft blicken (Abb. 12). Durch den figürlichen Kommentar wird die Landschaft als Gegenstand ästhetischer Erfahrung reflektiert – eine bekannte Staffageform, die bereits Zingg schon eingesetzt hat. In den späteren Arbeiten stellt Richter zunehmend eine ländliche Bevölkerung dar, die in und von der Natur lebt, und rückt sie wortwörtlich in den Vordergrund (Abb. 11). Es sind meist kleine Gruppen, häufig mit Frauen und Kindern, die Tiere hüten, Wasser schöpfen, Holz hacken oder mit der Ernte beschäftigt sind. Es ist die bürgerliche Vorstellung – oder vielmehr die bürgerliche Fiktion – vom «Volk», die in diesen Darstellungen Gestalt annimmt. Ab den 1840er Jahren konzentriert sich Richter im Bereich der Druckgrafik zunehmend auf reine Volksszenen ohne primären Landschaftsbezug. Diese künstlerische Hinwendung ging auf Anregungen seines Verlegers Georg Wigand

Abb. 12   Ludwig Richter, *Der Königstein vom Quirl und der Lilienstein*, Radierung, 8,1 × 14,4 cm (Bildgrösse), in: *30 An- und Aussichten zu dem Taschenbuch für den Besuch der Sächsischen Schweiz*, Dresden: Arnoldische Buchhandlung, 1823, Nr. 17

zurück. Wigands Aktivitäten müssen hier im grösseren Zusammenhang der programmatischen Zeitschrift des Realismus, *Die Grenzboten,* gesehen werden. Wigand stand mit ihrem Herausgeber, Gustav Freytag, in Kontakt und beide verkehrten in Leipziger Gesellschaftszirkeln. Ein engmaschiges Netzwerk von Verlegern, Sammlern und Wissenschaftlern bestand hier, das Richter mit Anregungen, Aufträgen, Ankäufen und Ausstellungen förderte. Zu den wichtigsten Akteuren in diesem Zusammenhang zählen neben den Verlegerbrüdern Wigand der Archäologe Otto Jahn, ein Freund Anton Springers, der wesentlich an der Gestaltung der Autobiografie Richters beteiligt war, dann der Handzeichnungssammler Eduard Cichorius[30] und später Max Jordan, ebenfalls Herausgeber von *Die Grenzboten*, der 1870 Leiter des Städtischen Museums Leipzig und vier Jahre später Direktor der Nationalgalerie in Berlin wurde.[31] Die Zeitschrift *Die Grenzboten* propagierte den neuen Realismus in der Literatur wie in der Wissenschaft. Diese neue Orientierung wurde als Ablösung eines ästhetisierenden Stils und zugleich Abwendung von der Künstlichkeit des französischen Vorbilds gerühmt.[32] Als literarische Form wurde vor allem der so genannte «Dorfgeschichtenrealismus» ab den 1840er Jahren unterstützt. Die Dorfgeschichten, namentlich von Berthold Auerbach und Jeremias Gotthelf, galten als Vorform realistischer Darstellung und wurden in etlichen Beiträgen und Rezensionen besprochen und verbreitet.

Das Geschäft mit den volkstümlichen Darstellungen war für Richter wie für seinen Verleger sehr lukrativ, Richter wurde zum wichtigsten Illustrator und Grafiker in Wigands Unternehmen.[33] Es ist dem guten Verhältnis der beiden zu verdanken, dass Ausgaben wie das *Richter-Album* von 1848, ein Kompendium seiner bekanntesten Holzstiche, als gemeinschaftliches Projekt entstand. Nach damaligem Recht waren die einmal bezahlten Druckstöcke Eigentum des Verlages und dieser konnte sie frei zu neuen Auflagen verwenden. Bezeichnend hierfür ist das Vorwort von Otto Wigand zum Sammelwerk *202 Holzschnitte nach Zeichnungen von Ludwig Richter*, in dem er 1861 schreibt: «Herr Professor Richter in Dresden hat seit einer Reihe von mehr als zwanzig Jahren einige hundert Illustrationen zu verschiedenen Werken meines Verlages entworfen und gezeichnet. Die Zeichnungen hat der Künstler zum grössten Teil gleich auf Holz ausgeführt und ich habe dann dieselben von den vorzüglichsten Xylographen schneiden lassen. Es versteht sich von selbst, dass sämtliche Zeichnungen und Schnitte für mich und für meine Rechnung gemacht worden sind. Sie sind somit mein alleiniges Eigentum.»[34]

Mit dem Tod von Georg Wigand 1858 waren die Druckstöcke an die Erben des Verlags und damit seinen Bruder Otto Wigand übergegangen. Darüber besass der Verlag das Recht zur Reproduktion, ohne das Einverständnis des Künstlers einholen zu müssen. Die Tatsache, dass Otto Wigand jedoch seiner Edition ein solches Vorwort vorschaltet, zeigt bereits, dass sein Vorgehen nicht mehr so selbstverständlich schien, wie dies noch eine Generation früher der Fall gewesen wäre. Rechtlich war die Kontrolle der Neuauflagen und Wiederverwendung von Reproduktionsvorlagen anscheinend nicht geregelt. Darin bestand eine Ungleichheit in der Gesetzgebung der verschiedenen Staaten: So war die freie Verwendung von Material für die Zusammenstellung in Grafikauslesen in Preussen, Österreich, Bayern, Braunschweig, Weimar-Eisenach und Meiningen ausdrücklich gestattet. Die Gesetzgebungen des Bundes, des Königreichs Sachsen und anderer Einzelstaaten schwiegen darüber, verboten sie aber auch nicht. Hierin scheint mir eine ganz wesentliche Motivation für Richters eigene Verlagsgründung zu liegen. Bereits 1855 wurde er Unternehmer in eigener Sache und brachte die ersten Veröffentlichungen eigener Arbeiten heraus, so *Fürs Haus*, *Der Sonntag*, *Neuer Strauss fürs Haus* und *Gesammeltes*. Richter als Markenname für volkstümliche Buchillustrationen und Kleingrafiken hatte sich zu diesem Zeitpunkt bereits sehr gut etabliert und dies war der Weg für den Künstler, auch am meisten von seinen Arbeiten zu profitieren.

Indem Richter ein eigenes Unternehmen mit Mitarbeitern gründete, beerbte er schliesslich nicht nur in künstlerischer, sondern auch in ökonomischer Hinsicht seinen «Mit-Vater». Das Problem der möglichst detailgetreuen und vorlagennahen Umsetzung seiner Zeichnungen in den Holzstich ist ein wiederkehrendes Thema in Briefen von Richter. Um die Qualität seiner Bilder und damit ihre Wiedererkennbarkeit kontrollieren zu können, arbeitete Richter schon länger, wohl ab Mitte der 1840er Jahre, eng mit Grafikern zusammen, vor allem mit seinem Schwiegersohn August Gaber. Die Ausbildung eigener Stecher und ihre Anleitung zur Reproduktion der eigenen Werke, um diese mit einem möglichst homogenen Erscheinungsbild zu publizieren, ist neben der prekären Rechtslage in meinen Augen ein weiterer wichtiger Aspekt für die Verlagsgründung von Richter. Auch wenn Richters Verlag zusätzlich in begrenztem Umfang Werke anderer Künstler verlegte, wie 1864 die *Bilderpossen* – das erste Buch von Wilhelm Busch –, so machte dies nur einen sehr geringen Teil des Umsatzes aus. Der primäre Zweck des Verlags war es, Richter «als Richter», gewissermassen wie eine Marke zu verlegen. Gerade in dieser strategischen Führung der Geschäfte wie der Werkstatt ähnelt Richter seinem Paten sehr, auch wenn er dessen Vorgehensweise stark kritisiert. Es lässt sich abschliessend feststellen, dass Richter in künstlerischer wie ökonomischer Hinsicht sehr viel stärker von Zingg abhängig ist und dessen Tradition fortführt, als man sich dessen bisher bewusst war, da die Zusammenhänge bislang von dem Bild des autonomen Künstlers, das Richter von sich selbst in seiner Autobiografie zeichnet, überblendet wurden.

1 Ludwig Richter, *Lebenserinnerungen eines deutschen Malers. Selbstbiographie nebst Tagebuchniederschriften und Briefen*, hrsg. von Heinrich Richter, Frankfurt a. M.: Johannes Alt, 1885, S. 41.
2 Ebd., S. 27.
3 Ebd., S. 61.
4 Zu diesem antiken Topos, der sich durch die Vitenliteratur und Biografik bis ins 19. Jahrhundert zieht, vgl. Ernst Kris/Otto Kurz, *Die Legende vom Künstler. Ein geschichtlicher Versuch*, mit einem Vorwort von Ernst Gombrich, Frankfurt a. M.: Suhrkamp, 1995 [Erstausg. 1934], S. 52–53. Die Wunderkind-Erzählung hält sich bis in die aktuelle Literatur zu Richter, vgl. Hans Joachim Neidhardt, «Ludwig Richters Werk und Wirkung», in: *Ludwig Richter und sein Kreis. Ausstellung zum 100. Todestag im Albertinum zu Dresden*, Ausst.-Kat. Staatliche Kunstsammlungen Dresden, Gemäldegalerie Neue Meister, Kupferstich-Kabinett, März bis Juni 1984, Leipzig: Edition Leipzig, 1984, S. 11–20, S. 13; Heinz Demisch, *Ludwig Richter, 1803–1884. Eine Revision*, hrsg. von Christa Lichtenstern, Berlin: Mann, 2003, S. 95; Anton Philipp Knittel, *Zwischen Idylle und Tabu. Die Autobiographien von Carl Gustav Carus, Wilhelm von Kügelgen und Ludwig Richter*, Dresden: Thelem bei w.e.b.-Universitätsverlag, 2002, S. 180–181; Petra Maisak, «Literarische Versuche der Selbstheilung» (Rezension von Anton Philipp Knittel, *Zwischen Idylle und Tabu. Die Autobiographien von Carl Gustav Carus, Wilhelm von Kügelgen und Ludwig Richter*, Dresden 2002), in: IASLonline [29.07.2004], URL: <http://www.iaslonline.de/index.php?vorgang_id=898>, Zugriff 29.09.2016, Abs. 6 und 23.
5 Vgl. dazu Almut Finck, «Subjektbegriff und Autorschaft. Zur Theorie und Geschichte der Autobiographie», in: Miltos Pechlivanos (Hrsg.), *Einführung in die Literaturwissenschaft*, Stuttgart/Weimar: Metzler, 1995, S. 283–294, hier S. 286.
6 Michaela Holdenried, *Autobiographie*, Stuttgart: Reclam, 2000, S. 14.
7 Zu konfessionellen Wahrnehmungs- beziehungsweise Darstellungskomponenten bei Richter und Louise Seidler siehe Saskia Pütz, *Künstlerautobiographie. Die Konstruktion von Künstlerschaft am Beispiel Ludwig Richters*, Diss. FU Berlin, 2008, Berlin: Mann, 2011, und dies., «Als Protestantin in der Papststadt: Louise Seidler in Rom», in: *Hinaus ins Weite. Thüringer Reisende* (Beiträge zur Thüringischen Kirchengeschichte, N.F., 4), Erfurt: Gesellschaft für Thüringische Kirchengeschichte 2010, S. 81–101.
8 Adrian Ludwig Zingg, *Gründliche Zeichenschule für Landschafter. 26 Studienblätter in 2 Heften*, Dresden: Morasch & Skerl, 1808–1809.
9 Sabine Weisheit-Possél, *Adrian Zingg (1724–1816). Landschaftsgraphik zwischen Aufklärung und Romantik* (Villigst Perspektiven, 12), Diss. FU Berlin, 2008, Berlin: Lit, 2010, S. 73–74, 88–93.
10 Johann Daniel Preissler, *Gründliche Anleitung welcher man sich im Nachzeichnen schöner Landschafften oder Prospecten bedienen kan: den Liebhabern der Zeichen-Kunst mitgetheilet und eigenhändig in Kupffer gebracht*, Nürnberg 1759 [Erstausgabe 1734].
11 Zingg 1808–1809 (wie Anm. 8), Heft 1, S. 2–3.
12 Anke Fröhlich, *«Glücklich gewählte Natur…» Der Dresdner Landschaftsmaler Johann Christian Klengel (1751–1824). Monographie und Werkverzeichnis der Gemälde, Zeichnungen, Radierungen und Lithographien* (Studien zur Kunstgeschichte, 161), Hildesheim/Zürich/New York: Olms, 2005, S. 4 und 32.
13 Winfried Werner datiert das Blatt auf die Jahre 1816 bis 1818, da in dieser Zeit die Zeichnungen für die Sammelpublikation *70 Mahlerische An- und Aussichten der Umgegend von Dresden […]* (siehe unten, Anm. 29) entstanden sind. Er geht bei der Jahreszahl 1814 auf der Zeichnung von einer späteren und irrtümlichen Hinzufügung Richters aus, vgl. Dresden 1984 (wie Anm. 4), S. 84, Kat.-Nr. 28.
14 Richter 1885 (wie Anm. 1), S. 158–159.
15 Ebd., S. 338.
16 Diese Sichtweise unterstützt auch Petra Kuhlmann-Hodick, «Der Pate. Adrian Zinggs

17 Skizzenbuch einer protoromantischen Reise», in: *Adrian Zingg. Wegbereiter der Romantik,* hrsg. von Petra Kuhlmann-Hodick, Claudia Schnitzer und Bernhard von Waldkirch, Ausst.-Kat. Kupferstich-Kabinett, Staatliche Kunstsammlungen, Dresden, 17.2.–6.5.2012; Kunsthaus Zürich, 25.5.–12.8.2012, Dresden: Sandstein Verlag, 2012, S. 40–59, S. 43.
17 Tagebucheintrag vom 10.2.1821, *Ludwig Richters Tagebücher und Jahreshefte 1821–1883,* ausgewählt von Robert Walter, Hamburg: Hanseatische Verlagsanstalt, [1924], S. 15.
18 Ebd.
19 Ebd., S. 18–19.
20 Ebd., S. 19.
21 Christian Ludwig von Hagedorn, *Betrachtungen über die Mahlerey,* Leipzig: Johann Wendlern, 1762, S. 161.
22 *Die Saechsische Schweiz von Ludwig Richter,* Dresden/Leipzig: Arnoldische Buch- und Kunsthandlung, 1834.
23 Bereits 1827 schuf Richter eine Radierung seines Gemäldes *Tal bei Amalfi mit Ausblick auf den Meerbusen von Salerno* (Öl auf Leinwand, 1826, 100 × 138 cm, Museum der bildenden Künste Leipzig, Inv.-Nr. 200; die Radierung *Blick auf den Meerbusen von Salerno aus einem Thale bei Amalfi* hat ein Plattenmass von 19,1 × 25 cm, das Bildmass beträgt 17,8 × 24,6 cm) wohl für den Sächsischen Kunstverein. Sie blieb jedoch unvollendet und der Sächsische Kunstverein erwarb im folgenden Jahr eine zweite Fassung des gleichen Motivs (Plattenmass: 23,4 × 28 cm; Bildmass: 17,9 × 25 cm). Nach 1832 kaufte der Sächsische Kunstverein weiterhin Bilder von Richter an, jedoch nicht mit italienischen Motiven.
24 Nach der Gründung einer Leihbücherei 1795 richtete Arnold 1802 den ersten Zeitschriftenlesezirkel Dresdens ein. Er verlegte die populären Romanciers seiner Zeit, vertrieb den *Dresdner Anzeiger* sowie seit 1817 die bedeutende von Karl Gottfried Theodor herausgegebene *Abendzeitung.* 1798 und erneut 1825 gründete Arnold das «Literarische Lesemuseum», das mit seinem grossen Bestand an Büchern und Zeitschriften, langen Öffnungszeiten und der Möglichkeit zur Diskussion die politische Kultur in Dresden befördern sollte.
25 Wie genau dieses Stipendium aussah, ist leider unklar. Richters Darstellung ist insofern widersprüchlich, als das Stipendium von Arnold angeblich für drei Jahre mit jährlich 400 Talern gegolten haben soll. Später beschreibt Richter jedoch, wie er sich darum bemüht, seinen Italienaufenthalt nach zwei Jahren im Frühjahr 1825 zu verlängern, um seine weitere Entwicklung nicht zu «gefährden», Richter 1885 (wie Anm. 1), S. 197. Gründe für die offensichtliche Verkürzung des Stipendiums werden nicht genannt. Wie um den tatsächlichen Fortschritt seiner Arbeit zu belegen, wird auch die tatkräftige Unterstützung Julius Schnorrs von Carolsfeld aufgeführt, der den Verkauf eines Bildes von Richter vermittelt, damit der weitere Aufenthalt finanziell ermöglicht werden kann. Dazu kommt ein Stipendium der Dresdener Akademie als Anerkennung für sein Watzmann-Bild, so dass es scheint, als sei Richter nach zwei Jahren in Rom bereits in der Lage gewesen, einen Grossteil seines Lebensunterhaltes durch seine Malerei selbst zu finanzieren, ebd., S. 199. – Dabei ist die Existenz einzelner grosser sowie einer Vielzahl kleiner Verlage, darunter diverse Kunstverlage wie die von Ernst Arnold, Adolf Gutbier, Hanns Hanfstaengl und Hermann Krone, für die Auftragslage der Künstler wesentlich. Ebenso haben die stark wachsenden Auflagen von Stadt- und Landschaftsansichten, der rasche Fortgang gross angelegter lithografischer Projekte wie Hanfstaengls Edition der Gemäldereproduktionen aus der Dresdner Galerie und schliesslich die schnelle Adaption der Fotografie im publizistischen Markt seit ihrer Etablierung in den 1840er Jahren in Dresden die Arbeitssituation für Künstler in dieser Stadt im 19. Jahrhundert fundamental beeinflusst.
26 Vgl. Gerd Spitzer, «Ludwig Richter – Der Maler», in: *Ludwig Richter – Der Maler,* hrsg. von Gerd Spitzer und Ulrich Bischoff,

Ausst.-Kat. Galerie Neue Meister, Staatliche Kunstsammlungen Dresden, 27.9.2003–4.1.2004; Neue Pinakothek, Bayerische Staatsgemäldesammlungen, München, 22.1.–25.4.2004, München/Berlin: Deutscher Kunstverlag, 2003, S. 13–43, S. 13.

[27] Richter 1885 (wie Anm. 1), S. 339.

[28] Richter sammelte ab 1836 dafür im Harz, im Riesengebirge und in Franken Skizzen für die etwa 100 Sepiazeichnungen, die er als Vorlagen für die Stahlstiche anfertigte. Allerdings stellte Richter zunehmend weniger Landschaftsansichten her, was sicherlich auch mit der zeitgleichen Entstehung der Fotografie zusammenhängt, die sich diesem Bereich sofort widmete, in Dresden vor allem durch Hartmut Krone.

[29] *70 Mahlerische An- und Aussichten der Umgegend von Dresden in einem Kreise von sechs bis acht Meilen aufgenommen*, gezeichnet und radirt von C. A. Richter, Professor, und A. Louis Richter, Dresden: Arnoldische Buchhandlung, 1820.

[30] Nach seiner Heirat mit der Schweizerin Marie Jäggi 1856 verlegte Cichorius seinen ständigen Wohnort zwar nach Solothurn, behielt aber noch eine Wohnung in Leipzig und reiste regelmässig dorthin zurück.

[31] 1874 wurde Jordan als Direktor an die Berliner Nationalgalerie berufen, siehe Lionel von Donop, *Max Jordan. Ein Lebensbild*, Berlin: E. S. Mittler & Sohn, 1907, S. VII.

[32] Siehe beispielsweise Gustav Freytag, «Die Kunst und der Künstler in der Revolution», in: *Die Grenzboten. Zeitschrift für Politik und Literatur*, hrsg. von Gustav Freytag und Julian Schmidt, 8 (1849), Nr. 1, S. 412–422.

[33] Im Dresdener Stadtarchiv haben sich einige Werkstattbücher Richters erhalten, in denen die Einnahmen aus Aufträgen für Buchillustrationen verzeichnet sind. Richters jährliches Honorar für die Professur an der Dresdner Akademie betrug für die Jahre 1840–1860 jährlich 400 Taler – seine sonstigen Einnahmen übersteigen dies aufs Jahr gerechnet zum Teil um das Dreifache. Beispielsweise erhielt Richter 1850 von seinem Verleger Georg Wigand allein für die Illustration von Hebels *Alemannischen Gedichten* 800 Taler für die 1. Auflage. 1865 bekam er je 500 Taler für jeweils 15 Vorzeichnungen für Holzschnittfolgen (im Ganzen drei Folgen, also 1500 Taler). Eine wesentliche Einnahmequelle war auch der Verkauf dieser Originalzeichnungen, so erhielt Richter für 75 Zeichnungen 2000 Taler, was also fünf Jahresgehältern entspricht.

[34] Otto Wigand, «Vorwort», in: Ders. (Hrsg.), *202 Holzschnitte nach Zeichnungen von Ludwig Richter*, 2. Aufl., Leipzig: Otto Wigand 1864.

Landschaftsvedute und Tourismus

Salomon Gessner und die Vedute. Die Illustrationen aus dem *Helvetischen Calender*

Christian Féraud

I. Kleine Schweizerlandschaften ohne «höhern Wert»?

Im Schatten der Landschaftserfindungen, die Salomon Gessner (1730–1788) als Künstler in Europa berühmt machten, stehen 52 kleinformatige Schweizer Veduten, die in den Jahren 1779 bis 1787 für die ersten neun Jahrgänge des *Helvetischen Calenders* entstanden sind (Abb. 1).[1] Der Kalenderillustration des späten 18. Jahrhunderts entsprechend, waren die 8×11 Zentimeter kleinen Radierungen den Monatsblättern zu Beginn des Almanachs zugeordnet (Abb. 2).[2] Dass sie dazu zweimal gefaltet wurden, war dem Taschenformat – Klein-Duodez – der graziös gestalteten, mit Goldschnitt ausgestatteten Publikation geschuldet, die Gessner selbst in Zusammenarbeit mit Johann Heinrich Füssli (1745–1832) und Leonhard Meister (1741–1811) im eigenen Verlag herausgab und durch die Verlagsbuchhandlung Orell, Gessner, Füssli & Comp. auf der Leipziger Michaelismesse vermarkten liess.[3] Format und Inhalt entsprachen der Funktion als Reiseführer. In einer 1779 in der Zeitschrift *Der Teutsche Merkur* geschalteten Annonce verknüpften die Herausgeber ihr Editionsprojekt mit dem didaktischen Ziel, die Schweiz in der Vielfalt ihrer «Merkwürdigkeiten» darzustellen.[4] Auch die Veduten müssen in diesen Zusammenhang gestellt werden. Auf fremde Vorlagen rekurrierend, zeigen sie historische und landschaftliche Sehenswürdigkeiten (Abb. 3, 4). Die nachfolgenden, teils mit Autorennachweisen versehenen Texte erörtern historische Ereignisse, vornehmlich des 15. Jahrhunderts, sowie zeitgenössische politische, wirtschaftliche und soziale Verhältnisse. Die Melange beinhaltete aber auch eine Beschreibung der *Drey berühmtesten Wasserfälle in der Schweiz* von Johann Heinrich Füssli und einen *Beytrag zur helvetischen Hexen- und Gespenstergeschichte* aus der Feder Leonhard Meisters.[5] Artikel, die aus kunsthistorischer Perspektive interessieren, behandeln die Vita des Bildhauers Alexander Trippel (1744–1793), der seine künstlerische Karriere ab 1776 in Rom verfolgte, und die Grabmäler in Hindelbank von Johann August Nahl (1710–1781). Letztere galten bereits im 18. Jahrhundert als Sehenswürdigkeit und waren ein beliebtes Ziel ausländischer Touristen.[6] Am Ende des Kalenders fanden Reisende praktische, dezidiert an sie gerichtete Informationen. Diese umfassten Wegrouten, Fahrpläne der Postkutschen und Wechselkurse verschiedener Währungen, aber auch Hinweise auf bedeutende private und öffentliche Sammlungen. Dazu gehörten die Bibliothek des Zuger Söldners Beat Fidel Anton Zurlauben (1720–1799), die eine grosse Sammlung kartografischer Dokumente aus mehreren Jahrhunderten enthielt, und die Basler Stadtbibliothek, wo im späten 18. Jahrhundert das berühmte Gemälde *Toter Christus im Grab* von Hans Holbein dem Jüngeren (1497–1543) ausgestellt war.

1791 erschien im *Journal von und für Deutschland* eine systematische Zusammenstellung «wissenschaftlicher» deutschsprachiger Almanache von Christian Heinrich Schmid (1746–1800), dem Herausgeber des *Leipziger Almanachs der deutschen Musen*. Schmid unterteilte die mehr als 200 Publikationen in 32 Kategorien, die so unterschiedliche Gebiete wie Ökonomie und Astronomie, Geografie und Philosophie, Theologie und Biologie

Abb. 1   Salomon Gessner, *Titelkupfer des Helvetischen Calender fürs Jahr 1783*, 1782, Radierung, 7,6 × 4,3 cm

Abb. 2   Salomon Gessner, *Clönthal, im Canton Glarus*, 1787, Radierung, 8,5 × 11,5 cm, in: *Helvetischer Calender fürs Jahr 1788*, Nr. 2

Abb. 3 Salomon Gessner, *Habsburg im Argeü*, 1783, Radierung, 8,1 × 11,4 cm, in: *Helvetischer Calender für das Jahr 1784*, Nr. 3

Abb. 4 Salomon Gessner, *Im Thal Travers*, 1783, Radierung, 8,2 × 11,4 cm, in: *Helvetischer Calender für das Jahr 1784*, Nr. 2

betrafen. Der Vielfalt der Inhalte entsprechend, führte er den *Helvetischen Calender* unter den «Almanachen vermischten Inhalts» auf.[7] Deren Leser, behauptete Schmid zunächst, gehörten der «höhern und mittlern Volksklasse» an. Sodann grenzte er diesen Kreis spöttisch auf Personen ein, «die sonst wenig lesen, und denen hier gleichsam wider ihren Willen allerley brauchbare Kenntnisse beygebracht werden, von denen sie sonst keine Notiz bekommen haben würden».[8] Diese Beschreibung dürfte kaum auf die Leser des *Calenders* zutreffen. Exemplare, deren Provenienz eindeutig ermittelt werden kann, lassen auf andere Adressatenkreise schliessen. In der Universitätsbibliothek Basel haben sich alle Jahrgänge aus der Bibliothek des Pfarrers Theodor Falkeisen (1729–1815) und seines Sohnes Hieronymus (1758–1838) erhalten, und die Staatsbibliothek zu Berlin bewahrt Ausgaben, die aus der Grossherzoglichen Bibliothek Neustrelitz stammen und handschriftliche Einträge von August Ferdinand Graf von der Schulenburg (1729–1787) aufweisen.[9] Weiterhin belegen Briefwechsel, dass Intellektuelle wie Johannes von Müller (1752–1809), Christoph Meiners (1747–1810) und Johann Wilhelm Ludwig Gleim (1719–1803) den Almanach lasen, einander liehen und sich mit Kritik an die Herausgeber wandten.[10] Ein eindrücklicher Beleg für die Wertschätzung in intellektuellen Kreisen findet sich bei Sophie von La Roche (1730–1807). Am 5. Juli 1784 notierte sie während eines Zürcher Aufenthaltes in ihr Tagebuch: «Bey Zürich, meine Kinder! muss ich euch noch von einem der artigsten Calender reden, welche je gemacht wurden, der aber auch nur, möchte ich sagen, in der Schweiz entstehen konnte, wo die Liebe des Vaterlandes nicht nur seine Geschichte, seine Regierung und Gesetze, sondern auch den Boden umfasst.»[11] Nicht immer waren die Reaktionen indessen derart wohlwollend. Dies musste Karl Viktor von Bonstetten (1745–1832) erfahren, der mit einem Reisebericht den Zorn der Obrigkeit von Biel auf sich zog. Er hatte auf einer Reise durch die Nordwestschweiz in der Stadt Biel eine Buchhandlung besucht und aus dem Angebot, das er dort vorfand, die Hypothese hergeleitet, «die hiesigen Einwohner müssten alle nicht über zehn Jahre alt seyn». Dieses Verdikt wollten die Bieler Behörden nicht kommentarlos hinnehmen. Aus einem Brief, den Bonstetten an Johann Heinrich Füssli schrieb, geht hervor, dass sie vom Schriftsteller die Widerrufung seines Urteils verlangten.[12] Füssli selbst äusserte sich kritisch über die sozialen Zustände in der Stadt Zürich und zog es dabei aus Angst vor der Zürcher Zensur vor, seinen Namen gar nicht erst preiszugeben, sondern als Conte di Sant'Alessandro in Erscheinung zu treten.[13]

Gessner musste sich nicht verstecken. Sein Auftritt als Vedutenstecher war ein voller Erfolg. Am Grafikmarkt bestand eine so grosse Nachfrage, dass sich Nachdrucke der Illustrationen aus dem *Helvetischen Calender* bis ins 19. Jahrhundert mühelos verkaufen liessen. In den Jahren um 1820 waren diese bei Orell, Füssli & Comp. für den gleichen Preis zu haben wie die doppelt so viele Blätter zählende Folge *Cent vues suisses*, die Ansichten spezialisierter Vedutenradierer wie Ludwig Hess (1760–1800), Franz Niklaus König (1765–1832) und Johann Jakob Wetzel (1781–1834) enthielt.[14] Auch innerhalb des druckgrafischen Werks von Gessner fielen die Veduten nicht ab. Einer Verlagsanzeige Heinrich Gessners (1768–1813) aus dem Jahr 1800 ist zu entnehmen, dass 32 Ideallandschaften, von 1764 bis 1771 erschienen, acht Rheintaler kosteten, während 52 Veduten zu sechs Rheintalern gehandelt wurden.[15] 1819 inserierte Gessner in der *Allgemeinen Literatur-Zeitung* Preisreduktionen für beide Serien und bot jene für sechs Rheintaler, diese für fünf an.[16] In den 1820er Jahren waren die Serien in Frankreich sogar gleich teuer, wobei sich ihr Preis auf 30 Francs bezifferte.[17] Am Ende des 19. Jahrhunderts hatten sich die Relationen aber verschoben. Für Heinrich Wölfflin (1864–1945), der 1889 eine kleine Monografie zu Gessner vorlegte, waren die Veduten nur mehr eine belanglose Marginalie in Gessners Œuvre: «Die kleinen Schweizerlandschaften, die er in Gemeinschaft mit Hess, Wüst, J. H. Meyer von 1780–88 für den helvetischen Almanach lieferte, haben gar keinen höhern Wert. Sie sind sehr flüchtig gemacht, fast überall benützt er fremde Zeichnungen und so bekommen denn die Gebirgslandschaften von

Graubünden, Wallis, Glarus u. s. w. einen recht kleinlichen Charakter.»[18] Damit war der Stab gebrochen. Bis weit ins 20. Jahrhundert hinein teilte die Gessner-Forschung Wölfflins Urteil, das auf der hierarchischen Zurückstufung der Reproduktionsgrafik gegenüber der Künstlergrafik gründete.[19] Dabei ist zweierlei übersehen worden. Zum einen entsprach der Wertschätzung, die Gessner als Maler und Radierer idealer Landschaften von seinen Zeitgenossen zuteilwurde, eine hohe Anerkennung als Vedutenstecher. Zum anderen kam diese Anerkennung nicht nur von Connaisseurs der Schweizer Landschaftsgrafik, sie kam auch vonseiten des Publikums, das Gessner für seine Landschaftserfindungen schätzte. Am 8. Januar 1796 richtete Christoph Martin Wieland (1733–1813) aus Weimar einen Brief an Judith Gessner-Heidegger (1736–1818), worin er sich für ein ausserordentlich grosszügiges Geschenk bedankte. Kurz vor Weihnachten hatte Gessners Witwe dem Dichter und Herausgeber des *Teutschen Merkurs*, der sich in den Jahren 1752 bis 1760 in der Schweiz aufgehalten hatte und nach seiner Rückkehr in die Heimat Gessner freundschaftlich verbunden blieb, die Quartausgabe der Schriften ihres Mannes zukommen lassen und dabei mit Bedacht dem literarischen Werk das künstlerische hinzugefügt. Wieland erhielt auch Ideallandschaften und Veduten.[20] Was Wölfflin kategorisch ausser Acht liess, war aus der Warte von Gessners Zeitgenossen also ein unbestrittener Teil seines Œuvres.

II. Das Bild der Schweiz

Die Illustrationen des *Helvetischen Calenders* lassen sich ihren Motiven nach in zwei Kategorien differenzieren: die «lieux de mémoire» und die Landschaften.[21] Die erste Kategorie bilden die mittelalterlichen Schlachtfelder von Sempach, Näfels und Murten sowie die Kapellen Wilhelm Tells, die an die sagenumwobenen Anfänge der schweizerischen Eidgenossenschaft erinnern. Die «alten Eidgenossen» und die mythische Figur Wilhelm Tells galten den Schweizer Gelehrten des 18. Jahrhunderts als Vorbilder, die sich übermächtigen Gegnern gestellt und in selbstloser Aufopferung ihre Freiheit erkämpft und verteidigt hatten.[22] Die Schlossruine Habsburg (Abb. 3) symbolisierte dabei die Befreiung aus feudaler Unterjochung.[23] Dass Gessner dieses Geschichtsverständnis teilte, ist aus seinen Aufzeichnungen für die Helvetische Gesellschaft und der Erzählung *Das hölzerne Bein* zu erschliessen. Letztere, 1772 in den gemeinsam mit Denis Diderot (1713–1784) herausgegebenen *Moralischen Erzählungen und Idyllen* veröffentlicht, ist ein Dialog zwischen einem Greis und einem jungen Hirten über die Schlacht von Näfels (1388), die jener nur schwer verletzt überlebt hatte. Es erweist sich, dass der Vater des Hirten dem Alten das Leben gerettet hatte, indem er den Verwundeten in seinen eigenen Armen vom Kampfgetümmel wegbrachte. Aus der Schlacht, erzählt der Alte, gingen die Glarner letztlich siegreich hervor und trugen mit Hilfe verbündeter Eidgenossen gegen die zahlenmässig und kriegstechnisch überlegenen Habsburger einen Sieg «für unsre Freyheit» davon.[24] In der Replik auf *Die letzten Wünsche eines Helvetischen Patrioten*, 1763 im Auftrag der Helvetischen Gesellschaft für den verstorbenen Franz Urs Balthasar (1689–1763) verfasst, forderte Gessner dieses Ideal rückhaltloser Solidarität der alten Eidgenossenschaft für die Gegenwart ein.[25] Die Veröffentlichung des *Helvetischen Calenders* muss in Zusammenhang gebracht werden mit seinem patriotischen Engagement, das auch in der Entstehungsgeschichte der Gesellschaft selbst fassbar ist.[26] Mit dem Vorhaben, eine Publikation vorzulegen, die «des Eidsgenoss sein Vaterland, wo möglich, noch liebenswürdiger vorstellen» verhalf, verfolgte Gessner das Ziel, nationalen Zusammenhalt zu begründen.[27]

Der Verzicht auf Kommentare zu den Illustrationen ist ein Indiz, dass Gessner die historischen Kenntnisse zu ihrem Verständnis von den Lesern des Almanachs erwarten konnte. Im späten 18. Jahrhundert hatten die Geschichten der Befreiungstradition, worauf sich die Illustrationen beziehen, ihren festen Platz im «Bildgedächtnis der Schweiz».[28] In Johannes Müllers (1733–1816) reich illustrierter Publikation *Merckwürdige Überbleibsel von Alterthümmeren an verschiedenen Orthen der Eydtgenosschaft*, die von 1773 bis 1783 in zwölf Teilen mit 276 Radierungen und Texten von David von Moos (1729–1786) erschien, sind Abbildungen zur Legende Wilhelm Tells sowie den Schlachten von Sempach und Näfels als Titelkupfer prominent platziert.[29] Philippe-Sirice Bridel (1757–1845), Verfasser einer Reiseanleitung für Schweizer Jugendliche, zählte diese historischen Erinnerungsorte zu den unverzichtbaren Programmpunkten einer Bildungsreise durch die Schweiz,[30] und stellte ihnen Orte zur Seite, wo sich «Physische und Moralische Unglüks-Fälle» ereignet hatten.[31] In Gessners Illustration *Beÿ Cleven in Bündten, wo Plürs gestanden* (Abb. 5) ist der Ort eines Felssturzes mit schrecklichen humanitären Folgen dargestellt. Am 4. September 1618 waren Teile des Berges Conto zu Tal gestürzt und hatten die östlich von Chiavenna an der Handelsstrasse über die Alpen gelegene Ortschaft, die heute auf norditalienischem Boden in der Provinz Sondrio liegt, im 18. Jahrhundert aber

Abb. 5 Salomon Gessner, *Beÿ Cleven in Bündten, wo Plürs gestanden*, 1785, Radierung, 8,3 × 11 cm, in: *Helvetischer Calender fürs Jahr 1786*, Nr. 2

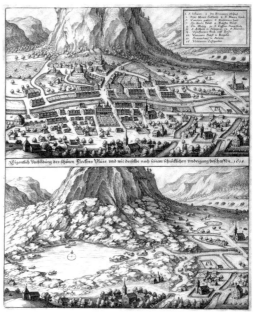

Abb. 6 Künstler unbekannt, *Plürs vor und nach der Zerstörung*, 1635, Radierung, 27,2 × 17,3 cm, in: Johann Philipp Abelinus, *Theatrum Europaeum [...]*, Bd. 1, Frankfurt a. M.: Matthäus Merian, 1635

zum Untertanengebiet des Grauen Bundes gehörte, vollkommen unter sich begraben. Die Ursache war die Unterhöhlung des Berges durch den Abbau von Lavezsteinen.[32] Noch im gleichen Jahr erschienen die ersten Berichte über das Unglück, und im späten 18. Jahrhundert konnte der Berner Geschichtsschreiber Gottlieb Emanuel Haller (1735–1786) in seiner *Bibliothek der Schweizer-Geschichte* eine Reihe deutscher, französischer, italienischer und lateinischer Publikationen aufführen, die im 17. und 18. Jahrhundert unter anderem in Mailand, Paris und Zürich verlegt worden waren.[33] In der Bildgeschichte der Katastrophe stellte Gessners Illustration ein Novum dar (Abb. 5, 6). Sie rekurrierte nicht auf die fantastische Darstellung in Matthäus Merians (1593–1650) *Theatrum Europaeum* aus dem Jahre 1635, sondern zeigte den Ort, den viele Leser des *Calenders* nicht mit eigenen Augen gesehen hatten, nach einer topografischen Aufnahme des Zürcher Landschaftsmalers Ludwig Hess.[34]

Es erklärt sich aus der Wahrnehmung der Schweiz als «Urquelle aller Bilder und Schönheiten der Natur», dass Bridel Landschaften als Sehenswürdigkeiten einer Schweizer Reise anzeige.[35] Nachdem Johann Jakob Scheuchzer (1672–1733) in seiner *Beschreibung der Natur-Geschichten des Schweizerlands* (1706) darauf hingewiesen hatte, dass sich vor Reisenden in den Alpen vielfältige Landschaften ausbreiteten,[36] wurde die Idealisierung der Abwechslung in alpinen Gegenden im späten 18. Jahrhundert zu einem Topos der Reiseliteratur.[37] Auf die Schweiz wurde projiziert, was in der Mitte des 17. Jahrhunderts John Milton (1608–1674) im Neunten Gesang von *Paradise Lost* als ergötzliche Naturerfahrung umschrieben hatte: «Mit was vor einer Lust hätte ich dich durchwandelt, wenn ich mich an etwas ergetzen könnte! Was vor eine angenehme Abwechslung der Berge, Thäler, Flüsse, Wälder und Auen! Nun hat man Land, dann See, und Ufer, mit Bäumen gekrönt, Klippen, Hölen, und Klüften».[38] Die Illustrationen im *Helvetischen Calender* bringen die Vielfalt der Schweizer Landschaft zum Ausdruck durch die Abwechslung von Gletscher-, See- und Felsenlandschaften, von Tälern, Wasserfällen, Gebirgspassagen und Schluchten. Es dürfte zutreffen, dass die Variation der Motive vom zeitgenössischen Publikum als «angenehme Abwechslung» («agréable diversité») wahrgenommen wurde.[39] Der Gedanke, dass die serielle Betrachtung verschiedener Motive ästhetisches Vergnügen bereitet, ist aus Chorografien der frühen Neuzeit bekannt[40] und wurde zu Beginn des 18. Jahrhunderts von Gérard de Lairesse (1640–1711) auf die Bildgattung der Landschaft übertragen. Im *Grossen Mahler-Buch* von 1708 beschreibt Lairesse ein fiktives, mit Gemälden verschiedener Kontinente ausgestattetes Landschaftszimmer und schildert das Vergnügen, sich «in einem Augenblick» von Kontinent zu Kontinent zu bewegen.[41] Die Variation der Motive in Gessners Almanach ist auf diese Rezeptionsform von Landschaft abgestimmt. Zugleich findet sie ihre Entsprechung im Konzept des Kalenders als Kaleidoskop «helvetischer Merkwürdigkeiten».[42]

III. Funktionen

Die Ausbreitung der künstlerischen Produktion auf das Gebiet der Vedute war für Salomon Gessner mit der Fokussierung neuer Käufergruppen verbunden. Zu den Adressaten von Veduten zählten nach Kunstliebhabern auch Touristen und Wissenschaftler. Die Erwartungen dieser Kreise waren allerdings nicht deckungsgleich. Das Interesse der Wissenschaft bezog sich auf topografische Informationen, wohingegen das Kunstpublikum auch ästhetischen Genuss suchte.⁴³ 1788 erschien in Bern ein Alpenpanorama, das die Forderung nach topografischer Genauigkeit mit der Forderung nach malerischer Schönheit verband. Gottlieb Sigmund Studer (1761–1808) hatte das Motiv aufgenommen, die Übertragung seiner Zeichnung in die Druckgrafik oblag Balthasar Anton Dunker (1746–1807), Heinrich Rieter (1751–1818) legte die Kolorierung an. Die Verfahrensweise des Zeichners garantierte höchste topografische Präzision. Studer hatte sich auf zahlreichen Alpenreisen mit dem Panorama beschäftigt und für seine Aufnahme optische Hilfsmittel verwendet.⁴⁴ Gessners Arbeitsweise als Vedutenstecher war diesem Verfahren diametral entgegengesetzt. Einem Stubengelehrten gleich begnügte er sich mit der Reproduktion von Druckgrafiken, Zeichnungen und Gemälden, und es war ihm dabei nicht einmal um eine genaue Wiederholung der Vorlagen zu tun. Die Abweichungen reichten von Formatänderungen über die Wahl von Ausschnitten bis hin zu Modifikationen des Bildaufbaus und der Integration neuer Motive.⁴⁵ Eine Folge dieser Transformationen war die Entfernung von den topografischen Gegebenheiten. Offenbar interessierte Gessner nicht, dass Zeitgenossen, die über Ortskenntnisse verfügten, in der Lage waren, Unterschiede zwischen der Topografie eines Ortes und seiner Darstellung in Veduten aufzuzeigen. Der deutsche Kunstschriftsteller Gottlieb Wilhelm Becker (1753–1813) demonstrierte das Problem am Beispiel der Teufelsbrücke: «So sieht man auch gewöhnlich die Teufelsbrücke auf dem St. Gotthardsberge als die gefährlichste und fürchterlichste Passage vorgestellt, wie man sie sich nicht denken kann. Gewöhnlich scheint sie auch aus einem tiefen Abgrund aufgenommen zu seyn, und nicht weit über ihr zur Linken erblickt man noch die Schellinen, nämlich den durch einen Felsen gehauenen bedeckten Gang; und doch ist es auf keiner Seite möglich, beydes aus einem Standpunkte zu erblicken. Die Gegend ist wild und fürchterlich; aber lange nicht, wie man es sich vorstellt. Ich habe Gegenden und Passagen gesehen, die es noch weit mehr waren.»⁴⁶ Becker kritisierte zweierlei: zum einen die Zusammenführung unterschiedlicher Standpunkte, zum anderen die Überhöhung der Gefährlichkeit des Ortes. Wie weit die Positionen zur Frage nach dem Verhältnis der Vedute zur Wirklichkeit auseinanderliegen konnten, ist anhand einer Kontroverse zwischen dem Verleger und Vedutenstecher David Herrliberger (1697–1777) und Johann Conrad Füssli (1704–1775) zu ermessen. Letzterer hatte die Auseinandersetzung vom Zaun gebrochen. Was seinen Widerspruch hervorrief, war die vermeintliche Vedute *Schalfick* (Abb. 7),

Abb. 7 Künstler unbekannt, *Schalfick. Ein Dorf in Pretigaüw*, 1754, Radierung, 26,3 × 12,8 cm, in: David Herrliberger, *Topographie der Eydgenoßschaft [...]*, Erster Theil, Zürich: Johann Kaspar Ziegler, 1754, Nr. 2

die Herrliberger in der *Topographie der Eydgnossschaft* (1754–1773) abgebildet hatte. Füssli, als Autor einer vierbändigen *Staats- und Erdbeschreibung der schweizerischen Eidgenossschaft* (1770–1772) ein Befürworter topografischer Genauigkeit, missbilligte diese Landschaft als Produkt künstlerischer Erfindung. Er argumentierte, dass sich in den Schweizer Bergen kein einziges Dorf an einer solch gefährlichen Lage – auf einem Felsvorsprung unter überhängenden Felsen – befinde, und warf Herrliberger vor, die Leser der *Topographie* darüber hinwegzutäuschen. Er hatte in der Tat Recht, aber Herrliberger war um eine Antwort dennoch nicht verlegen. Er

Abb. 8 Salomon Gessner, *Tieffen-Kasten in Bünten*, 1786, Radierung, 8,3 × 11 cm, in: *Helvetischer Calender fürs Jahr 1787*, Nr. 6

entgegnete, dass die Darstellung ein Hilfsmittel sei, damit man sich eine Vorstellung von exponierten Schweizer Bergdörfern bilden könne.[47]

Es kann nicht ausgeschlossen werden, dass Gessner Herrlibergers Position einnahm, denn er kopierte das Motiv für den *Helvetischen Calender*. Seine Auffassung der Vedute lässt sich vielleicht aus der Analyse seiner Illustrationen als Kombinationen von topografischer Wirklichkeit und künstlerischer Erfindung herleiten. Im Artikel *Paysage* der *Encyclopédie Méthodique* umschrieb Claude-Henri Watelet (1718–1786) diese Synthese als «paysage mixte» oder «vue composée». Das Verfahren ziele darauf, die Unzulänglichkeiten der Natur durch die Kunst zu korrigieren.[48] Demnach können für die Veduten im Kontext des *Calenders* verschiedene Funktionen in Betracht gezogen werden:[49] Zum einen hatten sie einen didaktischen Nutzen. Sie erschlossen Kenntnisse über wenig bekannte Gegenden und Orte wie Tiefencastel (Abb. 8), wo sich die wichtigen Verbindungen über die Alpenpässe Albula und Julier verzweigten.[50] Es ist anzunehmen, dass viele Leser des Almanachs dieses Dorf nur durch Hörensagen kannten. Zum anderen lässt sich in den Veduten ein gewisses Gefallen an «anthropomorphen Scherzen»[51] ausmachen. Ich glaube, dass Gessner dem Geschmack des Kunstpublikums an anthropomorphen Naturphänomenen in den Illustrationen des *Calenders* mehrfach Genüge tat.[52] Vor der *Via mala* (Abb. 9) ist nicht viel Fantasie gefragt, um in den Felsstrukturen rechts der Steinbrücke das Profil eines nach links blickenden Kopfes zu erkennen.

Schliesslich gibt es Anzeichen für eine dritte Funktion der Veduten: die seelische Bewegung der Betrachter.[53] In der Mitte des 19. Jahrhunderts traf John Ruskin (1819–1900) im Kapitel «Turnerian Topography» von

Abb. 9   Salomon Gessner, *Auf Via mala, nahe bey Rongella in Bündten*, 1785, Radierung, 8,2 × 11 cm, in: *Helvetischer Calender fürs Jahr 1786*, Nr. 1

Abb. 10   Salomon Gessner, *Teüfels-Brüke, auf dem St. Gothard*, 1780, Radierung, 8,2 × 11,4 cm, in: *Helvetischer Calender fürs Jahr 1781*, Nr. 4

Modern Painters eine Unterscheidung zwischen Landschaftsdarstellungen, die für Wissenschaftler nützlich sind, weil sie Topografien abbilden, und Darstellungen, welche die Wirkung von Orten beim Betrachter evozieren können, ohne ihren topografischen Vorbildern nahezukommen.[54] Gessners *Teüfels-Brüke* (Abb. 10) ist auf letztere Bestimmung angelegt, denn sie beschreibt nicht die topografischen Gegebenheiten, sondern dürfte sich an literarischen Beschreibungen orientieren. Johann Georg Sulzer (1720–1779) und Christoph Meiners schildern eine fragile Brücke vor vertikal aufragenden, furchteinflössend zerklüfteten Felsen in schwindelerregender Höhe über einem schmalen, abgrundtiefen Schlund.[55] Offenbar zielte Gessner auf diese Vorstellung der Teufelsbrücke als Ort, der «nicht brausender, noch fürchterlicher erdacht werden könnte».[56] Mithin dokumentiert die Vedute vielmehr als den Ort selbst dessen Wahrnehmung durch den Künstler.

1 Achtzehn Radierungen sind nicht beschriftet. Zuletzt hat Bernhard von Waldkirch die meisten dieser Blätter Gessner zugewiesen; Bernhard von Waldkirch, «Lebensdaten von Salomon Gessner», in: *Idyllen in gesperrter Landschaft. Zeichnungen und Gouachen von Salomon Gessner (1730–1788)*, hrsg. von Bernhard von Waldkirch/Zürcher Kunstgesellschaft, Ausst.-Kat. Kunsthaus Zürich, 26.2.–16.5.2010, München: Hirmer, 2010, S. 15–19, hier S. 18.

2 Vgl. Max Joseph Husung, «Über die Entwicklung der Monatsbilder in Kalendern», in: *Buch und Bucheinband. Aufsätze und graphische Blätter zum 60. Geburtstage von Hans Loubier*, hrsg. von Max Joseph Husung, Leipzig: K. W. Hiersemann, 1923, S. 13–32, hier S. 30–32.

3 Leo Weisz, «Salomon Gessner als Verlagsbuchhändler», in: *Orell Füssli Almanach*, 1931, S. 11–26, hier S. 23–25; Thomas Bürger, *Aufklärung in Zürich: Die Verlagsbuchhandlung Orell, Gessner, Füssli & Comp. in der zweiten Hälfte des 18. Jahrhunderts. Mit einer Bibliographie der Verlagswerke 1761–1798*, Frankfurt a. M.: Buchhändler-Vereinigung, 1997, S. 209, Nr. 356.

4 [Salomon Gessner/Johann Heinrich Füssli/Leonhard Meister], [Anzeige des *Helvetischen Calenders*], in: *Der Teutsche Merkur* 1779, S. 184–185. Vgl. auch Edgar Bierende et al. (Hrsg.), *Helvetische Merkwürdigkeiten. Wahrnehmung und Darstellung der Schweiz in der Kunst- und Kulturgeschichte seit dem 18. Jahrhundert* (Neue Berner Schriften zur Kunst, 10), Bern: Peter Lang, 2010. – Zum Wortverständnis von «merkwürdig» im 18. Jahrhundert vgl. Johann Christoph Adelung, *Grammatisch-kritisches Wörterbuch der Hochdeutschen Mundart [...]. Dritter Theil*, Leipzig: Breitkopf & Härtel, 1798, Sp. 183: «Würdig, oder werth, gemerket, d. i. im Gedächtnisse behalten zu werden; denkwürdig.»

5 Für die Inhaltsangaben zu den einzelnen Jahrgängen vgl. die Website *Musenalm. Bibliographie deutscher Almanache (1770–1870)*; <http://www.musenalm.de/> Zugriff 21.01.2013. – Die Bayerische Staatsbibliothek hat ihre *Helvetischen Calender* digitalisiert; <https://opacplus.bsb-muenchen.de>, Zugriff 22.01.2013.

6 Christian Cay Lorenz Hirschfeld, *Briefe die Schweiz betreffend*, neue und verm. Ausgabe, Leipzig: Siegfried Lebrecht Crusius, 1776, S. 251.

7 Christian Heinrich Schmid, «Reihe der wissenschaftlichen Almanache der Deutschen», in: *Journal von und für Deutschland*, 8 (1791), S. 749–759, hier S. 750, Nr. 12; ders., «Nachtrag zu der Reihe der wissenschaftlichen Almanache der Deutschen», in: *Journal von und für Deutschland*, 9 (1792), S. 187–190, 449–450 und 1042–1044.

8 Schmid 1791 (wie Anm. 7), S. 757.

9 Basel, Universitätsbibliothek, Handschriftenabteilung, Sign. Falk 1696; Berlin, Staatsbibliothek, Haus Unter den Linden, Sign. 365.

10 Vgl. Christoph Meiners, *Briefe über die Schweiz. Erster Theil*, Frankfurt/Leipzig: s. n., 1785, S. 94–95 und 104; Wilhelm Körte (Hrsg.), *Briefe zwischen Gleim, Wilhelm Heinse und Johann von Müller. Aus Gleims litterarischem Nachlasse*, Bd. 2 (Briefe deutscher Gelehrten, 3), Zürich: Gessner, 1806, S. 583; Heinz Graber (Hrsg.), *Briefkorrespondenzen Karl Viktor von Bonstettens und seines Kreises*, Bd. 5/1: *1784–1786. Bonstettens Publizistik, Müllers «Geschichten schweizerischer Eidgenossenschaft»*, Göttingen: Wallstein, 2005, S. 202–203; Johannes Dierauer (Hrsg.), *Briefwechsel zwischen Johann Rudolf Steinmüller und Hans Konrad Escher von der Lint[h] (1796–1821)*, St. Gallen: Huber, 1889, S. 202, Nr. 137; Johann Georg Zimmermann, *Briefe an einige seiner Freunde in der Schweiz*, hrsg. von Johann Albrecht Rengger, Aarau: Sauerländer, 1830, S. 49.

11 Sophie von La Roche, *Tagebuch einer Reise durch die Schweiz von der Verfasserin von Rosaliens Briefen*, Altenburg: Richtersche Buchhandlung, 1787, S. 104.

12 Graber 2005 (wie Anm. 10), S. 521–522, Anm. 5.

13 Emil Ermatinger (Hrsg.), *Zürich im Spätrokoko. Briefe des Conte di Sant'Alessandro*

von Johann Heinrich Füssli, Frauenfeld: Huber & Co., 1940, S. 17.

[14] Catalogue de voyages pittoresques et recueils de paysages, vues coloriées, noires et brunes, panorama's, collections de costumes, cartes générales et spéciales de la Suisse, Zürich: Orell, Füssli & Comp., [um 1820], S. 5.

[15] Salomon Gessner, Schriften, Bd. 2, Zürich: Heinrich Gessner, 1800, S. 254.

[16] [Heinrich Gessner], «Herabgesetzte Preise von Büchern und Kunstsachen: Gessner'sche Buchhandlung», in: Allgemeine Literatur-Zeitung, Bd. 1, Nr. 85, April 1819, Sp. 688.

[17] Joseph-Marie Quérard, La France littéraire, ou dictionnaire bibliographique des savants, historiens et gens de lettres de la France, ainsi que des littérateurs étrangers qui ont écrit en français, plus particulièrement pendant les XVIIIe et XIXe siècles, 12 Bde., Paris: Firmin Didot Frères, 1827–1864, hier Bd. 3 [1829], S. 338.

[18] Heinrich Wölfflin, Salomon Gessner. Mit ungedruckten Briefen, Frauenfeld: Huber, 1889, S. 134.

[19] John Hibberd, Salomon Gessner. His creative achievement and influence (Anglica Germanica. Series 2), Cambridge: Cambridge University Press, 1976, S. 120.

[20] Christoph Martin Wieland, Ausgewählte Briefe von C. M. Wieland an verschiedene Freunde in den Jahren 1751 bis 1810 geschrieben, und nach der Zeitfolge geordnet, Bd. 4, Zürich: Heinrich Gessner, 1816, S. 75–78, Nr. CCCXXXIII.

[21] Vgl. Pierre Nora (Hrsg.), Les lieux de mémoire, 3 Bde. in 7 Teilbdn., Paris: Gallimard, 1984–1992; Hans-Christoph von Tavel, Nationale Bildthemen (Ars Helvetica, X), Disentis: Desertina, 1992.

[22] Guy P. Marchal, «Die Alten Eidgenossen im Wandel der Zeiten. Das Bild der frühen Eidgenossenschaft im Traditionsbewusstsein und in der Identitätsvorstellung der Schweizer vom 15. bis ins 20. Jahrhundert», in: Innerschweiz und frühe Eidgenossenschaft. Jubiläumsschrift 700 Jahre Eidgenossenschaft, hrsg. vom Historischen Verein der Fünf Orte, 2 Bde., Olten: Walter, 1990, Bd. 2, S. 307–403, hier S. 338–352.

[23] Vgl. Martin Warnke, Politische Landschaft. Zur Kunstgeschichte der Natur, München/Wien: Hanser, 1992, S. 54–55.

[24] Salomon Gessner, «Das hölzerne Bein», in: Denis Diderot/Salomon Gessner, Moralische Erzählungen und Idyllen, Zürich: Orell, Gessner, Füesslin & Comp., 1772, S. 121–130.

[25] Ulrich Im Hof, «Salomon Gessner und die Helvetische Gesellschaft», in: Maler und Dichter der Idylle. Salomon Gessner, 1730–1788, Ausst.-Kat. Wohnmuseum Bärengasse, Zürich, 1.4.–13.7.1980; Herzog-August-Bibliothek, Wolfenbüttel, 19.7.–20.9.1980, S. 62–66, hier S. 63.

[26] Vgl. Ulrich Im Hof/François de Capitani, Die Helvetische Gesellschaft. Spätaufklärung und Vorrevolution in der Schweiz, 2 Bde., Frauenfeld: Huber, 1983, passim.

[27] Gessner/Füssli/Meister 1779 (wie Anm. 4), S. 184.

[28] Vgl. Norberto Gramaccini (Hrsg.), Das Bildgedächtnis der Schweiz. Die helvetischen Altertümer von Johannes Müller und David von Moos (1773–1783), Basel: Schwabe, 2012.

[29] Ebd., S. 134–135, 168–169 und 228–229.

[30] Tobias Pfeifer-Helke, Die Koloristen. Schweizer Landschaftsgraphik von 1766 bis 1848, Berlin/München: Deutscher Kunstverlag, 2011, S. 128.

[31] Philippe-Sirice Bridel, Versuch über die Art und Weise, wie Schweizerjünglinge ihr Vaterland bereisen sollten. Vorgelesen in der Helvetischen Gesellschaft in Arau, Winterthur: Steinerische Buchhandlung, 1796, S. 12.

[32] Katrin Hauer, Der plötzliche Tod. Bergstürze in Salzburg und Plurs kulturhistorisch betrachtet (Kulturwissenschaft, 23), Wien: Lit, 2009, S. 135–139.

[33] Gottlieb Emanuel Haller, Bibliothek der Schweizer-Geschichte, 7 Bde., Bern: Rudolph Albrecht Haller, 1785–1788, Bd. 1, S. 368–371, Nr. 1185–1198; Bd. 3, S. 419–420, Nr. 1282; Bd. 5, S. 254, Nr. 770.

[34] Vgl. Günther Kahl, «Plurs. Zur Geschichte der Darstellungen des Fleckens vor und nach dem Bergsturz von 1618», in: Zeitschrift für schweizerische Archäologie und Kunstgeschichte, 41 (1984), S. 249–281, hier S. 269, Abb. 24 und S. 274, Abb. 31.

35 Pfeifer-Helke 2011 (wie Anm. 30), S. 9 und 128.
36 Robert Felfe, *Naturgeschichte als kunstvolle Synthese. Physikotheologie und Bildpraxis bei Johann Jakob Scheuchzer* Diss. Humboldt-Univ. Berlin, 2000, Berlin: Akademie-Verlag, 2003, S. 86.
37 Vgl. Petra Raymond, *Von der Landschaft im Kopf zur Landschaft aus Sprache. Die Romantisierung der Alpen in Reiseschilderungen und die Literarisierung des Gebirges in der Erzählprosa der Goethezeit* (Studien zur deutschen Literatur, 123), Diss. Univ. Erlangen-Nürnberg, Tübingen: Niemeyer, 1993, S. 135–138.
38 *Johann Miltons episches Gedichte von dem verlohrnen Paradiese*, übers. [...] von Johann Jacob Bodmer, Zürich/Leipzig: Conrad Orell & Comp./Joh. Friedrich Gleditsch, 1742, S. 377.
39 Grundlegend für meine Argumentation ist der Aufsatz von Yvonne Boerlin-Brodbeck, «Angenehme Veränderung. Zu den Phantasielandschaften Emanuel Büchels (1705–1775)», in: *Zeitschrift für schweizerische Archäologie und Kunstgeschichte*, 64 (2007), S. 259–272, hier S. 268–269.
40 Nils Büttner, *Die Erfindung der Landschaft. Kosmographie und Landschaftskunst im Zeitalter Bruegels* (Rekonstruktion der Künste, 1) Diss. Univ. Göttingen, 1998/1999, Göttingen: Vandenhoeck & Ruprecht, 2000, S. 166–172.
41 Oskar Bätschmann, *Entfernung der Natur. Landschaftsmalerei 1750–1920*, Köln: DuMont, 1989, S. 19 und 242–244, Dok. I.
42 Vgl. Bierende et al. (Hrsg.) 2010 (wie Anm. 4).
43 [Berchtold Friedrich Haller], «Zustand der schönen Künste», in: [Johann Georg Heinzmann], *Beschreibung der Stadt und Republik Bern. Nebst vielen nützlichen Nachrichten für Fremde und Einheimische*, 2 Bde., Bern: Typographische Sociëtät, 1794–1796, Bd. 1, S. 201–227, hier S. 201–203 und 222.
44 Pfeifer-Helke 2011 (wie Anm. 30), S. 109–120.
45 Christian Féraud, «Salomon Gessner als Vedutenstecher. Die Landschaften für den *Helvetischen Calender*, 1780–1788», in: Bierende et al. (Hrsg.) 2010 (wie Anm. 4), S. 63–77, hier S. 71–74.
46 Gottlieb Wilhelm Becker, «Von den vorhandenen Schweizerprospekten», in: *Miscellaneen artistischen Inhalts*, Heft 1, 1779, S. 13–29, hier S. 16–17.
47 Bruno Weber, «Das fabelhafte Dorf Schalfick in Bünden», in: *Bündner Jahrbuch*, N. F., 17, 1975, S. 44–54, hier S. 47.
48 Claude-Henri Watelet/Pierre-Charles Lévesque, *Encyclopédie méthodique. Tome 10/1: Beaux-Arts*, Paris: Panckoucke, 1788, S. 620–621.
49 Grundlegend für meine Argumentation ist der Aufsatz von Oskar Bätschmann, «Kunstgenuss statt Bilderkult. Wirkung und Rezeption des Gemäldes nach Leon Battista Alberti», in: *Macht und Ohnmacht der Bilder. Reformatorischer Bildersturm im Kontext der europäischen Geschichte*, hrsg. von Peter Blickle et al., München: Oldenbourg, 2002, S. 359–374, hier S. 371–372.
50 Vgl. Bruno Weber, *Graubünden in alten Ansichten. Landschaftsporträts reisender Künstler vom 16. bis zum frühen 19. Jahrhundert. Mit einem Verzeichnis topographischer Ansichten in der Druckgraphik von den Anfängen bis um 1800* (Schriftenreihe des Rätischen Museums Chur, 29), Chur: Rätisches Museum, 1984, S. 183.
51 Vgl. Oskar Bätschmann, «Das Landschaftswerk von Ferdinand Hodler», in: *Ferdinand Hodler. Landschaften*, Ausst.-Kat. Wight Art Gallery, University of California, Los Angeles, 7.4.–24.5.1987; The Art Institute of Chicago, 27.6.–30.8.1987; National Academy of Design, New York, 17.9.–15.11.1987, hrsg. vom Schweizerischen Institut für Kunstwissenschaft, Zürich: Schweizer Verlagshaus, 1987, S. 24–48, hier S. 41–45.
52 Vgl. die Illustrationen in *Helvetischer Calender für das Jahr 1782*, Zürich: Gessner, [1781], Nr. 4; *Helvetischer Calender fürs Jahr 1786*, Zürich: Gessner, [1785], Nr. 1 und 4.
53 Grundlegend für meine Argumentation ist der Aufsatz von Werner Busch, «Die Wahrheit des Capriccio – die Lüge der Vedute», in: *Das Capriccio als Kunstprinzip. Zur Vorgeschichte der Moderne von Arcimboldo*

und Callot bis Tiepolo und Goya. Malerei, Zeichnung, Graphik, hrsg. von Ekkehard Mai, Ausst.-Kat. Wallraf-Richartz-Museum, Köln, 8.12.1996–16.2.1997; Kunsthaus Zürich, 19.3.–1.6.1997; Kunsthistorisches Museum Wien, 29.6.–21.9.1997, Mailand: Skira, 1996, S. 95–101.

54 John Ruskin, *Modern Painters, Part V: Of Mountain Beauty*, London: Smith, Elder & Co., 1856, S. 23, § 11.

55 Johann Georg Sulzer, *Beobachtungen und Anmerkungen auf einer [...] Reise aus Deutschland nach der Schweiz und Oberitalien [...]*, Bern/Winterthur: s. n., 1780, S. 240–243; Christoph Meiners, *Briefe über die Schweiz. Zweiter Theil*, Berlin: C. Spener, 1785, S. 94–95.

56 Sulzer 1780 (wie Anm. 55), S. 242.

Einen anderen Süden zeichnen: Deutsche Künstler in der Provence um 1800

Frauke V. Josenhans

Die Reise nach Italien gilt seit Jahrhunderten als Topos der deutschen Kunst, dem noch mehr Gewicht verliehen wurde durch die Literatur über das Land. Johann Wolfgang von Goethes *Italienische Reise* hat diesem Mythos ein bleibendes Denkmal gesetzt und verstärkte fortan noch die Assoziation von deutscher Landschaftsmalerei und Italien. Das «[...] Land, wo die Zitronen blühn», galt seit dem 17. Jahrhundert als das unumgängliche Reiseziel für Künstler im Allgemeinen und Landschaftsmaler im Besonderen. So war es auch bis zum Ende des 18. und Anfang des 19. Jahrhunderts die italienische Natur mit ihrer literarischen und bildlichen Konnotation, die die Landschaft in der seit dem 17. Jahrhundert etablierten Hierarchie der Genres sublimierte. Noch 1806 hiess es bei Carl Ludwig Fernow in seinen *Römischen Studien*: «Die italienische Natur vereint in jeder Hinsicht alles, was den poetischen Karakter einer Landschaft begünstigen und erhöhen kan. [...] Himmel und Erde und Meer sind hier schöner; die Formen der leblosen und belebten Natur sind edler und gefälliger; der Pflanzenwuchs üppiger, die Farben lebhafter, die Töne wärmer und harmonischer, Bauart und Tracht geschmakvoller und malerischer, als in anderen, besonders nördlichen, Ländern. Bedeutende Denkmäler der Vorwelt, Trümmer von zerstörten Städten, von Tempeln, Wasserleitungen, Grabmälern schmücken den klassischen Boden, und die Wirklichkeit selbst erscheint hier im höheren Glanze der Dichtung.» Er fügte hinzu: «In anderen Ländern hat die Natur, bei aller Schönheit und Grösse immer nur einen besonderen, einseitigen, gleichsam provinziellen Karakter.»[1] Trotz dieser Fokussierung auf die italienische Natur, die die deutsche Landschaftsmalerei dominierte, begannen um 1800 deutsche Künstler neue Gegenden jenseits von Italien zu erschliessen.

Seit einigen Jahrzehnten interessiert sich die Forschung zunehmend für Paris als Reiseziel deutscher Maler, und tatsächlich hat sich die französische Hauptstadt als ein Zentrum deutscher Malerei herauskristallisiert, das im 19. Jahrhundert Rom Konkurrenz machte.[2] Allerdings bezog man sich dabei hauptsächlich auf die Historienmaler, während deutsche Landschaftsmaler erst im Zusammenhang mit der Schule von Barbizon mit Frankreich assoziiert wurden.[3] Wie wichtig Paris bereits im 18. Jahrhundert für deutsche Landschaftsmaler war und wie es im frühen 19. Jahrhundert an Bedeutung zunahm, wurde hingegen wenig beachtet. Aber wie neue Studien gezeigt haben, zog es deutsche Landschaftsmaler bereits sehr früh nach Paris, wo sie die Privatateliers französischer Maler frequentierten.[4] Gerade der französischen klassizistischen Schule kommt hierbei eine grosse, bislang wenig untersuchte Bedeutung zu. Das Studium in der freien Natur spielte im Unterricht dieser von der Kunstkritik am Ende des 19. und zu Anfang des 20. Jahrhunderts meist gering geschätzten oder kaum noch beachteten französischen Maler wie Pierre-Henri de Valenciennes (1750–1819) und Jean-Victor Bertin (1767–1842) eine entscheidende Rolle. Ausser Paris wurden allerdings auch andere Gegenden in Frankreich von deutschen Landschaftsmalern bereist. Die Provence, die bislang nie wirklich mit deutschen Malern assoziiert wurde, verdeutlicht anschaulich die Evolution der Landschaftswahrnehmung, vom Zeitalter der Aufklärung bis hin zur industriellen Revolution. Dieser Beitrag widmet sich der Untersuchung der Provence als Reiseziel deutscher Landschaftsmaler und legt dar, wie der Blick auf die Provence sich um 1800 wandelt, im Rahmen einer neuen Wahrnehmung der Natur, die sich im 19. Jahrhundert entfaltet.[5]

Die visuelle Entdeckung der Provence begann im 18. Jahrhundert mit französischen Malern, die aus der Region stammten, wie Claude-Joseph Vernet (1714–1789), Pierre-Henri de Valenciennes oder Jean-Joseph-Xavier Bidauld (1758–1846). Aber es kamen auch Künstler in die Provence, die dort nach antiken Motiven und «curiosités» suchten; zu diesen zählte Hubert Robert (1733–1808), der 1786 den Auftrag erhielt, die *Principaux monuments de la France* in einer Gemäldereihe darzustellen, die für das Schloss von Fontainebleau bestimmt war.[6] Zu dieser Reihe gehört das Gemälde *L'arc de triomphe et le théâtre d'Orange* (1787, Musée du Louvre, Paris), welches im Salon von 1787 gezeigt wurde.[7] Es vereint in einer gänzlich erfundenen Komposition die berühmtesten römischen Monumente Südfrankreichs wie das Mausoleum und den Triumphbogen von Saint-Rémy-de-Provence sowie den Triumphbogen und das Amphitheater von Orange im Hintergrund. Die antiken Monumente der Provence und die südfranzösische Küste wurden in der Tat immer mehr zu beliebten Bildmotiven. Dennoch galt das meridionale Frankreich ausländischen Künstlern oder Touristen auf der Grand Tour meist nur als eine Etappe auf dem Weg nach Italien und die Provence blieb weiterhin eine Durchgangsregion, bevor man sich nach Italien einschiffen konnte. Allerdings konnte dieser Reiseabschnitt auch eine tiefere Wirkung auf Maler haben, wie es das Beispiel des deutschen Malers Jakob Philipp Hackert (1737–1807) zeigt.

Über die Provence nach Italien: Jakob Philipp Hackert

Hackert reiste im Jahre 1765 nach Paris, wo er zunächst den dort ansässigen deutschen Kupferstecher Johann Georg Wille (1715–1808) aufsuchte, der dort als Künstler, Händler und Lehrer aktiv war. Während seiner Zeit in Paris, ermutigt durch Wille, widmete sich Hackert dem Studium nach der Natur und unternahm mehrere Zeichnungsexkursionen in die Île-de-France und in die Normandie.[8] Hackert baute sich in Paris einen Kundenkreis auf, der bald immer grösser wurde und zu dem unter anderen der Sammler Pierre-Jean Mariette (1694–1774) zählte sowie der Maler François Boucher (1703–1770).[9] Während seiner Zeit in Paris muss Hackert auch Darstellungen der Provence gesehen haben. So traf er Künstler, die selbst aus dem Süden Frankreichs stammten, wie den Marinemaler Claude-Joseph Vernet, der aus Avignon gebürtig war. Vernet hatte 1753 den Auftrag erhalten, die Seehäfen Frankreichs zu malen, um die Grösse der französischen Flotte darzustellen und so Frankreichs Rolle als Seemacht hervorzuheben. Unter den dargestellten Hafenanlagen waren die Häfen von Marseille, Toulon und Antibes und die gesamte Gemäldereihe war in den Jahren 1755 und 1757, noch vor Hackerts Parisaufenthalt, im Salon ausgestellt.[10] Allerdings wurden die Werke bereits sehr früh von Charles-Nicolas Cochin (1715–1790) und Jacques-Philippe Le Bas (1707–1783) gestochen. Diese Kupferstiche zirkulierten im In- und Ausland und fanden Aufnahme in die Salons von 1765 und 1767. Auch waren vor und während der Zeit von Hackerts Parisaufenthalt andere Abbildungen der Provence im Umlauf, u. a. von Jacques-Ignace Parrocel (1667–1722), der einen berühmten Stich des Ortes Fontaine-de-Vaucluse geschaffen hatte. Ein Abkömmling der bedeutenden Malerdynastie der Parrocel aus der Provence,[11] stach der Künstler im Jahr 1689 eine *Ansicht der Fontaine von Vaucluse*,[12] die eine weite Verbreitung fand und als sein bekanntestes Werk galt.[13] Hackert hatte so während seiner Zeit in Paris zahlreiche Gelegenheit, Darstellungen der Provence zu sehen. Im August 1768 reiste er mit seinem Bruder Johann Gottlieb (1744–1773), der zwischenzeitlich zu ihm gestossen war, aus Paris ab, da, wie Goethe in seiner *Biographischen Skizze* über den Maler von 1811 schrieb, «nun auch in beyden Brüdern der Wunsch lebhaft geworden [war], ihre Studien der schönen Natur in Italiens reizenden Gegenden fortzusetzen und sich in Roms lehrreichem Aufenthalte völlig auszubilden.»[14] Goethe beschrieb die Reiseroute, welche die beiden Deutschen nahmen: «Unsere Reisenden zogen nunmehr über Lion durch Dauphiné, einen Theil von Languedoc, um zu Nismes und Arles die Ueberbleibsel des Alterthums zu beschauen, über Marseille, Toulon, Antibes, nach Genua, wo sie eine Menge neuer Studien sammelten; dann gelangten sie über Livorno, Pisa und Florenz im December 1778 [sic] glücklich und gesund nach Rom [eigtl. 1768].»[15] Wie aus Goethes Beschreibung hervorgeht, nahmen die Brüder den üblichen Weg, welcher über Lyon und Valence in den Süden führte. Doch machte Hackert auf seinem Weg nach Italien eine Abweichung von der direkten Reiseroute nach Antibes und reiste mit seinem Bruder nach Nîmes, um dort die Überreste römischer Altertümer zu zeichnen, u. a. den Tempel der Diana und die Tour Magne.[16] In einem Brief, den er am 7. Januar 1769 aus Rom an Johann Georg Wille in Paris schickte, berichtete Hackert von seiner Reise durch die Provence. Er schrieb: «In Frankreich haben wir noch eine ziemliche Anzahl theils halbfertiger Zeichnungen, theils nur umrisse und entwürfe nach der Natur gemacht um uns die Schönen Gegenstände zu erinnern [...]. Einen besonders schönen Orthe haben wir in Vaucluse angetroffen [...]. Aus dieser bekannten Fontaine entspringt die Sorgne [sic], die sogleich unten am Felsen einen schiffbaren Fluss formiert. Diese Gegend ist sowohl fürs Sonderbare als fürs malerische wunderschön, und ist für einen Landschafts Mahler geschaffen, wir haben i[h]n fast mit thränenden Augen verlassen, weil wir nicht länger da Bleiben konnten [...]. In Orange, Nimes, Arles, St. Remis haben wir die ersten Überbleibsel der römischen Alterthümer gezeichnet, in Marseille Toulon Antibes Genua haben wir die Merkwürdigkeiten besehen und etwas See-Häffen gezeichnet [...]».[17] Wie man aus dem Brief erfährt, sieht Hackert in der Provence zum ersten Mal mit eigenen Augen römische Ruinen, die er eifrig zeichnete. Er überträgt seine in Paris entstandenen Kompositionsmuster, pittoreske Landschaftsansichten in einem engen Bildausschnitt organisiert und eingerahmt durch elegante Repoussoirmotive, auf die Provence und schliesst neue Motive, wie Überreste der römischen Antike, in diese ein. Genauso übte er sich an der Darstellung der südlichen Natur (Abb. 1) und des Mittelmeeres. Hackert erstellte hauptsächlich Zeichnungen in der Provence, aber er malte zumindest ein Gemälde nach einem Motiv, das ihn besonders faszinierte. Das Tal von Vaucluse, mit dem Ort Fontaine-de-Vaucluse, wo die Quelle der Sorgue entspringt, ist seit dem 14. Jahrhundert eng mit dem Andenken an den italienischen Dichter Petrarca verbunden, der dort im späten Mittelalter eine Zeitlang gelebt hatte. Im 18. Jahrhundert gab es eine Art Revival der Petrarca-Literatur, u. a. angeregt durch Voltaire (1694–1778) und Jean-Jacques Rousseau (1712–1778). Die bildende Kunst stand diesem Petrarca-Kult in nichts nach und zahlreiche, vor allem französische, aber auch ausländische Maler malten Ansichten des Tales.[18] Hackert begab sich ebenfalls an diesen bekannten Ort und stellte ihn mehrmals dar, da er «fürs Sonderbare als fürs malerische wunderschön, und [...] für einen Landschafts Mahler geschaffen» sei, wie er in dem Brief an Wille schrieb. Neben einer heute zerstörten Zeichnung ist noch ein Gemälde teilweise erhalten.[19] Ebenso existiert ein Kupferstich, der von dem französischen Künstler Jérôme Paris (1744–1810)[20] nach einer unbekannten Komposition von Hackert ausgeführt wurde (Abb. 2). Man sieht in diesen Werken, wie genau Hackert die Topografie des Ortes studiert hatte und diese in seiner Komposition wiedergibt, die Lage des Tals und die Quelle der Sorgue, aus der der Fluss entspringt. Allerdings sind die topografischen Details dem Gesamtschema untergeordnet und die Landschaft wird zur idyllischen Bildungslandschaft durch die Fokussierung auf das Kontemplative, verstärkt noch durch die Staffagefiguren.

Abb. 1   Jakob Philipp Hackert, *Landschaft bei Antibes*, 1768, Feder und Pinsel in Schwarz und Grau, 13,5 × 20 cm, Klassik Stiftung Weimar, Graphische Sammlungen

Abb. 2   Jérôme Paris
nach Jakob Philipp Hackert,
La Fontaine de Vaucluse,
Kupferstich, 19 × 25 cm,
Musée Pétrarque, Fontaine-
de-Vaucluse, Inv.-Nr. 68

Aus den Werken und dem Brief Hackerts geht hervor, wie eng die Wahrnehmung der Provence noch mit der Italiens verknüpft war und dass ihre eigenständige Identität von ihm noch nicht erkannt wurde. Die Provence bezog ihren Reiz aus den landschaftlichen Szenerien und architektonischen «Kuriositäten», aber vor allem waren es sowohl die Spuren der römischen Antike, die von Künstlern gesucht wurden, als auch die literarische Vergangenheit der Gegend. Aber die Provence stellt für Hackert das erste «physische» Zusammentreffen mit der römischen Antike und der südlichen Natur dar, ein Faktum, das bislang wenig Beachtung fand. Desgleichen wurde der kulturelle und künstlerische Kontext, in dem Hackert sich in Paris weiterentwickelte, ebenso wenig untersucht wie die Schlüsselrolle, die Paris als wichtige Vorbereitungsphase für seine Reise in den Süden Frankreichs und nach Italien zukam. Während Hackert den Rest seiner Karriere in Italien zubrachte, entwickelte sich in Paris in den folgenden Jahrzehnten eine neue Landschaftsauffassung, die einen weitreichenden Einfluss haben sollte.

Eine neue Schule der Landschaft: Das Atelier von Pierre-Henri de Valenciennes

Frankreich wurde unter dem Empire immer mehr zu einer Kunstgrossmacht. Einmal waren es die aus Europa zusammengetragenen Kunstschätze, die dort im Musée Napoléon Maler zum Kopieren einluden, aber es war auch die zeitgenössische französische Schule, die Scharen von deutschen Malern nach Paris zog. Allen voran stand die Schule von Jacques-Louis

David, dessen Atelier zahlreiche deutsche Maler zählte.[21] Aber genauso war es die klassizistische Landschaftsschule, initiiert von Valenciennes, die das Interesse deutscher Maler weckte.

Der aus Toulouse stammende französische Landschaftsmaler Pierre-Henri de Valenciennes war einer der Wegbereiter einer neuen Schule der Landschaftsmalerei, die sich um 1800 herausbildete und deren Auswirkungen fast durch das gesamte 19. Jahrhundert zu spüren waren. Die Basis von Valenciennes Landschaftskunst war das Studium nach der Natur. Er riet seinen Schülern stets, zu jeder Tages- und Jahreszeit im Freien zu arbeiten und rasche Skizzen zu fertigen, um so die flüchtigen meteorologischen Bedingungen festzuhalten.[22] Die so erstellten Skizzen dienten dann im Atelier in der Komposition der Landschaften. Valenciennes behielt seine über die Jahre gezeichneten und gemalten Skizzen in seinem Atelier, benutzte sie immer wieder für seine Landschaften und gab sie auch seinen Schülern zum Kopieren. Denen empfahl er, sich selbst an gewöhnlichen Gegenständen zu üben. So schrieb er an seine Schülerin Anne Leclerc, die sich aus Gesundheitsgründen auf das Land zurückgezogen hatte, weiterhin das Studium nach der Natur zu praktizieren und Pflanzen und selbst so gewöhnliche Gegenstände wie eine Mauer oder Ackergeräte zu zeichnen.[23] Valenciennes Einfluss ging über die Grenzen Frankreichs hinaus. Sein für das Genre so wichtige Traktat von 1800, *Elémens de perspective pratique, à l'usage des artistes*, wurde bereits 1803 ins Deutsche übersetzt.[24] Aber seine Lehre wurde auch durch seinen Unterricht an der Ecole des beaux-arts sowie der Ecole polytechnique verbreitet und von seinen eigenen Schülern wie Jean-Victor Bertin, die selbst wichtigen Ateliers vorstanden. Wie bedeutsam diese neue französische Landschaftsschule für deutsche Maler wurde, zeigt sich durch die Schüler, welche das Atelier von Valenciennes selbst und, nach dessen Tod im Jahre 1819, das von Bertin besuchten. Valenciennes zählte mindestens einen deutschen Maler zu seinen Schülern: Der aus Krefeld stammende Peter Feldmann (1790–1871) trat 1819 in das Atelier von Valenciennes ein und wechselte nach dessen Ableben zu Bertin.[25] Jean-Victor Bertin, der die Lehrmethode seines Lehrers weiterführte, zählte in den kommenden Jahren immer mehr deutsche Maler zu seinen Schülern, u. a. den Dresdener Landschaftsmaler Johann Carl Baehr (1801–1869) und den Berliner Architekturmaler Eduard Gaertner (1801–1877).[26]

Ein anderer wichtiger Punkt in Valenciennes Lehre war das Interesse für die regionale Landschaft. Valenciennes riet in seiner Schrift *Elémens de perspective pratique* dem angehenden Landschaftsmaler ausdrücklich, die verschiedenen Regionen Frankreichs aufzusuchen und dort nach der vielfältigen Vegetation zu zeichnen.[27] Auch der Süden Frankreichs fand in Valenciennes' Traktat Erwähnung und er empfahl dem angehenden Landschaftsmaler eindringlich, dort die Antike und die Natur zu studieren. Er schrieb: «Besonders muss er sich an das mittägliche Frankreich halten. Von Nizza und den Ufern des Varflusses her findet er sehr schöne Berge zu zeichnen. Die Küsten des mittelländischen Meeres, [...] ein Theil der Thäler, zwischen Aix und Marseille, die ganze Provence an den Ufern der Durance, haben die mahlerischten Gegenden, die desto schätzbarer sind, da sie den Italienischen nahe kommen. – Man vergesse auch nicht die Quelle von Vaucluse [...], die durch Laurens und Petrarcha's Liebe so berühmt, und durch die Verse dieses Dichters unsterblich geworden ist. [...]. Diese Gegend enthält auch einige merkwürdige Antiquitäten, als die Ehrenpforte zu Orange und zu St. Remi, den Pont du Gard, das viereckige Haus zu Nismes, welches unter allen bekannten alten Denkmahlen sich am besten erhalten hat, das Amphitheater und den Dianentempel [...].»[28] Aus diesen Zeilen geht hervor, dass das Interesse für die lokale Landschaft, hier die Provence und das Languedoc, immer noch durch den malerischen Charakter, die Antike und den Hinweis auf die literarische Vergangenheit gerechtfertigt wurde, aber auch, dass neue Regionen im eigenen Land das Interesse der Maler auf sich zogen. Auch ausländische Maler begannen um 1800 sich immer mehr für andere Teile Frankreichs zu interessieren, wie es sich am Beispiel von Johann Georg von Dillis (1759–1841) zeigt.

Le *Voyage pittoresque* von Johann Georg von Dillis

Der Münchner Landschaftsmaler und Kunstbeauftragte der bayerischen Krone, Johann Georg von Dillis, begleitete im Jahre 1806 den bayerischen Kronprinzen Ludwig auf seiner Reise durch Südfrankreich.[29] Infolge dieser Reise entstand die *Voyage pittoresque dans le Midi de la France* mit zahlreichen Zeichnungen und Aquarellen der verschiedenen Stationen.[30] Im Gegensatz zu Hackert hatte die Reise von Dillis die Provence als Ziel, sie war nicht nur eine Etappe auf dem Weg nach Italien. Der Maler und der Kronprinz hatten einige Monate in Paris verbracht und die Museen besichtigt. Dillis besuchte während dieser Zeit auch die französischen Landschaftsmaler, unter anderen Jean-Victor Bertin. Tatsächlich hatte Dillis Bertins Bekanntschaft im Jahr zuvor in Rom gemacht und aus seinen

Abb. 3 Johann Georg von Dillis, *Voyage pittoresque dans le Midi de la France: Saint-Rémy-de-Provence*, 1806, Pinsel in Braun über Bleistift, Masse unbekannt, Staatliche Graphische Sammlung, München, Inv.-Nr. 21573

Aufzeichnungen geht hervor, dass er Bertin einen Besuch in seinem Atelier abstattete, einige Tage nach seiner Ankunft.[31] Anfänglich war nur ein Aufenthalt in Paris geplant, aber der Kronprinz beschloss, von dort weiter gen Süden zu reisen. So schrieb Dillis aus Paris im Juli in einem Brief an seinen Bruder Ignaz in München: «[...] ich war einige Tage auf dem Landgut von meinem Freund Rigal, und verfertigte einige Skitzen nach der Natur, um wieder einige Fertigkeit darin zu unterhalten. Eine Art von voyage pittoresque ist meine künftige Bestimmung, in einem Lande wo die Natur sehr reich an mahlerischen Gegenständen ist, wird es vielen Spass und Unterhaltung für mich und meine Reisegesellschaft geben.»[32]

Dillis und der Prinz samt Reisegefolge verliessen die französische Hauptstadt im August 1806 und folgten der üblichen Route durch Burgund und das Rhonetal. Die Reisenden durchquerten zunächst die Schweiz über den Simplon-Pass und die im Jahre zuvor fertiggestellte Strasse, um sich nach Mailand zu begeben und dort die Schwester des Prinzen, Auguste Amalia, die Frau von Eugène de Beauharnais, Vizekönig von Italien, zu besuchen. Die Gruppe reiste dann durch das Piemont und Savoyen zurück nach Frankreich und traf im Oktober in der Provence ein, wo sie zunächst in Marseille Rast machte. Dillis und der Prinz blieben bis Dezember in der Provence und zogen anschliessend weiter nach Spanien, mit dem Ziel, in Barcelona Station zu machen. Allerdings musste die Gruppe in Figueras, kurz hinter der spanischen Grenze, umkehren, da der Prinz aus militärischen Gründen nach Deutschland zurückgerufen wurde. Dillis zeichnete während der Reise die schönsten Gegenden und die berühmtesten Monumente Südfrankreichs, im Hinblick auf den Sammelband, mit dem Ludwig ihn beauftragt hatte. Die Wahl der dargestellten Monumente war massgeblich bestimmt von dem Interesse des Prinzen für die römische Antike. Tatsächlich sind einige der von Dillis gezeichneten Blätter geradezu «Portraits» von den Zeugnissen des Altertums in der Provence, wie der Triumphbogen von Orange oder die Monumente in Saint-Rémy-de-Provence, das Mausoleum von Glanum und der dortige Triumphbogen. Dillis gibt in seinen Zeichnungen detailliert die architektonische Struktur der Denkmäler wieder und stellt die Kriegsszenen der Reliefs des Mausoleums minuziös dar (Abb. 3). Der Maler beschrieb den Reichtum an antiken Ruinen in der Provence in einem Brief an seinen Bruder: «Ich bin ohngeachtet der weiten Entfernung sehr oft unter euch, wenn ich so ganz alleine meiner Nebenausflüge, und meiner Jagd auf die römischen Alterthümer mache, die sich haüfig und vorzüglich erhalten in der Provence befinden. Die Natur ist hier so schön und interessant als in irgendeinem Theile Italiens. Der römische Tempel in Nismes, genannt Maison Carée ist so gut erhalten, als irgend ein Denkmal in Italien. Ich habe davon, und dem Amphitheater ausgeführte Zeichnungen in kurzer Zeit gemacht, so dass die Leute auf der Strasse mich wie ein Wunderthier begaffen. [...] Vortreflich ist der römische Triumphbogen zu Orange, den ich in einem halben Tag verfertigte. Die antike Wasserleitung zu Gard, genannt Pont du Gard ist ein römisches Meisterstück. Zu Nismes fand ich den Hauptschaz von Alterthümern. Von dort aus ging die Reise nach Tarascon und St. Remis, wo ich ein römisches Grabmal, und einen Triumphbogen zeichnete [...].»[33] Neben den Spuren der Antike war es die literarische Vergangenheit der Provence, die die Reisenden suchten. Petrarca war auch für Dillis immer noch eng mit Vaucluse verbunden, und so schrieb er an seinen Bruder: «In Avignon, an dem Brunnen zu Vauclus erfreute sich mein Herz: ich ehrte das Andenken des Petrarch durch viele Skitzen.»[34] Dillis stellte in mehreren Zeichnungen diesen berühmten Ort dar (Abb. 4),

Abb. 4   Johann Georg von Dillis, *Voyage pittoresque dans le Midi de la France: Vaucluse*, 1806, Pinsel in Grau über Bleistift, Masse unbekannt, Staatliche Graphische Sammlung, München, Inv.-Nr. 21561

und auf einem der Blätter hielt er die Praxis des kulturellen Reisens fest, mit Staffagefiguren, die die Quelle der Sorgue bewundern. Wie aus dem Brief von Dillis hervorgeht, diente die Literatur und Poesie immer noch als Vermittlerin, um sich der südlichen Natur anzunähern. Aber auch die bildliche Tradition des 18. Jahrhunderts stellt eine Referenz für die deutschen Künstler dar. So erweckten die Mittelmeerküste Frankreichs und die Hafenstädte die Assoziation mit Claude-Joseph Vernet. Dillis schrieb von Marseille aus an seinen Bruder folgende Zeilen: «Ich habe in Niza viele Zeichnungen gemacht, und wenn wir noch lang so an der Küste herumziehen, so werde ich noch vollends ein Seemaler: [...] Meine Eitelkeit geht sogar dahin den Ruf eines Vernet zu erreichen.»[35]

Von dem Interesse des Kronprinzen für die römische Antike bestimmt, finden sich fast alle berühmten Monumente Südfrankreichs im Sammelband vereint. Doch die Sensibilität Dillis' für die Landschaft zeigt sich ebenfalls in den Blättern, die er vor Ort begann und nach seiner Rückkehr in München beendete. Trotz des offiziellen Charakters des Auftrags – die Zeichnungen sollten die Reise dokumentieren und die Sehenswürdigkeiten, vor allem die Relikte der römischen Antike genau darstellen – stellte Dillis immer wieder anonyme Landschaften dar, ohne literarische oder historische Konnotation, und konzentrierte sich auf die Wiedergabe der provenzalischen Natur. Subtil gab er durch die Lavier- und Aquarelltechnik die starken Kontraste von Licht und Schatten in der südlichen Landschaft wieder. Die Reise war offenkundig hauptsächlich an den Auftrag des Kronprinzen gebunden, aber sie ermöglichte Dillis auch, seine Tätigkeit als Landschaftsmaler auszuüben, für die er, bedingt durch seine beruflichen Pflichten als Kunstbeauftragter der bayerischen Krone, kaum Zeit fand. So schreibt Dillis an seinen Bruder aus Nizza: «Auch hier bin ich glücklich angekommen in der schönsten Gegend des mittäglichen Frankreichs. Bey dem schönen Wetter, bey der ausserordentlich reinen Luft ist meine Geist unaufhörlich beschäftiget. Ich finde hier reichen Stoff zum Zeichnen, und mein Portefeuille zu bereichern. [...] Ich lebe in meinem Element in der schönsten Gegend, umgeben von Orangenduft in einer paradisischen Gegend.»[36] Diese Feststellung findet sich auch in seiner Korrespondenz mit dem Kronprinzen, und er schreibt nach seiner Rückkehr nach München Ende Januar 1807: «[...] ich lebe jetzt im völligen Genusse der Rückerinnerung aller jener seeligen Augenblicke, welche im Schoosse der Natur und Kunst – und des allergnädigsten Wohlwollens mir diese Reise zur wichtigsten meines Lebens machten. Jede Freude, jeder schöne Gegenstand schwebt ietzt wieder lebhaft vor meinen Augen, ich fühle mich unaussprechlich glücklich bey der Ausarbeitung der gemachten Entwürfe, die mir den wiederhollten Genuss der für mein Kunstfach so wichtigen Gegenstände verschafften.»[37]

Ein junger Maler in Südfrankreich: Ludwig Richter

In den Jahren 1820–1821 bereiste ein weiterer deutscher Landschaftsmaler den Süden Frankreichs, ebenfalls in Begleitung eines Adligen und mit dem Auftrag, die Reise bildlich zu dokumentieren. Ludwig Richter (1803–1884), Patensohn von Adrian Zingg (1734–1816) und Schüler der Dresdener Akademie der Künste, wurde als Siebzehnjähriger von dem russischen Fürsten Naryschkin ausgewählt, um ihn auf seiner Reise durch Südfrankreich zu begleiten und die schönsten Ansichten zu zeichnen. Der Fürst wollte ein Album der Reise, um es der Mutter des Kaisers von Russland zum Geschenk zu machen.[38] Richter wurde also ein Reisepass ausgestellt für die Tour, die nach Frankreich führte und ursprünglich auch die Schweiz und Italien einschliessen sollte.[39] Für den jungen Künstler war dies der erste Kontakt mit dem Süden. Der Weg führte über Strassburg und Lyon nach Südfrankreich.

Richter hatte im Atelier seines Vaters in Dresden nach Radierungen des französischen Künstler Jean-Jacques de Boissieu (1736–1810) gearbeitet, der aus Lyon stammte und auch eine kurze Zeit im Atelier von Wille in Paris tätig war. Diese radierten Blätter sowie Gemälde, die er in Dresden sehen konnte, hatten die Vision Richters geformt und so bezog er sich in seinen eigenen Darstellungen Frankreichs zunächst auf diese bekannten Ansichten. Er war geprägt durch dieses visuelle und literarische «Gepäck» und nahm folglich den Süden zunächst durch die «Brille» der Antike und der alten Meister wahr. Dies kommt auch in seinen *Lebenserinnerungen* zutage, wie es die Passage aus seiner Autobiografie, welche die Ankunft in Marseille beschreibt, verdeutlicht: «Der stattliche Wagenzug fuhr langsam eine Höhe hinauf, und mir schlug das Herz erwartungsvoll, denn hier mussten wir Marseille, aber vor allem das Meer erblicken. Schon erhoben sich duftige Berge; immer mehr und wieder neue stiegen langsam empor, und nun auf einmal lag das Meer vor mir! Ich war ganz Auge, völlig hingerissen von der Grösse und Schönheit dieses Anblicks. Eine Unzahl weisser Segel glänzten wie ausgestreute Blütenflocken aus diesem wundervollen Blau; es waren Fischerboote oder auch grössere Schiffe, welche den Hafen des alten Massilia verlassen hatten […].»[40] Es war denn auch die Küste, die der junge Künstler in mehreren Reiseskizzen festhielt, u. a. in Ansichten des Mittelmeers bei Marseille und Toulon. Doch der Blick löste sich langsam von den tradierten Landschaften, bedingt auch durch die materiellen Bedingungen der Reise. Da der Fürst einige Zeit in Nizza verbrachte und Richter sozusagen sich selbst überliess, zeichnete dieser das Hinterland und die Umgebung von Nizza, beides bislang wenig von Künstlern dargestellt (Abb. 5).

Trotz des jugendlichen Enthusiasmus und der zeichnerischen Arbeit war das Urteil Richters zwiespältig: die Arbeit für Naryschkin war für ihn ein Hindernis in seiner künstlerischen Entwicklung, wie er in seinem Tagebuch schrieb: «Ich muss jetzt die schönen Modelle und Originale, die herrlichen Kupferwerke und Handzeichnungen, Gemälde und Gipsabgüsse, welche ich zu Hause immer in mein Stübchen tragen und vor mir haben konnte, ganz entbehren. Aus meinem eifrigsten, feurigsten Kunststudium bin ich durch diese Reise herausgerissen worden, und ich halte es für gewiss, dass ich, hätt' ich sie nicht mitgemacht, sondern so emsig fortstudiert, wie ich angefangen hatte, in dieser Zeit im Praktischen weiter gekommen sein würde, obgleich nicht zu leugnen ist, dass von anderer Seite die Reise wieder von erstaunlichen Nutzen sein kann.»[41] Während Richter die süd-

Abb. 5 Ludwig Richter, *Gegend bei Nizza*, 1821, Bleistift und Sepia, laviert, 18,7 × 24,7 cm, Staatliche Kunstsammlungen Dresden, Kupferstich-Kabinett, Inv.-Nr. 1908-954

liche Natur durchaus wahrnahm, musste er sich in ihrer Darstellung den Wünschen seines Auftraggebers beugen. So beklagte Richter oft auch die Eile der Reise, die ihn hinderte, an Orten zu verweilen und ausgiebig zu zeichnen: «Nun bin ich in dem schönen Lande der Kunst, und ich wünsche mich tausendmal zurück in mein Vaterland. Ich muss frei sein als Künstler, und das bin ich nicht; mit Trauer nur und mit Schmerzen sehe ich die schönen Gegenden an. Ich sehe mich in der Kunst so schrecklich aufgehalten, ich möchte immer weiter, immer meinem Ziel näher, und sehe mich eher rückwärts kommen.»[42] Einige Jahrzehnte später, bei der Redaktion seiner *Lebenserinnerungen*, situierte Richter dennoch seine Entscheidung, sich der idyllischen Richtung der Landschaftsmalerei zu widmen und nicht dem Beispiel des norwegischen Malers Johan Christian Dahl zu folgen,[43] der mit seinen Gemälden grossen Erfolg auf den Dresdener Akademie-Ausstellungen hatte, in den Zeitraum seiner Südfrankreichreise.

Die Beispiele von Dillis und Richter zeigen, wie schwer es für Künstler war, einem offiziellen Auftrag zu folgen und gleichzeitig ihre künstlerische Freiheit in der Darstellung der Provence beizubehalten. Beide Künstler wurden beauftragt, die Reise für ihre adligen Auftraggeber zu dokumentieren; sie hielten die bekanntesten Stätten in der Provence zeichnerisch fest, die römischen Altertümer sowie die malerische Côte d'Azur. Ihr künstlerischer Blick ist grösstenteils durch den offiziellen Auftrag und die Präferenzen des adligen Bildungsreisenden formatiert. Dennoch zeigt sich in vielen Zeichnungen ein authentisches Interesse für die Provence und ihre Natur, und besonders bei Dillis offenbart sich ein geradezu anthropologisches Interesse für Land und Leute. Während im 18. Jahrhundert die Provence als eine Etappe auf dem Weg nach Italien wahrgenommen wurde, wie es sich in Hackerts Werken zeigt, deutet sich um 1800 ein Wandel an. In den Werken der jüngeren Generation bildete sich so eine Konfrontation des Südens von Frankreich mit dem klassischen Italienbild heraus. Dem Topos von Italien, geformt durch klassische Autoren und die bildliche Tradition, stand mit der Provence – die, anders als Italien, keine lange Darstellungstradition hatte – ein eher unbelastetes Terrain gegenüber. Während es die historische und literarische Vergangenheit der Provence war, die bis zum Anfang des 19. Jahrhunderts den Hauptanziehungspunkt der Region für Künstler darstellte, verlagerte sich im Laufe des neuen Jahrhunderts der Fokus immer mehr von der Idee und der Erinnerung zur Realität des Gesehenen. Es wird deutlich, wie sich der künstlerische Blick weiterentwickelt – von der Antike richtet er sich auf eine fast anonyme Natur. Auch deren Wahrnehmung änderte sich, und die tatsächliche Natur der Provence bekommt immer mehr Gewicht, die trockene Erde, das so charakteristische provenzalische Licht, reflektiert von den kargen Felsen, und das Wechselspiel von Bergen und Meer. Am Beispiel der Provence lässt sich der Wandel in der Landschaftswahrnehmung anschaulich nachvollziehen. Genauso lässt sich festhalten, dass dieses Interesse für die Provence durch die Entstehung einer neuen Schule der Landschaftsmalerei, wie sie u. a. durch Valenciennes verbreitet wurde, favorisiert wurde und dass die Kontakte zwischen deutschen und französischen Landschaftsmalern hierbei eine grosse Rolle spielten, die es noch näher zu untersuchen gilt.

1 Carl Ludwig Fernow, *Römische Studien*, 3 Bde., Zürich: Gessner, 1806–1808, Bd. 2, S. 47–48.
2 France Nerlich/Bénédicte Savoy (Hrsg.), *Pariser Lehrjahre. Ein Lexikon zur Ausbildung deutscher Maler in der französischen Hauptstadt*, 2 Bde., Berlin: de Gruyter, 2013–2015.
3 *La forêt de Fontainebleau, un atelier grandeur nature*, hrsg. von Chantal Georgel et al., Ausst.-Kat. Musée d'Orsay, Paris, 6.3.–13.5. 2007, S. 121.
4 Siehe u. a. «Jean-Victor Bertin», in: Nerlich/Savoy (Hrsg.) 2013–2015 (wie Anm. 2), Bd. 1, S. 340; Frauke Josenhans, «La nature conçue depuis l'atelier: la formation dans les ateliers de peintres de paysage à Paris au début du XIXe siècle», in: France Nerlich/Alain Bonnet (Hrsg.), *Apprendre à peindre! Les ateliers privés à Paris 1780–1863*, Internationales Kolloquium, Université François-Rabelais, Tours, 16.–17.06.2011, Tours: Presses universitaires François-Rabelais, 2013, S. 163–175.
5 Siehe zu den Reisen deutscher Künstler durch die Provence im Zeitraum von 1768–1867 und der Wandlung des Landschaftsbildes ausführlich: Frauke V. Josenhans, *Avant le Sud, la Provence vue par les peintres allemands (1768–1867)*, unveröffentlichte Dissertation, Aix-Marseille Université, 2015.
6 Paula Rea Radisich, «Dining Amid the Ruins: Hubert Robert's ‹Les Monuments de la France›», in: Dies., *Hubert Robert: Painted Spaces of the Enlightenment*, Cambridge: Cambridge University Press, 1998, S. 97–116.
7 *Dictionnaire des artistes exposant dans les salons des XVII et XVIIIème siècles à Paris et en province, 1673–1800*, hrsg. von Pierre Sanchez, 3 Bde., Dijon: L'Echelle de Jacob, 2004, Bd. 3, S. 1466, Nr. 48: *L'arc de Triomphe & l'Amphithéâtre de la Ville d'Orange ; on voit, sur le second plan, le monument & le petit Arc de Saint-Rémy*.
8 Hein-Thomas Schulze Altcappenberg, «‹Le maître inconnu›. Jakob Philipp Hackert in Frankreich (1765–1768)», in: *Jakob Philipp Hackert. Europas Landschaftsmaler der Goethezeit*, hrsg. von Hubertus Gassner und Ernst-Gerhard Güse, Ausst.-Kat. Klassik Stiftung Weimar, 25.8–2.11.2008; Hamburger Kunsthalle, 28.11.2008–15.2.2009, Ostfildern: Hatje Cantz, 2008, S. 27–32.
9 Wolfang Krönig/Reinhard Wegner, *Jakob Philipp Hackert. Der Landschaftsmaler der Goethezeit*, Köln: Böhlau Verlag, 1994, S. 6. Im Verkaufskatalog des Nachlasses von Mariette werden sechs Zeichnungen Hackerts aufgelistet: *La vente Mariette. Le catalogue illustré par Gabriel de Saint-Aubin*, Mailand: Electa, 2011, S. 143, Nr. 933–935.
10 Sanchez (Hrsg.) 2004 (wie Anm. 7), Bd. 3, S. 1680.
11 Etienne Parrocel, *Monographie des Parrocel. Essai*, Marseille: Joseph Clappier, 1861, S. 77; *La Peinture en Provence au XVIIe siècle*, hrsg. von Henri Wytenhove, Ausst.-Kat. Musée des beaux-arts, Marseille, Juli bis Oktober 1978, Marseille: Editions J. Laffitte, 1978, S. 107.
12 *Réunion des sociétés des beaux-arts des départements en 1895*, Paris: Plon, Nourrit et Cie, 1895, Vol. 19, S. 732.
13 Parrocel 1861 (wie Anm. 11), S. 77; Roger Portalis/Henri Béraldi, *Les graveurs du dix-huitième siècle*, 3 Bde., Paris: D. Morgand et C. Fatout, 1880–1882, Bd. 3, S. 278; Marseille 1978 (wie Anm. 11), S. 107.
14 Johann Wolfgang von Goethe, *Philipp Hackert. Biographische Skizze, meist nach dessen eigenen Aufsätzen entworfen*, Tübingen: Cotta, 1811, S. 21.
15 Ebd.
16 Claudia Nordhoff/Hans Reimer, *Jakob Philipp Hackert 1737–1807. Verzeichnis seiner Werke*, 2 Bde., Berlin: Akademie Verlag, 1994, Bd. 2, S. 242–243, Nr. 581, 582: *Der Diana-Tempel in Nîmes* (ehemals Kupferstichkabinett Berlin, 1945 zerstört) und *La Tour Magne à Nîmes* (Privatbesitz).
17 Zit. nach: Bruno Lohse, *Jakob Philipp Hackert. Leben und Anfänge seiner Kunst*, Diss. Univ. Frankfurt, Emsdetten: Heinrich & J. Lechte, 1936, S. 61–62.
18 *Right under the sun. Landscape in Provence from classicism to modernism (1750–1920)*, hrsg. von Guy Cogeval und Marie-Paule Vial, Ausst.-Kat. Musée des beaux-arts de

Marseille, Centre de la Vieille Charité, 18.5.–21.8.2005; Montreal Museum of Fine Arts, 22.9.2005–8.01.2006, Gent: Snoeck/Montréal: Montreal Museum of Fine Arts, 2005, S. 25, 30–33, Nr. 11, 44–46, 162, 185.
19 Heidelberg, Kurpfälzisches Museum, Inv. G 2447.
20 Portalis/Béraldi 1880–1882 (wie Anm. 13), Bd. 3, S. 268.
21 Nerlich/Savoy (Hrsg.) 2013–2015 (wie Anm. 2), Bd. 1, S. 341–342.
22 Pierre-Henri de Valenciennes, *Elémens de perspective pratique, à l'usage des artistes, suivis de réflexions et conseils à un élève sur la peinture, et particulièrement sur le genre du paysage*, Paris: chez l'Auteur, An VIII [1799], S. 404–407. Vgl. auch die Abb. S. 101 im vorliegenden Band.
23 Geneviève Lacambre, «Une lettre de Pierre-Henri de Valenciennes à une jeune élève», in: *Archives de l'art français, n. p.*, 28 (1986), S. 159–160.
24 *Praktische Anleitung zur Linear- und Luftperspectiv für Zeichner und Mahler. Nebst Betrachtungen über das Studium der Mahlerey überhaupt, und der Landschaftsmahlerey insbesondere [...]*, aus dem Frz. übers. und mit Anm. und Zusätzen vermehrt von Johann Heinrich Meynier, 2 Bde., Hof: Gottfried Adolph Grau, 1803.
25 Frauke Josenhans, «Peter Feldmann», in: Nerlich/Savoy (Hrsg.) 2013–2015 (wie Anm. 2), Bd. 1, S. 75–76.
26 Frauke Josenhans, «Johann Carl Baehr», «Eduard Gaertner», in: Nerlich/Savoy (Hrsg.) 2013–2015 (wie Anm. 2), Bd. 1, S. 8–10 und 86–90; Josenhans 2013 (wie Anm. 4), S. 169–170.
27 Valenciennes 1799 (wie Anm. 22), S. 628.
28 Valenciennes/Meynier 1803 (wie Anm. 24), Bd. 2, S. 241–243.
29 Frauke Josenhans, 2011, «Vers le Sud: le voyage de Johann Georg von Dillis à travers la France, la Suisse et l'Italie en 1806», in: *RIHA Journal*, Nr. 0026, 2011 <http://www.riha-journal.org/articles/2011/2011-jul-sep/josenhans-vers-le-sud>, Zugriff 11.10.2011.
30 Ebd.; Johann Georg von Dillis, *Voyage pittoresque dans le Midi de la France*, München, Staatliche Graphische Sammlung, Inv. 21514–21594.
31 Frauke Josenhans, «Le carnet de voyage de Johann Georg von Dillis (1806)», in: *Histoire de l'art*, Nr. 64, 2009, S. 103–111.
32 Historischer Verein von Oberbayern, München: Nachlass Dillis, Brief vom 16. Juli 1806 (Paris).
33 Ebd., Brief vom 31. Oktober 1806 (Marseille).
34 Ebd.
35 Ebd., Brief vom 2. Dezember 1806 (Marseille).
36 Ebd., Brief vom 15. November 1806 (Nizza).
37 Richard Messerer (Hrsg.), *Briefwechsel zwischen Ludwig I. von Bayern und Georg von Dillis 1807–1841* (Schriftenreihe zur bayerischen Landesgeschichte, 65), München: Beck, 1966, S. 3.
38 Maria Fjodorowna, geborene Prinzessin Sophie Dorothee von Württemberg, Mutter des Kaisers Alexander I.
39 *Ludwig Richter und sein Kreis. Ausstellung zum 100. Todestag im Albertinum zu Dresden*, Ausst.-Kat. Staatliche Kunstsammlungen Dresden, Gemäldegalerie Neue Meister, Kupferstich-Kabinett, März bis Juni 1984, Leipzig: Edition Leipzig, 1984; Niedersächsisches Landesmuseum Hannover, Sept. bis Nov. 1984, Königstein im Taunus: Langewiesche Köster, 1984, Nr. 58, S. 87 (Dresden, Stadtarchiv, Ludwig-Richter-Nachlass): «Herrn Adrian Louis Richter/Stand Landschaftsmaler und Kupferstecher/gebürtig/wohnhaft Dresden [...] Frankreich, der Schweiz und Italien zur Begleitung Sr. Durchlaucht des Fürsten Narischkin».
40 Ludwig Richter, *Lebenserinnerungen eines deutschen Malers. Selbstbiographie nebst Tagebuchniederschriften und Briefen*, hrsg. von Heinrich Richter, 4. verm. Aufl., Frankfurt a. M.: Johannes Alt, 1886, S. 72.
41 Ludwig Richter, «Auszüge aus Ludwig Richters Jugendtagebüchern, 1821–1837», in: Richter 1886 (wie Anm. 38), Marseille, 10. Februar 1821, S. 4–5.
42 Ebd., Nizza, 17. Februar, S. 6.
43 Ebd., Nizza, 13. März, S. 8.

Zum Stellenwert der Landschaftsvedute bei Joseph Anton Koch und William Turner

Tobias Pfeifer-Helke

Joseph Anton Koch (1768–1839) bezeichnete in seiner 1834 erschienenen *Modernen Kunstchronik* den Aquarellmaler – und demnach, so ist zu schliessen, auch den Vedutisten – als «Charletan und Lakai, er ist eben so industriös als der Holzwurm, nur noch ekelhafter, lasterhafter und nichtswürdiger [...]».[1] Kochs Formulierung wird als Beleg für das neue Selbstverständnis der Landschaftskunst um 1800 gewertet, die sich von einer älteren Generation deutlich abgrenzen wollte, sich ein neues Fundament in künstlerischer, ästhetischer und intellektueller Hinsicht gab. Dabei war es besonders die alte topografische Tradition, die zu einem Antipoden erklärt wurde. Kochs kategorische Ablehnung der Vedute hat lange Zeit die Auffassung von der Naturdarstellung geprägt: Es sei eine unkünstlerische Betätigung gewesen, die wirtschaftliche Ziele verfolgte. Seine Äusserung wird häufig dann erwähnt, wenn es darum geht, das Neuartige der um 1800 entstehenden modernen Kunst und Malerei zu betonen.

Doch eine subjektzentrierte, moderne Kunst war nicht allein das Ergebnis eines radikalen Bruchs mit den Traditionen und althergebrachten Genres. Die neue Landschaftskunst nutzte auch in einer überaus erfolgreichen Art und Weise Bestehendes und baute wesentliche Merkmale in neue Zusammenhänge ein.[2] Um jedoch einen Epochenumbruch deutlich zu markieren, bedurfte es einer Abgrenzung, die sich von dem, was vorausgegangen war, auch distanzierte.

Gerade da, wo sich langfristige Entwicklungslinien aufzeigen lassen, ergibt sich die Möglichkeit, den Wandel im Bereich der Landschaftskunst deutlicher herauszuarbeiten, also Differenzen und Unterscheidungen zu konturieren. Die Vedute als populäre Bildform gab der romantischen Landschaftsmalerei wichtige Eigenschaften weiter, die genutzt wurden, um den postulierten Neuanfang zu verwirklichen.

Die Vedute inspirierte die Künstler, da sich mit ihr eine Bildtradition fortschreiben und weiterentwickeln liess, die im klassischen Ausbildungscurriculum nur eine untergeordnete Rolle spielte. Werner Busch hat in *Das unklassische Bild* sehr eindrücklich gezeigt, dass es um 1800 unterschiedlichste Bildformen, Traditionen und Überlieferungen gab, deren Genese wir nach wie vor zu wenig kennen.[3]

Die Form der Vedute, die ich hier näher betrachten möchte, und die um 1800 als topografisch exakt galt, verfügte über keine theoretische Reflexion, also auch über keine intellektuelle Rückbindung, keinen kunsttheoretisch sanktionierten Überbau. Sie entstammte einer handwerklich-technischen Tradition, der sogenannten praktischen Malerei. Da die Vedute vielfältige Interpretations- und Verständnismöglichkeiten offenhielt, war sie für die neue Landschaftsmalerei interessant. Dies sei im Folgenden an zwei Beispielen gezeigt.

Der gegen die Ansichtenmaler eifrig streitende Joseph Anton Koch schuf seine ersten Alpengemälde nicht in der Schweiz, sondern in Rom. Sie basieren einerseits auf Studienmaterial, das er während seines Aufenthalts in den Alpen von 1792 bis 1794 angefertigt hatte. Andererseits nutzte er auch fremde Vorlagen, wie sich dies für sein Gemälde des Wetterhorns eindrücklich zeigen lässt (Abb. 1).[4] Über das Koch'sche Gemälde berichtete Ludwig Richter (1803–1884), der 1824 den Maler in seinem römischen Atelier besuchte: «Auch eine Schweizer Landschaft, die Scheidegg, hatte Koch in Arbeit und benutzte dazu die sehr unbedeutenden Aquarelle eines Schweizers».[5] Mit den «sehr unbedeutenden Aquarellen eines Schweizers» war der Berner Landschaftsmaler Gabriel Matthias Lory (1784–1846) gemeint, der Koch im Berner Oberland als kundiger Führer begleitete.[6] Umgekehrt weilte Lory während seines Aufenthaltes in Rom im Atelier von Koch. Das Gemälde wiederholt ein Aquarell des Berner Malers (Abb. 2).[7] Die Reminiszenzen reichen bis in die Staffage: Auf dem Pfad durch den Talgrund sind in beiden Arbeiten Reisende zu erkennen. Das Motiv war eines der beliebtesten Alpensujets, da der Weg über die Scheidegg von Grindelwald ins Haslital und nach Meiringen eine der Hauptrouten durch die Schweiz bildete.

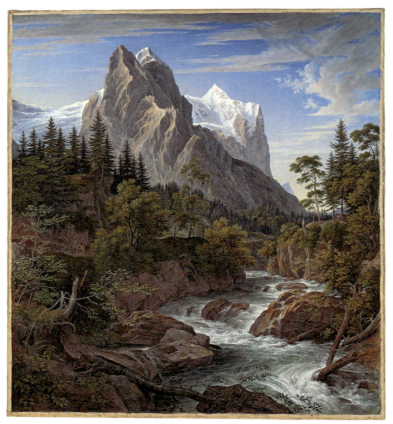

Abb. 1   Joseph Anton Koch, *Das Reichenbachtal mit dem Wetterhorn*, 1824, Öl auf Leinwand, 91×81 cm, Museum Oskar Reinhart, Winterthur

Diesem Beispiel sei ein zweites, ganz anders gelagertes hinzugefügt. Der englische Maler William Turner (1775–1851) hielt sich ein erstes Mal 1802 in der Schweiz auf, weitere Reisen sollten folgen. Zu den Serien mit Schweizer Motiven, die er bis 1810 regelmässig und dann bis 1820 in grösseren Abständen fertigte, gehört eine Ansicht von Vevey (Abb. 3), die sich heute in Privatbesitz befindet.[8] Das Blatt rezipiert ziemlich genau die Vedute des Berner Malers Johann Ludwig Aberli (1723–1786) von 1773/1774 (Abb. 4).[9] In beiden Blättern spiegelt sich die Landschaft im See. Wie in Aberlis Ansicht fahren auch bei Turner Segelschiffe über die glatte Wasserfläche. Weiterhin besitzt der Vordergrund mit dem Weg ins Tal die gleiche

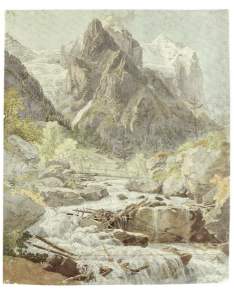

Abb. 2   Gabriel Matthias Lory, *Gebirgsbach mit Wellhorn, Rosenlauigletscher, Dossen und Wetterhorn*, undatiert, Grafit, schwarze Kreide und Aquarell, 37,3 × 30 cm, Kunstmuseum Bern, Legat Lory, Inv.-Nr. A 6109

Anlage und ist ein sinusförmiger Rahmen für die weite Landschaft. Besonders betont werden muss die Ähnlichkeit der Baumgruppe auf der Talwiese. Wie bei Aberli mindestens dreissig Jahre zuvor gibt es dort die markanten drei Bäume. Die rücksichtsvolle, ja behutsame Übersetzung Turners kulminiert in den Figurenstaffagen: Dargestellt sind die Bauern der Region. Einmal rasten sie im Vordergrund, an einer zweiten Stelle sind sie gerade im Begriff, auf dem Weg ins Tal hinabzusteigen.

Gleichzeitig ist jedoch auch auf die Unterschiede hinzuweisen. Turner stellte den Bauern mit dem Lastesel, der sich gerade mit der rastenden Zweiergruppe unterhält, nicht dar, und variierte die beiden sitzenden Figuren, womit sich ein gänzlich anderes Verständnis der Staffage abzeichnet: Ist der Betrachter des Aberli-Blattes Zeuge einer Unterhaltung auf dem Weg, so werden die Figuren bei Turner zu Mittlern zwischen Publikum und Bild: Die Bäuerin blickt den Betrachter direkt an. Die zwei anderen Figuren schauen dagegen in die Landschaft. Turners Staffage versucht, das Publikum in die Darstellung zu integrieren, wogegen sie im älteren Blatt die Aufgabe hat, das Gespräch über die abgebildete Gegend zu stimulieren. Der Ansicht von Vevey kam dabei eine besondere Bedeutung zu, spielte hier doch Jean-Jacques Rousseaus (1712–1778) berühmter Liebesroman *Julie,*

Abb. 3 William Turner, *Ansicht von Vevey mit dem Genfersee*, um 1809, Aquarell, Masse unbekannt, Privatbesitz

Abb. 4 Balthasar Anton Dunker und Johann Ludwig Aberli, *Blick auf Vevey und den Genfersee*, 1773/1774, Kolorierte Umrissradierung, 26 × 37,6 cm (Platte), Kupferstich-Kabinett, Staatliche Kunstsammlungen Dresden, Inv.-Nr. A 16018

ou La Nouvelle Héloïse.[10] Eine Szene schildert, wie der Romanheld Saint-Preux nach seiner Weltreise an den Genfersee zurückkommt und von den Höhen des Jura die Landschaft sieht.[11] Das Blatt Aberlis illustriert die berühmte Passage. Bei Turner übernimmt die Staffage dagegen eine Schwellenfunktion zwischen Betrachter und Bild, ermöglicht den Einstieg, die Überwindung der ästhetischen Grenze.

Trotz der Ablehnung der topografischen Malerei, für die hier exemplarisch Joseph Anton Kochs Äusserung steht, griffen die Künstler auf die Vedute zurück. William Turner erneuerte geradezu behutsam die alten Formeln. Wie bei Koch bereits zu beobachten, nutzte also auch der Engländer die druckgrafischen Ansichten. So stellt sich die Frage, was die Veduten der neuen Malerei vererben konnten.

Die künstlerische Erschliessung der Schweizer Landschaft war nicht allein eine Leistung wandernder ausländischer Künstler, wie man glauben möchte, wenn man Bilder wie Joseph Anton Kochs Aquarell *Aarelandschaft mit der Jungfrau und wanderndem Maler* (1792/1794) sieht: Hier stellte sich Koch mit einer grossformatigen Zeichenmappe inmitten der urwüchsigen Natur dar (Abb. 5).[12] Nur zwei junge Damen in Tracht beobachten ihn interessiert. Doch gerade das Hauptmotiv, der Blick von Interlaken auf die Jungfrau als höchster Berg des Berner Oberlands, war seit mindestens fünfzig Jahren eines der wichtigsten Reiseziele und gehörte zum klassischen Kanon der Vedutenmalerei.[13]

Die Beschäftigung mit den Motiven der Schweiz war für jeden Künstler nicht nur eine Auseinandersetzung mit der Natur, sondern auch eine Beschäftigung mit der Schweizer Bildproduktion, die sich spätestens seit der Mitte der 1760er Jahre – nach dem Siebenjährigen Krieg – überraschend

Abb. 5   Joseph Anton Koch, *Aarelandschaft mit der Jungfrau und wanderndem Maler*, 1792/1794, Feder in Schwarz und Aquarell, 44 × 65,3 cm, Kunstmuseum Bern, Inv.-Nr. A 7657

schnell entwickelte und in ganz Europa über den druckgrafischen Markt bekannt gemacht wurde. Die helvetische Natur war damit bereits seit den 1770er Jahren in ihren Hauptmotiven medial erschlossen. Das ist besonders dem Berner Maler Johann Ludwig Aberli zuzuschreiben, der Ansichten herausgab, die sehr sparsam mit der Radiernadel ausgeführt und nachträglich mit Wasserfarben im Werkstattbetrieb handkoloriert wurden. Das Verfahren wurde rasch adaptiert und verbreitete sich in Windeseile, so dass nur noch von der «Aberlischen Manier» gesprochen wurde.[14] Die kolorierten Blätter wurden zu einem Synonym für die Schweizer Landschaft und dies nicht nur aufgrund des dargestellten Inhalts, sondern auch wegen bildmedialer, kultureller und gesellschaftlicher Aspekte.

In technischer Hinsicht war die «Aberlische Manier» nichts Neues. Seitdem es Druckgrafiken gab, wurden diese auch koloriert.[15] Die entsprechenden Verfahren überlieferten sogenannte Illuminier- und Malerbücher, also praxisorientierte Handbücher, die vor allem Farbrezepturen, aber auch Zeichen- und Maltechniken sowie praktische Tipps und Tricks wie Hilfsmittel zum Landschaftskopieren enthielten.[16] Die ersten gedruckten Exemplare dieser Gattung erschienen im 16. Jahrhundert.[17] Damit wurde es möglich, sorgsam gehütete Geheimnisse von Klostermalschulen oder Malerwerkstätten zu erlernen. Kennzeichen dieser Büchlein war ein kleines Format und ein in der Regel nach einzelnen Themen übersichtlich strukturierter Inhalt. Meist konnten sie zum raschen Nachschlagen genutzt werden. Weiterhin zeichnete sich diese Gattung durch ihre Konservativität aus. Einzelne Passagen oder ganze Kapitel wurden immer wieder abgeschrieben und neu kompiliert. Dies konnte zu erheblichen Verständnisschwierigkeiten führen, da die Teile untereinander nicht mehr in Beziehung standen und die inhaltlichen Verbindungen im Laufe der Jahrhunderte verloren gingen. Auch änderten sich die Bezeichnungen für Farben oder deren Grundsubstanzen.

In diesen praxisorientierten Anleitungen wurden immer auch Hinweise für das Landschaftsstudium gemacht. So gab es Ratschläge, wie die Maler Bäume, Wiesen, Wälder oder Tiere und andere Gegenstände der belebten und unbelebten Natur darstellen sollten. Da sich die Bücher in erster Linie auf handwerklich-technische Belange konzentrierten, unterblieben häufig Hinweise zur Bildkomposition und -harmonie, zur Anlage eines korrekten, nach den drei Bildgründen Vorder-, Mittel- und Hintergrund organisierten Landschaftsbildes, zur Staffage oder zur Bilderzählung. Diesbezüglich findet sich immer wieder der Hinweis, die Zeichner und Maler möchten sich an der Natur orientieren.[18]

Im 18. Jahrhundert erlebten die Illuminierbücher eine Blüte, die im Zusammenhang mit dem Ideal der Einfachheit, Natürlichkeit und des Naturstudiums zu sehen ist. Die Renaissance der praktischen Malerei war die unmittelbare Reaktion auf eine als dekadent verstandene französische Kultur an den Höfen und in den europäischen Metropolen, zu der auch der akademische Kunstbetrieb gezählt wurde. Der Rückbezug auf die «einfache» Natur vereinte die Anhänger unter dem Wahlspruch «zurück zur Natur». Jean-Jacques Rousseau war der prominenteste Vertreter dieser zivilisationskritischen Haltung, sein kurzer Aufenthalt auf der Petersinsel im Bielersee ein Symbol für eine neu entstehende Naturästhetik. So wandelten sich im Übrigen Zweck und Ziel des Reisens, das nun auch dem Genuss der Landschaft galt.[19]

Die Eidgenossenschaft war für diese geistesgeschichtliche Strömung eine ideale Projektionsfläche, besass sie doch eine republikanische Verfassung und war mit den grössten Wunderwerken der Natur ausgestattet. Die Rückkehr zu den elementaren zeichnerischen und malerischen Verfahren, wie sie in den Manualen und Illuminierbüchern tradiert wurden, war plötzlich aktuell und lässt sich unter dieser Perspektive als Gegenentwurf zur akademischen Kunstausbildung verstehen.

Den eingängigen Begriffen von der Einfachheit und Natürlichkeit entsprachen die farbigen Schweizer Ansichten, die von den zeichnenden Amateuren und Dilettanten nachgeahmt werden konnten. War der französische Kupferstich ein höchst artifizielles Gebilde aus kompliziertesten Rautenmustern und Schraffursystemen, die Körper, Licht und Schatten, Stofflichkeit und Oberflächen zu imaginieren hatten und von den Käufern zwar bewundert, aber nie nachgeahmt werden konnten, verhielt es sich mit den kolorierten Ansichten anders. Sie luden geradezu zur Nachahmung ein. Das lag besonders am Verfahren der «Aberlischen Manier», das leicht gezogene Linien beziehungsweise Punkte für die Konturen der Gegenstände benötigte. In einem zweiten Schritt wurden dann die Objekte mit Wasserfarben koloriert.

Das körpermotorische, mit Auge und Hand ausgeführte Nachzeichnen und Kopieren war eine spezielle Art der Anverwandlung. Diese konnte sich nicht nur auf eine in der Natur gegebene topografische Situation beziehen, sondern auch auf eine bildliche Vorlage. Letzteres stimulierte in einem Umkehrschluss das direkte Naturerlebnis. Mit den Bildern und deren Kopien bestand die Möglichkeit, eine imaginäre Schweiz an die heimischen Wände zu projizieren.[20] So fanden die Grafiken besonders Eingang in die privaten Räumlichkeiten, indem sie einerseits individuelle, vergangene Erlebnisse dokumentierten und andererseits Gegenstand der Naturschwärmerei wurden.

Die konkrete Betrachtung und Beobachtung der Natur in den Schweizer Veduten verband sich mit der Tradition der Physikotheologie, die in jedem kleinsten natürlichen Gegenstand der Welt einen Beweis für Gottes Wirken sah.[21] Naturwissenschaftliches Studium und religiöser Offenbarungsglaube wurden zusammengedacht. Die Erscheinungen der Welt waren der direkte Nachweis für Gottes Existenz. In jeder Pflanze und jedem Tier gab sich die göttliche Schöpfung in all ihrer Komplexität zu erkennen. Mikro- und Makrokosmos waren aufeinander bezogen. Die Beschäftigung mit der natürlichen Vielfalt war ein direkter Gottesbeweis und bedurfte keiner theologischen Spekulation.

In der Eidgenossenschaft war die Physikotheologie besonders in Zürich aufgrund der wissenschaftlichen Beschäftigung der Gelehrten in den Naturaliensammlungen lebendig.[22] So hatte der Maler Johann Rudolf Schellenberg (1740–1806) nicht nur mit seinen Landschaften Erfolg, sondern auch als Insektenmaler.[23] Er zeichnete beispielsweise gemeinsam mit dem Miniaturisten Christian Gottlieb Geissler (1729–1814) die Konchylien und Muscheln aus dem Naturalienkabinett von Conrad Gessner (1516–1565).

Doch die Bedeutung der Physikotheologie lässt sich nicht nur für die Naturwissenschaften nachweisen. Ebenso steht das epochale Gedicht *Die Alpen* (1729) des Berner Universalgelehrten Albrecht von Haller (1708–1777) in der Tradition der norddeutschen Frühaufklärung von Barthold Heinrich Brockes (1680–1747), dem wichtigsten physikotheologischen Dichter der Zeit.[24] Dieser war bereits 1703 in den Alpen. Die Reise fand Niederschlag im Gedicht *Die Berge*, das Brockes in der neun Teile umfassenden Gedichtsammlung *Irdisches Vergnügen in Gott* publizierte.[25] Albrecht von Haller erwähnte den Stellenwert des norddeutschen Dichters in einem Brief an den Juristen Eberhard Friedrich von Gemmingen (1726–1791).[26]

Zu den begeisterten Lesern der naturlyrischen Dichtungen gehörten so namhafte Poeten wie die Zürcher Johann Jacob Bodmer (1698–1783), Johann Jacob Breitinger (1701–1776) und Salomon Gessner (1730–1788). Im *Brief über die Landschaftsmalerey* von 1770 empfahl dieser Brockes' Ge-

Abb. 6 Johann Ludwig Aberli, *Blick von der Kleinen Schanze in Bern gegen Süden*, 1770, Kolorierte Umrissradierung, 25,4 × 38,7 cm (Blatt), Kupferstich-Kabinett, Staatliche Kunstsammlungen Dresden, Inv.-Nr. A 16009

dichte als Lektüre, da sich dort eine genaueste Beobachtung der Natur und eine «Schule des Gesichts» fände, die auch durch das Zeichnen von Formen nach der Natur und durch das Mischen von Farben gelehrt werden könne.[27] Diese Praxis stand den Anweisungen in den Illuminierbüchern nahe. Die Schweizer Landschaftsmaler waren mit Haller und Gessner in Kontakt. Sie kannten deren Dichtungen.

So erklärt sich, dass sich das jedem noch so kleinen Detail widmende Naturverständnis der Physikotheologie auch in den Veduten wiederfindet: Johann Ludwig Aberlis Ansicht Berns von der Kleinen Schanze (Abb. 6) folgt nicht dem klassischen Schema der Tiefenstaffelung in Vorder-, Mittel- und Hintergrund und zeigt auch keine seitlichen Rahmungen, die den Ausblick zu einer Einheit verschmelzen würden.[28] Nur die kleine unscheinbare Vordergrundszene rechts auf dem Weg ist eine Reminiszenz an den klassischen Bildaufbau. Aberlis ausgewogene, sich jedem natürlichen Gegenstand mit gleicher Aufmerksamkeit widmende Malweise dokumentieren gerade seine kleinformatigen, überaus zart nuancierten Ölstudien, die er direkt in der Natur fertigte.[29] So hielt er nicht nur Ausschnitte eines sich kontinuierlich nach allen Seiten fortsetzenden Landschaftsraumes fest, wie besonders die Ansichten der Petersinsel im Bielersee[30] und des Aaretals[31] belegen, sondern auch landschaftliche Details wie einen unterhöhlten Baumstamm, zwischen dessen Wurzelwerk die koloristischen Valeurs des Waldbodens sichtbar werden.[32] Caspar Wolfs berühmte Hochgebirgsstudien in Öl aus den Jahren zwischen 1773 bis 1776 lassen sich damit in einen weiteren regionalen Kontext einordnen.[33]

Wie wichtig diese Traditionen für das Entstehen einer neuen Landschaftskunst um 1800 wurden, zeigt der Blick auf das Schaffen von Joseph Anton Koch und William Turner. Für Koch war die Schweiz ein Land der Freiheit. In den Jahren von 1785 bis 1791 an der Hohen Carlsschule in Stuttgart, der Kaderschmiede des Herzogs Carl Eugen von Württemberg (1728–1793), litt er unter dem dort üblichen militärischen Drill und den drakonischen Strafen, die jedem Soldaten bei den geringsten Versäumnissen drohten. Bereits in Stuttgart beschäftigte er sich mit den Schweizer Veduten, die er in komponierte Landschaften übersetzte, wie dies von seinem Lehrer Adolf Friedrich Harper (1725–1806) gefordert wurde. Eines der ersten Werke Kochs, das er während seiner Zeit an der Carlsschule fertigte, ist die Ansicht des Staubbachfalls im Lauterbrunnental, die auf Johann Ludwig Aberlis Grafik desselben Themas von 1768 zurückgreift.[34] Bereits in dieser Zeit muss die Eidgenossenschaft als ein Ort der Freiheit für Koch von grosser Bedeutung gewesen sein, nutzte er doch die Sommerferien 1791 für eine Fussreise an den Bodensee, wo er einen ersten sehnsüchtigen Blick auf die ferne Alpenkette warf und die unbändige natürliche Kraft des wild stäubenden Wassers am Rheinfall für ihn den stärksten Kontrast zum starren und reglementierten Kadettenleben bildete.[35]

Die Bedeutung der Schweizer Vedutenmalerei für eine neue Landschaftskunst wird gerade auch bei William Turner deutlich. Der Kunstsammler Sir Richard Colt Hoare (1758–1838) hatte im sogenannten «Column Room» seines Landsitzes Stourhead eine Sammlung von Aquarellmalerei zusammengetragen. Zu den dort an den Wänden befindlichen Bildern gehören insgesamt elf grossformatige Werke des Waadtländers Abraham-Louis-Rodolphe Ducros (1748–1810). Ihn hatte Hoare in Rom kennengelernt, wo Ducros seit 1776 lebte und nach dem Vorbild der eidgenössischen Vedutenateliers gemeinsam mit dem Verleger Giovanni Volpato (1735–1803) kolorierte Landschaften herausgab.[36] Wie seine Kollegen entwickelte er das Dreifarbenschema der «Aberlischen Manier» weiter und kombinierte die Aquarellfarbe mit der Gouache und der Ölfarbe, so dass Ducros verblüffendste Effekte erreichte.[37] Das Publikum lobte besonders die Darstellung von sprühendem Wasser. Sir Richard Colt Hoare schrieb über diese Aquarelle: «the advancement from drawing to painting in watercolours did not take place till after the introduction into England of the drawings of Louis du Cros».[38] Die von ihm verehrten englischen Maler wies er damit ausdrücklich auf Ducros hin. Turner fertigte für Hoare acht grosse und neun kleine Ansichten von Salisbury. Die Bedeutung der Werke des Waadtländers für die malerische Ausführung der Turner-Serie betonten erstmals Charles Francis Bell und Thomas Girtin.[39]

Die Kunst der Vedute lieferte zahlreiche Grundlagen, die um 1800 wichtig wurden für das Entstehen einer neuen Landschaftskunst. Begriffe wie Natürlichkeit, Einfachheit und Naturnachahmung (Mimesis) stehen dafür. Das neue Landschaftsbild als individueller, seelischer Spiegel des Künstlers konnte auf einer Kultur des topografischen Bildes aufbauen. Die Kunst der Vedute hatte sich unter rein malerisch-handwerklichem Gesichtspunkt von der kolorierten Druckgrafik als Multiplikat eines aquarellierten Landschaftsbildes so entwickelt, dass sie begann, die medialen Eigenschaften der Ölmalerei zu imitieren. So wurde in den zeitgenössischen Journalen gar darüber diskutiert, ob es denn überhaupt noch eine Landschaftsmalerei in Öl bräuchte, oder ob die kolorierten Drucke diese nicht ersetzen könnten.[40]

Vor diesem Hintergrund liesse sich darüber nachdenken, inwiefern die Subjektzentrierung der modernen Kunst eine unmittelbare Reaktion auf den druckgrafischen Markt war und so letztlich ein Phänomen der Ausdifferenzierung bezeichnet. Damit deckt sich, dass die Vorbehalte gegenüber der Vedute in erster Linie die Wirtschaftlichkeit der Produktion betrafen und nicht die Inhalte oder Fähigkeiten der Zeichner und Maler. Die neue Landschaftsmalerei musste sich gegen den druckgrafischen Markt behaupten, nicht zuletzt auch deshalb, weil sie diesen weidlich nutzte. Für Novalis (1772–1801) war die Romantik der Versuch, «dem Gemeinen einen hohen Sinn, dem Gewöhnlichen ein geheimnisvolles Ansehn, dem Endlichen einen unendlichen Schein zu geben.»[41] Dafür waren nicht nur die Erscheinungen der Natur, sondern auch die Druckgrafiken mit all ihren spezifischen kulturellen Konnotationen eine wichtige Ressource.

1 Joseph Anton Koch, *Die Moderne Kunstchronik. Briefe zweier Freunde in Rom und in der Tartarei über das moderne Kunstleben und Treiben [...]*, Karlsruhe: Johann Velten, 1834, S. 24. Zu Koch siehe besonders Otto R. von Lutterotti, *Joseph Anton Koch (1768–1839). Leben und Werk. Mit einem vollständigen Werkverzeichnis*, Wien/München: Herold, 1985, sowie Christian von Holst, *Joseph Anton Koch (1768–1839). Ansichten der Natur*, Ausst.-Kat. Staatsgalerie Stuttgart, 26.8.–29.10.1989, Stuttgart: Edition Cantz, 1989.
2 Meine Ausführungen orientieren sich methodisch an Barbara Maria Stafford, «Toward romantic landscape perception. Illustrated travels and the rise of ‹singularity› as an aesthetic category», in: *Art Quarterly*, N. S., 1 (1977–1978), S. 84–124.
3 Werner Busch, *Das unklassische Bild. Von Tizian bis Constable und Turner*, München: Beck, 2009.
4 Lutterotti 1985 (wie Anm. 1), S. 298, G 60, sowie S. 176, Abb. 45, und Stuttgart 1989 (wie Anm. 1), S. 288, Kat. 132 und Abb. 214.
5 Ludwig Richter, *Lebenserinnerungen eines deutschen Malers*, hrsg. von Werner Bachmann, Zürich: Gute Schriften, 1958, S. 81.
6 Zu Gabriel Matthias Lory siehe Conrad von Mandach, *Deux peintres suisses. Gabriel Lory le père (1763–1840) et Gabriel Lory le fils (1784–1846)*, Lausanne: Haeschel-Dufey, 1920, sowie zuletzt Tobias Pfeifer-Helke, *Die Koloristen. Schweizer Landschaftsgraphik von 1766 bis 1848*, Berlin/München: Deutscher Kunstverlag, 2011, S. 215–227.
7 Ebd., S. 224, Kat. 109 sowie Abb. S. 362.
8 William Turner, *Ansicht von Vevey mit dem Genfersee*, Aquarell, undatiert (Privatbesitz). David Hill, *Turner in the Alps. The journey through France & Switzerland in 1802*, London: Philip, 1992, S. 99 (Abb.) Zu Turner siehe zuletzt besonders *William Turner. Maler der Elemente*, hrsg. von Inés Richter-Musso, Ausst.-Kat. Bucerius Kunst Forum, Hamburg, 2.6.–11.9.2011; Muzeum Narodowe, Krakau, 1.10.2011–8.1.2012; Turner Contemporary, Margate, 28.1.–13.5.2012, München: Hirmer, 2011, sowie Andrew Wilton, *William Turner. Leben und Werk*, Neuausgabe, Leipzig: Seemann, 2010.
9 Bernhard Geiser, *Johann Ludwig Aberli (1723–1786). Leben, Manier und graphisches Werk*, Diss. Univ. Bern, Belp: Jordi, 1929, S. 82–83, WV 110. Zu Aberli siehe ebd. sowie Tobias Pfeifer-Helke, *Natur und Abbild. Johann Ludwig Aberli (1723–1786) und die Schweizer Landschaftsvedute*, Diss. Univ. Halle/Saale, Basel: Schwabe, 2011.
10 Jean-Jacques Rousseau, *Lettres de deux amans habitans d'une petite ville au pied des Alpes [Julie ou la Nouvelle Héloïse]*, Amsterdam: Marc-Michel Rey, 1761.
11 Jean-Jacques Rousseau, *Julie oder Die Neue Héloïse. Briefe zweier Liebenden aus einer kleinen Stadt am Fusse der Alpen*, nach der ersten deutschen Übersetzung von 1761 überarbeitet und ergänzt von Dietrich Leube, München: Winkler, 1978, S. 438–439.
12 Lutterotti 1985 (wie Anm. 1), S. 325, Z 582, sowie S. 198, Abb. 85, und Stuttgart 1989 (wie Anm. 1), S. 140–141, Kat. 24.
13 Siehe beispielsweise die kolorierte Druckgraphik von Heinrich Rieter (1751–1818), *Blick von Unterseen auf die Jungfrau*, die 1793 erschien und die beliebte Ansicht von Unterseen zeigt. Pfeifer-Helke 2011 (wie Anm. 6), S. 189–199, Kat. 55 und Abb. S. 308.
14 Zum «Aberlischen Verfahren» siehe zuletzt Pfeifer-Helke 2011 (wie Anm. 6), S. 60–78 (mit weiterführender Literatur).
15 Siehe besonders *Painted Prints. The Revelation of Color in Northern Renaissance & Baroque Engravings, Etchings & Woodcuts*, hrsg. von Susan Dackerman, Ausst.-Kat. The Baltimore Museum of Art, 6.10.2002–5.1.2003; Saint Louis Museum of Art, 14.2.–18.5.2003.
16 Siehe dazu nach wie vor grundlegend Ank C. Esmeijer, «Cloudscapes in Theory and Practice», in: *Simiolus*, 9 (1977), S. 123–148.
17 Eines der ältesten Bücher erschien 1549 in Basel: Valentin Boltz von Ruffach, *Illuminierbuch. Wie man allerlei Farben bereiten, mischen und auftragen soll. Allen jungen angehenden Malern und Illuministen nütz-*

lich und fürderlich [Erstausgabe Basel 1549], hrsg. von C. J. Benziger, München: Callwey, 1913.

18 Siehe beispielweise ebd., S. 109.

19 Petra Raymond, *Von der Landschaft im Kopf zur Landschaft aus Sprache. Die Romantisierung der Alpen in den Reiseschilderungen und die Literarisierung des Gebirges in der Erzählprosa der Goethezeit* (Studien zur deutschen Literatur, 123), Diss. Univ. Erlangen-Nürnberg, Tübingen: Niemeyer, 1993.

20 Siehe die Beschreibung eines Kabinetts mit topografischen Schweizer Ansichten in: Heinrich Clauren (eigentlich Carl Gottlieb Samuel Heun), *Mimili. Eine Erzählung*, hrsg. von Joachim Schöberl, Stuttgart: Reclam, 1984, S. 17.

21 Zur Physikotheologie siehe besonders Wolfgang Philipp, *Das Werden der Aufklärung in theologiegeschichtlicher Sicht* (Forschungen zur systematischen Theologie und Religionsphilosophie, Bd. 3), Göttingen: Vandenhoeck & Ruprecht, 1957.

22 Siehe zuletzt Irmgard Müsch, *Geheiligte Naturwissenschaft. Die Kupfer-Bibel des Johann Jakob Scheuchzer* (Rekonstruktion der Künste, 4), Diss. FU Berlin, 1999, Göttingen: Vandenhoeck & Ruprecht, 2000.

23 Brigitte Thanner et al. (Hrsg.), *Johann Rudolf Schellenberg. Der Künstler und die naturwissenschaftliche Illustration im 18. Jahrhundert* (Neujahrsblatt der Stadtbibliothek Winterthur, 318), Winterthur: Stadtbibliothek, 1987.

24 Albrecht von Haller, «Die Alpen», in: Ders., *Gedichte*, hrsg. von Ludwig Hirzel, Frauenfeld: Huber, 1882, S. 20–42. Zu Barthold Heinrich Brockes siehe das Nachwort in: Barthold Heinrich Brockes, *Irdisches Vergnügen in Gott. Naturlyrik und Lehrdichtung*, ausgewählt und hrsg. von Hans-Georg Kemper, Stuttgart: Reclam, 1999.

25 Barthold Heinrich Brockes, «Die Berge», in: Ders., *Irdisches Vergnügen in Gott, bestehend in Physicalisch- und Moralischen Gedichten*, 9 Teile, Reprint der Erstauflage von 1737–1748, Bern: Lang, 1970, Bd. 1, S. 268–275.

26 Haller 1882 (wie Anm. 24), S. 397–406.

27 Salomon Gessner, «Brief über die Landschaftsmalerey», in: Johann Caspar Füssli, *Geschichte der besten Künstler in der Schweitz*, Zürich: Orell, Gessner & Co., 1769–1779, Bd. 3, S. XXXVI–LXIV, hier S. LV–LVI.

28 Geiser 1929 (wie Anm. 9), S. 82, WV 108.

29 Zu Aberlis Ölstudien siehe Pfeifer-Helke 2011 (wie Anm. 9), S. 74–84.

30 Johann Ludwig Aberli, *Die Petersinsel im Bielersee*, Öl auf Papier auf Karton, um 1773 (Kunstmuseum Winterthur, Inv.-Nr. 138). Pfeifer-Helke 2011 (wie Anm. 6), S. 180–181, Kat. 5, und Abb. S. 256.

31 Johann Luwig Aberli, *Aussicht von Uttingen in Richtung Thun*, Öl auf Papier auf Karton, undatiert (Kunstmuseum Winterthur, Inv.-Nr. 139). Pfeifer-Helke 2011 (wie Anm. 6), S. 181, Kat. 6, und Abb. S. 257.

32 Kunstmuseum Basel, Kupferstichkabinett, Inv. 1978.628.

33 Willi Raeber, *Caspar Wolf (1735–1783). Sein Leben und sein Werk. Ein Beitrag zur Geschichte der Schweizer Malerei des 18. Jahrhunderts* (Œuvrekataloge Schweizer Künstler, 7), Aarau: Sauerländer, 1979, S. 64.

34 Vergleiche Matthias Pfenninger und Johann Ludwig Aberli, *Der Staubbachfall im Lauterbrunnental*, kolorierte Umrissradierung, 1768, in: Geiser 1929 (wie Anm. 9), S. 80, WV 100, sowie Pfeifer-Helke 2011 (wie Anm. 6), S. 186–187, Kat. 23, und Abb. S. 274 mit dem Blatt von Joseph Anton Koch, *Der Staubbachfall im Lauterbrunnental*, Feder in Schwarz und Aquarell, 1785/1790 (Staatsgalerie Stuttgart, Graphische Sammlung, Inv. 4169) in: Stuttgart 1989 (wie Anm. 1), S. 116–117, Kat. 2, Abb.

35 Barbara Hofmann, *Joseph Anton Koch. Das Tagebuch einer Ferienreise an den Bodensee von 1791. Eine Studie zu Inhalt und Form des malerischen Reiseberichts im ausgehenden 18. Jahrhundert*, Diss. FU Berlin, 2000, Frankfurt a. M.: Peter Lang, 2004.

36 Zu Ducros siehe zuletzt *Abraham-Louis-Rodolphe Ducros (1748–1810). Un peintre suisse en Italie*, hrsg. von Pierre Chessex und Jörg Zutter, Ausst.-Kat. Musée cantonal des beaux-arts, Lausanne, 4.4.–21.6.1998; Musée

du Québec, Québec, 7.10.1998–3.1.1999, Mailand: Skira, 1998.
37 Westby Percival Prescott, «Ducros' Technical Methods», in: *Images of the Grand Tour. Louis Ducros (1748–1810)*, Ausst.-Kat. The Iveagh Bequest, Kentwood, London, 4.9.–31.10.1985; The Whitworth Art Gallery, Manchester, 10.1.–22.2.1986; Musée cantonal des beaux-arts, Lausanne, 21.3.–19.5. 1986, Genf: Ed. du Tricorne, S. 40–42.
38 Richard Colt Hoare, *The History of Modern Wiltshire*, London 1822–1843, Bd. 1, S. 82.
39 John Gage, «Turner and Stourhead: The Making of a Classicist?», in: *The Art Quarterly*, 37 (1974), S. 59–87, hier S. 64–71.
40 Pfeifer-Helke 2011 (wie Anm. 6), S. 141–146.
41 Novalis, «Das theoretische Werk», in: Gerhard Schulz (Hrsg.), *Novalis Werke*, München: Beck, 1969, S. 384.

Register

Die Register erschliessen die Aufsätze, nicht aber deren Anmerkungen und ebenso wenig das Vorwort. Ziffern in Normalschrift verweisen auf Erwähnungen im Text, kursiv gesetzt beziehen sie sich auf Bildlegenden.

Personen

A

Abelinus, Johann Philipp (1600–1634) *274*
Aberli, Johann Ludwig (1723–1786) 42, 43, *43*, 80, 120, 304–306, *306*, 308, 309, 311, *311*, 312
Agricola, Christoph Ludwig (1667–1819) 186
Albert Kasimir, Herzog von Sachsen-Teschen (1738–1822) 121
Aliamet, Jacques (1726–1788) 193
Altmann, Johann Georg (1695–1758) 42
Angiviller, Charles Claude Flahaut de La Billarderie, comte d' (1730–1809) 57
Arnold, Christoph (1763–1847) 256–258
Ashley Cooper, Maurice (1675–1726) 82, *83*, 84, 85
Auerbach, Berthold (1812–1882) 260
August der Starke siehe Friedrich August I.

B

Bach, Johann Sebastian (1685–1750) 198
Bach, Johann Sebastian, d. J. (1748–1778) 197–199
Baehr, Johann Carl (1801–1869) 290
Balthasar, Franz Urs (1689–1763) 273
Bätschmann, Oskar (*1943) 33, 39
Batteux, Charles (1713–1780) 84
Baumgarten, Alexander Gottlieb (1714–1762) 84
Bause, Johann Friedrich (1738–1814) 193
Beauharnais, Auguste Amalia de (1788–1851) 292
Beauharnais, Eugène de, Vizekönig von Italien (1781–1824) 292
Becker, Gottlieb Wilhelm (1753–1813) 182, 211, 276
Bell, Charles Francis (1871–1966) 313
Bellotto, Bernardo (1721–1780) 20, *20*, 22, 185, 188

Benjamin, Walter (1892–1940) 89
Berchem, Nicolaes (1620–1683) 14, 190
Bertin, Jean-Victor (1767–1842) 285, 290–292
Bidauld, Jean-Joseph-Xavier (1758–1846) 285
Böcklin, Arnold (1827–1901) 18
Bodmer, Johann Jakob (1698–1783) 84, 310
Boerlin-Brodbeck, Yvonne (*1929) 33
Böhme, Jakob (1575–1624) 109
Boissieu, Jean-Jacques de (1736–1810) 296
Bonstetten, Karl Viktor von (1745–1832) 271
Börner, Carl Gustav (1790–1855) 255, 257
Börsch-Supan, Helmut (*1933) 126, 134, 144,
Böttiger, Carl August (1760–1835) 134, 144
Bottschild, Samuel (1641–1706) 194
Boucher, François (1703–1770) 193, 286
Boullée, Etienne-Louis (1728–1799) 68
Breitinger, Johann Jakob (1701–1776) 84, 310
Brentano, Clemens (1778–1842) 124, 141
Bresdin, Rodolphe (1822–1885) 17
Breuer, Ludwig (1786–1833) 160
Bridel, Philippe-Sirice (1757–1845) 273, 275
Brockes, Barthold Heinrich (1680–1747) 310
Brühl, Heinrich von (1700–1763) 20
Buch, Leopold Baron von (1774–1853) 104
Buffon, Georges-Louis Leclerc de (1707–1788) 39
Burke, Edmund (1729–1797) 44, 164
Burnet, Thomas (1635?–1715) 39
Busch, Werner (*1944) 303
Busch, Wilhelm (1832–1908) 262
Byron, George Gordon, Lord (1788–1824) 48

C

Canaletto siehe Bellotto, Bernardo
Carstens, Asmus Jakob (1754–1798) 15
Carter, James (1798–1855) *259*
Carus, Carl Gustav (1789–1869) 23, 103, 112–114, 123–125
Catel, Franz Ludwig (1778–1856) 158, 166, 168, 171
Chodowiecki, Daniel Nikolaus (1726–1801) 86
Cichorius, Eduard (1819–1907) 260
Claude siehe Lorrain, Claude
Closterman, John (1660–1711) 82, *83*, 84
Cochin, Charles-Nicolas (1715–1790) 286
Conrad, Johann Samuel (1761–1800) 196
Cornelius, Peter (1783–1867) 153, *154*
Correggio (eigtl. Allegri, Antonio) (um 1489–1534) 106

D

Dahl, Johan Christian Clausen (1788–1857) 23, *113*, 192, 254, 297

David, Jacques-Louis (1748–1825) 56, 57, *57*, 58, *58*, 59, 61, 62, *62*, 63, *63*, 64, 70, 71, 290

Delacroix, Eugène (1798–1863) 105, *105*

Dickel, Hans (*1956) 126

Diderot, Denis (1713–1784) 83, 101, 272

Dies, Christoph Albert (1755–1822) 198

Dietrich, Christian Wilhelm Ernst (1712–1774) 22, 78, 79, *79*, 90, 122, 152, 187–190, *190*, 191, *191*, 192–194, 197, 199, 254, 255, *255*

Dilich, Wilhelm (1571–1650) 184

Dillis, Ignaz von 292–295

Dillis, Johann Georg von (1759–1841) 291, *292*, 292–294, *294*, 295, 297, 298

Domenichino (eigtl. Zampieri, Domenico) (1581–1641) 101

Drouais, Jean-Germain (1763–1788) 56–59, *59*, 60–62, 64–66, *66*, 70, 71

Dubos, Jean-Baptiste (1670–1742) 84

Ducros, Abraham-Louis-Rodolphe (1748–1810) 312

Dughet, Gaspard (1615–1675) 100

Dunker, Balthasar Anton (1746–1807) *107*, 276, *306*

Dupaty, Charles-Marguerite-Jean-Baptiste Mercier (1746–1788) 60

Dürer, Albrecht (1471–1528) 18

Düringer, Daniel (1720–1786) 43

E

Eisen, Anton Paul (1777–1843) 231

Ernst, Max (1891–1976) 18

Eustace, John Chetwode (1762–1815) 60

Everdingen, Allaert van (1621–1675) 190

F

Faber, Karl Gottfried Traugott (1786–1863) 162, 192

Fabris, Pietro (nachw. 1756–1792) 103

Fabritius, Kilian (um 1585–1633) 184

Falda, Giovanni Battista (1643–1678) 66

Falkeisen, Hieronymus (1758–1838) 270

Falkeisen, Theodor (1729–1815) 270

Feldmann, Peter (1790–1871) 290

Fernow, Carl Ludwig (1763–1808) 15, 16, 100–102, 284

Fontaine, Pierre-François-Léonard (1762–1853) 65, 66, 69, 70

Franz von Anhalt siehe Leopold III.

Frenzel, Johann Gottfried Abraham (1782–1855) *153*, *164*

Frey, Johann Michael (1750–1819) 192

Freytag, Gustav (1816–1895) 260

Friedrich, Caspar David (1774–1840) 23, *25*, 76–78, 80, 92, 93, 96, 97, 108, 118, 119, 121–126, *127*, 128–130, *130*, 131, *132*, 132–135, *135*, 136, 136–138, *138*, *139*, 139–141, *141*, 142, 142–144, *144*, *145*, 145–147, 152, 161, 163–165, *165*, 166–168, 171, 183, 185

Friedrich August I. von Sachsen, gen. der Starke (1670–1733) 20, 188

Friedrich August III. von Sachsen, gen. der Gerechte (1750–1827) 20, 215

Friedrich Christian, Kurfürst von Sachsen (1722–1763) 20

Fritsch, Thomas Freiherr von (1700–1775) 21

Fröhlich, Anke (*1968) 249

Füssli, Johann Conrad (1704–1775) 276, 277

Füssli, Johann Heinrich (1745–1832) 268, 271

Füssli, Johann Melchior (1677–1736) 37, 40, 41, *41*, 42

Füssli, Johann Rudolf (1709–1793) 213

G

Gaber, August (1823–1894) 262

Gaertner, Eduard (1801–1877) 290

Gall, Franz Joseph (1758–1828) 103

Geissler, Christian Gottlieb (1729–1814) 310

Geissler, Friedrich (1778–1853) 231

Gemmingen, Eberhard Friedrich von (1726–1791) 310

Gersdorf, Adolf Traugott von (1744–1807) 194–196

Gessner, Conrad (1516–1565) 310

Gessner, Conrad (1764–1826) 14

Gessner, Heinrich (1768–1813) 15, 271

Gessner, Salomon (1730–1788) 8–11, *11*, 12–14, *14*, 15, 17, 18, 20, 79, 84, 197–199, 228, 235, 254, 268, *269*, *270*, 271–274, *274*, 275, 276, 278, *278*, 279, *279*, 310, 311

Gessner-Heidegger, Judith (1736–1818) 272

Geyser, Christian Gottlieb (1742–1803) 194, 196

Girtin, Thomas 313

Gleim, Johann Wilhelm Ludwig (1719–1803) 270

Goethe, Johann Wolfgang von (1749–1832) 44, 86, 106, 108, 110, 137–139, 159, 160–162, 197, 211, 238, 284, 287
Gotthelf, Jeremias (eigtl. Bitzius, Albert) (1797–1854) 260
Graff, Anton (1736–1813) *9*, 21, 22, 77, 80, 81, *81*, *84*, 85, 103
Graff, Karl Anton (1774–1832) *84*, *85*
Gramaccini, Norberto (*1951) 79
Griffier, Jan (um 1645–1718) 188
Grimm, Samuel Hieronymus (1733–1794) 43, *44*
Grummt, Christina (*1959) 118, 119, 129, 144
Grüneisen, Carl (1802–1878) 114
Gruner, Gottlieb Sigmund (1717–1778) 42, 43, *44*
Günther, Christian August (1759–1824) 14, 212

H

Hackert, Jakob Philipp (1737–1807) 17, 101, 103, *104*, 106, 107, *107*, 193, 222, 223, 225, *225*, *226*, 227, *227*, 228–230, *230*, 231, *231*, 232, 233, 235, 236, 238, 247, 286–288, *288*, 289, *289*, 291, 298
Hackert, Johann Gottlieb (1744–1773) 287
Hagedorn, Christian Ludwig von (1712–1780) 14, 21, 22, 77, 78, 80, 195, 197, 254
Haller, Albrecht von (1708–1777) 39, *40*, 40–42, 47, 310, 311
Haller, Gottlieb Emanuel (1735–1786) 274
Hamilton, Sir William (1730–1803) 103
Handmann, Emanuel (1718–1781) 42
Harper, Adolf Friedrich (1725–1806) 312
Hegel, Georg Wilhelm Friedrich (1770–1831) 171
Heineken, Karl Heinrich von (1707–1791) 188
Henschke, Johann Gottlob (1771–1850) 212
Herder, Johann Gottfried (1744–1803) 83, 109
Herrliberger, David (1697–1777) 41, 276, 277, *277*, 278
Hess, Ludwig (1760–1800) 102, *102*, 271, 274
Hoare, Sir Richard Colt (1758–1838) 312
Hoffmann, Ernst Theodor Amadeus (1776–1822) 104, 108, 114
Holbein, Hans, d. J. (1497–1543) 269
Hottinger, Johann Heinrich (1680–1756) 37, 42
Houdouart, François Robert (1761–1810) 32
Huber, Johann Rudolf, d. Ä. (1668–1748) 39, *40*
Humboldt, Alexander von (1769–1895) 103, 104, 112, 114

J

Jahn, Otto (1813–1869) 260
Johann Georg I., Kurfürst von Sachsen (1585–1656) 184
Jordan, Max (1819–1907) 260

K

Kant, Immanuel (1724–1804) 94, 95, 102, 164, 166, 167, 169
Karl August, Grossherzog von Sachsen-Weimar-Eisenach (1757–1828) 144
Kauw, Albrecht (1616–1681?) 35, 36, *36*, 37, 38
Kersting, Georg Friedrich (1785–1847) 141, 142, *142*, 143
Klengel, Johann Christian (1751–1824) 17, 183, 193, 199, 248, 250
Klopstock, Friedrich Gottlieb (1724–1803) 10
Kobell, Ferdinand (1740–1799) 17, 222–224, *224*, 225, 235–238
Koch, Johann Heinrich (1706–1787) 43
Koch, Joseph Anton (1768–1839) 17, 152, 153, *154*, *155*, 238, 302, 303, *304*, 306, 307, *307*, 312
Koenig-Fachsenfeld 137
Kolbe, Carl Wilhelm (1759–1835) 8, 9, 11–13, 15, 16, *16*, 17, 18
Kosegarten, Ludwig Gotthard (1758–1818) 129
Kraus, Georg Melchior (1733–1806) 208
Kühl, Heinrich (1886–1965) 122
Kummer, Friedrich Gotthelf 131

L

La Roche, Sophie von (1731–1807) 270
Lairesse, Gérard de (1640–1711) 275
Laurin, Heinrich Friedrich (1756–1830) 212
Lavater, Johann Caspar (1741–1801) 103
Le Bas, Jacques-Philippe (1707–1783) 286
Leclerc, Anne 290
Leibniz, Gottfried Wilhelm (1646–1716) 84
Leonardo da Vinci (1452–1519) 234
Leopold III. Friedrich Franz, Fürst und Herzog von Anhalt-Dessau 15
Leroy, Julien-David (1724–1803) 68, 69
Linck, Johann Friedrich 189
Lorrain, Claude (1600–1682) 23, 77, 100, 101, 131, 185, 254
Lory, Gabriel Matthias (1784–1846) 303, *305*
Ludwig I., König von Bayern (1786–1868) 291–295

Ludwig XIV., König von Frankreich (1638–1715) 56
Ludwig XV., König von Frankreich (1710–1774) 78
Luise, Grossherzogin von Sachsen-Weimar-Eisenach (1757–1830) 144

M
Majer, Friedrich (1772–1818) 109
Maria Fjodorowna, geb. Prinzessin Sophie Dorothee von Württemberg, Mutter des russischen Kaisers Alexander I. 250, 295
Mariette, Pierre-Jean (1694–1774) 286
Marsigli, Luigi Ferdinando (1658–1730) 37
Mechau, Jacob Wilhelm (1745–1808) 197–199
Meiners, Christoph (1747–1810) 270, 279
Meister, Leonhard (1741–1811) 268, 269
Mendelssohn, Moses (1729–1786) 83, 84
Merian, Matthäus (1593–1650) 34, 35, *35*, 184, 274, *274*
Meyer, Felix (1653–1713) 37, 38, *38*, 39–42
Meyer, Heinrich (1760–1832) 106, 108
Meyer, Johann Heinrich (1755–1829) 17, 271
Moos, David von (1729–1786) 273
Müller, Christian Benjamin (1690–1758) 185–187, 194, 195, *195*, 196
Müller, Johannes (1733–1816) 273
Müller, Johannes von (1752–1809) 270
Münster, Sebastian (1488–1552) 34

N
Nahl, Johann August (1710–1781) 269
Napoleon I., Kaiser von Frankreich (1769–1821) 65, 289
Naryschkin, Alexander Lwow, Fürst (1760–1826) 250, 295, 296
Nathe, Christoph (1753–1806) 195–197, 199
Neer, Aert van der (1603–1677) 79
Nero, Kaiser des Römischen Reichs (37–68) 45, 60
Newton, Isaac (1643–1727) 37, 110
Nicolai, Carl Heinrich (1739–1823) 128
Novalis (1772–1801) 141, 313

O
Oehme, Ernst Ferdinand (1797–1855) 152, 159, *161*, 162
Oeser, Adam Friedrich (1717–1799) 197, 198, *198*, 199
Ostade, Adriaen van (1610–1685) 190

P
Palmer, Samuel (1805–1881) 17
Palmerston, Henry Temple, 2nd Viscount of (1739–1802) 45
Paris, Jérôme (1744–1810) 288, *289*
Parrocel, Jacques-Ignace (1667–1722) 286
Pars, William (1742–1782) 45, 46
Percier, Charles (1764–1838) 56, 57, 64–66, *67*, *68*, 68–71, *71*
Peschel, Carl Gottlieb (1798–1879) 159
Petrarca, Francesco (1304–1374) 288, 291, 293
Peyre, Antoine-François (1739–1823) 65
Peyre, Marie-Joseph (1730–1785) 71
Pfeifer-Helke, Tobias (*1971) 33
Piles, Roger de (1635–1709) 77, 88, 94
Piranesi, Giovanni Battista (1720–1778) 44, *45*, 59, *60*, 63, 66, 70, 71
Piringer, Benedikt (1780–1826) 132
Platon (427–347) 86
Plepp, Joseph (1595–1642) 34, 35, *35*, 38
Poelenburg, Cornelis van (um 1594/1595–1667) 190
Potocki, Aleksander (1776–1845) 217
Potocki, Stanislaw Kostka (1755–1821) 216, 217
Poussin, Nicolas (1594–1665) 25, 77, 100, 101
Preissler, Johann Daniel (1666–1737) *228*, 229, 247, *247*

Q
Quaglio, Domenico (1787–1837) 164
Quandt, Johann Gottlob von (1787–1859) 152, *153*, 153–167, *167*, 168–170, *170*, 171, 172
Quatremère de Quincy, Antoine Chrisostôme (1755–1849) 63
Quistorp, Johann Gottfried (1755–1835) 129

R
Raffael (eigtl. Raffaello Santi) (1483–1520) 106, 166, 254
Ramdohr, Friedrich Wilhelm Basilius von (1757–1822) 76, 77, 147
Reich, Philipp Erasmus (1717–1787) 197

Reiffenstein, Johann Friedrich (1719–1793) 120
Reimer, Georg Andreas (1776–1842) 122
Reinhart, Johann Christian (1761–1847) 17, 100, 198, 238
Rembrandt van Rijn, Harmensz. (1606–1669) 77, 190, 197, 214
Revett, Nicolas (1720–1804) 45
Richter, Adrian Ludwig (1803–1884) 23, 80, 92, 152, 156, *156*, 157, *157*, 158, *158*, 166, 168, 171, 211, 214, 244–249, *249*, 250, *250*, 251, *252*, 253–256, *256*, 257–259, *259*, *260*, 260–262, 295–297, *297*, 303
Richter, Carl August (1770–1848) 80, 122, 211, 212, 214, 215, *215*, *216*, 218, 245, 246, 249, 250, 256, *259*, 296
Richter, Joseph (1780–1837) 215
Rieter, Heinrich (1751–1818) 276
Rietschel, Ernst (1804–1861) 159
Rigal, Ludwig Maximilian (1748–1830) 292
Robert, Hubert (1733–1808) 59, 63, 285
Robertson, Archibald *103*
Rochette, Désiré Raoul (1789–1854) 64
Rohden, Johann Martin von (1778–1868) 152, 158, 163, *164*, 164–166, 168, 171
Roos, Joseph (1726–1805) 193, 194
Rosa, Salvator (1615–1673) 190
Rousseau, Jean-Jacques (1712–1778) 11–13, 22, 83, 288, 305, 309
Rubens, Peter Paul (1577–1640) 77
Ruge, Sophus (1831–1903) 206
Ruisdael, Jacob van (1628–1682) 14, 77, 159, 160, 161, *161*, 162
Runge, Daniel Nikolaus (1737–1825) 76
Runge, Philipp Otto (1777–1810) 76–78, 87, 108–110, *110*, 111, 134
Ruskin, John (1819–1900) 278

S

Sadeler, Egidius (1568–1629) 38, *39*
Sant'Alessandro, Conte di siehe Füssli, Johann Heinrich
Sassoferrato (eigtl. Salvi, Giovanni Battista) (1609–1685) 164, 166
Saussure, Horace-Bénédict de (1740–1799) 42, 44
Schaller, Marie-Louise (*1943) 33
Schellenberg, Johann Rudolf (1740–1806) 310
Schelling, Friedrich Wilhelm Joseph (1775–1854) 110, 111, 169

Schenau siehe Zeissig, Johann Eleazar
Scheuchzer, Johann Jakob (1672–1733) 33, 36–42, 45, 275
Schiebling, Christian (1603–1663) 184
Schildener, Karl (1777–1843) 129
Schiller, Friedrich (1759–1805) 10, 164
Schlegel, August Wilhelm von (1767–1845) 161, 162
Schlegel, Friedrich von (1772–1829) 124, 141
Schleiermacher, Friedrich (1768–1834) 96, 122
Schmid, Christian Heinrich (1746–1800) 269, 270
Schnorr von Carolsfeld, Julius (1794–1872) 170
Schön, Johann Gottlieb (um 1720–1746?) 185–187, *188*
Schubert, Gotthilf Heinrich von (1780–1860) 134
Schuchardt, Christian (1799–1870) 137
Schulenburg, August Ferdinand Graf von der (1727–1789) 270
Schultz, Johann Gottfried (1734–1819) 194, 196, 197
Schumann, Johann Gottlob (1761–1810) 192, 193
Schwarz, Paul Wolfgang (1766–1826) 231, 232
Schwarz, Theodor (1777–1850) 129
Schwind, Moritz von (1804–1871) 114, *114*
Semler, Christian August (1767–1825) 78, 84, 86, 88, 90, 93–97, 102
Semper, Gottfried (1803–1879) 159
Seydelmann, Jacob Crescentius (1750–1829) 120
Shaftesbury, Anthony Ashley Cooper, Earl of (1671–1713) 82, 83, *83*, 84, 85, 96
Shelley, Mary (1797–1851) 48
Shukowski, Wassili Andrejewitsch (1783–1852) 130
Soufflot, Jacques-Germain (1713–1780) 68, 69
Springer, Anton (1825–1891) 260
Stafford, Barbara (*1941) 33
Starobinski, Jean (*1920) 13
Steffens, Henrik (1773–1845) 109, 110, 111, 114
Steinkopf, Gottlob Friedrich (1779–1861) 166, 168, 171
Strange, John (1732–1799) 46
Struth, Thomas (*1954) 16, 18, *19*
Studer, Gottlieb Sigmund (1761–1808) 276
Sulzer, Johann Georg (1720–1779) 83, 84, 103, 279
Sumowski, Werner (1931–2015) 137

T

Teniers d. J., David (1610–1690) 190
Thiele, Johann Alexander (1685–1752) 22, 184, 185, *185*, 186, *186*, 187, *187*, 188, 194, 196, 199
Thürmer, Josef (1789–1833) 159
Tieck, Ludwig (1773–1853) 108, 109, 159, 160
Trippel, Alexander (1744–1793) 269
Troll, Johann Heinrich (1756–1824) 212
Tromlitz, A. von siehe Witzleben, Karl August Friedrich von
Turner, Joseph Mallord William (1775–1851) 278, 302, 304–306, *306*, 312, 313

V

Valenciennes, Pierre Henri de (1750–1819) 100, *101*, 130, 139, 285, 289–291, 298
Veith, Johann Philipp (1768–1837) 122, 212
Vernet, Claude-Joseph (1714–1789) 79, 285, 286, 294
Vien, Joseph-Marie (1716–1809) 57
Vischer, Friedrich Theodor (1807–1887) 169
Vollerdt, Johann Christian (1708–1769) 187, *189*, 194
Volpato, Giovanni (1735–1803) 312
Voltaire (eigtl. Arouet, François-Marie) (1694–1778) 288

W

Wagner, Abraham (1734–1782) 47
Wagner, Johann Georg (1744–1767) 192, 193, *193*, 194
Wagner, Johann Jakob (1641–1695) 33
Wagner, Maria Dorothea (1719–1792) 192, *192*, 194
Waller, Kurt (eigtl. Lewald, August) (1792–1871) 137
Walser, Gabriel (1695–1776) 33, 43
Waser, Anna (1678–1714) 37
Watelet, Claude-Henri (1718–1786) 278
Waterloo, Anthonie (1610–1690) 14, 15
Watteau, Antoine (1684–1721) 190
Wehle, Heinrich Theodor (1778–1805) 132, 195, 196
Weisbrod, Friedrich Christoph (1739 – um 1803) 193
Weisheit-Possél, Sabine (*1957) 24, 232, 247
Werner, Abraham Gottlob (1750–1817) 110
Wieland, Christoph Martin (1733–1813) 15, 272
Wigand, Georg (1808–1858) 258–261

Wigand, Otto (1795–1870) 260, 261
Wille, Johann Georg (1715–1808) 78–80, 120, 192, 193, 208, 211, 238, 286–288, 296
Winckelmann, Johann Joachim (1717–1768) 63, 216
Witz, Konrad (um 1400 – vor 1447) 33
Witzleben, Karl August Friedrich von (1773–1839) *259*
Wolf, Caspar (1735–1783) 47, *48*, 195, 311
Wölfflin, Heinrich (1864–1945) 271, 272
Wüest, Johann Heinrich (1741–1821) 46, *46*, 47, 271
Württemberg, Carl Eugen, Herzog von (1728–1793) 312

Z

Zampieri, Domenico siehe Domenichino
Zeissig, Johann Eleazar, gen. Schenau (1737–1806) 21, *21*, 193
Zingg, Adrian (1734–1816) 8, 9, *9*, 10, 11, *11*, *12*, 12–14, *24*, 25, 26, 41–43, *44*, 76–79, *79*, 80, 81, *81*, 82, *84*, 85–87, *87*, 88, *89*, 90, *91*, 92, 94, 96, 97, 120, 121, *121*, 122, 128, 132, 133, 137, 152, 181–183, 185–189, 191–193, 196, 198, 199, 204, 205, *205*, 206, *206*, 207, *207*, 208, 209, *209*, *210*, 211–215, 217, *217*, 218, 222, 223, 232, 233, *234*, 235, 236, *237*, 238, 244–248, *248*, 249–251, *251*, 253, *253*, 254, 259, 262, 295
Zumbühl, Heinz 33
Zumstein, Hélène 33
Zünd, Robert (1827–1909) *17*, 18
Zurlauben, Beat Fidel Anton (1720–1799) 269

**Ortsnamen und
geografische Bezeichnungen**

A

Aarau 32
Aare 307, *307*
Aaretal 311
Aargau *270*
Abruzzen 156
Aix 291
Alpen 8, 25, 32, 33, 39, 41, 42, 45, 47, *48*, 205,
   273, 275, 276, 278, 303, 310, 312
Amerika 18
   Nordamerika 8
Amshausener Schweiz 10
Amsterdam 46
Antibes 286, *287*, *288*
Ariccia 156, *156*, 168
Arkona, Kap 129, 131, *132*, 135
Arles 287
Asien 18, 60
Ätna 35, 104, *104*
Augustusburg, Schloss *259*
Australien 18, *19*
Avignon 286, 293

B

Bad Schandau 218
Barbizon 285
Barcelona 293
Basel 211, 270
Bayern 195, 261
Berlin 122, 146, 260, 270
Bern 35, *35*, 39, 42, 47, 80, 276, 311, *311*
   Kleine Schanze 311, *311*
   Berner Oberland 32, 42, 47, 153, *155*, 303,
   307
Biel 271
   Bielersee 309, 311
Blüemlisalp 43
Bodensee 312
Böhmen *24*, 80, 146, 184, 194, 195, *251*, 258
Böhmische Schweiz 22, 23, 26, 80, 204, 206
Bologna 37, 197
Braunschweig 261
Bremen 192
Briesnitz 251, *253*
Burgund 292

C

Campagna Romana 59–61, 72, *101*
Chamonix 32, 42, 46, 48
Civitella 156, *157*, 168
Cleven (Chiavenna) 273, *274*
Côte d'Azur 297

D

Danzig 192
Dauphiné 287
Deintree *19*
Dessau 192
Deutschland 9, 25, 109, 166, 189, 198, 257, 258,
   259, 269, 293
Dittersbach 159, 160, 162
   Schönhöhe 159
   Dittersbacher Grund 159, *161*, 162
Dossen *305*
Dresden 10, 13, 14, 20, *20*, 21–23, 77, 78, 80, 102,
   108, 111, 120, 122, 129, 130, 134, 140, 142, 152,
   153, *153*, 159, 182–185, 188, 192, 193, 197, 199,
   204, 207, 208, 211, 215–217, 233, 238, 244,
   249, 253, 254, 257, 258, *259*, 261, 296
   Augustusbrücke 140
   Bär-Festung 140
   Fürstenberg'sches Palais 212
   Grosse Klostergasse 153
   Kreuzkirche 20, *20*
Durance 291

E

Eiger 35, 37
Eisenach 261
Elbe 10, *12*, 23, 86, *87*, *89*, 90, 93, *121*, 140, 157,
   158, 184, 185, 187, *187*, 198, 205, 251, *253*
Elbsandsteingebirge 22, 184, 185, 195
Elbtal 194
England 45, 258, 312
Erzgebirge 184, 207, *207*, 208, *209*, *210*, 213,
   214, *215*, 258
Europa 8, 18, 25, 40, 47, 189, 268, 289, 308

F

Fiescherhorn 37, 39
Figueras 293
Flöhe *259*
Florenz 287

Fontaine-de-Vaucluse 286–288, *289*, 291, 293, *294*
Fontainebleau 285
Frankfurt am Main 192, 197
Frankreich 64, 245, 246, 250, 254, 271, 285–287, 289–291, *292*, 293, 294, *294*, 295, 296, 298
  Südfrankreich 285, 291, 293–295, 297
Frauenstein, Burgruine 208, 209, *209*, *210*, 211
Freiberg 110, 187, *188*
Freiburg i. Br. 164

G
Genf 32, 42
  Genfersee 306, *306*
Genua 287
Glanum 293
Glarus *102*, *269*, 272
Glogau 104, 105
Görlitz 185, 194
Gotha 192
Gotthard 276, *279*
  Teufelsbrücke *279*
Graubünden 34 (Rhaetia), 35 (Rhaetia), 272–274, *274*, *278*, *279*
Greifswald 122, 128, 129
Griechenland 45
Grindelwald 34, 35, *35*, *36*, 42, 303
Grindelwaldgletscher 37, *38*, 42, *43*
Grosse Scheidegg 153, 303

H
Habsburg, Schlossruine *270*, 272
Halle
  Marktkirche 146
Haslital 303
Hebriden 133
Helvetia siehe Schweiz
Hörnligrat 37

I
Île-de-France 286
Interlaken 307
Italien 15, 38, 45, 56, 57, 60, 64, 70, 102, 106, 153, 164, 166, 167, *167*, 168, 169, *170*, 188, 198, 246, 253–255, 257, 284, 286, 287, 289, 291–293, 295, 298

J
Jena 110
Jungfrau 32, 48, 307, *307*
Jura 306

K
Kaukasus 195
Klöntal *269*
Königstein 86, 87, *87*, 88, *89*, 93, *183*, 184, 185, *186*, 204, 205, *205*, 206, *260*
Kopenhagen 122, 197
Krefeld 290

L
Languedoc 287, 291
Lauteraargletscher 43, *44*, 48
Lauterbrunnental 312
Leipzig 102, 195, 199, 211, 222, 230, 255, 260
  Nikolaikirche 146
Lichtenstein, Burg 207, *207*
Lilienstein *12*, 86, 87, *87*, 88, 89, *89*, 90–93, *121*, 185, 195, *195*, 205, *205*, *260*
Linthal *102*
Livorno 287
Lobber Ort 131
Lobber Grosser Strand *130*, 131
London 37
Loreto 166
Luzern 33
Lyon 287, 295, 296

M
Mailand 32, 274, 292
Malta 106
Marseille 250, *252*, 286, 287, 291, 293, 294, 296
Mecklenburg 184
Meiningen 261
Meiringen 153, 303
Meissen 192, 195
Mettenberg 35, 37
Miseno, Capo (di) 229, *231*
Mittelmeer 288, 291, 294, 296
Mönchgut 130, *130*
Montblanc 32, 33
Muldental 184
München 108, 292, 294, 295
Murten 272

N

Näfels 272, 273
Neapel 103, 106, 107, 238
Neudorf *187*
Neustrelitz 270
Nîmes 287, 291, 293
    Maison carrée 291, 293
    Tempel der Diana 287, 291
    Tour Magne 287
Nizza 291, 294–296, *297*
Nordperd *130*, 131
Normandie 286
Norwegen 110
Nossen *206*, 207
Nürnberg 229, 230

O

Oberlausitz 184, 194
Oder 108
Olevano *256*
Orange 285–287, 291, 293
Österreich 261
Oybin 195

P

Paestum 62
Paris 32, 46, 64, 70, 71, 78, 79, 192, 193, 197,
    208, 211, 238, 274, 285–287, 289, 291, 292,
    296
Petersinsel 309, 311
Piemont 293
Pieschen 185, *187*
Pirna 195
Pisa 287
Plurs (Piuro) 273, *274*
Polen 215, 216
Pont du Gard 291, 293
Posilipo *103*
Pozzuoli *39*, 231
Prättigau *277*
Prebischkegel 91, *91*, 92, 93, 97
Preussen 261
Provence 284–289, 291, 293, 297, 298

Q

Quirl *260*

R

Rathen *12*, *121*
Rauenstein, Burg 213
Reichenbachfälle 153
Reichenbachtal 153, *304*
Rennes 61
Resti, Burgruine 153
Rhaetia siehe Graubünden
Rhein 187
    Rheinfall 312
Rhonegletscher 34, 40, 41, *41*, 44–46, *46*
Rhonetal 292
Riesengebirge 142
Rom 38, *39*, 56, 57, *57*, 58, *58*, 59–66, 68–72,
    100, 102, 106, *107*, 108, 120, 156, 168, 198,
    199, 246, 251, 254–256, *256*, 257, 269, 285,
    287, 291, 303, 312
    Arco di Druso *60*
    Domus Aurea *45*
    Petersdom *107*
    Ponte Molle *107*
    San Paolo fuori le Mura *67*
    Sant'Onofrio al Gianicolo *58*
    Santa Maria Nova *57*
    Tempel der Venus *57*
    Villa Albani 66, *68*
Rongellen (Rongella) *279*
Rosenlauigletscher *305*
Rügen 128–130, *130*, 131–133, 135
Russland 8, 250, 295

S

Sachsen 20, 23, 25, 121, 184, 195, 199, 211, 214–
    216, 258, 261
Sachsen-Weimar 258
Sächsisch-böhmische Schweiz 9, 22
Sächsische Schweiz 22, 23, 25, 26, 80, *113*, 128,
    132, 133, 182, 204, *205*, 206, *216*, *217*, 218,
    256, 259, *259*, *260*
    Malerweg 22
Saint-Rémy-de-Provence 285, 287, 291, *292*,
    293
Salisbury 313
Salzburg 255
Sant'Angelo a Scala 229, *230*
Savoyen 293
Savoyer Alpen 45
Scharfenstein, Schloss 214, *215*
Schlesien 104

Schöllenen 276
Schönhöhe siehe Dittersbach
Schottland 104, 133
Schreckenstein 23, 157, *158*
Schweiz 10, 25, 33, 34 (Helvetia), *35* (Helvetia), 36, 40 (Helvetia), 45, 46, 102, 195, 254, 268, 270, 272, 273, 275, 292, 295, 303, 304, 307, 310, 312
    Nordwestschweiz 271
Schweizerland 37, 40, 41, *41*, 42, *44*, 275
Seine 193
Sempach 272, 273
Sihlwald 13
Simplon 32, 292
Sorgue 287, 288, 294
Spanien 293
Spiez 36
Staffa, Isle of 104, 133
    Fingalshöhle 104, 133
St. Gallen 21
Staubbachfall 312
Stockholm 57, 58
Stourhead 312
Strassburg 295
Stubbenkammer 129, 133
Stuttgart 138, 312

T
Tarascon 293
Teplitz 23, *24*, *25*
Thüringen 184
Thüringer Wald 195
Tiefencastel 278, *278*
Tivoli *39*, 59, 189
Tollenstein, Burgruine 249, *250*, *251*
Toulon 286, 287, 296
Toulouse 290
Tschechien 249

U
Uttewalder Grund 126, *127*

V
Val de Travers *270*
Valence 287
Valesia siehe Wallis
Var 291
Vesuv 35, 104

Vevey 304, 305, *306*
Viamala 278, *279*

W
Wallis 34, *35* (Valesia), 272
Warschau 195, 214–216
Washington 58, 213
Weimar 108, 137, 144, 188, 261, 272
Wellhorn *305*
Wesenitz 159, 160, 162
Wetterhorn 35, 303, *304*, *305*
Wetterhörner 153
Wien 192, 213
Wiesbaden 192
Wilanów 217
Wildstrubel 43
Winterthur 21, 37
Wolkensteiner Schweiz 10

Z
Zürich 8, 10, 13–15, 18, 24, 36, 41, 46, 47, 100, 169, 205, 270, 271, 274, 310

Kurzbiografien der Beitragenden

Oskar Bätschmann
1943 geb. in Luzern, Professuren C3 und C4 in Deutschland, 1990–1991 Getty Scholar, 1991–2009 ordentlicher Prof. für Kunstgeschichte an der Universität Bern. Seit 2009 am Schweizerischen Institut für Kunstwissenschaft (SIK-ISEA), Zürich. 2009–2010 Wittkower Professor an der Bibliotheca Hertziana (Max Planck-Institut für Kunstgeschichte) in Rom, 2012–2013 Samuel H. Kress Professor am Center for Advanced Study in the Visual Arts, National Gallery of Art, Washington, D.C., 2016 Guest Professor National Normal University of Taiwan, Taipei. Zahlreiche Publikationen zur Geschichte und Theorie der Künste vom 15. bis zum 20. Jahrhundert (Leon Battista Alberti, Giovanni Bellini, Hans Holbein d. J., Benedetto Varchi, Nicolas Poussin, Edouard Manet, Ferdinand Hodler u. a.).

Andrea Bell
Andrea Bell, born in Denver, Colorado in 1981, is a post-doctoral fellow at Parsons School of Design, where she works on French art of the eighteenth, nineteenth and twentieth centuries. Her research interests include the development of landscape drawing and painting, representations of architecture and the built environment, the mass urbanization movements of the modern period, and the relationship of place with constructions of the self. Dr. Bell has held research fellowships at the Morgan Library and Museum in New York, and at the Deutsches Forum für Kunstgeschichte in Paris, during which time the research for this paper was undertaken. She is currently working on a book tentatively titled *The Geometric Landscape*, which examines the relationship between architecture and nature in the development of landscape painting from the seventeenth through the nineteenth centuries.

Werner Busch
Geb. 1944 in Prag. Studium der Kunstgeschichte in Tübingen, Freiburg, Wien und London. Promotion 1973 über William Hogarth. 1974–1981 wiss. Assistent in Bonn, Habilitation 1980 ebenda. 1981–1988 Professur in Bochum. 1983–1985 Leitung des Funkkolleg Kunst. 1988–2010 Lehrstuhl für Kunstgeschichte an der FU Berlin. Mitglied der Berlin-Brandenburgischen Akademie der Wissenschaften. 2003–2009 Leitung des Sonderforschungsbereichs 626, «Ästhetische Erfahrung im Zeichen der Entgrenzung der Künste». Letzte Bücher: *Das unklassische Bild. Von Tizian bis Constable und Turner* (München 2009); *Great wits jump. Laurence Sterne und die bildende Kunst*, (München 2011); mit Petra Maisak, *Verwandlung der Welt. Die romantische Arabeske* (Ausst.-Kat. Freies Deutsches Hochstift, Frankfurter Goethe-Museum; Hamburger Kunsthalle, 2014, Petersberg 2013); *Adolph Menzel. Auf der Suche nach der Wirklichkeit* (München 2015).

Steffen Egle
Geb. 1975. Studium der Kunstgeschichte, Neueren Deutschen Literaturwissenschaft und Philosophie an den Universitäten Freiburg i. Br., Glasgow und Basel. Promotionsprojekt zur Vermittlung der Landschaftsmalerei in der Kunstliteratur um 1800. 2008–2009 Jahresstipendiat am Deutschen Forum für Kunstgeschichte Paris. Herbst 2010 Visiting Scholar am Yale Center for British Art, New Haven. 2011–2013 wissenschaftlicher Volontär an der Staatsgalerie Stuttgart. Seit 2014 Leiter des Bereichs Bildung und Vermittlung an der Staatsgalerie Stuttgart. Forschungsschwerpunkte: Landschaftsmalerei um 1800, englische Kunstgeschichte des 18. und 19. Jahrhunderts, Geschichte der Kunstvermittlung. Aufsätze u. a. zu Landschaftsmalerei (Goethes Schriften zur Landschaftsmalerei, Adolf Friedrich Harper), Fluxus und Rumohrs Hauptwerk *Italienische Forschungen*.

Roger Fayet
Geb. 1966. Studium der Philosophie, Kunstgeschichte und deutschen Literatur an der Universität Zürich, Promotion mit einer Dissertation zur Ästhetik des Reinen und Unreinen. 1992–1999 Lehrbeauftragter für Kunstgeschichte an der Kantonsschule Zürich. 1994–1999 Assistenzkurator am Johann Jacobs Museum, Zürich. 1999–2003 Leitender Kurator des

Museums Bellerive und der Kunstgewerbe-Sammlung des Museums für Gestaltung, Zürich. 2003–2010 Direktor des Museums zu Allerheiligen, Schaffhausen. Seit 2010 Direktor des Schweizerischen Instituts für Kunstwissenschaft (SIK-ISEA), Zürich und Lausanne. Lehraufträge an der Universität Zürich und an der Zürcher Hochschule der Künste (ZHdK). Forschungsschwerpunkte: ästhetische Theorie, Geschichte der Kunstgeschichte, Museologie.

Christian Féraud
Geb. 1980 in Solothurn. 2010 Lizenziat in Kunstgeschichte an der Universität Bern. 2010–2011 Praktika am Schweizerischen Institut für Kunstwissenschaft (SIK-ISEA) in Zürich und am Kunstmuseum Luzern. 2012–2015 Stipendiat der Stiftung Graphica Helvetica: 2012 Praktikum am Kupferstich-Kabinett der Staatlichen Kunstsammlungen Dresden, seit 2013 Publikationsprojekt zum druckgrafischen Werk von Johann Jakob Biedermann. 2016 Print Cataloguer am Department of Prints & Drawings des British Museum in London.

Anke Fröhlich-Schauseil
Geb. 1968. Studium der Kunstgeschichte und Germanistik in Leipzig und Dresden. 2000 Promotion zur Landschaftsmalerei in Sachsen in der zweiten Hälfte des 18. Jahrhunderts. Volontariat an der Staatlichen Kunsthalle Karlsruhe. Mitarbeit an zahlreichen Katalogen und Ausstellungen. Forschungen und Publikationen zu Johann Christian Klengel (Hildesheim/Zürich/New York 2005), Heinrich Theodor Wehle (Bautzen 2005), Johann Sebastian Bach d. J. (Leipzig 2007) und zu Christoph Nathe (Bautzen 2008); Monografien zum Graphischen Kabinett im Kunsthistorischen Museum Görlitz 2009 sowie zu Darstellungen der Muldental-Landschaft in der bildenden Kunst, Dresden 2012. Im Druck eine Monografie und Werkverzeichnis der Gemälde, Handzeichnungen und Druckgrafik von Johann Eleazar Zeissig, gen. Schenau (1737–1806). Tätig als freie Kunsthistorikerin in Dresden. Forschungsschwerpunkte: Sächsische Kunst des 18. und 19. Jahrhunderts, insbesondere Landschaftsmalerei um 1800.

Frauke V. Josenhans
Geb. 1979. Studium der Kunstgeschichte an der Université Sorbonne – Paris IV, an der École du Louvre und an der Aix-Marseille Université, 2015 Promotion ebenda mit einer Arbeit über deutsche Künstler in der Provence. 2003–2005 Mitarbeit (Ludwig-Maximilians-Universität) an der Ausstellung «Kennst Du das Land: Italienbilder der Goethezeit», München, Neue Pinakothek. 2007–2008 Graduate Internship am J. Paul Getty Museum, Los Angeles. 2008–2010 Projektmanagerin für «La Nuit européenne des musées», Paris, Ministère de la culture. 2010–2011 wissenschaftliche Mitarbeiterin am deutsch-französischen Forschungsprojekt «ArtTransForm». 2011–2014 kuratorische Mitarbeiterin am Los Angeles County Museum of Art. Seit 2014 Kuratorin für moderne und zeitgenössische Kunst an der Yale University Art Gallery. Forschungsschwerpunkte: Kunst des 19. Jahrhunderts und der klassischen Moderne, zeitgenössische Kunst; Reisekunst; Landschaftsmalerei; Exilkunst.

Martin Kirves
Geb. 1975. Studium der Kunstgeschichte und Philosophie in Berlin und Madrid. 2006–2009 Doktorand im Graduiertenkolleg des Exzellenznetzwerks «Aufklärung – Religion – Wissen. Transformationen des Religiösen und des Rationalen in der Moderne» in Halle. 2010 Promotion mit der Dissertationsschrift *Das gestochene Argument. Daniel Nikolaus Chodowieckis Bildtheorie der Aufklärung*. 2010–2013 Wissenschaftlicher Mitarbeiter beim Nationalen Forschungsschwerpunkt «eikones – Bildkritik» in Basel. Seit 2015 Mitglied des DFG-Projektes «Theorie der Skulptur». Forschungsschwerpunkte: Kunsttheorie, Kunst der Neuzeit, insbesondere Landschaftsmalerei und Skulptur, Ornament und Ornamentalität.

Regula Krähenbühl
Geb. 1962. Nach einer Ausbildung zur Sortimentsbuchhändlerin Studium der Neueren deutschen Literatur, Germanischen Philologie (Hilfsassistenz 1990–1992) und Kunstgeschichte der Neuzeit an der Universität Bern (Hilfsassistenz für Bibliotheksbelange 1992–

1997). 1995 Lizenziat in Neuerer deutscher Literatur (bei Prof. Dr. Peter Rusterholz) mit einer Arbeit über Paul Nizons *Im Bauch des Wals*. Ende 1996 Stellenantritt als Mitarbeiterin der Abteilung Kunstgeschichte am Schweizerischen Institut für Kunstwissenschaft (SIK-ISEA), Zürich, seit November 2007 Leiterin Wissenschaftsforum, ab 2011 Mitglied der Institutsleitung. Tätigkeitsschwerpunkte: Tagungsorganisation, Betreuung von Publikationsprojekten, insbesondere der Buchreihe «outlines».

Matthias Oberli
Geb. 1966. Studium der Kunstgeschichte, Klassischen Archäologie sowie Ur- und Frühgeschichte an den Universitäten Zürich und Wien. 1993 Lizenziat zu «Tendenzen barocker Deckenmalerei in Rom», 1997 Promotion über «Magnificentia Principis – Das Mäzenatentum des Prinzen und Kardinals Maurizio von Savoyen (1593–1657)». Danach Assistent am Kunsthistorischen Institut der Universität Zürich und wissenschaftlicher Mitarbeiter beim Nationalfondsprojekt «Vorstellungen von der Antike in der Renaissance». Seit 2005 tätig am Schweizerischen Institut für Kunstwissenschaft (SIK-ISEA), Zürich, zunächst als wissenschaftlicher Mitarbeiter beim Werkkatalog Ferdinand Hodler, seit 2008 als Leiter der Abteilung Kunstdokumentation und Mitglied der Institutsleitung. Diverse Publikationen zur barocken Kunst in Italien und der Schweiz, zur Schweizer Malerei des 19. Jahrhunderts und zu Aspekten des Sammlungswesens.

Tobias Pfeifer-Helke
Geb. 1971. Studium der Kunstgeschichte, Geschichte und Klassischen Archäologie in Halle/Saale und Hamburg. 2005–2006 wiss. Mitarbeiter an der Hamburger Kunsthalle, 2006–2010 wiss. Mitarbeiter am Institut für Kunstgeschichte der Universität Bern, 2011–2014 wiss. Mitarbeiter am Kupferstich-Kabinett der Staatlichen Kunstsammlungen Dresden. Seit Nov. 2014 Kustode am Staatlichen Museum Schwerin/Ludwigslust/Güstrow, zuständig für das 18. Jahrhundert, Neueinrichtung und -konzeption der Dauerausstellung Schloss Ludwigslust. Lehraufträge an den Universitäten Bern und Dresden sowie an der Hochschule Wismar, zahlreiche Ausstellungen. Forschungsschwerpunkte: Malerei und Graphik des 16.–19. Jahrhunderts; Interieur- und Residenzforschung; Curatorial Studies. Wichtigste Publikationen: Die *Koloristen. Schweizer Landschaftsgraphik von 1766 bis 1848* (Berlin/München 2011); *Mit den Gezeiten. Frühe Druckgraphik der Niederlande* (Petersberg 2013); *Hieronymus Boschs Erbe* (Berlin/München 2015).

Saskia Pütz
Geboren 1971. Studium der Literatur in Rockhampton (Australien) sowie der Kunstgeschichte, Philosophie, Allgemeinen und Vergleichenden Literaturwissenschaften in Tübingen und Berlin. 1998–2000 wissenschaftliche Ausstellungsassistentin bei den Berliner Festspielen, anschliessend tätig als wissenschaftliche Mitarbeiterin verschiedener Ausstellungsprojekte in Berlin und Potsdam. 2001–2005 Kollegiatin und DFG-Stipendiatin des Graduiertenkollegs «Praxis und Theorie des künstlerischen Schaffensprozesses» an der Universität der Künste Berlin. 2001–2004 und 2005–2007 wissenschaftliche Mitarbeiterin am Kunsthistorischen Institut der FU Berlin. Promotion 2008 ebenda mit der Arbeit *Künstlerautobiographie. Die Konstruktion von Künstlerschaft am Beispiel Ludwig Richters*. Seit 2008 wissenschaftliche Mitarbeiterin am Kunstgeschichtlichen Seminar der Universität Hamburg. Forschungsschwerpunkte: Kunst und Kunsttheorie des 18.–21. Jahrhunderts, insbesondere Malerei und Druckgrafik im deutschsprachigen Raum des 19. Jahrhunderts (Verleger und ihre Bedeutung für die bildende Kunst), Wissenschaftsgeschichte.

Andreas Rüfenacht
Geb. 1982 in Meyriez/Freiburg; 2002–2009 Studium der Kunstgeschichte, Geschichte und Architekturgeschichte, Universität Bern. 2004–2005 wiss. Mitarbeiter, Gemäldegalerie Alte Meister Dresden. 2015 Abschluss der Dissertation *Johann Gottlob von Quandt (1787–1859). Kunst fördern und ausstellen*, Universität Zürich. 2009–2011 Associate Fellow,

Schweizerisches Institut für Kunstwissenschaft (SIK-ISEA), Zürich. 2015 Lehrbeauftragter, Kunsthistorisches Seminar, Universität Basel. Seit 2012 Museumsarbeit. Ausstellungen u. a.: *Söldner, Bilderstürmer, Totentänzer. Mit Niklaus Manuel durch die Zeit der Reformation*, Bernisches Historisches Museum (Okt. 2016– April 2017); *Archäologie des Heils. Das Christusbild im 15. und 16. Jahrhundert*, Kunstmuseum Basel (Sept. 2016–Jan. 2017); *pop@basel. Pop- und Rockmusik seit den 1950ern*, Historisches Museum Basel (Sept. 2013–Jun. 2014). Forschungsschwerpunkte: Christusbild des Spätmittelalters, Ikonoklasmus und Konfessionalisierung; Bildungsbürger und Sammler der Klassik/Romantik; Geschichte der Kunstgeschichte und Museologie.

Bernhard von Waldkirch
Geb. 1952. Studium der Kunstgeschichte, Philosophie und Sprachwissenschaften in Genf und Zürich. Von 1985 bis 2017 realisierte er als wissenschaftlicher Mitarbeiter und ab 2002 als Kurator an der Grafischen Sammlung im Kunsthaus Zürich zahlreiche Ausstellungen mit Publikationen über die Kunst der Zeichnung und Grafik von der Neuzeit bis in die Gegenwart, u. a. zu Albrecht Dürer, zur Landschaftsdarstellung um 1800, zu Johann Heinrich Füssli, Honoré Daumier, Alexej von Jawlensky, Albert Welti und Ferdinand Hodler. Er publizierte die ersten Sammlungskataloge zu den umfangreichen Zeichnungsbeständen dieses Hauses. Zum 100-jährigen Bestehen der Grafischen Sammlung realisierte er 2015 eine Ausstellung mit den Meisterzeichnungen aus sechs Jahrhunderten. Im gleichzeitig erschienenen Jubiläumsband, den er zusammen mit einem Team freischaffender Kuratoren redigierte, zeichnete er die Geschichte der Grafischen Sammlung nach, von ihren Anfängen im Jahr 1787 bis heute. Ab Frühjahr 2017 als freier Kurator tätig.

Sabine Weisheit-Possél
Geb. 1957. Studium der Kunstgeschichte, Religionsgeschichte und Psychologie an der FU Berlin. Promotion 2008 mit einer Arbeit über Adrian Zingg und die Landschaftsgrafik zwischen Aufklärung und Romantik. Freiberufliche Tätigkeit als Kunsthistorikerin und Redakteurin. Mitarbeit an der Ausstellung zu Adrian Zingg der Staatlichen Kunstsammlungen Dresden und des Kunsthauses Zürich im Jahr 2012 sowie den Ausstellungen «Verwandlung der Welt. Die romantische Arabeske» des Goethe-Museums Frankfurt a. M. und der Hamburger Kunsthalle, «Füsslis ‹Nachtmahr›. Traum und Wahnsinn», die 2017 im Frankfurter Goethe-Museum und im Wilhelm Busch – Deutsches Museum für Karikatur und Zeichenkunst in Hannover stattfindet.

Bildnachweis, Copyrights

Kunstmuseum Basel, Kupferstichkabinett,
   Depositum der Gottfried Keller-Stiftung
   S. 11

akg-images, Berlin
   S. 255
bpk/Kupferstichkabinett, Staatliche Museen
   zu Berlin/Dietmar Katz
   S. 250, 252
Kupferstichkabinett, Staatliche Museen
   zu Berlin
   S. 25, 135, 249

Bernisches Historisches Museum, Bern
   S. 36
Kunstmuseum Bern
   S. 307
Schweizerische Nationalbibliothek/NB, Bern
   S. 269 (Abb. 1 und 2), 270 (Abb. 3 und 4),
   274 (Abb. 5), 278, 279 (Abb. 9 und 10)
Universität Bern, Zentralbibliothek, Sammlung
   Ryhiner
   S. 274 (Abb. 6), 277

Gemäldegalerie Alte Meister, Staatliche
   Kunstsammlungen Dresden
   Elke Estel/Hans-Peter Klut: S. 21, 187
Gemäldegalerie Neue Meister, Staatliche
   Kunstsammlungen Dresden
   S. 155, 156, 157, 158
Kupferstich-Kabinett, Staatliche
   Kunstsammlungen Dresden
   Herbert Boswank: S. 12, 79, 89, 91, 121, 183,
   234 (Abb. 8 und 9), 237, 248, 306 (Abb. 4),
   311
   S. 186, 206, 209, 251, 256, 297
Sächsische Landesbibliothek – Staats- und
   Universitätsbibliothek Dresden
   S. 188
Städtische Galerie Dresden – Kunstsammlung
   S. 253

Wilhelm Lehmbruck Museum, Duisburg
   S. 161 (Abb. 7)

Kunstmuseen Erfurt|Angermuseum,
   Graphische Sammlung
   Dirk Urban: S. 210 (Abb. 5)

Musée Pétrarque, Fontaine-de-Vaucluse
   S. 289

Kulturhistorisches Museum Görlitz
   S. 185, 195

Staatliche Museen Gotha, Schloss Friedenstein
   S. 192

Hamburger Kunsthalle, Kupferstichkabinett
   S. 130, 205

Universitätsbibliothek Heidelberg
   S. 224

Museum der bildenden Künste Leipzig
   S. 154, 189

National Portrait Gallery, London
   S. 83

Bayer & Mitko GmbH, München
   S. 48 (Abb. 12)
Staatliche Graphische Sammlung, München
   S. 292, 294

Bibliothèque de l'Institut de France, Paris
   S. 67 (Fig. 9), 68, 71
Musée du Louvre, Paris
   S. 62, 63, 67 (Fig. 8)

Musée des beaux-arts, Rennes
   S. 59, 66

Kunstmuseum St. Gallen
   Stefan Rohner: S. 9, 81

Nationalmuseum, Stockholm
   S. 57

Staatsgalerie Stuttgart
   S. 225, 226, 227, 228

Universitätsbibliothek Warschau, Grafische
    Sammlung
    S. 215, 216

The National Gallery of Art, Washington
    S. 58, 60

Klassik Stiftung Weimar, Graphische
    Sammlungen
    S. 198, 288
Kunstsammlungen zu Weimar
    S. 190
Kunstsammlungen zu Weimar, Graphische
    Sammlungen
    S. 191

Albertina, Wien
    S. 8, 132, S. 335, Einband

Graphische Sammlung der ETH Zürich
    S. 16
Kunsthaus Zürich
    S. 14, 17, 19, 20
Kunsthaus Zürich, Grafische Sammlung
    Peter Schälchli: S. 84, 88
Schweizerisches Institut für Kunstwissenschaft
    (SIK-ISEA), Zürich
    S. 38, 40, 43, 48 (Abb. 11), 102, 304
Zentralbibliothek Zürich, Graphische
    Sammlung und Fotoarchiv
    S. 41

Reproduktionen aus Publikationen
    S. 35, 39, 44, 45, 46, 101, 103, 104, 105, 107,
    110, 114, 127, 136, 138, 139, 141 (Abb. 9 und 10),
    144, 145, 161 (Abb. 8), 164, 230, 231, 305, 306
    (Abb. 3)

Internet
    S. 113, 142, 165, 193, 247

Archive der Autorinnen und Autoren
    S. 153, 167, 170, 207, 210 (Abb. 6), 217, 259
    (Abb. 10 und 11), 260

Copyrights
    © 2017 Thomas Struth für das Werk S. 19.
    Alle Rechte vorbehalten.

Impressum

Lektorat und Redaktion
Regula Krähenbühl

Redaktion des Beitrags von Andrea Bell
Michael Scuffil (Leverkusen)

Übersetzung aus dem Englischen (S. 73)
Regula Krähenbühl

Gestaltungskonzept
Robert & Durrer, Zürich

Satz und Layout
Bruno Margreth, Laura Vuille, Zürich

Scans
Regula Blass, Andrea Reisner

Bildbearbeitung und Druck
Somedia Production, Chur

Bindung
Buchbinderei Burkhardt AG, Mönchaltorf

Einband
Adrian Zingg, *Festung Königstein* (Detail),
Feder in Schwarz und Braun, Pinsel in Braun,
48,2 × 65,5 cm, Albertina, Wien, Inv.-Nr. 14990

Copyright der Texte:
© 2017 bei den Autorinnen und Autoren

Copyright © 2017 Schweizerisches Institut
für Kunstwissenschaft (SIK-ISEA), Zürich, und
Verlag Scheidegger & Spiess AG, Zürich

www.sik-isea.ch
www.scheidegger-spiess.ch

ISBN 978-3-85881-523-1 (Scheidegger & Spiess)
ISSN 1660-8712 (SIK-ISEA)

Für die Finanzierung des internationalen
Kolloquiums und Beiträge zur Realisierung des
Tagungsbandes danken wir den folgenden
Institutionen:

Schweizerische Akademie der Geistes- und
Sozialwissenschaften (SAGW)

Schweizerischer Nationalfonds zur Förderung
der wissenschaftlichen Forschung (SNF)

Stiftung Graphica Helvetica

Adrian Zingg, *Festung Königstein*, Feder in Schwarz und Braun, Pinsel in Braun, 48,2 × 65,5 cm, Albertina, Wien, Inv.-Nr. 14990